（第二版）

微观经济学
原理和分析

[英] 弗兰克·A.考威尔 著

赵世勇 译

当代经济学
教学参考书系

格致出版社
上海三联书店
上海人民出版社

主编的话

上世纪80年代,为了全面地、系统地反映当代经济学的全貌及其进程,总结与挖掘当代经济学已有的和潜在的成果,展示当代经济学新的发展方向,我们决定出版"当代经济学系列丛书"。

"当代经济学系列丛书"是大型的、高层次的、综合性的经济学术理论丛书。它包括三个子系列:(1)当代经济学文库;(2)当代经济学译库;(3)当代经济学教学参考书系。本丛书在学科领域方面,不仅着眼于各传统经济学科的新成果,更注重经济学前沿学科、边缘学科和综合学科的新成就;在选题的采择上,广泛联系海内外学者,努力开掘学术功力深厚、思想新颖独到、作品水平拔尖的著作。"文库"力求达到中国经济学界当前的最高水平;"译库"翻译当代经济学的名人名著;"教学参考书系"主要出版国内外著名高等院校最新的经济学通用教材。

20多年过去了,本丛书先后出版了200多种著作,在很大程度上推动了中国经济学的现代化和国际标准化。这主要体现在两个方面:一是从研究范围、研究内容、研究方法、分析技术等方面完成了中国经济学从传统向现代的转轨;二是培养了整整一代青年经济学人,如今他们大都成长为中国第一线的经济学家,活跃在国内外的学术舞台上。

为了进一步推动中国经济学的发展,我们将继续引进翻译出版国际上经济学的最新研究成果,加强中国经济学家与世界各国经济学家之间的交流;同时,我们更鼓励中国经济学家创建自己的理论体系,在自主的理论框架内消化和吸收世界上最优秀的理论成果,并把它放到中国经济改革发展的实践中进行筛选和检验,进而寻找属于中国的又面向未来世界的经济制度和经济理论,使中国经济学真正立足于世界经济学之林。

我们渴望经济学家支持我们的追求;我们和经济学家一起瞻望中国经济学的未来。

2014年1月1日

第二版前言

在准备第二版的过程中，我从过去的学生和同事那里获益良多。Carlo Cabrera、Jon de Quidt、Kasia Krajniewska、Justin Kueh、Szevak Nzsdejan 和 Oliver Van den Eynde 提出的建议都给本书带来了显著的改进。Latika Sharma、Paul Dolfen、Max Eber 和 Riddhi Goel 帮助收集了新材料并改写了一些内容。在我准备这一版的最后阶段，Sarah George 和 Julia Philipp 做出了巨大的贡献。我向上述所有人表示衷心的感谢！

前　言

完成一本这样的书,作者总会欠很多人情债。首要需要感谢的是成百上千的学生,他们上过的课程,正是形成本书的基础:没有这些学生的话,这本书也就无从谈起。当然,如果没有同事、助教和行内朋友的支持,这本书同样无从谈起。他们中的很多人对教学材料提出过建议,而这些教学材料正是本书各章节的内容;也有很多人提出过令人深思的问题,从而使得本书得以改进和更新。所有人都给予了持续的帮助和鼓励。我很清楚,我欠朋友和家人很多,因为写作这本书占用了我太多的时间。

当准备最终版本的时刻到来时,我发现我从很多人那里得到了大量有益的评论,有些人甚至花费了自己大量的时间来帮助我修正错误和疏漏。特别应该提到的是 Guillermo Cruces、Michael Fessel、Maitreesh Ghatak、Jim Hines、Barbara Luppi、Rocco Macchiavello、Inés Macho-Stadler、François Maniquet、David Pérez-Castrillo、Andrew Potticary、Alberto Salvo-Farre 以及 Miguel Sanchez。由于我的健忘或者固执,有些人提出的特别洞见和思想并没有纳入本书的最终版本,我在此表示歉意。

特别要感谢两位勤奋而又年轻的同事 Alberto Galasso 和 Zhong Sheng,他们提供了更多的意见和建议,他们每天(用最美好的方式)来催稿,确保我对书稿进行适当的修改,并且仔细检查了终稿的各个版本。同时感谢 Silva Ule,他在资料方面提供了很多的帮助,这些资料的来源已经远远超出了很多专业的图书馆。

目　录

▶1

导　论

……人类行为更大的部分不是源于逻辑推理，而是源于情感，特别是那些不是经济利益驱动的行为。……人们尽管会被非逻辑的动机驱动，却喜欢将他们的行为跟特定的原理在逻辑上建立联系；因此，为了证明他们的行为是正确的，他们发明了经验归纳。

——维尔弗雷多·帕累托（Vilfredo Pareto），《精英的崛起和衰落》（*The Rise and Fall of the Elites*，1968，p.27）

1.1　微观经济学原理的作用

为什么要学习微观经济学原理？原理可以让你看得比纯粹经济理论更远；原理向你揭示应用经济学的各种方法背后的原因；原理帮助你把微观经济学中的各个问题联系起来，否则它们只是孤立的话题。

本书的目的就是介绍这些原理：它并不试图涵盖微观经济学领域的一切问题，也不去探究标准抽象模型的各个分支。相反，它的目的是通过阐述微观经济学的核心准则，以此来表明它将如何帮助你理解日常的经济现象，同时帮助你形成经济推理的能力。如果你掌握了理论经济学和应用经济学中的一些基本原理，就可以通过技术性的专门知识和可靠的常识，在经济思维方面取得可观的进步。你可以反复运用许多的经验法则、标准的分析过程以及简单的定理，来分析看上去很不相同的经济问题。学习微观经济学的学生会发现一个事实：许多基本的问题都有相同的结构，这些问题可以用相同的思想和方法来分析。我希望本书能够帮助同学们做到这一点。

1.2　微观经济模型

现代微观经济学专注于使用抽象模型来探究核心问题的内在真相。抽象模型的目的何在？如何才能构建一个好的模型？

1.2.1　目的

抛开内在的逻辑美感（有些模型确实具有自身的吸引力），一个模型的质量取决于它诸多方面的能力，包括解释观察到的经济现象背后的原因的能力，将源于常识的洞见精确化的能力，以及揭穿错误推理的能力。如果缺乏进一步的规格限制，只是将一个微观经济模型描述为"好的"或者"差的"，则毫无意义。一个特定模型是不是"好的"，取决于构建这个模型的目的。除非这个模型太差以至于它违背了一些根本的经济原理，或者只适用于特殊的情形以至于流于空泛（比如，假设水往高处流）。

因此，要评估一个经济"模型"的价值，我们需要特定的情境，因为模型抽象的要素和机制要置于具体的情境中。不同的情境（但显然是相同的经济问题）可能需要不同类型的模型。这并不意味着微观经济学是逻辑不自洽的或者是模棱两可的，只是说我们运用模型的时候要谨慎，需要停顿一下，并重新思考模型的目的、模型所在的情境以及模型要素构建的方式。微观经济模型的根本要素可以总结如下：

（1）经济决策者；

（2）动机；

（3）经济环境；

（4）假定和公理。

1.2.2 经济决策者

一个模型的核心是经济决策者，即做出经济决策的人或者机构。通常的做法是假设这个决策实体是一个独立的人，这个独立的普通人在经济模型的虚拟世界中做出决策或者反应。然而，不管这个决策者是独立的消费者、工人、群体的代表，还是一个公司的化身，应用的原理是一样的。

1.2.3 动机

有些愤世嫉俗者可能会说，经济学就是研究贪婪。在一定意义上他们这样说是对的：大多数微观经济模型都假定，自利的驱动力深植于决策机制的某个地方。难道就没有更有用的替代假设吗？当然，"自利"在很多时候并没有精确的定义，因为"自"就是一个很难界定的概念——我们在第9章还会遇到这个问题，届时我们将考虑在不同方案中进行"社会"选择是什么意思。我们也可能考虑一些情形，比如，个人关心的是他人的消费或他人的福利。但是，在一定意义上，这依然可以被看成是标准的自私范式的扩展——我从观察到朋友的消费增长中获得了个人的满足感。因此，我们对贪婪心安理得；但至少这是理性的贪婪：现在我们信任理性这个概念，但是我们将在第4章考虑消费者动机的正式建模中详细考察这个概念。

自私的假定在经济学中并不必要，但是它有助于我们精确地界定问题，虽然它违背了那些学习微观经济学的公义之士的气质，但是在构建具体模型的时候却非常有用。

讨论动机这个话题有困难，是因为难以刻画自私愿望的内容和结构。在设定决策者偏好的时候，建模者通常不得不退回到一些武断的假设或者只是出于数学方便，而这些武断的假设则是基于个人自己的偏好和原则的归纳。一个特别困难的例子，就是如何表达人们在不确定性下的偏好(第 8 章):基于偏好结构的一些基本假设,我们可以得到很强的、意义深远的结果,但是在概括个人在不确定情形下进行选择的动机时,这样做是否合适,我们并不清楚。

1.2.4　经济环境

经济环境有多种表现形式。与我们的讨论相关的主要形式是某种类型的市场。市场本身可以用多种方法来表示;显然,市场包括其他的经济决策者,但是为了完成市场作为经济环境的描述,我们需要设定"博弈规则"。博弈规则可以指字面上的博弈(参见第 10 章),但即使在没有正式博弈论分析的模型中,那些纳入模型的关于决策和互动方式的假定依然具有决定意义,它们清晰地设定了模型的推演以及人类行为的特点。

我们不用正式的模型也可以阐明这一点。我们可以想象单个经济决策者和环境互动的三个层面,按照复杂程度递增的顺序如下:

(1) 决策者只是接受经济环境,就像我们接受天气。正如你无法改变天气,决策者没有强大到可以操控经济环境,对经济环境也无影响。人们在这个前提下进行决策。

(2) 决策者可能不用将经济环境看成是给定的。正如有些人类行为的确可以影响天气,有些决策者的经济活动也可以影响一个产品的市场价格。然而,决策者和环境的互动是有限的:尽管你可以改变天气,天气却不会预测你的行为。

(3) 第三个观点是说,决策者所处的环境根本不像天气一样。每个人都不得不考虑和其他人的明确互动。这种互动也包括一个决策者对另一个决策者可能行为的预期。

哪一种关于环境的观点是合适的,显然取决于微观经济模型的类型和目的。

1.2.5　假定和公理

关于模型要素的基本理念,必须从头开始模型化。模型的要素包括偏好的性质、组织的结构,以及生产可能性的物理性质。建模者的这种"自主权"可以很好地体现他的"手艺"。这个手艺在初始建模中运用的主要方式被称为公理方法。

公理就是正式陈述出来的假定。公理无所谓对错,依照经济模型的目的来评判的话,公理可能还很不合适。

这种形式化的目的是什么? 公理可以帮助我们:

(1) 仔细开展推理进程;

(2) 专注于核心结果的单个组成部分;

(3) 排除靠不住的理论。

但是,关于母体模型(parent model)的目的和关键推演,以及关于特定模型构成要素的作用,公理不能代替清晰思考。

1.2.6　"检验"一个模型

一个"合适"的经济模型的标准是什么? 显然,如果在面对事实的时候,模型的推测还站得住,这当然是很有利的。然而,这并不意味着一个模型的所有特征都应该(或能够)接受严格的经验检验。定量考察的标准方法可以揭示决策者应对市场环境的大量行为细节,但是也可能错过模型的中心要点。在有些情况下,先撇开理论和经验的关联,这样可能更有价值;如果理论推测了经济决策者行为的特定模式,为了得到更加有用的估计,可以用理论推测作为相关计量经济模型的限制条件。

跟理论与经验验证相比,检验一个理论模型的质量是一个更加微妙的过程。模型的质量还取决于其他因素,比如形式上的简洁、推测的清晰,以及避免"死胡同"假定("死胡同"假定指的是当你放松这个假定的时候,你不知道何去何从)。

1.3 均衡分析

在理解和应用经济学原理的时候,经济均衡的重要性是不会被高估的。均衡可以被视为一种人为的构造,它可以让我们考察模型的特征。均衡的特点是,决策者的选择和行动是相互一致的,没有人有积极性改变他的选择或行动。我们可以把均衡设想为一个虚拟的图画,它描绘的是经济机制特定方面的运作。

1.3.1 均衡和经济情境

均衡是相对于经济环境来定义的。因此,如果我们在经济模型中把环境设定得更为复杂,毫不奇怪,我们就需要更加小心地界定均衡状态的定义。我们可以设想类比一个机械模型:杠杆、轮子、滑轮系统越复杂,你就越需要增加额外的子系统,需要更加小心地设定整个系统装置平衡的条件。

1.3.2 比较静态方法

当环境发生变化的时候,模型中的东西将如何变化? 比较静态分析就提供了一种处理这种问题的方法。比较静态分析基于均衡的概念,关注的是均衡本身和一个(或者几个)关键参数之间的关系。它不是一个过程的描述,而更像是均衡不同情形的一些快照,它记录的是一个过程的踪迹。

比较静态方法有时候被纳入具体的关系,被用来简要刻画经济决策者的行为。最好的例子是需求和供给函数,二者合起来被称为反应函数。第二个例子是博弈论模型分析中的反应函数(第10章),即在博弈规则具体形式的假定下,一个参与人对另一个参与人的行动如何做出反应。

我们常常使用比较静态方法来获知关于经济机器运作的洞见,比如当某些杠杆被拉起的时候,经济机器将如何运动。机器如何从一点移向另一点需要动态过程的具体模型。

1.3.3 动态性和稳定性

除了少数的例外,本书不考察均衡之外的行为。在简要讨论一般均衡的稳定性时,我们会提到非均衡的一些主要问题(第 7.4.4 节)。区分均衡本身和均衡的稳定性,这一点是重要的。[1]我们需要这个稳定性的概念,因为我们需要知道,我们花费了很多精力研究的这些均衡状态是否有可能被证明只不过是一些暂时的干扰。

1.4　本书的背景

本书假定你对这个学科的知识不至于是一张白纸。为了展开下面的讨论,我们假定你已经具备了如下一些背景知识。

1.4.1　经济学

本书的开篇章节假定你已经掌握了大学经济学的入门课程,比如你已经熟悉了生产函数、效用曲线、需求曲线和供给曲线、市场的运作以及均衡的性质。然而,我们将把这些核心概念放在正式的基础上处理,以便强化和深化对它们的理解。后面的章节将在这个基础上展开,引入更加高深的思想。

1.4.2　数学

早在 140 多年前,威廉·杰文斯(William Jevons, 1871)写道,"显然,如果经济学是科学,它就必须是数理科学"。本书的内容不是数理经济学,也不是经济学中的数学,但也不会刻意回避数学。如果数学解释能让逻辑更加精炼,或者提供更多的经济洞见(这些洞见可能会迷失在自然语言的云雾中),我们就会采用它。我们会尽可能用图形配合代数推导,以便呈现背后的直觉。

随着本书章节的逻辑展开,所要求的数学水平并不会越来越高;也不是说更艰深的经济问题必然跟更难的数学相关。数学附录(附录 A)的内容基本呈现了本书正文所需的技术要求;本书所用到的数学知识基本都涵盖在附录的资料中。* 浏览一下附录 A 可以让你知道需要掌握多少数学工具,同时也帮助你温习某些技术性的知识点。

1.5　关于本书的使用

每个专题的探讨都包含了叙述和练习。叙述的目的是带你轻快地领略现代微观经济学的主要专题。材料的组织有其内在的逻辑,同时,随着章节的进展,你可以重复使用这些技术来分析问题。为此,我尽量减少打断叙述进程的次数,把一些正式的证明放到附录或者引导性的练习中。练习包括例子、习题以及快速讨论,目的是加深对主要专题关键知识点的理解,并且熟悉重要的解决问题的技术。

---

①　迷你问题:取一支削尖的铅笔,将其放在一个水平的桌子上。它有几个均衡? 哪些均衡是稳定的?
*　下载"格致云课堂"APP,可获取本书附录。——编者注

1.5.1　路线图

我们从两个主要的经济决策者(企业和市场)以及它们和市场的关系开始。理解这些关系的运作方式,是理解很多其他有趣的微观经济问题的关键。首先研究企业(第 2 章),因为这里面的很多分析工具和解决方法对我们研究家庭(第 4 章)很有用。

接下来,逻辑自然延伸到探究经济体系作为一个整体是如何运作的。这里要回答的关键问题是,将商品配送给单个的消费者,以及将资源配置到企业来生产商品,市场在这个过程中发挥了怎样的作用。然后,我们引入不确定性这个比较困难的专题(第 8 章)作为探讨分布下的选择的前奏,从而连贯一致地探讨社会福利(第 9 章),并且提供基础的分析工具,以便在本书后面的章节中使用。

本书前三分之二所传达的背景信息是"市场有用",市场作为一种资源配置的方法,可以实现经济中商品和服务的合意配置。我们的讨论将继续向前推进,探讨为什么关于市场的简单逻辑并不总是被人接受,以及为什么"价格接受"的范式可能过于局限,我们需要给出经济原因。市场作为一个制度,毋庸置疑。理解微观经济学原理可以帮助我们评估修正市场机制的各种可能性,以及评估控制或者替代特定市场的各种方案。

1.5.2　一些提示

(1) 你可能会发现,浏览附录 A 中关于数学的简要总结会很有用。如果你发现自己对一些技术性知识感到有点生疏,通过这个附录你还可以得到进一步阅读的建议。你要确信仔细检查本书所用的符号列表,这些符号往往是约定俗成的。

(2) 附录 C 是一些结果的证明。这样做并不是因为这些结果无趣,而是因为证明方法并不是特别具有启发意义,或者说这些证明技术性过强。

(3) 每章都有脚注,脚注的目的是关注逻辑论证的具体要点。关于"迷你问题"部分,附录 B 给出了提示性答案或者解答要点。

(4) 从第 2 章开始,我们有许多"实践中的微观经济学"专栏:来自相关应用经济学文献或者时事问题的例子,这些例子很现实,也很生动。

(5) 例子和进一步阅读的参考文献目录集中列在第 13 章的结尾。

(6) 每章的最后设计了练习题,练习题的目的是提供比分散在各章的"迷你问题"更加严谨的思维训练。这些练习题的简要解答参见网站 www.oup.com/uk/cowell2e/。

(7) 网站上还有配套第 2—13 章内容的 PPT,参见 www.oup.com/uk/cowell2e/。这些 PPT 可以用来理解许多关键的结果,并且把本书许多图表背后的经济关系分离出来。

进一步阅读

微观经济学中的思维方式会影响你如何思考和推理:这会让你与同伴们有所不同吗?参见 Frank 等(1993)和 Rubinstein (2006)。

▶ 2

企　　业

我认为商业是非常简单的。利润。亏损。用销售收入减去成本,你就得到这个很大的正数。数学就是这么直观。

——比尔·盖茨,《美国新闻与世界报道》,1993 年 2 月 15 日

2.1　基本设定

我们从企业的经济问题开始,一方面是因为理解了这个问题可以为理解本书后面的其他专题提供一个好的基础,另一方面是因为这个问题的正式分析很直观,通常可以跟日常的经验和观察联系起来。

我们将分七个阶段来研究企业的微观经济分析中的问题。前四个阶段如下:

(1) 我们分析生产结构并引入一些基本概念,这些概念在求解企业的最优化问题时是有用的。

(2) 我们求解价格接受的利润最大化企业的最优化问题。沿着这个思路我们再看一下成本最小化问题。

(3) 我们用最优化过程中得到解的方程来刻画企业在长期和短期对市场刺激的反应。

(4) 我们将分析扩展到考虑多产品企业的问题。

后面剩下的三个专题集中考察企业和市场的关系,这是第 3 章的内容了。

本章我们将会发现一些标准的结果在基础的微观经济学原理中已经遇到过了;在本书后面的章节中你还会发现一个分析框架。我将在非常特殊的假定下对企业的行为做一个概述;然后在这个基础上放松一些假设,进而表明这些主要结果可以延续到其他有趣的问题。这是本书后面的章节共同遵循的一个策略:在简单的情形下阐述基本原理,然后进一步考虑如何修正这些原理以适应更有挑战的情形或者其他经济环境,在不同的情形和环境下,我们所需要的不过是相同类型的处理。

2.1.1　企业:基本要素

让我们介绍本章企业问题的三个主要组成部分:技术、环境和经济动机。

技术

你应该已经很熟悉生产函数的概念了。可能你之前看到的生产函数形式是简单的一种产出、两种投入的方程:$q = F(K, L)$(产出量是资本量和劳动量的函数),这是用一种很方便的方式得到企业的一些基本特征,对于我们分析企业的行为是至关重要的。

然而,我们将用一个基本的不等式来表达企业的技术可能性,这个不等式表达的是单一产出和 m 种投入向量的关系:

$$q \leqslant \varnothing(\mathbf{z}) \tag{2.1}$$

式(2.1)是对生产关系这个概念的一般化。本质上,函数 $\varnothing$ 告诉我们的是用投入集 $\mathbf{z} := (z_1, z_2, \cdots, z_m)$ 所能生产出来的产出的最大量 q;用式(2.1)来表达技术可能性可以让我们:

(1)处理多种投入;

(2)考虑无效率生产的可能性。

第二点,如果式(2.1)中的等号成立,我们就说生产是技术上有效率的——给定投入集 $\mathbf{z}$,你无法得到更多的产出了。

函数 $\varnothing$ 的特征包含了我们关于企业生产技术的"生活事实"的假定。如果只是研究单一产品的企业,那么描述"生产方向"就很容易。然而,有时候我们需要去描述多产品的情形,那么式(2.1)这个设定就不适用了,我们将在第 2.5 节进一步一般化生产函数的概念。

表 2.1　企业:基本符号

z_i	要素投入 i 的使用量
$\mathbf{z}$	$(z_1, \cdots, z_m)$
q	产出的量
$\varnothing(\cdot)$	生产函数
w_i	要素投入 i 的价格
$\mathbf{w}$	$(w_1, \cdots, w_m)$
p	产出的价格

环境

现在我们先假定企业所处的是完全竞争市场。在当前情境中,这个假定的意思是企业产出的价格 p 和 m 种要素的价格 $\mathbf{w} := (w_1, w_2, \cdots, w_m)$ 都是外生给定的(记忆方法:将 w_i 看成要素 i 的"工资")。

除了市场之外,考虑经济组织的其他形式也很有趣。除了市场施加的约束条件之外,引入其他的约束条件可能也是合理的,比如短期最优化的问题或者配给制度。然而,标准的完全竞争、价格接受模型提供了一个坚实的分析基础。有了这个基础,我们可以仔细讨论企业的其他可能情况,比如企业对产出的价格 p 或者某些要素的价格 w_i 有一定的控制力。

动机

几乎没有例外，我们假定企业的目标是利润最大化；这个假定意味着企业是由所有者（经理人）运营的，或者说企业正确地解读了股东的利益。[①]

在我们模型的情境中，我们把利润用图解的形式表示如下：

$$\boxed{\text{企业利润}} = \boxed{\text{销售收入}} - \boxed{\text{购买要素的支出}}$$

更正式地，我们把利润的定义式用如下公式表示：

$$\Pi := pq - \sum_{i=1}^{m} w_i z_i \tag{2.2}$$

在继续往下走之前，我们可以合理假定式（2.1）中的 ϕ 有如下特征：

$$\phi(0) = 0 \tag{2.3}$$

用直白的语言来说，就是企业无法在没有要素投入的情况下生产产品，或者说企业永远可以选择"关门"，不使用投入，也不产出；如此一来，利润也就等于零了。因此在利润最大化问题中，我们不需要担心企业赚取负利润（亏损的一个委婉说法）的可能性。[②]

2.1.2 生产函数的特征

我们来研究式（2.1）中的生产函数。我们把一个具体的投入组合（具体的向量 $\mathbf{z}$）称为一个技术。给定一个具体的产出水平 q，我们有必要引入两个跟技术有关的概念：

（1）任意选择一个产出水平 q，那么关于特定值 q 的投入要求集就是如下的技术集：

$$Z(q) := \{\mathbf{z} : \phi(\mathbf{z}) \geqslant q\} \tag{2.4}$$

（2）生产函数 ϕ 的等产量线是如下投入空间里 ϕ 的等值线：

$$\{\mathbf{z} : \phi(\mathbf{z}) = q\} \tag{2.5}$$

显然 q 等产量线就是 $Z(q)$ 的边界。你可能对等产量线已经很熟悉了，但投入要求集 Z 看上去是个新奇的东西。理解集合 Z 对刻画生产函数的基本特征以及最优化企业的行为结果很有用。正如我们将在第 2.3 节看到的，Z 的形状的一些特征决定了企业应对市场信号的一般方式。

在两种投入的模型中，图 2.1 列出了 $Z(q)$ 的四种可能的形状，它们分别对应着关于生产函数的不同假定。如下几点值得注意：

（1）当一种投入并不必要时，等产量线可以跟坐标轴相交。

---

① 迷你问题 1：除了利润最大化之外，企业还有哪些合理目标可以考虑？

② 迷你问题 2：在现实生活中，我们会遇到企业汇报亏损的情况。我们的模型应该如何扩展来解释亏损这个现象呢？

（2）等产量线可以有直线的部分（参见图2.1的情形2）。

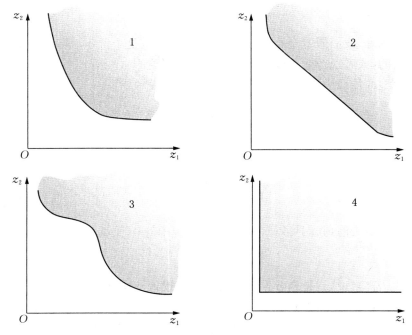

图2.1　四个不同技术的投入要求集

（3）$Z(q)$的凸性意味着生产过程在一定意义上是可分的。要看到这一点，对图2.1中的情形1、2和4进行如下的操作：在$Z(q)$内取两个向量$\mathbf{z'}$和$\mathbf{z''}$；用直线将它们连接起来；这条线上任意一点显然也属于$Z(q)$，这个点可以表示为$t\mathbf{z'}+[1-t]\mathbf{z''}$，这里$0<t<1$；你已经证明的是，给定产出$q$，如果生产技术$\mathbf{z'}$和$\mathbf{z''}$都是可行的，那么它们的组合也是可行的（比如各自一半）。[①]然而，这并不适用于情形3的任何地方（验证Z存在"凹陷"的地方）。这里两个可行技术的组合可能落在了Z的外面：非凸性意味着生产过程有一些不可分的地方。

（4）等产量线可能存在"折点"或者角点（图2.1情形4）。

边际技术替代率（MRTS）

如果我们假定函数$ø$是可微的，那么它的偏导数：

$$\frac{\partial ø(\mathbf{z})}{\partial z_i} \tag{2.6}$$

对每一个$i=1，\cdots，m$都是被良好定义的[有时候我们把此类偏导数简写为$ø_i(\mathbf{z})$，下标i表示对$\mathbf{z}$中的第i个元素求微分]。我们将在后面给出式（2.6）的经济解释，但是现在先用式（2.6）来引入等产量线的斜率。对等产量线上的所有的点（折点除外），斜率（绝对值）定

---

①　迷你问题3：一家企业在伦敦和纽约都有办公室。每个地方都可以雇用分数单位的劳动力（也可以雇用兼职劳动者），总部可以设在二者中的任何一座城市。最低可行的办公室员工数是一个全职雇员，总部所要求的最低雇员数是三个全职员工。请画出这种情况下的等产量线，并解释为什么$Z(q)$不是凸的。

义如下:

定义 2.1

投入 i 对投入 j 的边际技术替代率定义如下:

$$MRTS_{ij} := \frac{\partial \varphi(\mathbf{z})}{\partial z_j} \bigg/ \frac{\partial \varphi(\mathbf{z})}{\partial z_i} = \frac{\partial \varphi_j(\mathbf{z})}{\partial \varphi_i(\mathbf{z})}$$

这个定义给出了一个重要的符号简写,我们将反复使用:只要方便,我们就把函数的偏导数用一个下标表示。因此,符号 $\varphi_i(\mathbf{z})$ 的意思就是 $\partial \varphi(\mathbf{z})/\partial z_i$。

我们将经常会发现,使用边际技术替代率非常方便。从企业的角度来看,它反映了一种投入对另一种投入的"相对价值":$MRTS_{ij}$ 回答的问题是,"如果减少一单位的投入 j,那么需要多少单位的投入 i 来补偿,才能保证产出在固定的目标水平 q 上?"因此,例如在图 2.2 中,$\mathbf{z}°$ 的斜率就是在 $\mathbf{z}°$ 的 $MRTS_{21}$;如果我们有一个企业在 $\mathbf{z}°$ 生产产出 q,那么 $MRTS_{21}$ 就是多一单位投入 1 的相对价值(相对于投入 2)。

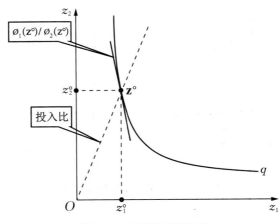

图 2.2　边际技术替代率

替代弹性

我们可以用 $MRTS$ 这个概念来刻画等产量线的形状。考虑如下问题:当投入的相对估值发生变化的时候,企业的生产技术会做出怎样的反应? 如果这个反应非常敏感,那么 $MRTS$ 的一个很小比例的增加,将会导致投入比例的很大的下降。因此,我们可以用如下的方式来度量这个"敏感度"或者弹性:

$$-\frac{\text{投入比的比例变化}}{MRTS \text{ 的比例变化}} = -\frac{\Delta(\text{投入比})/(\text{投入比})}{\Delta(MRTS)/(MRTS)}$$

我们可以用定义 2.2 来精确地表达这个思想。

定义 2.2

替代弹性定义如下:

$$\sigma_{ij} := -\frac{\partial \log(z_j/z_i)}{\partial \log(\varphi_j(\mathbf{z})/\varphi_i(\mathbf{z}))} \tag{2.7}$$

σ_{ij} 的数值(一定是非负的),刻画的正是我们刚刚讨论的概念:σ 的值越大,意味着生产函数就越"灵活",意思是说,给定一个要素相对估值的比例变化,生产技术就会有一个更大比例的变化。[1]要看到这个原理,首先看图 2.2:投入 (z_1^0, z_2^0) 的 $MRTS_{21}$ 由点 $\mathbf{z}^0$ 的斜率表示;穿过 $\mathbf{z}^0$ 的射线表示的是对应于该点的投入比 z_2/z_1;如果替代弹性较高,那么 $MRTS$ 的一个较小的变化将导致投入比的一个很大的变化。现在请看图 2.3 中的两种情形,这里的生产函数都有一个常数的替代弹性 σ。请看左边的图形($\sigma=1/2$):$MRTS_{21}$ 在"黑点"的地方比较低,表明投入 1 相对于投入 2 的隐含价值也是低的,z_2/z_1 也是低的。如果我们从"黑点"换到"空心点",$MRTS$ 的变化不大,与之相伴随的投入比的变化也不大。对比一下图 2.3 右边的图($\sigma=2$):从"黑点"换到"空心点"的时候,$MRTS$ 的变化跟左图一样,但是与之相关的投入比的变化却大得多。

我们可以把对应所有可能的 q 值的等产量线都画出来,这样得到的图就可能具有各种可能的形状了。[2]

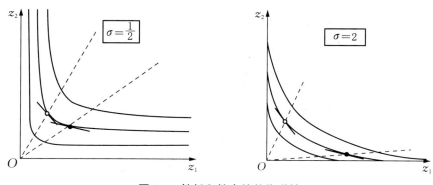

图 2.3　较低和较高的替代弹性

位似和齐次生产函数

为了实现不同的目的,对函数 ø 施加更多的限制是值得的,因为这样会产生一些方便的解释。图 2.4 中的左图表示的是位似的等值线:每条等产量线看上去就是一个复印的放大版;沿着从原点出发的射线,所有的切线都具有相同的斜率,因此 $MRTS$ 仅仅取决于生产过程中所使用的投入的相对比例。图 2.4 的右幅图表示的是位似生产函数的一个重要的子情形,即齐次生产函数,图形看上去是一样的,但是等值线的坐标必须满足如下规则。对任何标量 $t>0$ 和任一投入向量 $\mathbf{z}\geqslant 0$:

$$\text{ø}(t\mathbf{z})=t^r\text{ø}(\mathbf{z}) \tag{2.8}$$

---

[1]　迷你问题 4:证明 $\sigma_{ij}=\sigma_{ji}$。你可以参考附录 A.4.6 关于弹性的资料,可能对你有用。

[2]　迷你问题 5:(a)两个企业分别具有可微的生产函数 ø(·)和 ô(·),这里 $\text{ø}_1(\mathbf{z})>0$,$\hat{\text{o}}_1(\mathbf{z})>0$。假设对于所有的 $\mathbf{z}$,$\hat{\text{o}}(\mathbf{z})=\Psi(\text{ø}(\mathbf{z}))$ 成立,这里 Ψ 是一个严格递增的可微函数。证明:对任意给定的 $\mathbf{z}$,并且对所有的投入 $2, \cdots, m$,这两家企业有相同的 $MRTS_{1i}$。(b)假设 $\mathbf{z}$ 是 m 维的投入向量,$\mathbf{z}^p$ 表示向量 $\mathbf{z}$ 的前 k 个元素,$\mathbf{z}'$ 表示剩下的 $m-k$ 个元素,也就是说 $\mathbf{z}=[\mathbf{z}^p, \mathbf{z}']$。证明:存在函数 ψ 和 Ψ,满足 $\text{ø}(\mathbf{z})=\Psi(\varphi(\mathbf{z}^p), \mathbf{z}')$,ø(·)处处可微,并且满足 $\text{ø}_1(\mathbf{z})>0$,那么对所有的 $i=2, \cdots, k$,$MRTS_{1i}$ 独立于 $\mathbf{z}'$。

这里，r 是一个正的标量。如果 $ø(\cdot)$ 满足式（2.8）中的特征，那么就说它是 r 次齐次的。显然参数 r 包含重要的信息，即当所有的投入同时等比例变化的时候，产出将怎样变。例如，如果 $r>1$，那么当所有的投入翻倍的时候，产出将比翻倍还要多。①

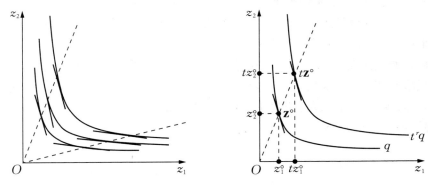

图 2.4　位似和齐次函数

规模报酬

齐次函数虽然分析起来非常方便，但毕竟过于特殊。我们有必要更一般地把生产规模变化的效果进行分类。我们用下面的定义来进行分类：

定义 2.3

生产函数 $ø$ 表现为：

（1）规模报酬递增（IRTS），如果满足对任一标量 $t>1$：

$$ø(t\mathbf{z})>tø(\mathbf{z}) \tag{2.9}$$

（2）规模报酬递减（DRTS），如果满足对任一标量 $t>1$：

$$ø(t\mathbf{z})<tø(\mathbf{z}) \tag{2.10}$$

（3）规模报酬不变（CRTS），如果满足对任一标量 $t>0$：

$$ø(t\mathbf{z})=tø(\mathbf{z}) \tag{2.11}$$

图 2.5—图 2.7 给出了对应上述三种情形的生产函数（都是两种投入、一种产出）。在每一种情形下，在帐篷形状的面上或者下面的点集都是可行的投入产出组合。在面上取一个点（如三张图中所示）：

（1）它的纵坐标表示的是该点所对应的坐标(z_1, z_2)所示的投入数量所能生产出的最大产出量。

---

① 迷你问题 6：下列哪些生产函数是位似的？哪些是齐次的？请简要解释。（提示：使用附录 A.13 和 A.14 的定义。）

（a）$ø(\mathbf{z})=z_1^{0.1}z_2^{0.2}$；（b）$ø(\mathbf{z})=\log z_1+2\log z_2$；（c）$ø(\mathbf{z})=z_1^{0.5}+2z_2^{0.5}$；（d）$ø(\mathbf{z})=\exp(z_1^{0.5}z_2^{0.5})$；（e）$ø(\mathbf{z})=[z_1-k]^{0.5}+[z_2-k]^{0.5}$，$z_1\geqslant k$，$z_2\geqslant k$，否则 $ø(\mathbf{z})=0$；（f）$ø(\mathbf{z})=z_1^{0.1}+z_2^{0.2}$。

在上述六种情形中，有两种情形的等产量线图一模一样，请问是哪两种？

（2）每个图中穿过该点的虚线路径叫做扩展路径；它给出的是当(z_1, z_2)同比例变化时所对应的产出和投入组合。(z_1, z_2)的同比例变化如同二维图 2.2 中沿着穿过原点的射线的变化。[1]在规模报酬不变的生产函数中，扩展路径本身就是穿过原点的射线（图 2.7）；在规模报酬递增和递减的情形下，这个路径显然是弯曲的。

（3）每个图中穿过该点的实线是 ø 的等值面；将这个等值面投射到(z_1, z_2)平面上（该图的"地板"），你就得到了等产量线。

我们可以通过限制式（2.9）中 t 的取值范围来说明局部的规模报酬递增,规模报酬递减和规模报酬不变也一样。常见的假定是,小规模生产(z_1, z_2 取值较低)能实现规模报酬递增,而大规模生产则出现规模报酬递减。此外,如果 ø 是凹函数,所有的 $Z(q)$ 集是凸集,那么规模报酬就是处处不变或者递减的。[2]

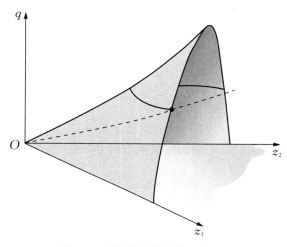

图 2.5　规模报酬递增的生产函数

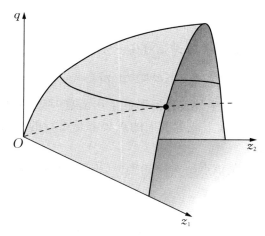

图 2.6　规模报酬递减的生产函数

---

[1]　迷你问题 7:在齐次生产函数的特殊情形中,r 取怎样的值才对应着规模报酬递增、不变或递减?
[2]　迷你问题 8:迷你问题 6 中的情形 1、情形 3 和情形 6 的生产函数,其规模报酬是怎样的?

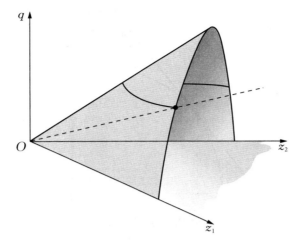

图 2.7　规模报酬不变的生产函数

边际产出

现在我们考虑产出和一种投入（比如 z_1）之间的关系，假设所有其他的投入都保持不变。我们可以在图 2.7 中做到这一点，例如，任意选取一个 z_2 的值，在平行于 qOz_1 的平面切开帐篷形状。这样我们就得到一个类似于图 2.8 中情形 1 的形状。[①]图 2.8 的情形 2—情形 4 表示的是其他三种生产技术的同种类型图。[②]我们可以用这个生产函数的观点来刻画另外一个非常有用的概念，如图 2.9 所示。

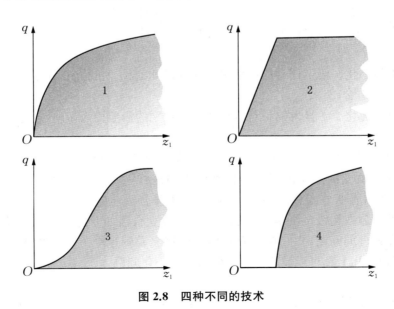

图 2.8　四种不同的技术

① 迷你问题 9：画出对应于图 2.8 的情形 2—情形 4 的三维图。

② 迷你问题 10：假设生产技术体现为规模报酬不变，那么图 2.1 的四种情形对应着图 2.8 的四种情形中的两种。是哪两种？对应这两个生产函数，给出一个简单的公式来得到这样的形式。

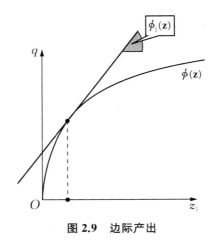

图 2.9　边际产出

定义 2.4

投入 i 的边际产出是生产函数对 z_i 的导数(可以定义的情况下)。

我们已经看到:边际产出就是式(2.6)。边际产出表示的是某种投入增加给企业带来的"价值",这个价值用增加的产出的单位来度量。它回答了这样一个问题:给定当前的投入选择 $\mathbf{z}$,增加一单位投入 i 的价值是多少(增加多少产出)?

2.2　最优化问题

我们把企业的目标设定为标准的约束条件下最优化问题的形式。为此,我们构建一个包含利润[式(2.2)]和生产约束[式(2.1)]的拉格朗日函数。然而,我们用两阶段法来解企业的最优化问题更有启发意义,这样做跟拉格朗日函数法是等价的。这两个阶段分别是:

(1)成本最小化。给定任意的产出水平 q 和已知的投入价格 $\mathbf{w}$,找出可以生产 q 的成本最小化的投入组合。

(2)产出最优化。一旦得知了对应具体产出水平的最佳投入策略,选择最合适的产出水平。

在阶段(1),我们从概念上把产出水平固定在一个任意的水平 q,如图 2.1 所示;在阶段(2),产出水平就变成内生的了。为什么要采用这样一个迂回的路径?原因有二。其一,它把企业活动清晰地划分为两个方面,二者很符合直觉且具有独立的基本逻辑。例如,阶段(2)的问题在初级经济学教科书中是一个独立自洽的专题。其二,阶段(1)的问题是一个很方便处理的问题:我们在后面的例子中将会看到这个方法被用来处理微观经济问题,这些问题实际上都可以转化为企业的成本最小化问题。

例 2.1

假设生产函数为 $\phi(\mathbf{z})=z_1^{1/4}z_2^{3/4}$。对应产出水平 $q=2$,包含所有投入组合的投入要求集(满足 $q\geqslant 2$)为: $Z(2)=\{\mathbf{z}:1/4\log z_1+3/4\log z_2\geqslant\log 2\}$。

要画出这个投入要求集,我们需要画出满足 $\log 2=0.25\log z_1+0.75\log z_2$ 的所有 (z_1,z_2) 组合(用一个电子制表软件就可以很容易地做到)。这就给出了左图的边界线:集

合 $Z(2)$ 如图中阴影部分所示(包含边界)。

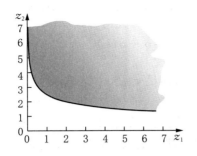 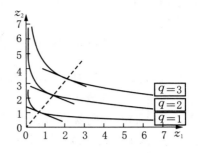

$q=2$ 对应的等产量线就是这个边界:对应 $q=1$,2,3 的等产量线画在右图中。在任何有限的投入下,这些等产量线都不会跟坐标轴相交,等产量线的方程式为 $z_2=q^{4/3}z_1^{-1/3}$。因此,如果 q 是有限的正数,那么 $z_1\rightarrow0$ 意味着 $z_2\rightarrow\infty$;同样,$z_2\rightarrow0$ 意味着 $z_1\rightarrow\infty$。这些等产量线是位似的;也就是说,沿着穿过原点的射线,等产量线的切线斜率相同。可以看出,这个生产函数是一次齐次的;如果投入翻倍的话,那么产出将正好翻倍。

在保持投入 2 不变的情况下,生产函数对投入 1 求导数,我们就可以得到投入 1 的边际产出。在这个例子中,投入 1 的边际产出为 $Az_1^{-3/4}$,这里 $A:=1/4z_2^{3/4}$。

2.2.1 一阶段最优化:成本最小化

我们可以通过两种投入的特例来看到这个问题的本质:我们可以在图形中表达出来,如图 2.10 所示。有两点非常重要:

(1)在这个图形中考虑一条斜率为(一)w_1/w_2 的直线。根据定义,这条直线的方程为:

$$w_1z_1+w_2z_2=常数 \tag{2.12}$$

换句话说,所有位于这条线上的点所代表的投入组合,对企业而言意味着相同的财务成本。因此,这样的线就叫作等成本线。

(2)等成本线向上平移意味着成本上升:你只需要改变式(2.12)中等号右端的常数。

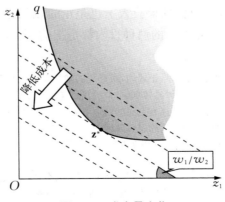

图 2.10 成本最小化

直觉上来看,给定产出水平 q,成本最小化问题就是投入要求集 $Z(q)$ 所能达到的最低成本。正式地,我们可以把成本最小化问题表示为最小化一个拉格朗日函数:

$$\mathcal{L}(\mathbf{z}, \lambda ; \mathbf{w}, q) := \sum_{i=1}^{m} w_i z_i + \lambda \big[q - \varnothing(z) \big] \tag{2.13}$$

产出水平 q 和投入价格 $\mathbf{w}$ 是给定的,对每个投入 i,满足 $z_i \geqslant 0$。这里,λ 是跟约束条件式(2.1)相对应的拉格朗日乘数。

式(2.3)对 z_i 求导,我们就可以得到最小化问题的一阶条件(FOC)。令 $\mathbf{z}^*$ 表示成本最小化问题的投入,即式(2.13)的解;如果最优解意味着投入 i 的量严格为正,那么一阶条件意味着:

$$\lambda^* \frac{\partial \varnothing(\mathbf{z}^*)}{\partial z_i} = w_i \tag{2.14}$$

更一般地,对每一个 i,我们有:①

$$\lambda^* \frac{\partial \varnothing(\mathbf{z}^*)}{\partial z_i} \leqslant w_i \tag{2.15}$$

这里的"<"只适用于 $z_i^* = 0$ 的情形。同样地,对式(2.13)中的 λ 求导,我们可以发现:

$$q = \varnothing(\mathbf{z}^*) \tag{2.16}$$

最优化的一般条件实际上是:

$$q \leqslant \varnothing(\mathbf{z}^*) \tag{2.17}$$

这里的"<"只适用于 $\lambda^* = 0$ 的情形。然而,条件式(2.14)和式(2.15)意味着在最优解的时候,拉格朗日乘数 λ^* 一定是正的②,因为我们实际上一定可以得到式(2.16),即生产在技术上是有效率的。③综上所述,我们可以得出,如果成本最小化要求投入 i 的量是正的,那么对任何其他投入 j:④

$$\frac{\varnothing_j(\mathbf{z}^*)}{\varnothing_i(\mathbf{z}^*)} \leqslant \frac{w_j}{w_i} \tag{2.18}$$

[记住 $\varnothing_i(\mathbf{z}^*)$ 是 $\partial \varnothing(\mathbf{z})/\partial z_i$ 的简写]如果投入 j 也是正的,那么式(2.18)中的不等号可以换成等号。因此,如果成本最小化要求的两种投入都是正的,那么我们有:⑤

---

① 迷你问题 11(供喜欢数学的人思考):正式地,角点解的情形是非线性规划问题的一个标准例子。应用附录 A 中的库恩—塔克条件(A.50)—(A.53)具体求解,并验证正文中的结论。

② 迷你问题 12:解释为什么这意味着在有意义的情形下 λ^* 一定是正的。

③ 迷你问题 13:给出一个比较符合直觉的逻辑来证明式(2.16)。[提示:假设在 $\mathbf{z}^*$,式(2.1)的严格不等号成立;证明:你可以找到一个可行的投入向量,使得企业的成本下降。]

④ 迷你问题 14:画图表示式(2.18)的角点解。

⑤ 迷你问题 15:(a)假设正好相反,这个条件不能满足。证明:企业可以通过调整投入来进一步降低成本。(b)当"="成立的时候,一种投入对企业的"相对价值"是用另一种投入来度量的,根据这个概念,解释式(2.18)的一阶条件。(c)当式(2.18)中的"<"成立的时候,重复上述过程。

$$MRTS = 投入价格比$$

综上所述,我们可以得出如下结论:

定理 2.1(成本最小化问题解的特征)

(1)完全竞争下的成本最小化的产出在技术上是有效率的。(2)对于任何两种投入 i, j,如果购买的数量是正的,那么 $MRTS_{ij}$ 一定等于投入价格比 w_j/w_i。(3)如果 i 是已经购买的一种投入,而 j 是尚未购买的投入,那么 $MRTS_{ij}$ 将小于或等于投入价格比 w_j/w_i。

前面的讨论意味着,问题的解可能是一个角点解且未必唯一:这都取决于投入要求集 $Z(q)$ 的形状,我们后面会看到这一点。

我们可以把满足式(2.16)和式(2.18)的投入用指定的产出水平 q 和投入价格向量 $\mathbf{w}$ 表示出来。这意味着成本最小化问题的解(最优投入)可以用如下方式表达:

$$
\left.
\begin{aligned}
z_1^* &= H^1(\mathbf{w}, q) \\
z_2^* &= H^2(\mathbf{w}, q) \\
&\cdots \\
z_m^* &= H^m(\mathbf{w}, q)
\end{aligned}
\right\}
\tag{2.19}
$$

我们可以把关系 H^i 看成投入 i 的条件需求,即以产出水平 q 为条件的需求。我们需要考虑在什么条件下这个关系是单值的(即给定 $\mathbf{w}$ 和 q 的值,z_1^* 是唯一的),在什么情况下我们可以把 H^i 看成是一个条件需求函数。但是我们需要在考察最优化的其他一些重要特征之后,再来看这个问题(等到第 4 章我们研究关于消费者的问题时,你就会明白为什么这里要用字母 H……)。

2.2.2　成本函数

我们还可以把最小成本[即式(2.13)的解]写成 q 和 $\mathbf{w}$ 的函数。这将是一个非常有价值的概念,它不仅适用于我们关于企业理论的讨论,而且在经济理论的其他领域也有应用,比如消费者最优化。

定义 2.5

企业的成本函数是投入价格和产出水平的一个实值函数 C,满足:

$$
C(\mathbf{w}, q) := \min_{\{\mathbf{z} \geqslant 0,\, \emptyset(\mathbf{z}) \geqslant q\}} \sum_{i=1}^{m} w_i z_i
\tag{2.20}
$$

$$
= \sum_{i=1}^{m} w_i H^i(\mathbf{w}, q)
\tag{2.21}
$$

成本函数的自变量是投入价格和给定的产出水平;成本函数的含义如下。给定每种投入的价格和产出水平,购买这些投入的最低支出是多少?因为函数 C 是从成本最小化过程中得到的,所以它具有一些非常有用的特点。

第一,C 一定是至少一种投入价格的严格增函数,如果生产函数是连续的,C 还一定是产出的严格增函数:如果不是这样,那么你可以用更少的投入来得到同样的产出水平,或者给定同样的投入支出得到更多的产出。不管是哪种情况,你显然并没有在成本最小化的点上。同理,我们可以看到 C 不可能是任一投入价格 w_i 的减函数。[①]

第二,从式(2.18)我们可以看出,两种投入价格 w_1 和 w_2 同时增加 10% 并不会改变最优投入水平 z_1^* 和 z_2^*;那么最低成本 $w_1 z_1^* + w_2 z_2^*$ 会增加多少呢? 显然也是 10%。这个逻辑可以很容易地扩展到 m 种投入和所有投入价格任何倍数的改变。

第三,成本函数一定是价格的凹函数,我们可以从图 2.11 的单一投入的图形中看到这一点;这是一个一般化的结论,并不依赖于生产函数 ϕ 的任何特殊特征。[②]

第四,假设你在成本最小化的点雇用了 1 000 个小时的劳动:如果支付给劳动的工资有一个微小的增加(比如每小时增加一分钱),那么企业的成本将增加多少? 如果你在成本最小化的点雇用了 12 万个单位的劳动,你的成本将上涨多少? 1 200 分吗? 如果你的直觉很敏锐,你应该已经发现,当投入价格增长的时候,成本的增长率正好等于你在最优化点使用的投入的增长率;成本函数的这一特点被称为谢泼德引理(Shephard's Lemma)。[③]

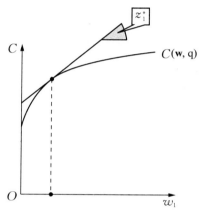

图 2.11 成本和投入价格

所有这些特征总结如下(附录 C 给出了证明):

定理 2.2(成本函数的特征)

式(2.20)中竞争性企业的成本函数 C 是 $\mathbf{w}$ 的非递减、连续、一次齐次的凹函数。C 对至少一个 w_i 是严格递增的。如果生产函数是连续的,那么 C 是 q 的严格增函数。在任何一个可微的点,对投入 i 的最优需求是:

$$\frac{\partial C(\mathbf{w}, q)}{\partial w_i} = z_i^* \tag{2.22}$$

还有两个有趣的点,即平均成本 $C(\mathbf{w}, q)/q$ 和边际成本 $C_q(\mathbf{w}, q)$ 的概念。生产函数 ϕ 的"规模报酬"特征和平均成本的行为之间有一个很简洁且有用的关系:如果生产函数呈

---

① 迷你问题 16:C 对某些 w_i 可能是常数。为什么?

② 迷你问题 17:用附录 A 中的评论 A.4 来证明成本函数一定是凹函数。

③ 迷你问题 18:在 z^* 是唯一的且严格为正这一特殊情形下证明这一结论。[提示:式(2.21)对 w_i 求导数,然后使用一阶条件。]

现出规模报酬递减,那么平均成本是上升的;[1]规模报酬不变意味着平均成本不变;规模报酬递增意味着平均成本下降。另外,平均成本上升意味着边际成本高于平均成本;平均成本下降意味着边际成本低于平均成本。[2]此外,如果设定的产出水平增加,考虑一下这对成本最小化问题的影响。给定式(2.16)在最优点成立,我们有:

$$C(\mathbf{w}, q) = \sum_{i=1}^{m} w_i z_i^* + \lambda^* \left[q - \varphi(\mathbf{z}^*) \right] \tag{2.23}$$

关于边际成本,式(2.23)可以引出如下非常有用的一般结论(参见附录C):[3]

$$C_q(\mathbf{w}, q) = \lambda^* \tag{2.24}$$

要了解为什么得到这个结果,我们可以提这样一个问题:如果企业略微放松式(2.13)中的产出目标(从 q 到 $q - \Delta q$),企业的成本将怎么变?直觉的回答是:就是多生产 Δq 的额外成本。换句话说,在最优解的附近,式(2.13)中的约束条件的合适“值”(拉格朗日乘数),就是产出为 q 的边际成本。

实践中的微观经济学:电力供给

一篇经典论文(Nerlove,1963)模型化了这个问题,该模型使用了三个关键投入:劳动(投入1)、资本(投入2)以及燃料(投入3)。如果技术可以用如下的柯布—道格拉斯(Cobb-Douglas)生产函数来合适地表达:

$$\phi(\mathbf{z}) = A z_1^{a_1} z_2^{a_2} z_3^{a_3}$$

那么,下面的方程可以表示总成本的对数:

$$\log C = \delta + \gamma \log q + \beta_1 \log w_1 + \beta_2 \log w_2 + \beta_3 \log w_3 \tag{2.25}$$

这里,β_1,β_2,β_3,γ,δ 都是参数,且 $\beta_1 + \beta_2 + \beta_3 = 1$。如果 $\gamma < 1$,技术就是规模报酬递增的。如果你不能立刻看出这一点,可以做一下练习题2.5。$\log C$ 的方程可以得到如下的计量经济学设定:

$$\log C_i = \gamma + \beta_0 \log q_1 + \beta_1 \log w_{1i} + \beta_2 \log w_{2i} + \beta_3 \log w_{3i} + \varepsilon_i$$

这里,下标 i 表示单个企业 i 的观察值,ε_i 是干扰项。Nerlove 在1955年用145家企业的数据估计了这个方程。这些数据跟 βs 的限制相一致吗?电力行业存在规模报酬递增吗?答案都是肯定的。想了解更多关于这个模型的计量经济学问题,参见 Hayashi(2000,pp.60—68)。

---

[1] 迷你问题19:证明这个结论。提示:在 $\bar{q}$ 和 $t\bar{q}$ 画两条等产量线;对于给定的投入价格比,在 $t\bar{q}$ 等产量线上标注成本最小化的投入组合,然后过这个点画一条射线;找到这条射线穿过 $\bar{q}$ 等产量线的点,计算这个点的投入成本;然后使用成本函数的定义。

[2] 迷你问题20:证明这一结论。

[3] 迷你问题21:在 $\mathbf{z}^*$ 是唯一且严格为正的特例下证明这个结论。[提示:式(2.13)或式(2.21)对 q 求导数并且应用一阶条件。]

2.2.3   二阶段最优化:选择产出

根据成本函数我们可以开始研究寻找最优产出的问题。我们所需要做的,就是把第一阶段问题的解 $C(\mathbf{w}, q)$ 代入式(2.2);然后考虑如下问题:

$$\max_{\{q\geq 0\}} pq - C(\mathbf{w}, q) \qquad (2.26)$$

这个最大化问题的一阶条件可以解出最优数量 q^*:

$$\left.\begin{array}{l} p = C_q(\mathbf{w}, q^*), \text{如果 } q^* > 0 \\ p \leqslant C_q(\mathbf{w}, q^*), \text{如果 } q^* > 0 \end{array}\right\} \qquad (2.27)$$

换句话说,产品价格小于或等于最优化的边际成本。

式(2.26)最大化的一个必要条件是,在 q^* 的附近,目标函数对 q 的二阶导数应该小于或等于零。在求解的过程中,我们可以发现这个条件意味着:

$$C_{qq}(\mathbf{w}, q) \geqslant 0 \qquad (2.28)$$

因此,最优解一定位于边际成本曲线水平或者递增的部分。然而,我们也必须考虑一个限制条件,即如果企业亏损,那么它将无法继续营业。[1]显然,这要求:

$$pq - C(\mathbf{w}, q) \geqslant 0 \qquad (2.29)$$

我们可以将上式改写为:

$$\frac{C(\mathbf{w}, q)}{q} \leqslant p \qquad (2.30)$$

用通俗易懂的话来说就是,在产出最优的时候,平均成本不能超过产品价格。

原则上,我们可以再次将产出的最优供给表示为外生给定的变量的函数,就是从一阶条件式(2.27)中求解 q^* 的问题中的外生变量;让我们考虑一下这个供给关系。假设存在一个产出水平 $\underline{q}$,使得边际成本等于平均成本。如果边际成本严格大于平均成本($\underline{q}$ 的右边)[2],并且边际成本递增,那么价格 p 和最优产出之间存在一个一对一的关系;如果边际成本小于平均成本($\underline{q}$ 的左边),那么企业将不再有产出;如果边际成本正好等于平均成本,

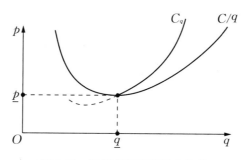

图 2.12   最优产出可能是多值的

---

[1]   迷你问题 22:我们已经排除了 Π<0,但是,如果 Π>0,那么这个市场将会发生什么?

[2]   迷你问题 23:如果要使得这样一个 $\underline{q}$ 存在,那么生产函数 ø 必须满足什么条件?

那么企业在生产 q 和完全不生产之间是无差异的,参见图 2.12。因此,对应单一值 $p=\underline{p}$,可能存在不止一个利润最大化的产出水平。我们后面会继续拓展这个问题,但现在先把它放在一边,回到企业的总体最优化问题。

2.2.4　合并解

现在我们把成本最小化和产出最优化这两个问题的解组合在一起,看一下我们将得到什么。主要结果如下:

定理 2.3(边际产出和投入价格)

在利润最大化的技术下,任一投入的边际产出的值一定不大于该投入的价格。如果该投入的量是正的,那么边际产出的值一定等于该投入的价格。

证明这个定理所需要的,不过是把一些我们已经知道的要点组合起来:根据成本最小化问题的表达式(2.15),我们知道 λ 乘以 i 的边际产出一定小于或等于 w_i;我们关于成本函数的讨论表明,λ 就是边际成本。从产出的最优化问题中我们知道,边际成本等于价格。

现在我们已经得到了合并问题的解(关于市场价格 p 和 $\mathbf{w}$),我们感兴趣的是,当这些价格发生变化的时候,解将会受到怎样的影响。

2.3　作为一个"黑箱"的企业

我们接下来将看到如何应用企业的成本函数:我们以一种简单的方式,用成本函数来刻画企业的均衡,然后分析利润最大化的企业将如何应对市场环境的变化。我们可以把企业想象成一个电子黑箱,它从市场上接收以价格的形式传进来的信号,然后经过一些事先确定的内部机制运作,加工这些信号,并以投入需求量和产出供给量的形式发送其他信号。我们的任务就是阐述黑箱的内部运作。

2.3.1　比较静态:非正式介绍

要完成上面的任务,我们需要使用比较静态的方法。本质上,我们就是要看当一些市场数据发生微小变化的时候,最优化问题的解将怎样变化。这样做不仅仅是提供一个机械响应,它还可以揭示关于解的结构的信息。接下来我们将拓展企业的初级模型的分析,来探讨两个重要的进展:企业对"短期"约束的反应(第 3 章),以及企业作为价格制定者(而非价格接受者)的可能性。

例 2.2

使用例 2.1 中的生产函数,$\phi(\mathbf{z})=z_1^{1/4}z_2^{3/4}$,成本最小化问题的拉格朗日函数是:

$$\mathcal{L}(\mathbf{z},\mu;\mathbf{w},q):=w_1z_1+w_2z_2+\lambda[q-\phi(\mathbf{z})]$$

这里,λ 是拉格朗日乘数。因为等产量线不跟坐标轴相交,所以没有角点解,我们可以把一阶条件写成如下等式:

$$w_1 - \frac{1/4\lambda^* \phi(\mathbf{z}^*)}{z_1^*} = 0$$

$$w_2 - \frac{3/4\lambda^* \phi(\mathbf{z}^*)}{z_2^*} = 0$$

$$q - \phi(\mathbf{z}^*) = 0$$

整理前两个一阶条件,代入第三个一阶条件,我们有:

$$z_1^* = 1/4\lambda^* \phi(\mathbf{z}^*)/w_1$$

$$z_2^* = \frac{3/4\lambda^* \phi(\mathbf{z}^*)}{w_2}$$

$$q = \frac{1}{k}\lambda^* q w_1^{-0.25} w_2^{-0.75}$$

这里,$k := 0.25^{-0.25} \times 0.75^{-0.75}$。整理后,我们发现 $\lambda^* = kw_1^{0.25} w_2^{0.75}$。代入 λ^*,我们得到成本最小化的投入:

$$z_1^* = \frac{1}{4}\frac{\lambda^* q}{w_1} = \frac{k}{4}\left[\frac{w_2}{w_1}\right]^{0.75} q$$

$$z_2^* = \frac{3}{4}\frac{\lambda^* q}{w_2} = \frac{3k}{4}\left[\frac{w_1}{w_2}\right]^{0.25} q$$

z_1^* 乘以 w_1,z_2^* 乘以 w_2,然后相加,显然最小的成本就是 $\lambda^* q$。但是我们已经计算出了 λ^* 作为给定的 q、w_1 和 w_2 的函数。因此,成本函数为 $C(\mathbf{w}, q) = kw_1^{0.25} w_2^{0.75} q$。

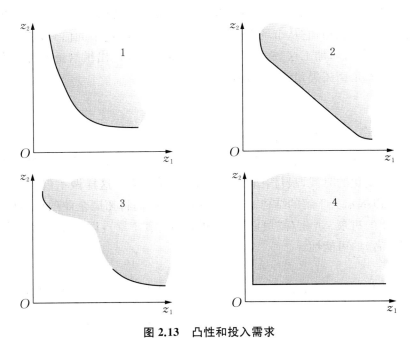

图 2.13 凸性和投入需求

作为基本比较静态方法的一个例子,让我们回到先前提到的一个要点,即企业成本最小化问题的解的本质,依赖于投入要求集 $Z(q)$ 的形状。为了考察 $Z(q)$ 其他可能形状的含义,尝试如下四个部分的实验:

第一,考虑 $Z(q)$ 为严格凸集的情形(图 2.13 的情形 1),在图形中用一个直线边来表示等成本线。然后,在另外一张纸上标出成本最小化的 z_1 的值(等成本线的斜率的绝对值为 w_1/w_2);你应该可以得一条连续的、向下倾斜的曲线。边界的阴影表示的是最优的 **z** 值。

第二,当 $Z(q)$ 是凸集但不是严格凸集的时候(情形 2),进行同样的实验,你将得到一个相似的图形,但是至少存在一点,使得单一的 w_1/w_2 值对应着 z_1 的一个区间。

第三,当 $Z(q)$ 不是凸集的时候(情形 3),你应该可以找到一个点,使得单一的 w_1/w_2 值对应着正好两个 z_1 的值:在这两个 z_1 的值之间,存在不连续的关系。

第四,尝试存在折点的情形:你会发现,在折点处,存在 w_1/w_2 的一个范围,使得最优的 z_1 保存不变。然而,尽管在折点处对于给定的 w_1/w_2 的值,存在唯一的投入需求,但是你可以找到一个范围内的 w_1/w_2 的值,它们对应着相同的投入需求。①

比较图 2.1 和图 2.13 很有用:当 $Z(q)$ 不是凸集时,并不是 $Z(q)$ 边界上所有的点(图 2.1)都是成本最小化问题的可能解(图 2.13)。这个实验表明,投入要求集的凸性问题,是市场价格和投入需求之间关系的核心。另外,边界上存在折点将破坏投入需求和投入价格之间关系的唯一性。我们下面将更正式地分析这个问题。我们将发现这些思想同样适用于经济最优化的其他方面。

2.3.2 企业的需求和供给函数

我们能否把企业的最优投入需求表示为(良好定义的)市场价格的单值函数? 我们是否也可以把企业的最优产出表示为这样的函数? 这些问题对于理解企业对市场信号的反应非常重要。为了回答这些问题,我们接着看一下上述实验中出现的一个要点,即对应着一个合适形状的 $Z(q)$——换句话说,一个“行为良好”的生产函数 ϕ——你将得到投入价格比和投入需求之间的一个一一对应的关系。但是对于其他生产函数,就可能出现多个解。这一点(证明参见附录 C)可以正式地总结如下:

定理 2.4(企业的需求和供给函数)

(1)如果所有的投入要求集都是严格凸集,那么对于所有正的投入价格,条件投入需求函数永远是良好定义的且是连续的。(2)如果生产函数是严格凹函数,那么对于所有正的投入价格,供给函数和投入需求函数永远是良好定义且连续的。

这个结果的第二部分所陈述的条件是相当苛刻的。为了看清楚原因,我们回忆图 2.12 中刻画的“常规”供给关系,其实并不满足上述定理中第(2)部分的要求。如果平均成本曲线是 U 形的,那么企业的产出供给在一个点是多值的:这个点就是 q。此时 p 等于最小平均成本(给定 $p = p$,企业并不在乎它是生产 q 还是完全不生产,因为在这两种情况下的利润都为零)。这意味着,严格来讲,我们得到的是一个供给对应而不是一个供给函数

---

① 迷你问题 24:当 $Z(q)$ 是严格凸集,并且边界有多个折点时,画出这个情形的图。画出投入价格和条件投入需求之间的关系,并验证投入需求永远可以被唯一定义。

（关于这个重要的数学区分，参见附录 A.3 节的讨论）。企业的供给曲线在 q 是不连续的：当市场价格从略微低于 p 的水平上升到略微高于 p 的时候，企业的供给存在一个从 0 到 q 的跳跃。为什么呢？因为在 q 的左边，平均成本是递减的，存在 Z 的一个区域使得规模报酬是递增的：生产函数在这个区域不是凹函数。

想通了这一点后，让我们暂时忽略它，然后引入三个关键的概念，从现在开始我们将频繁使用这三个概念。前两个是：

定义 2.6

投入 $i=1, 2, \cdots, m$ 的条件需求函数是投入价格和产出水平的一个实值函数 H^i：

$$z_i^* = H^i(\mathbf{w}, q) \tag{2.31}$$

这里，$(z_1^*, z_2^*, \cdots, z_m^*)$ 是对应 $\mathbf{w}$ 和 q 的成本最小化的投入。

定义 2.7

竞争性企业的供给函数是价格的一个实值函数 S：

$$q^* = S(\mathbf{w}, p) \tag{2.32}$$

这里，q^* 是对应 $\mathbf{w}$ 和 p 的利润最大化的产出。

请注意：H^i[第一次出现在式(2.19)]对投入价格 $\mathbf{w}$ 是零次齐次的，S 对 $(\mathbf{w}, p)$ 是零次齐次的。[1]然后，将上述两个解的函数粘合在一起，这样我们可以给出第三个核心概念：

定义 2.8

投入 i 的条件需求函数是投入价格和产出价格的一个实值函数 D^i：

$$z_i^* = D^i(\mathbf{w}, p) \tag{2.33}$$

这里

$$D^i(\mathbf{w}, p) := H^i(\mathbf{w}, S(w, p)) \tag{2.34}$$

式(2.34)强调的是表达同一基本概念的两种不同的方式：条件需求和无条件需求。在第一种情况下，我们把投入最优化问题的解写成投入价格和产出的函数；在第二种情况下，我们写成投入价格和产出价格的函数。我们将会看到，两种方式都很有用。定义2.6—定义 2.8 所介绍的三个关键函数，构成了竞争性企业的反应函数——它们简洁地刻画了竞争性企业对市场信号的反应。

2.3.3 比较静态：一般情形

我们在第 2.3.1 节所得到的图 2.13 中的解，是通向一个重要思想的第一步。现在我们用第 2.3.2 节所得到的企业的反应函数来展开这个重要思想。为此，我们逐一研究反应函数，考察当等号右端的价格变量发生变化的时候，等号左端的数量（产出或投入）将如何反应。（作为一个数学注释，我们使用了"链式"法则或者"复合函数"求导法则，参见附录 A.4.3 节。）我们将分三个阶段完成，分别总结在接下来三个小节的三个问题中。

---

① 迷你问题 25：根据成本函数的特征解释为什么这样。

产出水平对产出价格的变化如何反应?

考察供给曲线就是比较静态的一个例子:在利润最大化的假定下,我们来看对于 p 的变化,q^* 会做出何种反应。

假设我们研究问题中比较有趣的部分,即企业的产出水平严格为正。那么供给曲线上的点一定也满足标准的一阶条件:价格=边际成本。代入式(2.32)中的 q^*:

$$p=\frac{\partial C(\mathbf{w},\ q^*)}{\partial q}=C_q(\mathbf{w},\ S(\mathbf{w},\ p)) \tag{2.35}$$

这里,我们再次使用下标来表示偏导数。对式(2.35)中的 p 求导,整理得:①

$$S_p(\mathbf{w},\ p)=\frac{1}{C_{qq}(\mathbf{w},\ q^*)} \tag{2.36}$$

这里,$C_{qq}(\mathbf{w},\ q^*)$ 表示二阶导数 $\partial^2 C(\mathbf{w},\ q^*)/\partial q^2$,$S_p$ 表示供给函数对 p 的偏导数。式(2.36)的等号左端是供给曲线的斜率。等号右端取决于边际成本 C_q 随产出 q 递增的方式。因为我们从二阶条件知道 C_{qq} 在最优解的时候一定是正的,那么也就立刻得知,竞争性企业的供给曲线一定是向上倾斜的。

投入需求如何对产出价格的变化做出反应?

现在我们用同类方法来看投入需求的反应。假设产出的市场价格上涨:我们知道,此时产出将增加,但是投入的使用将如何变化? 对产品需求的变化是否也将增加对投入要素(比如劳动力)的需求? 式(2.34)给出了投入需求的两种表达方式,我们可以应用这两种表达方式之间的基本关系。对式(2.34)中的 p 求导,我们得到:

$$D_p^i(\mathbf{w},\ p)=H_q^i(\mathbf{w},\ q^*)S_p(\mathbf{w},\ p) \tag{2.37}$$

因此,问题的答案不是很直观:p 的上涨将增加对劳动力的需求,当且仅当 $H_q^i[\partial H^i(\mathbf{w},\ q^*)/\partial q$ 的简写]这一项是正的:这一项是一个"产出效应",它描述的是当指定的产出水平 q 增加的时候,条件投入需求将发生怎样的变化;通常假设它是正的,因此当产出水平增加的时候,z_i^* 也会增加(一种"正常投入");但是偶尔也有可能不是正的,也就是所谓的"低档投入"。如果应用谢泼德引理,我们可以得到进一步的洞见,根据式(2.22)和式(2.23),我们可以写出:

$$C_i(\mathbf{w},\ q)=H^i(\mathbf{w},\ q) \tag{2.38}$$

然后,我们发现式(2.37)可以改写为:②

---

① 迷你问题 26:使用复合函数求导法则或链式法则进行求导。
② 迷你问题 27:根据成本函数特征的基本定理以及 C 的二阶偏导数变换来证明这一点。

$$D_p^i(\mathbf{w}, p) = \frac{\partial C_q(\mathbf{w}, q^*)}{\partial w_i} S_p(\mathbf{w}, p) \tag{2.39}$$

因此,如果工资率的上涨提高了边际成本,那么在这样的成本结构下我们可以推出,产品价格的上涨将增加对劳动力的雇用。

当投入 j 的价格变化时,对投入 i 的需求将发生怎样的变化?

最后,当投入 j 的市场价格发生变化时,企业对投入 i 的需求将怎样变化? 当纸的价格(w_j)上涨的时候,你会少雇用一些秘书(z_i^*)吗? 为了回答这样的问题,再次对式(2.34)求导,不过这次是对 w_j 求导:

$$D_j^i(\mathbf{w}, p) = H_j^i(\mathbf{w}, q^*) + S_j(\mathbf{w}, p) H_q^i(\mathbf{w}, q^*) \tag{2.40}$$

关于投入价格变化效应的这个基本分解公式可以概括如下:

$$\text{总效应} = \text{替代效应} + \underbrace{\text{投入价格 } j \text{ 对最优产出水平的影响} \times \text{产出对投入 } i \text{ 的需求的影响}}_{\text{产出效应}}$$

替代效应是企业对投入要素价格变化的反应(企业受到的约束是完成一个固定的产出目标);替代效应就是 H_j^i,即在投入价格 j 的方向上对 i 的条件需求的斜率。产出效应指的是最优产出的变化所导致的对投入 i 的需求变化。这是一个乘积:(w_j 的变化对最优产出的影响,S_j)乘以(q^* 的变化对 i 的需求的影响,H_q^i)。

此前我们做过一些比较静态的练习,使用同样的技巧,我们可以简化式(2.40)中的产出效应。根据谢泼德引理,H_q^i 可以表示为成本函数的二阶导数;对式(2.35)中的 w_j 求导可以得到供给函数的导数表达式。[①]代入式(2.40)我们得到:

$$D_j^i(\mathbf{w}, p) = H_j^i(\mathbf{w}, q^*) - \frac{C_{jq}(\mathbf{w}, q^*) C_{iq}(\mathbf{w}, q^*)}{C_{qq}(\mathbf{w}, q^*)} \tag{2.41}$$

通过式(2.41)的分解式,我们可以得到两个漂亮的结果。

首先,考虑替代效应这一项 H_j^i。根据式(2.38)我们可以把这一项写成 C_{ij},即成本函数的交叉偏导数;又因为 $C_{ij} = C_{ji}$(如果函数是行为良好的,那么求导顺序不重要),我们立刻得到 $H_j^i = H_i^j$(只要导数是定义良好的)。换言之,所有的替代项都是对称的。

其次,我们看式(2.41)中的产出效应项。显然,这个对 i 和 j 也是对称的。因此,既然这一项和替代效应项都是对称的,所以对非补偿需求我们也有 $D_j^i = D_i^j$:总的交叉价格效应也是对称的。因此,如果我们已经得出纸价上涨对秘书工作时数的需求的影响;那么我们也就能知道秘书工资的上涨对纸的需求的影响,因为二者是相同的。

现在考虑一个重要的特例,即商品 i 和商品 j 碰巧相同,换句话说,投入 i 对其自身价格 w_i 变化的需求反应。因为 C 是 $\mathbf{w}$ 的凹函数,我们一定有 $C_{ii} \leqslant 0$,以及 $H_i^i \leqslant 0$。[②]如果 $\varnothing$

---

① 迷你问题 28:做这个练习来得到式(2.41)。

② 迷你问题 29:(供喜欢数学的同学思考)一个可微凹函数一定有二阶偏导数的负半定矩阵(参见附录 A 的定义 A.27)。根据这个结果来证明正文中结论。

处处可微，那么对所有严格为正的投入价格向量，我们有 $H^i_i < 0$[1]，即对投入 i 的条件需求一定是其自身价格的减函数。此外，简单看一下分解式（2.41）就可以得知，在自身价格的情况下，我们有：

$$D^i_i(\mathbf{w}, p) = H^i_i(\mathbf{w}, q^*) - \frac{C_{iq}(\mathbf{w}, q^*)^2}{C_{qq}(\mathbf{w}, q^*)} \tag{2.42}$$

我们刚刚看到，式（2.42）中的替代效应项是负的，或者为零；因此，很显然，产出效应项（平方项和 C_{qq} 都是非负的）也是非正的；因此，我们有 $D^i_i(\mathbf{w}, p) \leqslant 0$。[2]

我们把所有这些结果总结在如下的定理中：

定理 2.5（投入价格和需求）

（1）投入 j 价格上涨对投入 i 的条件需求的影响，等于投入 i 价格上涨对投入 j 的条件需求的影响。（2）同样的结果对非条件投入需求也成立。（3）投入 i 价格上涨对投入 i 的条件需求的影响一定是非正的。（4）投入 i 的价格上涨对投入 i 的非条件需求一定是非正的，而且这个影响效应的绝对值大于（3）中的效应。

例 2.3

例 2.2 中的成本函数求导，可以得到条件投入需求函数：

$$H^1(\mathbf{w}, q) = \frac{\partial C(\mathbf{w}, q)}{\partial w_1} = \frac{k}{4} \left[\frac{w_2}{w_1} \right]^{0.75} q$$

$$H^2(\mathbf{w}, q) = \frac{\partial C(\mathbf{w}, q)}{\partial w_2} = \frac{3k}{4} \left[\frac{w_1}{w_2} \right]^{0.25} q$$

条件需求函数的斜率是：

$$H^1_2(\mathbf{w}, q) = \frac{\partial^2 C(\mathbf{w}, q)}{\partial w_2 \partial w_1} = \frac{3}{4} \times \frac{k}{4} w_1^{-0.75} w_2^{-0.25} q$$

$$H^2_1(\mathbf{w}, q) = \frac{\partial^2 C(\mathbf{w}, q)}{\partial w_1 \partial w_2} = \frac{1}{4} \times \frac{3k}{4} w_1^{-0.75} w_2^{-0.25} q$$

$$H^1_1(\mathbf{w}, q) = \frac{\partial^2 C(\mathbf{w}, q)}{\partial w_1^2} = -\frac{3k}{16} w_1^{-1.75} w_2^{0.75} q$$

可以确认 $H^1_2(\mathbf{w}, q) = H^2_1(\mathbf{w}, q)$，以及 $H^1_1(\mathbf{w}, q) < 0$。

有了这些信息我们可以勾画出投入需求函数的形状：图 2.14 描画的是对应于特定产出水平 q 的对投入 1 的需求。因为 $H^1_1(\mathbf{w}, q) < 0$（假设生产函数是可微的），所以需求曲线是向下倾斜的：如果投入 1 的价格下降（如图 2.14 所示），并且产出水平固定在 q，那么对投入 1 的需求将从 z^*_1 增加到 z^1_1。我们还知道，当 w_1 变化的时候，$H^1(\mathbf{w}, q)$ 给出了成本 $C(\mathbf{w}, q)$ 的边际变化（谢泼德引理）；因此 w_1 变化所导致的成本的变化（给定固定产出 q）就是 H^1 的积分，如图 2.14 中的阴影部分所示。

---

[1] 迷你问题 30：考虑一个情形，两种投入的使用量都是正的，根据式（2.18）来证明：如果在投入价格的一个区间内满足 $H^i_i = 0$，那么 $\varnothing$ 不可能处处可微。

[2] 迷你问题 31：这个向下倾斜的需求曲线也适用于消费者需求吗？

我们考虑 w_1 的下降所带来的总效应,如图 2.14 所示。显然,从图 2.14 可看出,z_1 一定增加,但是这纯粹是一个替代效应。正如我们从式(2.42)中所看到的,还有一个产出效应:我们假设当 w_1 下降的时候,图 2.12 中的边际成本曲线向下平移,从而使得产出增加(正常投入的情形)。显然,图 2.15 所示的就是投入价格下降的总效应;跟单纯考虑替代效应相比,产出效应使得企业对价格下降的反应更加敏感。如果企业对产出 q 进行最优化的调整,那么对投入 1 的需求将从 z_1^* 增加到 z_1^{**},而不是仅仅增加到 z_1°。[①]

最后,对应于每个产出水平,图中分别有一个单独的条件需求曲线:这就是为什么图中画了两条条件需求曲线:一条对应着 q^*(最初的产出水平),另一条对应着 q^{**}(价格下降之后的产出水平)。

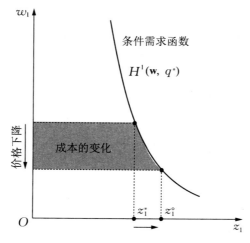

图 2.14　价格下降的替代效应

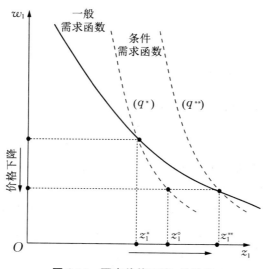

图 2.15　要素价格下降:总效应

[①]　迷你问题 32:这个逻辑推理意味着,对正常投入而言,普通的需求曲线比条件需求曲线要平缓。这个结论也适用于低档投入吗?

表 2.2　企业:解的函数

长　期		短　期	
$C(\cdot)$	成本函数	$\widetilde{C(\cdot)}$	成本函数
$H^i(\cdot)$	对投入 i 的条件需求	$\widetilde{H^i(\cdot)}$	对投入 i 的条件需求
$S(\cdot)$	供给函数		
$D^i(\cdot)$	对投入 i 的无条件需求		

2.4　短期

短期是一个概念上的时期,指的是在此期间内一种或者多种投入保持不变。我们将此引入模型,假设短期内投入 m 是固定的。下面有两种情况可以说明这个理念:

情形 1:资本设备。①假设投入 m 是一个大型计算机主机。在有些阶段企业必须决定应该安装一个多大的计算机。短期曲线的得到基于这样的假定:计算机的规模给定,其他的投入包括程序员的时间、秘书工作的时间以及消耗品的量是可变的。

情形 2:就业保护。有些类型的工人可能跟老板协商一个长期合同。实际上,这部分雇员已经变成一种准固定投入。

要看到一种投入的这种短期固定特性的影响,可以把利润最大化企业看作一个机制,这个机制将市场数据(价格)转化为产出的供给和对投入的需求。我们在前面的比较静态分析中已经看到这种机制运作的方式。现在,假设你通过施加短期约束来控制住这个系统的一部分:接下来会发生什么? 我们揣测一下,这样做会使机制变得迟钝,它对市场环境变化的反应将没有以前那么灵活。事实正是如此。

为了分析这个道理,我们需要对什么是短期给出一个合适的定义。假设通过设定投入需求为 $\bar{z}_1$, $\bar{z}_2$, $\cdots$, $\bar{z}_m$ 以及产出水平 $\bar{q}$,我们已经得到通常的成本最小化问题的解。根据定义,我们有:

$$\left.\begin{aligned}\bar{z}_1 &= H^1(\mathbf{w}, \bar{q})\\ \bar{z}_2 &= H^2(\mathbf{w}, \bar{q})\\ &\cdots\\ \bar{z}_m &= H^m(\mathbf{w}, \bar{q})\end{aligned}\right\} \tag{2.43}$$

现在假设指定的产出水平变为另外的值 q,但是企业面临的约束是投入 m 的使用量固定。当然它可以改变剩余的 $m-1$ 种投入的使用量。我们可以发现,下面这个概念很有用:

定义 2.9

企业的短期成本函数是投入价格、产出水平和投入 m 的量的一个实值函数 $\widetilde{C}$,满足:

---

① 迷你问题 33:在宏观经济模型中表示企业的行动时,这个概念在哪个意义上是有用的?

$$\widetilde{C}(\mathbf{w}, q, \bar{z}_m) := \min_{\{z_i \geqslant 0, \, \phi(\mathbf{z}) \geqslant q, \, z_m = \bar{z}_m\}} \sum_{i=1}^{m} w_i z_i \tag{2.44}$$

受制于投入 m 的量 $\bar{z}_m$,短期成本是你能得到的最好结果。[1]把这个定义逐项跟式(2.20)中企业的成本函数进行对比;实际上,这个函数承袭了通常的成本函数的大多数特征。特别地,我们有:

$$\widetilde{C}_i(\mathbf{w}, q, \bar{z}_m) = \widetilde{H}^i(\mathbf{w}, q, \bar{z}_m) \tag{2.45}$$

这里 $\widetilde{H}^i (i=1, \cdots, m-1)$ 是对投入 i 的短期需求(给定产出 q),从式(2.44)问题的解中可以得到。

根据成本函数的定义,我们一定有:

$$\widetilde{C}(\mathbf{w}, q, \bar{z}_m) \geqslant C(\mathbf{w}, q) \tag{2.46}$$

也就是说,当你能够自由改变一切时的最小成本(右端),小于或者等于投入 m 的值被约束时的最小成本(左端)。式(2.46)的两端同时除以 q,我们立刻可以看出,长期平均成本一定低于或者等于短期平均成本。如果恰好在 $q = \bar{q}$ 的点,则下式成立:

$$\widetilde{C}(\mathbf{w}, \bar{q}, \bar{z}_m) \geqslant C(\mathbf{w}, \bar{q}) \tag{2.47}$$

让我们看一下长期和短期成本的行为。如果我们从一个不同于 $\bar{q}$ 的产出水平出发,那么将发生什么? 用式(2.43)把式(2.47)写成:

$$\widetilde{C}(\mathbf{w}, \bar{q}, H^m(\mathbf{w}, \bar{q})) = C(\mathbf{w}, \bar{q}) \tag{2.48}$$

对上式中的 $\bar{q}$ 求导,简化后得到:[2]

$$\widetilde{C}_q(\mathbf{w}, \bar{q}, \bar{z}_m) = C_q(\mathbf{w}, \bar{q}) \tag{2.49}$$

那么,当最优产出正好在固定投入 $\bar{z}_m$ 所对应的水平时,长期边际成本(C_q)就等于短期边际成本($\widetilde{C}_q$)。[3]因此,在 $\bar{q}$ 的长期平均成本曲线的斜率一定等于短期成本曲线的斜率。运用同样的一般方法,对式(2.47)中的 w_i 求导,我们得到:

$$\widetilde{C}_i(\mathbf{w}, \bar{q}, \bar{z}_m) = C_i(\mathbf{w}, \bar{q}) \tag{2.50}$$

这意味着:

$$\widetilde{H}^i(\mathbf{w}, q, \bar{z}_m) = H^i(\mathbf{w}, \bar{q}) \tag{2.51}$$

因此,在 $\bar{q}$ 的附近,短期和长期条件投入需求是相同的。

---

[1]　迷你问题 34:有时候给出短期可变成本(上述定义中前 $m-1$ 项的和)和固定成本($w_m \bar{z}_m$)的概念也很方便。证明:下面的结果对短期可变成本也适用(不仅仅是 $\widetilde{C}$)。

[2]　迷你问题 35:解释为什么在 $q = \bar{q}$,$\partial \widetilde{C}/\partial \bar{z}_m = 0$,并证明式(2.49)。

[3]　迷你问题 36:运用包络定理证明之(参见附录 A 定理 A.13)。[提示:我们可以把长期成本写成 $\widetilde{C}(\mathbf{w}, \bar{q}, H^m(\mathbf{w}, q))$。]

实践中的微观经济学：美国航空公司的长期和短期成本

一项关于美国航空公司的经典研究（Eads et al., 1969）将长期成本模型化为：

$$C(\mathbf{w}, q) = C_0 + kq^{\frac{1}{\gamma}} w_1^{\frac{\alpha_1}{\gamma}} w_2^{\frac{\alpha_2}{\gamma}}$$

这里 q 是度量航空公司产出的指数，C_0 是燃料成本（单独估计），w_1 是机长和副机长之外的劳动力价格，w_2 是机长和副机长的工资；α_1 和 α_2 是经济上的待估参数，$\gamma = \alpha_1 + \alpha_2$，$k$ 也是 α_1 和 α_2 的函数。成本函数分别对 w_1 和 w_2 求导，我们得到：

$$z_1^* = \frac{\alpha_1 k}{\gamma} q^{\frac{1}{\gamma}} w_1^{\frac{\alpha_1}{\gamma}-1} w_2^{\frac{\alpha_2}{\gamma}}$$

$$z_2^* = \frac{\alpha_2 k}{\gamma} q^{\frac{1}{\gamma}} w_1^{\frac{\alpha_1}{\gamma}} w_2^{\frac{\alpha_2}{\gamma}-1}$$

因此，对类型 i 劳动力的长期条件需求可以表示为一个对数—线性（log-linear）方程。短期内机长和副机长是一个固定要素（你解雇他们试试！）。短期成本函数为：

$$\tilde{C}(\mathbf{w}, q, z_2) = C_0 + kq^{\frac{1}{\alpha_1}} w_1 \bar{z}_2^{-\alpha_2/\alpha_1} 。$$

现在考虑二阶条件。根据对投入 m 的条件需求函数[式(2.43)]，式(2.49)对 $\bar{q}$ 求导：

$$\tilde{C}_{qq}(\mathbf{w}, \bar{q}, \bar{z}_m) + \tilde{C}_{q\bar{z}_m}(\mathbf{w}, \bar{q}, \bar{z}_m) H_q^m(\mathbf{w}, \bar{q}) = C_{qq}(\mathbf{w}, \bar{q}) \tag{2.52}$$

整理式(2.52)，我们得到：①

$$\tilde{C}_{qq}(\mathbf{w}, \bar{q}) = \tilde{C}_{qq}(\mathbf{w}, \bar{q}, \bar{z}_m) + \frac{H_q^m(\mathbf{w}, \bar{q})^2}{H_m^m(\mathbf{w}, \bar{q})} \tag{2.53}$$

但是我们知道自身价格的替代效应 H_m^m 一定是非正的（如果生产函数是平滑的，替代效应就是严格为负的）。因此，对于一个局部平滑的生产函数，我们发现：

$$C_{qq}(\mathbf{w}, \bar{q}) \leqslant \tilde{C}_{qq}(\mathbf{w}, \bar{q}, \bar{z}_m) \tag{2.54}$$

换句话说，短期边际成本曲线比长期边际成本曲线更陡峭。

类似地，式(2.51)对 w_i 求导（$i = 1, 2, \cdots, m-1$），我们可以得到：②

$$H_i^i(\mathbf{w}, \bar{q}) \leqslant \tilde{H}_i^i(\mathbf{w}, \bar{q}, \bar{z}_m) \leqslant 0 \tag{2.55}$$

因此，跟长期投入需求相比，短期投入需求对自身价格变化的反应更不敏感。我们可以总结上述结果如下：

---

① 迷你问题 37：证明之。[提示：将条件需求函数代入式(2.49)中的 $\bar{z}_m$，式(2.49)对 w_m 求导，注意到 $\partial \tilde{C}_q / \partial w_m = 0$（为什么？）；然后你就可以得到一个式子来替换式(2.52)中 $\tilde{C}_{q\bar{z}_m}$。]

② 迷你问题 38：按照推导短期边际成本的步骤，证明这个结论。应用谢泼德引理以及二阶导数的求导次序无关性。

定理 2.6(短期需求和供给)

(1)给定固定投入,当产出在最优水平时,短期和长期总成本相等。(2)在这个产出水平上,短期和长期边际成本相等。(3)在这个产出水平上,短期和长期投入需求相等。(4)短期边际成本曲线至少和长期边际成本曲线一样陡峭(甚至更陡峭)。(5)长期投入需求的弹性大于或等于短期需求的弹性。

图 2.16 在长期边际成本上升的情况下描绘了这些结果。举例,假设投入 m 表示企业已安装的计算机系统:技术变化可能移动了企业的生产函数,使得企业现在希望安装一套不同的计算机系统,但是木已成舟($z_m = \bar{z}_m$)。图 2.16 中标注的产出水平 $\bar{q}$〔满足式(2.47)〕显然至关重要。虚线的平均成本曲线表示的是现有计算机的情形(计算机程序员的时间和材料在短期内是可变的);①实线表示的是计算机系统作为一个可变投入时的平均成本。

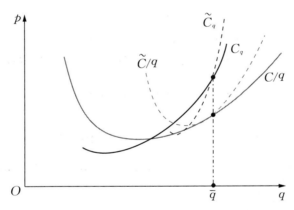

图 2.16　短期和长期的边际和平均成本

我们可以把这些结果一般化。不仅仅存在一个约束 $z_m = \bar{z}_m$,而是增加一个约束,然后再增加一个约束,以此类推。然后,如果我们看投入需求函数的斜率的绝对值,我们会得到如下发现:

$$\left| \frac{\partial z_i^*}{\partial w_i} \right|_{\text{无约束}} \geqq \left| \frac{\partial z_i^*}{\partial w_i} \right|_{\text{一个约束}} \geqq \left| \frac{\partial z_i^*}{\partial w_i} \right|_{\text{两个约束}} \geqq \cdots \geqq 0 \tag{2.56}$$

随着施加更多的约束,投入需求函数变得越来越陡峭:这个结果意味着你可以让"短期"变得任意短。

2.5　多产品企业

"企业只生产一种产品"这一假设过于局限了。为了更好地表述这个问题,我们需要另一种方法来表示生产可能性。在多产品情形下,一个特别方便的方法是引入一个新的概念:净产出。净产出通过一个自然符号来同时包含投入和产出,根据这个方法,正的表

---

① 　迷你问题 39:给定企业安装的是理想规模的计算机系统,在这个图上画出短期成本函数。

示产出($q_i > 0$),负的表示投入($q_i < 0$)。

假设经济中有 n 种商品:企业的净产出向量 $\mathbf{q} := (q_1, \cdots, q_n)$ 总结了外部世界中所有企业的活动。企业每种商品非零的产出或投入的量可以根据上述的符号规则来描述;不相关的商品或者纯粹中间商品,可以忽略($q_i = 0$)。对应式(2.1)的生产约束[1]可以写为:

$$\Phi(\mathbf{q}) \leqslant 0 \tag{2.57}$$

这里,函数 Φ 对每个 q_i 都是非递减的[2]。图2.17给出了多产品企业的生产函数的一个快照:这表示了企业可以潜在生产出来的两种产出的生产可能性(快照的精确形式取决于净产出向量的其他元素——维度 $3、4、\cdots、n$)。阴影部分的集合描述了满足式(2.57)的净产出向量;这个集合的边界被称为转换曲线。

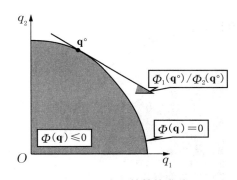

图 2.17　企业的转换曲线

表 2.3　多产品企业:符号表示

q_i	净产出 i 的数量
$\mathbf{q}$	$(q_1, \cdots, q_n)$
p_i	净产出 i 的价格
$\mathbf{p}$	$(p_1, \cdots, p_n)$
$\Phi(\cdot)$	生产函数
$\Pi(\cdot)$	利润函数

关于 Φ,单一产出生产函数的对等假设(参见第2.2节)也很容易确立。许多标准的概念也可以很直观地适用于多产品的情形,比如边际技术替代率 $MRTS$、边际产出以及规模报酬[3],对前两个概念来说,技巧就是去确认 Φ 的合适等值线。我们将在第6章进一步说明这些问题。

只要生产函数是可微的,那么我们可以定义一个新的概念:

定义 2.10

(净)产出 i 对(净)产出 j 的边际转换率由下式给出:

---

① 迷你问题40:用这个符号法表示式(2.1)的单一产出生产函数。

② 迷你问题41:解释为什么 Φ 对每个元素(不管是投入还是产出)都是非递减的,为什么这个关系在经济上是有道理的。

③ 迷你问题42:如何用多产品的生产函数 $\Phi(\cdot)$ 表示规模报酬不变?

$$MRT_{ij} := \frac{\partial \Phi(\mathbf{q})}{\partial q_j} \bigg/ \frac{\partial \Phi(\mathbf{q})}{\partial q_i}$$

例 2.4

一家企业生产商品 1 和商品 2,使用劳动(商品 3)作为投入,且满足$[q_1]^2+[q_2]^2+Aq_3 \leqslant 0$,这里 A 是一个正的常数。对任意给定的 q_3 的值,转换曲线就是点集(q_1, q_2)的边界,满足

$$[q_1]^2+[q_2]^2 \leqslant -Aq_3 \qquad q_1, q_2 \geqslant 0$$

(第一个不等式的右端是正的,因为 q_3 是负的。)因此,这就是一个四分之一圆,如下图所示。

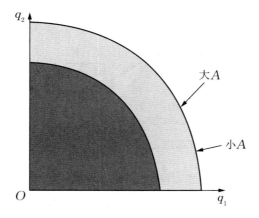

如果我们再次用偏导数的下标简化记法,我们将边际转换率写为$MRT_{ij} := \Phi_j(\mathbf{q})/\Phi_i(\mathbf{q})$。边际转换率 MRT 是企业在两种商品之间的权衡或者说是两种商品的边际估值,即企业为了多生产一种产出而不得不放弃的另一种产出的比率。它在刻画市场均衡(第 6 章和第 7 章内容)以及经济体中商品和服务的配置效率(第 9 章内容)时发挥着核心作用。定义 2.1 中的 $MRTS$ 可以看作定义 2.10 的一种特例,即商品 i 和商品 j 都是投入。

净产出方法的一个优势是它在表达利润的时候特别方便。标示了商品之后,商品 $1, \cdots, m$ 就可以清楚地表示投入,商品 $m+1, \cdots, r$ 是中间商品或者无关商品,商品 $r+1, \cdots, n$ 清楚表示产品(商品的标示是随意的,因此我们可以永远这样做)。投入的总价值是:

$$COST = \sum_{i=1}^{m} p_i[-q_i] \tag{2.58}$$

这里$-q_i$ 这一项是正数(因为按照惯例 q_i 对投入而言是负的);这是投入 i 使用的绝对量。企业产出的价格是:

$$REVENUE = \sum_{i=r+1}^{n} p_i q_i \tag{2.59}$$

因此,式(2.59)减去式(2.58),注意商品 $m+1, \cdots, r$ 的估值为零(因为所对应的 q_i 都是

零),我们得到

$$PROFITS = \sum_{i=1}^{n} p_i q_i \tag{2.60}$$

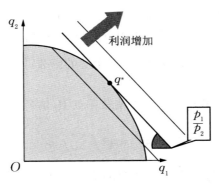

图 2.18　利润最大化：多产品企业

利润的图形表示跟图 2.10 中成本的图形表示是一样的,只不过方向相反,参见图 2.18 中平行的等利润线集(斜率是 $-p_1/p_2$),这跟图 2.10 中的等成本线是对应的。企业的最优化问题要求一个约束条件下的最大化问题①的解:在可行性条件式(2.57)的约束下最大化式(2.60)。直觉上看,就是在技术可行集(图中阴影部分)的约束下达到图 2.18 中最高的等利润线。实际上,解决这个问题的方法,就是我们在第 2.2.1 节中的成本最小化问题的变形,在当时的成本最小化问题,我们假设的一个固定的单一产出和 m 个可变投入的向量。正式地,对任意给定的价格 **p**,我们可以把这个问题表示为最大化如下的拉格朗日函数:

$$\mathcal{L}(\mathbf{q}, \lambda ; \mathbf{p}) := \sum_{i=1}^{n} p_i q_i - \lambda \Phi(\mathbf{q}) \tag{2.61}$$

这里 λ 是跟约束式(2.57)相关的拉格朗日乘数。式(2.61)对 q_i 求导数,我们得到一组一阶条件,正好是跟第 2.2.1 节的一阶条件对应。结果就是满足一阶条件集的 n 个利润最大化的净产出的集合(q_1^* , … , q_n^*)。按照跟第 2.2.1 节相似的方式,我们可以发现:

(1) 如果在最优点的时候净产出 i 的量是非零的,那么:

$$\lambda^* \Phi_i(\mathbf{q}^*) = p_i \tag{2.62}$$

(2) 对任意一对产出 i 和产出 j,如果在最优点的时候产出 i 的量是正的,那么一阶条件意味着:

$$\frac{\Phi_j(\mathbf{q}^*)}{\Phi_i(\mathbf{q}^*)} \leq \frac{p_j}{p_i} \tag{2.63}$$

当投入 i 的数量也是正的时,式(2.63)的不等式就变成等式了。②

---

① 迷你问题 43:对于多产品的情形,重新表示条件式(2.29)。
② 迷你问题 44:画图表示式(2.63)的小于号(<)成立的情形。对此时的最优解给出一个口头的解释。

（3）最优净产出向量满足：

$$\Phi(\mathbf{q}^*)=0 \tag{2.64}$$

所以，我们再一次发现生产在技术上是有效率的，当利润最大化的产出数量都是正的时候，我们有如下的经验法则：

$$\text{边际转换率（MRT）＝产出价格比}$$

此外，这个最优化过程的结果是如下另一个解的函数：

定义 2.11

企业的利润函数是净产出价格的一个实值函数 Π，满足：

$$\Pi(\mathbf{p}):=\max_{\{\Phi(\mathbf{q})\leqslant 0\}}\sum_{i=1}^{n}p_iq_i \tag{2.65}$$

利润函数 Π 是第 2.2.1 节和第 2.2.2 节的成本最小化问题的成本函数 C 的"孪生兄弟"。刻画利润函数的定理跟刻画成本函数的定理 2.2 非常相似：

定理 2.7（利润函数的特征）

竞争性企业的成本函数 Π 是价格 $\mathbf{p}$ 的非递减函数、连续函数、一次齐次函数以及凸函数。在每一个可微的点，净产出 i 的最优值为：

$$\frac{\partial\Pi(\mathbf{p})}{\partial p_i}=q_i^* \tag{2.66}$$

定理 2.7 的证明参见附录 C。式（2.66）通常被称为霍特林引理（Hotelling's Lemma），证明的方法跟谢泼德引理很相似。特别地，定理中关于式（2.66）的利润函数斜率的部分，其实就是谢泼德引理"反过来"的情形（即当 i 是投入的情形）。定理其他部分的证明都跟定理 2.2 相同。

我们可以把多产品企业的分析和单一产品（第 2.2 节和第 2.3 节）的类比再推进一步。式（2.66）中的最优净产出值可以表示为价格向量的一个函数（或者一个对应）：

$$q_i^*=q_i(\mathbf{p}) \tag{2.67}$$

式（2.67）中的净产出函数 $q_i(\cdot)$ 的特征就是从单一产出企业的需求和供给函数中得到的（例如，参见定理 2.4 和定理 2.5，以及相关的讨论）。因此，我们发现 $q_i(\cdot)$ 对自身价格 p_i 是零次齐次的，也是非递减的，并且对任意 i 和 j：

$$\frac{\partial q_i(\mathbf{p})}{\partial p_j}=\frac{\partial q_j(\mathbf{p})}{\partial p_i} \tag{2.68}$$

利润函数和净产出的分析有一种吸引人的优雅。然而，我们将这样的分析置于更平淡的"产出是投入的函数"的方法之上，可不是为了优雅。我们将会发现，在模型化整个经济体系的时候，这个方法具有特别的优势。

总 结

我们可以用非常少的要素来构建企业的基本微观经济模型，这个模型的构建很严谨，而且富有信息量。或许最困难的部分是决定对生产函数应该施加什么假定,因为生产函数决定了企业的技术约束。

单一产出竞争性企业的基本经济问题可以分解为两个子问题(这样做很有用):给定产出的投入成本最小化问题,以及找到利润最大化的产出(给定对应于每个产出水平,投入组合已经是最优的了)。两个子问题都推导出一些直觉上很有吸引力的经验法则,比如第一个子问题得出的"边际技术替代率=投入价格比",第二个子问题得出的"价格=边际成本"。

如果通过引入一些次要的约束来改变模型,我们可以得到一个变形的解的函数(短期成本函数)和一组变形的反应函数。我们得到的是常识性的结果,即企业面临的类似的约束条件越多,那么它对市场信号变化的反应就越不灵活。

企业的基本模型可以一般化,使用的方法近似一个重新命名的小技巧。产出和投入都被"净产出"这个概念替代。这个技巧是生产模型后续发展的重要一步,我们将在第6章及以后的章节中探讨。

进一步阅读

关于生产的数学模型,参见 Fuss 和 McFadden (1980)。关于位似性,参见 Fare 和 Shephard (1977)。关于多产出企业的处理,参见 Panzar (1989)。关于规模报酬和成本函数关系的讨论,参见 Sandmo (1970)。

介绍成本函数和利润函数的经典文献是 Hotelling (1932)和 Shephard (1953)。也可以参见 Samuelson (1983,Chapters Ⅲ and Ⅳ)。

迷你问题 5 中提到的分离或加总结果,不仅在生产理论中是有根本的重要性,而且在消费者偏好的分析中也非常重要(参见第 5 章和第 8 章),关于这个分析,请参见 Leontief (1947a,1947b)。还可以参见 Fisher 和 Monz (1992,pp.iv—xvi),附录 C 中的引理C.1和定理 C.1 都基于这篇文献。

Holmstrom 和 Tirole (1989)开始突破企业作为利润最大化"黑箱子"的简单故事。

练习题

2.1 假设一单位的产出 q 可以由如下投入的任意组合来生产:$\mathbf{z}^1 = [0.2, 0.5]$,$\mathbf{z}^2 = [0.3, 0.2]$,$\mathbf{z}^3 = [0.5, 0.1]$。

(1) 画出 $q=1$ 的等产量线。

(2) 假设规模报酬不变,画出 $q=2$ 的等产量线。

(3) 如果技术 $\mathbf{z}^4 = [0.25, 0.5]$ 也可以获得,那么它是否也被包含在 $q=1$ 的等产量线中?

2.2 一家创新型企业使用两种投入生产一种产出。

(1) 如果生产函数最初是由单一的技术 $q \leqslant \min\left\{\frac{1}{3}z_1, z_2\right\}$ 给出,画出等产量线。

(2) 企业的研究部门开发了新技术 $q \leqslant \min\left\{z_1, \frac{1}{3}z_2\right\}$。如果企业可以使用上述两种技术,画出等产量线。

(3) 企业的研究部门开发了第三种技术 $q \leqslant \min\left\{\frac{2}{5}z_1, \frac{2}{5}z_2\right\}$。如果企业可以使用上述三种技术,画出等产量线。

2.3 一家企业使用两种投入生产一种商品。生产一单位产出所要求的投入,由下表所列的几种不同技术给出:

过程	1	2	3	4	5	6
投入 1	9	15	7	1	3	4
投入 2	4	2	6	10	9	7

企业可以使用的投入 1 一共有 140 个单位,投入 2 有 410 个单位。

(1) 讨论这种情形下技术效率和经济效率的概念。

(2) 描述企业的最优生产计划。

(3) 企业更希望额外获得 10 个单位的投入 1,还是 20 个单位的投入 2?

2.4 考虑如下结构的成本函数:$C(\mathbf{w}, 0) = 0$, $C(\mathbf{w}, q) = \text{int}(q)$。这里,$\text{int}(x)$ 是大于或等于 x 的最小整数。画出总成本曲线、平均成本曲线和边际成本曲线。

2.5 假设一家企业的生产函数是如下的柯布—道格拉斯形式:

$$q = z_1^{\alpha_1} z_2^{\alpha_2}$$

这里,z_1 和 z_2 是投入,q 是产出,α_1 和 α_2 是正的参数。

(1) 画出等产量线。它们跟坐标轴相交吗?

(2) 这种情况下的替代弹性是多少?

(3) 运用拉格朗日方法求出成本最小化的投入和成本函数。

(4) 在哪种情形下生产函数呈现:①规模报酬递减;②规模报酬不变;③规模报酬递增? 首先用生产函数解释,再用成本函数解释。

(5) 求投入 1 的条件需求曲线。

2.6 假设一家企业的生产函数具有里昂惕夫(Leontief)形式:

$$q = \min\left\{\frac{z_1}{\alpha_1}, \frac{z_2}{\alpha_2}\right\}$$

符号的含义跟练习题 2.5 相同。

(1) 画出等产量线。

(2) 对于给定的产出水平,在图上找出成本最小化的投入组合。

(3) 写出这种情况下的成本函数。为什么练习题 2.5 中的拉格朗日方法在这里不再适用?

(4) 投入 1 的条件投入需求函数是什么?

(5) 对下面的每个生产函数,重复上述(1)至(4)的问题。

$$q = \alpha_1 z_1 + \alpha_2 z_2$$
$$q = \alpha_1 z_1^2 + \alpha_2 z_2^2$$

仔细解释成本最小化问题的解在上述两种情况下的不同。

2.7 考虑常数替代弹性生产(CES)函数

$$\phi(\mathbf{z}) = [\alpha_1 z_1^\beta + \alpha_2 z_2^\beta]^{\frac{1}{\beta}}$$

这里,z_i 是投入 i 的量,$\alpha_i \geqslant 0$,$-\infty < \beta \leqslant 1$ 是参数。

(1) 证明替代弹性是 $\dfrac{1}{1-\beta}$。

(2) 解释在如下的每种情况下,CES 生产函数及替代弹性将发生怎样的变化:$\beta \to -\infty$,$\beta \to 0$,$\beta \to 1$。

(3) 将你的答案跟练习题 2.5 和练习题 2.6 进行对比。

2.8 对于练习题 2.7 中的 CES 函数,在 $\beta \neq 0$,1 的情况下,求商品 1 的条件需求 $H^1(\mathbf{w}, q)$。验证它对 w_1 是递减的,对 (w_1, w_2) 是零次齐次的。

2.9 一家企业的生产函数由下式给出:

$$\phi(\mathbf{z}) = \begin{cases} [z_1 - a]^b z_2^b & \text{如果 } z_1 > a,\ z_2 > 0 \\ 0 & \text{其他} \end{cases}$$

这里 z_1 和 z_2 是两种投入的量,$a, b \geqslant 0$ 是参数。

(1) 画出这个生产函数的等产量线。

(2) 求企业的成本函数。画出平均成本曲线和边际成本曲线。这个生产函数呈现规模报酬递增还是递减?

(3) 给定投入价格,求企业对两种投入的条件需求。a 下降将如何改变这些需求?

(4) 如果企业在竞争性市场上出售商品,求企业的供给函数。a 下降将如何影响产出的供给?

2.10 对任一位似生产函数,证明成本函数一定可以表示为如下形式 $C(\mathbf{w}, q) = a(\mathbf{w})b(q)$。

2.11 考虑生产函数 $q = [\alpha_1 z_1^{-1} + \alpha_2 z_2^{-1} + \alpha_3 z_3^{-1}]^{-1}$。

(1) 求长期成本函数,画出长期和短期边际成本及平均成本曲线,对它们的形状进行评论。

(2) 假设投入 3 在短期内是固定的。重复短期情形下的分析。

(3) 短期和长期的供给弹性是多少?

2.12 一家竞争性企业的产出 q 由下式决定:

$$q = z_1^{\alpha_1} z_2^{\alpha_2} \cdots z_m^{a_m}$$

这里,z_i 是投入 i 的使用量,$\alpha_i > 0$ 是参数($i = 1, 2, \cdots, m$)。假设在短期 m 种投入里,只有 k 种是可变的。

(1) 求企业的长期平均函数和边际成本函数。在什么情况下,边际成本随产出递增?

(2) 求短期边际成本函数。

(3) 求企业的短期供给弹性。如果 k 减少,这个弹性将怎么变化?

2.13 一家企业使用商品 3、商品 4、商品 5 作为投入,生产商品 1 和商品 2。生产一单位商品 $i(i=1, 2)$,要求需要 a_{ij} 单位的商品 $j(j=3, 4, 5)$。

(1) 假定规模报酬不变,要生产 q_1 单位的商品 1,需要多少单位的资源 j?

(2) 对于给定的 q_3、q_4 和 q_5 的值,画出技术上可行的商品 1 和商品 2 的集合。

2.14 一个农场主养殖绵羊来生产羊毛(商品 1)和羊肉(商品 2)。他有四个品种的绵羊可以选择(A、B、C、D);每个品种可以看作生产过程的一个独立的投入。每个品种每 1 000 只(任意单位)绵羊的羊毛和肉的产出,如下表所示。

	A	B	C	D
	每 1 000 只绵羊的产出			
羊毛	20	65	85	90
羊肉	70	50	20	10

(1) 假设农场主正好饲养了 1 000 只绵羊,只选择品种 $\{A, B, C, D\}$ 中的一种,在图上表示生产可能性。

(2) 假设农场主的 1 000 只绵羊是品种 A 和品种 B 的混合,用这个图表示生产可能性。用同样的方法在图上表示:①如果这些羊是品种 B 和品种 C 的混合;②如果是品种 C 和品种 D 的混合。然后画出 1 000 只绵羊的(羊毛,羊肉)的转换曲线。2 000 只绵羊的转换曲线将是什么?

(3) 如果选用的是品种 A 和品种 B 的组合,那么羊肉转换为羊毛的边际转换率是多少?如果选用的是品种 B 和品种 C 的组合呢?品种 C 和品种 D 的组合呢?

(4) 为什么农场主认为没必要选用两个以上的品种?

(5) 有一个新品种 E 可以被选用,1 000 只绵羊可以生产的(羊毛,羊肉)的量是 (50, 50)。如果品种 A、B、C、D 依然可以选用,解释为什么农场主对品种 E 不感兴趣,为什么转换曲线不受影响?

(6) 另一个新品种 F 可以被选用,1 000 只绵羊可以生产的(羊毛,羊肉)的量是 (74, 46)。解释为什么这将改变转换曲线。

▶3

企业和市场

……生存的挣扎往往让那些最适应环境的组织胜出,但它们未必能使它们的环境受益,除非可以获得适当的回报,不管是直接还是间接。

——阿尔弗雷德·马歇尔(Alfred Marshall),《经济学原理》(第 8 版),(*Principles of Economics*,8th edition,pp.596,597)

3.1 引言

第 2 章是在完全孤立的情况下考虑企业的经济问题。企业从外部世界收到信号(投入价格和产出价格)之后,就用精准计算的最优数量做出反应。投入的需求和产出的供给仅仅是这个单一经济决策者的行为。

现在,我们需要更充分地考虑企业在市场中的作用。我们或许需要更进一步,把市场刻画为"行业",当然市场的范围更广,因为行业的定义预先假设了特定商品。为了实现这个路径,我们需要研究几个企业共同应对市场价格信号的联合效应。在本章的逻辑推演中,我们不打算考虑企业之间策略互动(博弈理论)的可能性;这需要新的分析工具,我们将在第 10 章引入。

我们通过引入三个进一步的发展来拓展我们对企业的讨论:

(1)我们考虑多个独立的价格接受企业的市场均衡,它们生产相同或者密切相关的产品。

(2)我们考虑多个企业在生产过程的互动中产生的问题。

(3)我们拓展价格接受的范式,来分析企业可以在一定程度上控制市场价格的情形。其中最简单的情形之一,就是将在第 3.6 节讨论的市场上只有唯一一家企业的情形(这在一定程度上当然是不常见的)。然而,这种垄断的特殊情形可以给我们提供一个有用的一般分析框架,从而用来分析其他形式的"垄断竞争"(参见第 3.7 节)。

我们的探讨将建立在第 2 章讨论的单个竞争企业供给函数的分析之上,我们将简要考察市场均衡这个概念的困难所在。我们需要做一个关键的假设,即每家企业面对确定的需求条件:它们接受已知的价格,或者面对已知的需求函数[比如式(3.3)]。我们把更深层次的问题推后到第 10 章讨论,比如一家企业的需求可能依赖于其他企业的行为。

3.2 市场供给曲线

市场上整体的产品供给跟第 2.3.2 节提到的单个企业的供给有什么关系呢？

我们从简化的供给曲线开始。假设一个市场上只有两个潜在的生产者——低成本的企业 1 和高成本的企业 2，两家企业的固定成本都是零，边际成本都递增。令 q^f 表示企业 f 生产的单一同质产出的量（这里 f 可以取值 1 或者 2）。在这种情况下，每家企业的供给曲线就是各自的边际成本曲线——参见图 3.1(a) 和图 3.1(b)。要构建市场的供给曲线（假设两家企业都是价格接受者），在纵坐标上选择一个价格；在图 3.1(a) 上读取 q^1 的值，在图 3.1(b) 上读取 q^2 的值；在图 3.1(c) 上对应这个价格标注 q^1+q^2；对应其他不同价格用同样的方式，你就可以得到市场供给曲线[如图 3.1(c) 所示]。单个供给曲线的加总实际上是一种"水平"加总的过程。

这个故事有三个特征会让人不满意：(1)每个企业都是一个价格接受者，哪怕它知道市场上除了自己之外，只有另外一家企业；(2)企业数量固定；(3)每家企业的供给曲线跟我们在第 2 章所画的很不相同。第(1)点问题很大，我们将在第 10 章探讨；第(2)点我们将在第 3.5 节探讨。第(3)点我们接下来立即探讨。

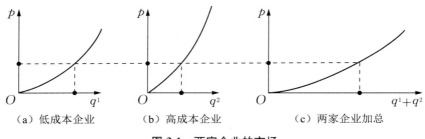

（a）低成本企业　　　　（b）高成本企业　　　　（c）两家企业加总

图 3.1　两家企业的市场

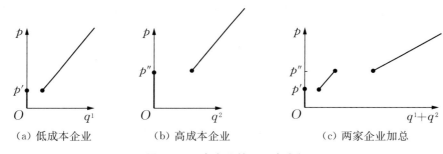

（a）低成本企业　　　　（b）高成本企业　　　　（c）两家企业加总

图 3.2　两家企业的另一个市场

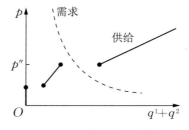

图 3.3　不存在市场均衡

问题是我们的假设已经排除图 2.12 中的供给函数的特征。因此,我们先不考虑图 3.1 的情形,而是设想一种情形,即两家企业具有不同的固定成本和边际成本,而且边际成本处处都以相同的速度增加。这种情形就如图 3.2 所示。考虑一下,当产出价格从 0 开始上涨的时候,将发生什么? 最初,价格在区间 $p' \leqslant p \leqslant p''$ 时,市场上只有企业 1 [图 3.2(a)]。一旦价格突破 p'',企业 2 将进入市场[图 3.2(b)]:两家企业合并的行为描绘在图 3.2(c)中。注意图 3.2 具有如下特征。

(1) 尽管每家企业的供给曲线具有相同的斜率,但加总的供给曲线更平缓——在我们的例子里,斜率正好是单个曲线斜率的一半。(这个特征已经在前面的情形中呈现过了。)

(2) 随着每个企业都进入市场,加总的供给出现不连续。

不连续的加总供给曲线看上去有问题。市场均衡的基本概念就是供给曲线和市场需求曲线相交之处:如果它们在某个价格 p^* 处相交,那么这个市场上的需求量就正好等于供给量。但是,如果供给曲线是不连续的,需求曲线穿过供给曲线的"空缺"部分,那么如何找到市场均衡呢? 这种情况如图 3.3 所示;市场需求曲线所表示的关系是,价格下降,需求量增加。这种情况下看上去根本没有市场均衡:价格高于 p'',市场的供给量超过消费者对这种商品的需求量;价格低于 p'',出现相反的问题(给定价格 p,消费者的需求量大于供给量);如果价格正好在 p'',我们并不清楚会发生什么。给定已经画出的需求曲线,将永远找不到需求和供给正好匹配的情形。

关于市场上企业的分析,上述情形给我们指出了进一步研究的几个方向。

(1) 市场规模和均衡。我们需要探究,均衡存在性的问题如何依赖市场上企业的数量。

(2) 企业之间的互动。我们假定,每家企业的供给曲线实际上独立于其他企业的行为。企业之间的互动将如何影响总体的市场行为呢?

(3) 企业的数量。我们假定,市场上有任意给定的企业数量 n_f,比如只有 n_f 张营业执照发给潜在的生产者。原则上,我们应该允许新企业成立的可能性,也就是说 n_f 可以是内生的。

(4) 产品差异化。我们假定,对每种商品 $i = 1, 2, \cdots, n$,大量企业供给到市场上的产品是无法区分的。现实中,对于某种狭窄定义的产品类型,可能只有少数的供给者,尽管如此,企业之间依然存在有效的竞争,因为消费者可以在不同的产品类型之间进行替代。供给到市场上去的茶不是一模一样的,不同企业销售的茶,品牌、味道、分量各异,或者企业销售市场的位置不同,使得对特定群体的顾客而言特别方便。

我们依次研究这些问题。

3.3 大量企业和供给曲线

均衡不存在这个问题在现实中可能不是问题。为什么? 我们再次考虑第 3.2 节的第二个例子,即每家企业都有一条直线的边际成本曲线。假设企业 1 就是这样的一家企业,设想一下，如果市场上出现了许多跟企业 1 一样的小企业，会产生怎样的效果？如果大量的相似企业已经准备就绪，当市场价格 p 到达 p' 的时候，这些企业进入市场，那么整个市场的供给曲线将会是怎样的？

首先考虑市场上只有两家一模一样的企业。假设每家企业的供给曲线如图 3.4 中的前两个图（任一）所示。使用第 3.2 节的符号表示，每家企业的供给量的公式如下：[1]

$$q^f = \begin{cases} 0 & p < p' \\ 0 \text{ 或 } 16 & p = p' \\ 16 + \alpha[p - p'] & p > p' \end{cases} \qquad (3.1)$$

当 $p > p'$ 时，总产出等于 $q^1 + q^2 = 32 + 2\alpha[p - p']$，因此对 $p > p'$，平均产出等于 $\frac{1}{2}[q^1 + q^2] = 16 + \alpha[p - p']$。

当 $p < p'$ 时，总产出（以及平均产出）等于零。但是当 $p = p'$ 的时候，到底会发生什么？显然，我们一定有（$q^1 = 0$，$q^2 = 0$），或者（$q^1 = 0$，$q^2 = 16$），或者（$q^1 = 16$，$q^2 = 0$），或者（$q^1 = 16$，$q^2 = 16$）。换言之，总产出可能是 0、16 或者 32，因此平均产出可能是 0、8 或者 16。市场的平均供给很像单个企业的供给，但是在 $q = 8$ 处多了一个点。

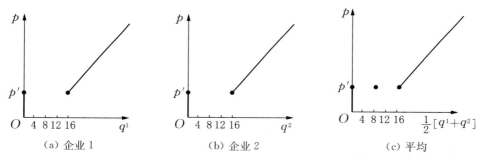

（a）企业 1　　　　　（b）企业 2　　　　　（c）平均

图 3.4　两家相同企业的平均供给

我们可以把这个思想扩展到更多企业的市场：重复操作就可以做到这一点（如图 3.5 所示）。注意，在图 3.5（a）4 家企业的情形中，就有三个中间点。图 3.5（b）和图 3.5（c）表示的是市场上企业数量两次翻倍的结果，分别是 8 家企业和 16 家企业。[2]因此，我们可以看到，如果每家企业的供给曲线都是连续的，在极限状态下，大量小企业的平均供给线就无法区分了，如图 3.5（d）所示。

因此，我们可以要求一个规律性条件（在我们的例子中，就是市场上有大量相似的小企业），包含连续供给曲线的基本图形就是市场均衡分析的有效方法。幸运的是，这个规律性条件可以一般化，但是"大数量，小企业"的原则依然存在。

---

① 迷你问题 1：写出与这个供给曲线相对应的成本函数。

② 迷你问题 2：如果有 n_f 家相同的企业，那么将会存在多少个中间点？用这个逻辑证明，为什么在极限状态行业的平均供给曲线看上去就是连续的？

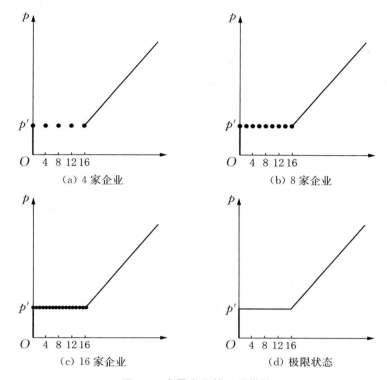

图 3.5　大量企业的平均供给

表 3.1　行业中的企业：基本符号

q^f	企业 f 的产出
n_f	企业的数量
p	市场价格
$p(\cdot)$	平均收入（需求反函数）
$C(\cdot)$	成本函数
$\eta(\cdot)$	需求弹性

3.4　企业之间的互动

前面所有的分析都基于一个假设：每家企业的生产可能性都独立于其他企业的生产决策。我们还需要考虑企业之间技术互动的可能性，这些互动并非通过惯常的市场机制发生。一家企业的产出和投入选择会影响其他企业的技术可能性。这样的互动可能呈现两个方向：负外部性和正外部性。负外部性指的是一家企业的产出增加（可能是污染企业）提高了其他企业的边际成本；正外部性指的是一家企业的产出增加（可能是一家培育人际网络的企业）降低了其他企业的边际成本。

考虑两家相同企业的负外部性情形。如果一家企业增加产出，那么其他企业的边际成本被推升。所以，每家企业的供给曲线的位置将取决于其他企业的产出决策。如图3.6所示。假设当前的市场价格使得每家企业都想供给一个单位的产出：企业的供给曲线如前两幅图中的实线所示。然后市场需求增加:价格上升,每家企业扩大产出,比如扩大到五个单位。因为负外部性的存在,每家企业的产出扩张提高了其他企业的边际成本,企业的供给曲线如图中虚线所示。此时的市场供给曲线比没有外部性的时候要陡峭一些〔在图 3.6(c)中比较供给曲线 S 和两条虚线〕。

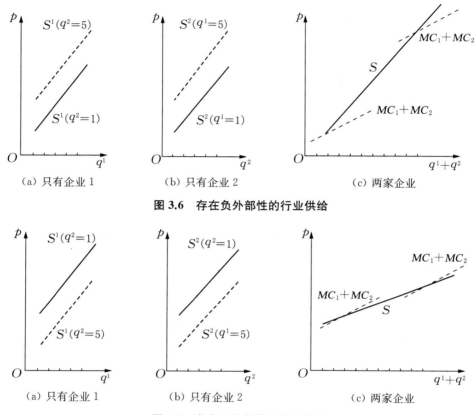

图 3.6　存在负外部性的行业供给

图 3.7　存在正外部性的行业供给

我们还可以考虑正外部性的效果,只需要改变图 3.6 的标注即可。在这种情况下,当企业扩大产出的时候,其他企业的边际成本将下降。当市场需求增加的时候,我们可以进行相同的分析,但是现在企业的供给曲线将向相反的方向平移。当你这样做的时候,你可以注意到,在这种特殊的情形下,市场加总的供给曲线比单个企业的供给曲线更平缓,参见图 3.7。然而,最后的市场供给曲线可能是水平的,甚至是下降的。①

3.5　行业规模

在根据单个企业的行为反应来构建市场供给曲线的简单例子里(第 3.2 节和第 3.3 节),我们假定企业数量是已知的、固定的(n_f),这个假定是无法保证成立的。我们不是去

---

① 迷你问题 3:假设每家企业的单个供给曲线是向上倾斜的,但是市场供给曲线是下降的。解释当市场需求增加的时候,会发生什么?

假定有 2、4、8、16 家企业,我们需要探究决定行业规模的经济原理。

我们依然在价格接受企业的框架下分析这个问题。如果所有的企业都赚到正的利润,如图 3.8 的阴影部分所示,那么显然用这个固定 n_f 的方法来研究市场均衡是行不通的。原因在于其他新的企业也可以成立并且赚取利润。如果出现这种情况,那么就要假定它们将尽力去这样做。有多少企业会这样做?企业的数量 n_f 是如何被决定的?

我们可以通过扩展上一段的基本推理来回答这个问题。假设企业按照它们进入行业的顺序被编号 $1, 2, \cdots, N, \cdots$,目前行业中的企业数目为 n_f。令 q^N 为企业 N 在价格接受均衡时的利润最大化产出(换句话说,就是我们在第 2 章考虑的单个竞争企业的情形,即给定市场价格下的最优产出和投入)。允许 n_f 逐渐增加:1,2,3 …;产出价格 p 将下降,当然给定市场需求曲线是向下倾斜的。[1]如果存在一个值 N 使得企业 N 的利润是非负的,但是企业 $N+1$ 的利润是负的,那么 $n_f=N$ 就可以表示均衡的企业数量。[2]在这个完全均衡中,我们可以找到此情形中的"边际企业"(如图 3.9 所示):利润为零,因为企业的生产满足:

$$p=MC=AC \tag{3.2}$$

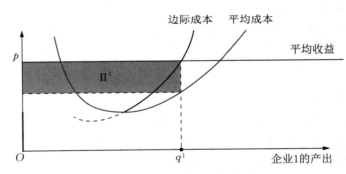

图 3.8　一个企业的暂时均衡

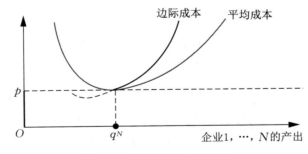

图 3.9　边际竞争企业的均衡

因此,在完全市场均衡的情况下,每家企业的行为都是由标准的"价格＝边际成本"的规则决定,企业的数量就可以通过求解零利润条件获得。

---

① 迷你问题 4:如果要素不是完全弹性的供给,解释投入价格将发生怎样的变化?
② 迷你问题 5:用一句话来解释为什么一定会这样。

3.6 价格设定

截至目前,我们一直假定企业是价格接受者,所有的价格都是外生给定的。如果企业没有市场能力(market power),这个假设是合理的。但是如果企业可以制定价格,那么最优化问题将如何变化?这是一个有趣的问题。我们通过企业基本模型的三个进展来研究市场能力对企业行为的影响。

实践中的微观经济学:垄断能力——钻石

戴比尔斯集团公司(De Beers Group of Companies)是最成功的垄断企业之一,它所拥有的矿藏和配送体系使得它控制了世界上 80% 以上的未切钻石。它通过标准的机制来实施市场控制,以维持高价:通过广告来操纵消费者需求,消除潜在的竞争;对目标客户实行严格的销售管制;阻止二次销售;严格管制供应商市场准入。但是,与它的口号"钻石恒久远"背道而驰的是,戴比尔斯的市场控制没有能够持续很久。自 21 世纪以来,在戴比尔斯的传统基地南非之外,钻石矿获得了开发;金伯利过程使得它的很多秘密做法变得广为人知;大量其他的良好协作的加工和配送体系开始崛起,所有这些都大幅度降低了它对世界市场的控制能力。——《经济学家》(2004)

3.6.1 简单垄断

我们从一个简单的情形开始,这个情形不现实但很方便分析。假设所有的投入市场都是竞争性的(如前所述):因此我们可以肯定,成本函数的推导跟第 2 章的方式是一样的。我们的模型唯一有效的变化是,我们假定产品价格是产出的一个决定函数。①换句话说,存在一个如下的产出的反需求函数:

$$p = p(q) \tag{3.3}$$

这给出的是"市场可以承受的价格"。我们有必要介绍产品需求弹性 η(负数)这个概念:

$$\eta(q) := \frac{\mathrm{d}\log q}{\mathrm{d}\log p} = \frac{p(q)}{q p_q(q)} \tag{3.4}$$

这里 $p_q(q)$ 是 $\mathrm{d}p(q)/\mathrm{d}q$ 的简写。这概括了垄断企业的重要信息。如果垄断企业想知道,当它改变 1% 的产量市场投放时,价格变化的百分比是多少,这个数字将正好是 $1/\eta(q)$。

现在,利润可以表示为:

$$p(q)q - C(\mathbf{w}, q) \tag{3.5}$$

最大化问题的一阶条件是:

---

① 迷你问题 6:在行业的什么情况下这个设定是不充分的?企业要能决定出售其产品的价格 p,关于市场或者"游戏规则",我们需要怎样的其他信息?

$$p(q)+p_q(q)q=C_q(\mathbf{w},\,q) \tag{3.6}$$

我们花点时间考虑一下这个条件的含义,可以跟竞争企业的分析作个对比。根据定义,市场上活跃的单个竞争企业是没有市场能力的,它们的最佳应对就是接受市场价格作为增加一单位销售的边际收入,并且安排生产使得边际收入等于边际成本——对单个企业参见式(2.35),对整个行业参见式(3.2)。当假定一家企业面对给定的需求曲线时,我们已经赋予了这家企业市场能力。垄断企业会理性地实施这个能力,充分利用它所掌握的关于这条给定的(向下倾斜的)需求曲线的信息。因此,企业会考虑每增加一单位产出到市场上去对价格的侵蚀 $p(q)$,即式(3.6)的第二项。用自然语言来说就是,式(3.6)意味着垄断企业实施市场能力的最优规则是:

边际收入=边际成本

这里的"边际收入"显然考虑了价格侵蚀效应。

求解方程(3.6)得到的 q 就是垄断企业的最优产出——参见图 3.10 中的点 p^*,此时 AR(平均收入曲线)就是需求曲线,MR 是边际收入。[①]但是价格是多少?

我们可以用其他的方式来表达条件(3.6),同样可以显示垄断企业的理性行为。根据式(3.4),重新整理式(3.6)可以得到:[②]

$$p=\frac{C_q(\mathbf{w},\,q)}{1+1/\eta(q)} \tag{3.7}$$

式(3.7)的分母小于 1。这意味着价格制定者利用它的市场能力将价格定在高于边际成本的水平。

式(3.7)的一个解释是,垄断企业利用其关于市场需求曲线形状的信息(参数 η 表示的就是这个信息),而不仅仅是价格,来决定供给多少产品到市场上去。因此,在定义 2.7 的意义上,垄断企业没有确定的供给曲线。然而,垄断企业的问题存在确定的解。

例 3.1

有两家企业,每家企业的成本都是 $c_0+c_1q+c_2q^2$。第一家企业在竞争性市场上($\eta=-\infty$);第二家企业处于垄断市场,面对缺乏弹性的需求($\eta=-1/2$)。两种情形下的平均收入为:

情形 1:$p(q)=\bar{p}$
情形 2:$p(q)=aq^{-2}$

利润曲线(是 q 的函数)如下图所示,表示的是对应 $\bar{p}=20$,$c_0=20$,$c_1=0$,$c_2=1$,$a=0.2$ 的结果。情形 1 在 $q^*=50$ 处有一个良好定义的最大值。在情形 2,当 q 减少时,利润是递增的,但是在 $q=0$ 处有不连续点,此时利润为零:不存在利润最大化的 q!

---

① 迷你问题 7:(1)在 η 是常数的情况下,平均收入和边际收入曲线已经被画出来了。写出这种特殊情形下这些曲线的明确公式。(2)现在假设市场价格由关系式 $p=a-bq$ 给出,画出 AR 曲线和 MR 曲线。

② 迷你问题 8:这个条件要有意义的话,我们必须有 $\eta<-1$。解释一下如果这个条件不满足时会发生什么。[提示:将式(3.5)画在图上,想一下当 $q\to0$ 时会发生什么。]

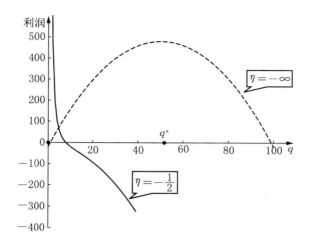

3.6.2 区分市场的垄断企业

　　然而,这只是市场能力的一种解释。如果垄断企业有更大的能力,会怎样做呢? 假设企业可以有效地区分市场,以不同的价格 p^1、p^2 在两个分开的市场上出售,$p^1=p^1(q^1)$,$p^2=p^2(q^2)$,这里 q^1 和 q^2 分别是投向两个市场的产量,总产量是 $q=q^1+q^2$。此时利润为:

$$p^1(q^1)q^1+p^2(q^2)q^2-C(\mathbf{w},\ q) \tag{3.8}$$

为了实现利润最大化,我们分别在两个市场上遵循 $MR=MC$ 的条件:

$$p_q^i(q^i)+p^i(q^i)=C_q(\mathbf{w},\ q),\quad i=1,\ 2 \tag{3.9}$$

利润最大化问题的结果不外乎两类:一种解的情况是垄断企业只在一个市场上销售[1],另一种更有趣的情况是垄断企业在两个市场上出售,根据式(3.9)得出:

$$p_q^1(q^1)+p^1(q^1)=p_q^2(q^2)+p^2(q^2)=C_q(\mathbf{w},\ q)$$

或者,如果 η_1 和 η_2 是两个市场的需求弹性:

$$p^1\left[1+\frac{1}{\eta^1}\right]=p^2\left[1+\frac{1}{\eta^2}\right]=C_q(\mathbf{w},\ q) \tag{3.10}$$

跟单一垄断企业的情形相比,此时的利润会高一些[2],并且如果 $\eta^1<\eta^2<-1$,那么 $p^2>p^1$。我们有了一个直觉上很合理的结果,即如果垄断企业可以区分市场,那么它在需求弹性较小的细分市场上定价更高。

---

[1]　迷你问题 9:写出这种情况下必须满足的条件[根据式(3.9)推导]。
[2]　迷你问题 10:从直觉出发,给出一个解释来证明这是对的。

实践中的微观经济学：俄罗斯天然气工业公司——在两个市场上定价吗？

俄罗斯天然气工业公司 Gazprom 自成立之初就是俄罗斯天然气出口领域的垄断企业，它被迫在国内市场上按照被管制的低价格出售天然气，但是其他天然气生产者可以自由地按照市场价格出售天然气。2006 年 6 月，俄罗斯联邦法律授予了 Gazprom 向欧洲出口天然气的专有权；当然，出口市场供给者数量的增加会压低天然气价格。然而，除非国内市场解除管制，否则俄罗斯别无选择，必须控制其天然气出口。否则的话，独立的生产者将集中于出口而忽略国内市场。

Gazprom 提出了一些解除管制的建议，希望降低提供国内补贴的负担，从而不再需要为其出口垄断地位寻找理由。但是解除管制将显著提高国内天然气价格，在这个国家，这样做在政治上是非常不受欢迎的，因为政府要压低能源价格来保护本国消费者。Gazprom 在本国和出口市场的销售策略和配置，对于俄罗斯天然气出口欧洲的水平和稳定性而言，至关重要。更多资料，请参见 Ahrend 和 Tompson(2005) 及 Sagen 和 Tsygankova(2006)。

3.6.3 市场准入费用

垄断企业可以做得更多吗？比如，或许可以通过设立市场准入费来实施其市场能力？这里有一个快速解决这个问题的方法。

有一个方法可以解释图 3.10 中的需求曲线(AR)，在任意产出水平 x，曲线 $p(x)$ 的高表示消费者对额外一单位产出的支付意愿(给定市场上已经有 x 单位的供给量了)；如果这个支付意愿高于当前的市场价格，那么消费者获得一个"剩余"：支付意愿减去价格。

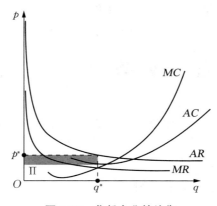

图 3.10 垄断企业的均衡

给定实际供给到市场上去的产量为 q，价格是 $p(q)$，那么消费者剩余的总量由下式给出：

$$\int_0^q p(x)\mathrm{d}x - p(q)q \tag{3.11}$$

如图 3.11 大的阴影部分面积所示。

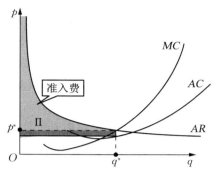

图 3.11　存在准入费的垄断市场

我们将在第 4.6 节进一步讨论消费者剩余的概念;这里用它来给垄断企业一些额外的影响力。假设企业能够向市场收取一个准入费 F_0 以攫取消费者剩余。那么,除了通常的利润项 $[p(q)q-C(\mathbf{w},q)]$(图 3.11 阴影部分中的矩形),企业还得到一个准入费收入 F_0[等于式(3.11)],因此在这种情况下,总利润是:

$$p(q)q-C(\mathbf{w},q)+F_0$$
$$=p(q)q-C(\mathbf{w},q)+\left[\int_0^q p(x)\mathrm{d}x-p(q)q\right]$$
$$=\int_0^q p(x)\mathrm{d}x-C(\mathbf{w},q)$$

对上式中的 q 求导数,一阶条件是:

$$p(q)-C_q(\mathbf{w},q)=0 \qquad\qquad (3.12)$$

因此,我们得到一个理想的结果,即在这种情形下,企业设定价格等于边际成本——参见图 3.11。这里,企业采用的是两部收费法(two-part tariff)(p,F_0) 来提供商品。[1]

实践中的微观经济学:迪士尼乐园的门票

　　收取门票的垄断模型被用于迪士尼乐园(Oi, 1971)。这样,有些娱乐项目的边际成本实际上就是零,因此门票的定价方式就是攫取消费者剩余,这样里面的一些项目就可以免费了。

这个模型提出了更深远的问题,我们将在第 11.2.2 节讨论。

3.7　产品种类

再次考虑多个企业和行业均衡的问题,但是跟第 3.5 节相比,这里要提出一个问题:如

---

① 迷你问题 11:什么类型的商品可以采用这种方法收费?

果众多企业生产的不是完全相同的产品,结果会怎样? 如果存在有效的产品差异,那么单个企业就是准垄断企业(quasi monopolists),面对的是向下倾斜的需求曲线(如第 3.6 节),而不是给定的市场价格。然而,均衡的形式跟同质产品的情形非常类似。我们需要把产品差异下的均衡跟完全竞争均衡进行一个类比,在研究完全竞争均衡的时候,我们讨论过企业数量的决定。

因为每家企业都是一个局部的垄断,所以它的行为就跟第 3.5 节讨论的有所不同。为了进行分析,我们先考虑一个包含固定数量企业的市场。每个企业都赚取了准垄断利润(如图 3.12 所示),利润的规模取决于其市场能力的大小,也就是它通过有效的产品差异化将一部分市场"绑定"的程度。

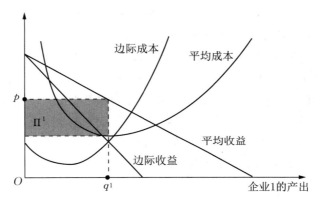

图 3.12 局部垄断企业的短期均衡

但是跟同质产品的情形一样(第 3.5 节),企业数量固定这个假定不能成立。如果所有的企业都赚取了正的利润,那么生产略有差异的产品的其他企业就会进入这个市场,希望获取一些利润。现在,如果有新企业进入这个市场,这将影响其他企业的平均成本曲线和边际收益曲线:影响的程度取决于新企业的产品可在多大程度上被视为其他企业产品的替代品。均衡是一种形式的"垄断竞争";对边际企业而言,情形如图 3.13 所示。它利润为零,但是面临一条向下倾斜的需求曲线。

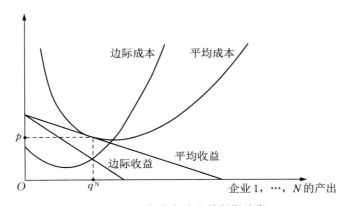

图 3.13 局部垄断企业的长期均衡

实践中的微观经济学:产品的"相近性"

在垄断竞争中,什么因素决定了一种商品和另一种商品的"相近"程度? 人们或许认为,企业之间的竞争是局部意义上的,因为人们对品牌有忠诚度,不会把其他企业的产品视为完全替代品。但是,你如何在实证意义上确认这种局部性的竞争? Schmalensee(1985)在早餐谷物行业的例子中展示了如何做到这一点。

总　结

将单个企业的分析扩展到市场中的众多企业是很直观的,我们只需要对企业运作的经济环境进行一个关键假设。每个企业面对一条确定的(对其产品的)需求曲线,或者在不同产品种类的情形下,存在确定模式的(对不同产品的)需求曲线。在这个假定的基础上,我们可以在第 2 章方法的基础上,发现企业均衡行为的直观的、可解释的条件。一个边际条件决定了每家企业的均衡产出,一个市场需求和平均成本的条件决定了市场上将出现多少家企业。

如果不存在确定的需求曲线,那么将发生什么? 这是一个更深层次的问题,我们在重新思考企业之间的互动和均衡之后,再来探究这个问题。

进一步阅读

垄断竞争的经典参考文献是 Chamberlin(1933);也可以参见 Dixit 和 Stiglitz(1977),这篇文献就是练习题 3.3 的基础。Salop(1979)研究的问题是,把一个行业的模型置入更宽广的经济模型中进行分析。Feenstra 和 Romalis(2014)使用扩展后的 Chamberlin 方法,研究了国际贸易模型。

关于不同类型的差别化垄断,参见 Pigou(1952,Chapter 17)。关于这个问题的新近研究综述,参见 Varian(1989)和 Stole(2007)。

练习题

3.1 ("自然垄断"现象)考虑一个行业,这个行业中所有的潜在企业都有相同的成本函数 C。假设对产出水平 $\bar{q}$,以及两家企业的非负产出 q, q',满足 $q+q' \leqslant \bar{q}$,成本函数满足"次可加"特征:

$$C(\mathbf{w}, q+q') < C(\mathbf{w}, q) + C(\mathbf{w}, q')$$

(1) 证明,这意味着对所有的整数 $N>1$:

$$C(\mathbf{w}, q) < NC\left(w, \frac{q}{N}\right) \qquad 0 \leqslant q \leqslant \bar{q}$$

(2) 这对平均成本和边际成本曲线的形状有什么含义？

(3) 我们是否可以得出这样一个结论：在生产这种商品上，垄断更有效率？

3.2 一家垄断企业的成本为 $c_0 + c_1 q + c_2 q^2$，这里 q 是产出，c_0、c_1 和 c_2 是正的参数。众所周知的是，该垄断企业服务的市场具有常数的需求弹性。讨论垄断企业利润最大化的产出 q：

(1) 如果市场需求是非常富有弹性的（弹性接近一∞）。

(2) 如果市场需求是非常缺乏弹性的（弹性接近0）。

3.3 在一个特定行业里有 n 家利润最大化的企业，每家企业都只生产一种商品。企业 i 的成本是 $C_0 + cq_i$，这里 C_0 和 c 是参数，q_i 是企业 i 的产出。消费者认为，不同企业生产的商品并不是完全相同的。企业 i 的反需求函数给出如下：

$$p_i = \frac{Aq_i^{\alpha-1}}{\sum_{j=1}^{n} q_j^{\alpha}}$$

这里，α 度量的是企业产品可被替代的程度，$0 < \alpha \leqslant 1$。

(1) 假定每家企业都把其他企业的产出视为给定，那么给定产出 $q_2, \cdots, q_n$，写出求解企业 1 产出的一阶条件。然后，根据均衡的对称性，证明：在均衡的时候，任意一家企业的最优产出为：

$$q_i^* = \frac{A\alpha[n-1]}{n^2 c}$$

企业 i 的需求弹性的绝对值为：

$$\frac{n}{n - n\alpha + \alpha}$$

(2) 考虑 $\alpha = 1$ 的情形。这代表的是什么现象？证明：这个行业中均衡的企业数量小于或等于 $\sqrt{\dfrac{A}{c_0}}$。

3.4 一家企业的成本函数如下：

$$F_0 + \frac{1}{2} a q_i^2$$

这里，q_i 是单一同质商品的产出量，F_0 和 a 都是正数。

(1) 求企业在产出和价格 p 之间的供给关系；仔细解释在平均成本的最低点 $\underline{p} := \sqrt{2aF_0}$ 发生了什么。

(2) 在一个有 1 000 个消费者的市场上，商品需求曲线为 $p = A - bq$，这里 q 是总的需求量，A 和 b 是正的参数。如果市场是由单个价格接受企业来供给[成本结构如(1)所示]，解释为什么当 $b \leqslant a[A/\underline{p} - 1]$ 时，存在唯一均衡；否则的话，不存在正的产出的均衡。

(3) 现在假设有 N 家企业(N 是个很大的数字),每家企业的成本函数如上所示。求 N 家企业的平均供给和价格的关系,将答案与第(1)部分比较。当 $N\to\infty$ 时,将发生什么?

(4) 假设市场规模也随 N 在增加,但是每 1 000 个消费者的需求跟第(2)部分一样。证明:随着 N 的增大,存在确定的市场均衡价格和产出水平。

3.5 一家企业有固定成本 F_0 和边际成本 $c=a+bq$,这里 q 是产出。

(1) 如果该企业是一个价格接受者,让它生产一个正的产出量的最低价格是多少?如果竞争价格高于这个水平,求该企业将生产的产量 q^*。

(2) 如果该企业是一个垄断者,反需求函数为 $p=A-\frac{1}{2}Bq$(这里,$A>a$,$B>0$),求该企业的边际收入(写成产出的函数)。在图形中标明最优解,证明企业将生产:

$$q^{**}:=\frac{A-a}{b+B}$$

在这个产出水平上,市场价格 p^{**} 和边际成本 c^{**} 是多少?比较 q^{**} 和 q^*。

(3) 政府决定管制垄断。管制者有权力控制价格,将价格设定在 p_{max}。画出该垄断企业面对的平均收入曲线和边际收入曲线。并据此证明:

① 如果 $p_{max}>p^{**}$,那么企业的产出和价格保持不变(q^{**} 和 p^{**})

② 如果 $p^{**}<c^{**}$,那么企业的产出将低于 q^{**}。

③ 在其他情况下,产出将高于 q^{**}。

3.6 在单一同质商品的市场上有 N 家企业。每家企业的成本函数为 $16+q_i^3$,这里 q_i 是企业 i 的产出。这种商品的市场需求为 $N[A-\sqrt{p/3}]$,这里 p 是市场价格,A 是一个正的参数。

(1) 求企业 i 的平均成本和边际成本。企业愿意供给到市场上去的最小的正产出数量是多少?

(2) 假设 $N=1$,但是企业是一个价格接受者。

① 如果 $A=6$,证明:均衡价格是 27,企业供给 3 个单位的产出。

② 解释在 $A=2$,$A=3$,$A=4$ 的情况下,市场上会发生什么?

(3) 现在假设 N 是一个非常大的数字,但是问题的其他方面保持不变。对应于 A 的不同取值的情形,你的答案跟第(2)部分有何不同,请给出解释。

3.7 一家垄断企业的成本函数为 $C(q)=100+6q+\frac{1}{2}[q]^2$。

(1) 如果需求函数为 $q=24-\frac{1}{4}p$,计算最大化利润的产出和价格组合。

(2) 假设该企业有可能在另外的第二个市场上出售商品,第二市场的需求为 $q=84-\frac{3}{4}p$。计算两个市场上的价格,然后计算跟情形(1)相比,总产出和利润的变化。

(3) 现在假设该企业依然可以进入两个市场,但是无法实行区别定价,那么结果将怎样?

4

消费者

消费者:一个有能力选择总统,但是没有政府机构的帮助却无法选择自行车的人。

——赫伯特·斯坦(Herbert Stein),*Washington Bedtime Stories*(1979)

4.1 引言

我们现在介绍经济体系的第二个主要经济决策者——消费者。在一定意义上这是微观经济学的核心。为什么还要谈论"消费者主权"呢? 经济体组织经济活动的最终目的又为了谁呢?

我们将在如下较宽的领域中探讨适用于消费者分析的经济原理:

(1) 偏好分析;

(2) 完美市场中的消费者最优化;

(3) 消费者福利。

这只是单个消费者和家庭的经济学的介绍,在本章我们只关注消费者本身。全体消费者在市场上的行为方式问题,关于家庭供给要素(比如劳动力和储蓄)的问题,以及消费者是否通过自己在家里生产来"替代"市场等问题,我们将在第15章探讨。不确定性下消费者的行为这一大主题,将构成第8章的大部分内容。

在进行这些分析的时候,我们会看到消费者理论和企业理论的一些相似点。这让我们的分析变得简单很多,而且还可以让我们领略到两个研究领域中有关经济问题的有用思想。

4.2 消费者的环境

跟分析企业理论一样,我们还是从设定问题的基本要素开始。首先交代一个词,即谁在消费。看情况,我有时候称之为"个人",有时候叫做"家庭",有时候称之为"消费者"。这个区别并不重要,当然前提是:(1)在一个多人家庭中,家庭成员是外生的;(2)任何多人家庭的行为都看成是单一决策者的行为。到第9章的时候,个人和家庭的区别就真的重要了。

设定了消费者的问题之后,我们需要刻画和讨论基本最优化问题的三个要素:

（1）商品空间；

（2）市场；

（3）动机。

商品空间

假设我们已知 n 种商品的列表,这里 n 是一个有限但可能很大的数字。一个消费组合就是一个商品列表 $\mathbf{x}:=(x_1, x_2, \cdots, x_n)$。将所有可行的消费组合集表示为 X。在大多数情形下,我们可以假定 X 等同于 $\mathbb{R}_+^n$,即所有非负 n 维向量的集合(参见图 4.1)。这个概念的含义是,任何商品的数量为负是没有意义的,所有的商品都是可分的,个人所能消费的任意一种商品的量是没有物理上限的(上限是由预算来决定的,我们很快就会讲到)。[①]

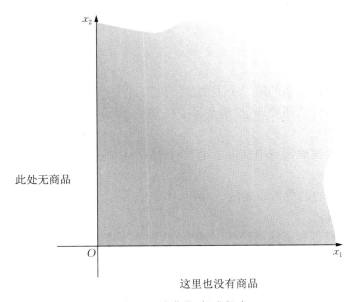

图 4.1 消费集:标准假定

你如何画出商品类别之间的边界？这取决于你要分析的模型的类型。通常你遇到的情形是,你只有两到三种商品——我们将在第 5 章进一步讨论这一点。原则上,商品可以根据空间、时间或者状态来区分。

市场

跟竞争性企业的情形一样,我们假定在消费者所面对的市场中,n 种商品的价格都是已知的:$\mathbf{p}:=(p_1, p_2, \cdots, p_n)$。这些价格将部分决定单个消费者的预算约束。

---

① 迷你问题 1:我们应该如何模型化消费的不可分性? 如果商品 1 是食品,商品 2 是(不可分的)冰箱,请描述集合 X 的形状。

然而,为了完成这个描述,我们需要考虑这个约束的两个版本,如图 4.2 所示。

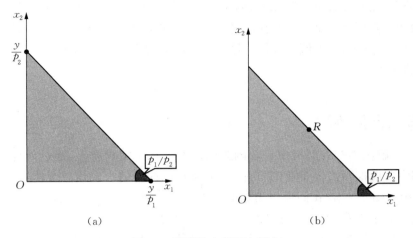

图 4.2　预算约束的两个版本

（1）在图 4.2(a)中,消费者有固定数量的钱 y,因此他所能购买的消费组合 $\mathbf{x}$ 就受到如下的约束：

$$p_1x_1+p_2x_2 \leqslant y \tag{4.1}$$

如果所有的收入 y 都被用来购买商品 1,那么这个人所能购买的量为 $x_1=y/p_1$。

表 4.1　消费者：符号表示

x_i	商品 i 的消费量	$\triangleright$	显示偏好关系
$\mathbf{x}$	$(x_1,\cdots,x_n)$	$\geqslant$	弱偏好关系
X	所有 $\mathbf{x}$ 的集合	$U(\cdot)$	效用函数
p_i	商品 i 的价格	$C(\cdot)$	成本（支出）函数
$\mathbf{p}$	$(p_1,\cdots,p_n)$	$D^i(\cdot)$	对商品 i 的普通需求
y	收入	$H^i(\cdot)$	对商品 i 的补偿需求
v	效用水平	$V(\cdot)$	间接效用函数

（2）在图 4.2(b)中,这个人有资源禀赋 $\mathbf{R}:=(R_1,R_2)$,因此所选择购买的商品组合必须满足：

$$p_1x_1+p_2x_2 \leqslant p_1R_1+p_2R_2 \tag{4.2}$$

这两个版本的预算约束看起来很相似,但是当价格变化的时候会诱发不同的反应。[①]

动机

消费者跟企业不一样,他的动机不容易阐明,我们没有十足的证据来宣称个人或家庭

---

①　迷你问题 2：(1)对应每种类型的预算约束,当商品 1 的价格下降时,描述一下将发生什么。(2)当商品 2 的价格上涨时,重复上述操作。(3)当一个人可以购买的一种商品的价格高于他可以出售的同一商品的价格时,重新画出这种情形的右图。

要最大化一个特定类型的目标函数(如果这样的函数确实存在的话)。家庭在市场上的行为可能很随意(如果企业也很随意的话,那么它大概就破产了)。但是如果消费者也最大化一个东西的话,那么会是什么? 我们将考察回答这个问题的两个方法,每种方法都有重要的经济应用。首先,我们假定人们用显示自己偏好的方式来做出选择。其次,我们考虑一种内省的方法。

4.3 显示偏好

我们首先解决消费者动机中比较困难的问题。在一定程度上,通过外部观察企业的行为,我们有可能推断关于企业的目标、技术及其他约束的很多信息。例如,根据价格和企业成本与收入的数据,我们可以考察企业的投入和产出决策是否跟利润最大化(看上去)相一致。对于消费者,我们可以做同样的事情吗?

基本的方法是,预先假定消费者在市场中的行为反应了他们实际上在追求的目标,这可以总结为"你看到的,就是你想要的"。

定义 4.1

当消费组合 **x** 和 **x′** 都可以被消费者选择时,消费者实际上选择了 **x**,那么定义消费组合 **x** 显示偏好于组合 **x′**(用符号记作 **x** ▷ **x′**)。

这几乎是不言自明的。通过引入如下公理(或者基本假定),我们赋予它可操作性的内容。这个公理是关于从观察现象中获得证据的性质。

公理 4.1 (理性选择公理)

消费者做选择的时候,在所有可选的组合中,总是选择他最偏好的组合。

这意味着通过观察消费者的选择,我们可以推断一个人的偏好;这意味着我们可以采用如下简单但非常强大的假定。

公理 4.2 (显示偏好弱公理)

如果 **x** ▷ **x′**,那么 **x′** ⋭ **x**。

当消费者在自由市场购买的时候,这个公理有一个简单的解释。假设在价格 **p**,消费者可以买得起两个商品组合中的任意一个(**x** 或者 **x′**);假设消费者实际购买的是 **x**。现在假设价格从 **p** 变化到 **p′**(收入保持不变);如果消费者现在选择了 **x′**,那么显示偏好弱公理就是说,在新的价格 **p′** 下,消费者买不起 **x** 了(因为 **x** 已经显示偏好于 **x′**)。因此,这个公理意味着,如果:

$$\sum_{i=1}^{n} p_i x_i \geqslant \sum_{i=1}^{n} p_i x_i' \tag{4.3}$$

那么,

$$\sum_{i=1}^{n} p_i' x_i \geqslant \sum_{i=1}^{n} p_i' x_i' \tag{4.4}$$

你昨天选了一个消费组合(今天的组合也是你买得起的),结果今天你没有继续选择这个组合,那就一定是因为今天你已经买不起昨天的那个组合了(参见图 4.3)。

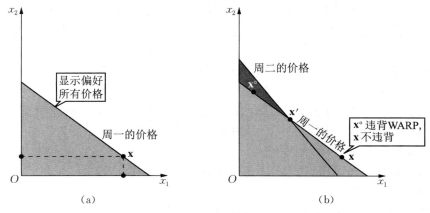

图 4.3　周一选择了 **x**;周二选择了 **x**′

只是用这个公理,你就可以从消费理论中收获很多。的确,用很小的实验我们似乎就可以基本画出成本最小化实验的结果,正如我们在企业理论中所做的,我们画出了生产函数等产量线的一部分。我们甚至可以猜测,我们通过走后门已经到了发现等产量线对等曲线的门槛(我们在后面会讨论"无差异曲线")。例如,考察图 4.4:令 **x** ▷ **x**′, **x**′ ▷ **x**″,且令 $N(\mathbf{x})$ 表示 **x** 没有显示偏好于的点的集合。现在考虑阴影部分之外所表示的消费组合的集合:$N(\mathbf{x}) \bigcap N(\mathbf{x}') \bigcap N(\mathbf{x}'')$,因为 **x** 显示偏好于 **x**′,然后反过来显示偏好于 **x**″,我们可能认为这个阴影之外的面积(直接或间接)显示为至少跟 **x**″ 一样好的点的集合:集合是凸集,集合的边界看上去有点像我们在生产理论中讨论过的等产量线。然而,当我们继续推进这个分析的时候,其实会面临相当窄的限制。例如,有可能有下面这种行为:**x** ▷ **x**′, **x**′ ▷ **x**″, **x**″ ▷ **x**‴,同时 **x**‴ ▷ **x**。为了避免这个问题,实际上你需要一个额外的公理来排除循环偏好关系。

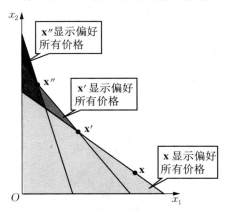

图 4.4　显示偏好概念的拓展

4.4　偏好:公理方法

跟第 4.3 节相对照,让我们使用内省法。我们不是从人们的购买行为中推断偏好,而是直接对人们的偏好进行设定。我们通过设定一些公理来研究这个问题。我们假设消费者的偏好应该满足这些公理,而且我们做这样的假设应该是合理的。任何一个公理或者公理的集合并无特别的神奇之处：它们只是确立一个分析框架的方法，而且跟人们日常的经验是相一致的。有很多种方式来逻辑一致地公理化消费者选择的模型。我们的基本概念是：

定义 4.2

弱偏好关系 $\geqslant$ 是 X 上的一个双向关系。如果 $\mathbf{x}, \mathbf{x}' \in X$，那么陈述"$\mathbf{x} \geqslant \mathbf{x}'$"读作"$\mathbf{x}$ 至少和 $\mathbf{x}'$ 一样好"。

据此，我们可以定义两个相关的概念。表达式"$\mathbf{x} > \mathbf{x}'$"读作"$\mathbf{x}$ 严格优于 $\mathbf{x}'$"，或者等价地说，"$\mathbf{x} \geqslant \mathbf{x}'$"成立但"$\mathbf{x}' \geqslant \mathbf{x}$"不成立。表达式"$\mathbf{x} \sim \mathbf{x}'$"读作"$\mathbf{x}$ 跟 $\mathbf{x}'$ 一样好"，等价于"$\mathbf{x} \geqslant \mathbf{x}'$"和"$\mathbf{x}' \geqslant \mathbf{x}$"同时成立。

为了让弱偏好关系有用，我们将考虑关于偏好的三个基本公理。

公理 4.3 （完备性）

对每个 $\mathbf{x}, \mathbf{x}' \in X$，$\mathbf{x} \geqslant \mathbf{x}'$ 成立，或者 $\mathbf{x}' \geqslant \mathbf{x}$ 成立，或者二者同时成立。

公理 4.4 （传递性）

对任意 $\mathbf{x}, \mathbf{x}', \mathbf{x}''' \in X$，如果 $\mathbf{x} \geqslant \mathbf{x}'$ 且 $\mathbf{x}' \geqslant \mathbf{x}''$ 成立，那么 $\mathbf{x} \geqslant \mathbf{x}''$。

公理 4.5 （连续性）[1]

对任意 $\mathbf{x} \in X$，不优于 $\mathbf{x}$ 的集合和不劣于 $\mathbf{x}$ 的集合都是 X 内的闭集。

完备性意味着，当人们面临一个选择的时候，他们不能无助耸肩地说不知道如何选择；传递性意味着（在一定意义上）他们是逻辑一致的；[2]如果这两个特征都满足，那么我们说这个人具有理性的偏好。

要明白连续性公理意味着什么，我们需要做一个思想实验（图 4.5）。在一个两种商品的图形中，放上一个点 $\mathbf{x}^\circ$，这个点表示两种商品的数量都是正的；描画另外的一个任意点 $\mathbf{x}^M$，这个点代表的两种商品的量都更多，以及另外的一个点 $\mathbf{x}^L$，表示更少的两种商品的量（相对于 $\mathbf{x}^\circ$）；假设消费者在 $\mathbf{x}^M$ 和 $\mathbf{x}^\circ$ 之间严格偏好 $\mathbf{x}^M$，在 $\mathbf{x}^\circ$ 和 $\mathbf{x}^L$ 之间严格偏好 $\mathbf{x}^\circ$。现在考虑线（$\mathbf{x}^L$，$\mathbf{x}^M$）上的点：显然我们可以合理地认为，靠近 $\mathbf{x}^M$ 的点优于 $\mathbf{x}^\circ$，靠近 $\mathbf{x}^L$ 的点劣于 $\mathbf{x}^\circ$。但是（$\mathbf{x}^L$，$\mathbf{x}^M$）上是否有一点正好跟 $\mathbf{x}^\circ$ 无差异呢？的确，如果连续性公理成立，那么一定有这样的无差异的点。因此，穿过任意一点（比如 $\mathbf{x}^\circ$）我们可以画一条无差异曲线（点集 $\{\mathbf{x}: \mathbf{x} \in X; \mathbf{x} \sim \mathbf{x}^\circ\}$），我们可以得出如下的有用结果（参见附录 C）：

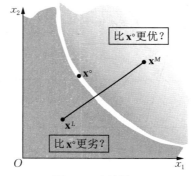

图 4.5 连续性公理

---

① 迷你问题 3：放弃这个连续性假设会怎样？

② 迷你问题 4：每天午餐我都买一份水果。周一有苹果和香蕉，但没有橘子，我买了一个苹果。周二有香蕉和橘子，但没有苹果，我买了一根香蕉。周三有苹果和橘子（抱歉没有香蕉），我买了一个橘子。我的选择是一致的吗？

定理 4.1　（偏好表达）

给定偏好的完备性、传递性和连续性（公理 4.3—公理 4.5），那么，当且仅当 $\mathbf{x} \geqslant \mathbf{x}'$（对所有的 $\mathbf{x}$，$\mathbf{x}' \in X$），存在从 X 到实数线的连续函数 U，使得 $U(\mathbf{x}) \geqslant U(\mathbf{x}')$。[①]

效用函数使得这个说明容易多了。因此，几乎没有例外，我们假定公理 4.3—公理 4.5 成立，那么我们就可以用效用符号 U，而不是看起来略微笨拙的偏好符号 $\geqslant$。

这里，效用函数的作用也很有限：它只不过是用一种方便的方式来排列 X 中所有点的顺序。效用函数把理性消费者做决策的时候所依据的基础清晰表述了出来。我们没有试图去根据消费行为所带来的愉悦感或者"幸福感"来解释效用。因为它表示的就是一个排序，U 的任何单调递增变换都可以表达同样的排序。所以，当 $\mathbf{x}$ 在 X 上取值时，你可以画出某个特定效用函数 U 的效用值，如果你换成函数 U^2，U^3 或者 $\exp(U)$，就可以得到相同模式的值，即相同的排序。[②]效用函数将告诉你偏好的顺序是递增还是递减，这是重要的；但是它也可能告诉你递增或递减的速度，或者偏离了初始值有多远，这是完全不重要的。图 4.6 画出了两个效用函数，它们表示的完全相同的偏好集：基于 (x_1, x_2) 的（纵向）效用图可能看上去不同，但是两个函数投影到商品空间的"等高线"（即无差异曲线）则完全相同。尽管无差异曲线的标注不同，但形状却完全一样。

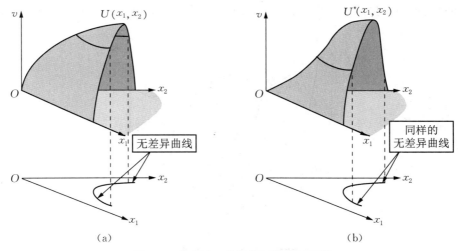

图 4.6　表示同一偏好的两种效用函数

实践中的微观经济学：收入、效用和幸福

本章讲述的关于偏好的标准模型，将个人的效用和消费联系起来，进而也将个人的

[①]　迷你问题 5：老乔治是一个酗酒成瘾的人。朋友们低声谈论他那字典式的偏好图（这跟他在大学图书馆的工作毫无关系）：他严格偏好的消费组合，一定是有更多的酒，跟其他商品的量无关；如果两个消费组合含有相同的酒，这个时候他才会严格偏好包含更多其他商品的组合。画出老乔治的偏好图。老乔治的偏好违反了定理 4.1 中的哪个公理？老乔治的偏好是理性的吗？

[②]　迷你问题 6：一个消费者的偏好关系由下列效用函数表示：$U(\mathbf{x}) = x_1^{a_1} x_2^{a_2} \cdots x_n^{a_n}$。这个偏好关系是否也可以用下面的效用函数表示？$\hat{U}(\mathbf{x}) = \sum_{i=1}^{n} a_i \log(x_i)$？$\tilde{U}(\mathbf{x}) = \sum_{i=1}^{n} a_i \log(x_i + 1)$？

收入联系起来(我们将看到这一点)。然而,Easterlin(1974)认为,人均国民生产总值(GNP)跟国家层面的调查所显示的幸福水平没有关系:当人均 GNP 增加的时候,幸福水平基本是直线。那么,个人收入和个人幸福没有关系吗?跟效用没有关系吗?最近的计量经济学研究表明,当你控制了个体固定效应之后,带来收入增加的事件也跟个人幸福有关系,但是跟效用的关系很微弱。调查中所度量的"幸福感",其实是"体验效用"(Kahneman et al.,1997),这可能跟我们本章用来表示偏好的"决策效用"大相径庭。Clark 等(2008)认为,在理解个体行为的时候,相对收入可能更加重要,相对收入是指相对于别人的收入或者相对于自己过去的收入。本章讨论的简单偏好模型可被视为进一步分析的踏脚石,更多的分析可以考虑社会比较以及体验效应。

公理 4.6 (贪心)

如果 $\mathbf{x} > \mathbf{x}'$(即对所有的 i,$x_i \geqslant x_i'$,严格不等号至少对一个 i 成立),那么 $U(\mathbf{x}) > U(\mathbf{x}')$。

这个假定意味着无差异曲线永远都不会是水平的或者垂直的;另外,它们也不会像图 4.7 所示的那样反向弯曲。[1]特别地,对我们而言,并不存在经济上的最佳满足点(图 4.7 的"山顶")。最后两个假定是关于无差异曲线的形状,即效用函数 U 的"等高线"。

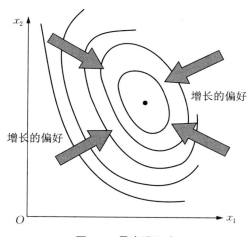

图 4.7　最高满足点

公理 4.7 (严格准凹)[2]

令 $\mathbf{x}'$,$\mathbf{x}'' \in X$,使得 $U(\mathbf{x}') = U(\mathbf{x}'')$;那么对任何数字 $t(0 < t < 1)$,$U(t\mathbf{x}' + [1-t]\mathbf{x}'') > U(\mathbf{x}')$。

---

① 迷你问题 7:(1)如果预算约束实际上在最高满足点的"西北"方向穿过(也就是说最高满足点位于预算集的里面),解释这个人将如何做。(2)根据公理 4.6 的变化形式,我们可以得到很多结果。如果 $\mathbf{x} \gg \mathbf{x}'$(即对所有的 i,$x_i > x_i'$),那么 $U(\mathbf{x}) > U(\mathbf{x}')$。解释在这种情形下无差异曲线的形状会怎样。

② 迷你问题 8:值得注意的是,我们可以用较弱的要求(无差异曲线的凹性,即效用函数准凹)来得到很多结果:$U(t\mathbf{x}' + [1-t]\mathbf{x}'') \geqslant U(\mathbf{x}')$,这里 $0 \leqslant t \leqslant 1$,$U(\mathbf{x}') = U(\mathbf{x}'')$。找出那些可以用这个弱假设而不是无差异曲线严格凹的强假设得到的结果。

点 $\mathbf{x}'$ 和 $\mathbf{x}''$ 表示的是带来相同效应水平的消费向量。二者连线上的点 $\mathbf{x}^t$（$\mathbf{x}^t := t\mathbf{x}' +$ $[1-t]\mathbf{x}''$）表示的是这两个向量的一个"混合"。显然，$\mathbf{x}^t$ 一定位于更高的无差异曲线上。更深层的含义是，这预先假定了消费者更偏好不同商品的混合，而不是极端。[①]

公理 4.8 （平滑性）

U 处处二阶可导，且具有连续的一阶和二阶导数。

这意味着无差异曲线上没有折点。给定一个人的偏好满足平滑性的要求，我们可以得到一个有用的工具：

定义 4.3

商品 i 和商品 j 的**边际替代率**是：

$$MRS_{ij} := \frac{\partial U(\mathbf{x})}{\partial x_j} \Big/ \frac{\partial U(\mathbf{x})}{\partial x_i}$$

这个概念跟我们在分析企业的生产可能性时用过的边际技术替代率是对等的，同样地，有时候我们用下标来表示导数，将 MRS_{ij} 写成 $U_j(\mathbf{x})/U_i(\mathbf{x})$。简单验证一下就可以发现 MRS_{ij} 独立于 U 的基数表示。[②]边际替代率有一个具有吸引力的直觉含义：MRS_{ij} 是一个人对商品 j 的边际意愿，只不过是用商品 i 来度量——一个"主观的价格比率"。因此，在图 4.8 中，穿过任意一点 $\mathbf{x}$ 的无差异曲线的斜率就是 MRS_{21}，即消费 $\mathbf{x}$ 组合的人多消费一单位商品 1 的价格，只不过这个价格是用商品 2 来度量。

这是效用函数的一般设定。后面我们将探究特定的情景，对于可用来表示一个人的偏好的函数类型，我们将施加更多的限制：

（1）随时间推移的行为的分析（在第 5 章）；

（2）消费者的加总（在第 5 章）；

（3）不确定性的分析（在第 8 章）。

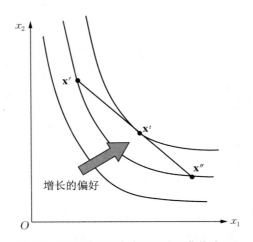

图 4.8 严格的准凹偏好（无差异曲线为凹）

---

① 迷你问题 9：每个礼拜五我都会跟小伙伴们出去喝一杯。我认为一品脱苹果酒和一品脱啤酒具有相同的效用；并且一品脱任何一种酒都严格优于半品脱的两种酒加起来。请画出我的无差异曲线。

② 迷你问题 10：假设效用函数 $\tilde{U}$ 可以通过 U 的可微单调变换 φ 而得到，即对所有的 $\mathbf{x} \in X$，$\tilde{U}(\mathbf{x}) = \varphi(U(\mathbf{x}))$。关于 MRS_{ij} 证明这个结论。

4.5　消费者最优化:固定收入

关于消费者面临的最优化问题,表达方式不止一种;或许直觉上最明显的方式,就是在合适的约束集合下(比如图 4.2 所示的那种集合),在代表最高效用的无差异曲线上找一个点。在外生给定固定收入 y 的完美市场情形下,我们有一个标准的问题:在可行集合 X 中选择一篮子商品 $\mathbf{x}$,在如下的预算约束下实现效用最大化。这个预算约束是式(4.1)的一般化:

$$\sum_{i=1}^{n} p_i x_i \leq y \tag{4.5}$$

如图 4.9(b)所示:注意偏好递增的方向以及表示最优点的特定向量 $\mathbf{x}^*$。

然而,我们还可以用另一种方式来看消费者的最优化问题。使用效用标量来固定一个目标效用水平或者生活水平(度量单位可以随意,比如美元、吨、尤特尔、夸克,因为 U 的基数化并不重要),然后找到消费者实现这一效用的最低预算。这是一个等价的最优化问题,可以看成是我们刚刚描述的最优化问题的一个“对偶”。这是一个预算 $\sum_i p_i x_i$ 最小化问题,受制于非负条件和效用约束:

$$U(\mathbf{x}) \geq v \tag{4.6}$$

这里 v 是外生设定的效用水平,参见图 4.9(b)。

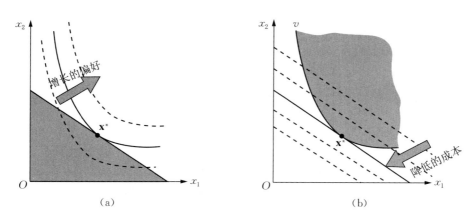

图 4.9　消费者最优化问题的两个视角

图 4.9(a)和图 4.9(b)表明,如果合适设定 y 和 v 的值,效用最大化和成本最小化问题实际上是等价的:为了建立两个问题之间的联系,我们令 v 是第一个问题中所取得时最大效用值,y 是第二个问题的最低成本。因此,在图 4.9(a)中,我们说“在给定的预算下最大化可实现的效用”;我们在凸集(预算集)上最大化一个准凹函数。在图 4.9(b)中,我们说“对应任意给定的效用水平最小化成本”;我们在凸集上最小化一个线性函数,这里的凸集是“优于”向量 $\mathbf{x}$ 的集合,$\mathbf{x}$ 满足式(4.6)。我们将回到“最初的”效用最大化问题:首先,我们来看一下图 4.9(b)所描绘的问题的解。

4.5.1 成本最小化

正式地,预算最小化问题就是最小化如下的拉格朗日函数:

$$\mathcal{L}(\mathbf{x}, \lambda ; \mathbf{p}, v) := \sum_{i=1}^{n} p_i x_i + \lambda [v - U(\mathbf{x})] \tag{4.7}$$

对某一给定的效用水平 v,对每个商品 i,满足约束 $x_i \geq 0$。现在看一下式(4.7),并把它和企业的成本最小化问题相比较,我们可以发现,消费者在目标效用水平约束下的成本最小化问题和企业在目标产出水平约束下的成本最小化问题是等价的[所有的要素价格是给定的,参见式(2.13)]。因此,我们可以借用关于企业的这个问题的经济分析结论。我们只需要从企业的分析中替换表示符号即可。例如,我们引入如下等价定义:

定义 4.4

消费者的**成本函数**或者**支出函数**是价格向量和效用指数的一个实值函数 C,它满足:

$$C(\mathbf{p}, v) := \min_{\{x_i \geq 0, \, U(\mathbf{x}) \geq v\}} \sum_{i=1}^{n} p_i x_i \tag{4.8}$$

正如我们在研究企业行为的时候看到的,成本函数(等价地,"支出函数")在分析个人和家庭的微观经济行为时发挥了关键作用。这个函数的所有特征都跟第 2 章一样,因此我们这里没必要再次证明。我们只是应用定理 2.2,用 $\mathbf{p}$ 替换 $\mathbf{w}$,用 v 替换 q,用 $\mathbf{x}_i^*$ 替换 $\mathbf{z}_i^*$。[①]

例 4.1

某个人的效用函数为 $x_1^{1/4} x_2^{3/4}$(符号有变化,这个函数跟例 2.1 用到的是一样的)。无差异曲线的方程是 $x_2 = v^{4/3} x_1^{-1/3}$,这里 v 是给定的效用水平。无差异曲线跟例 2.1 的等产量线具有相同的特征:它们不会跟坐标轴相交,而且是位似的。

消费者成本最小化的拉格朗日函数是:

$$\mathcal{L}(\mathbf{x}, \lambda ; \mathbf{p}, v) := p_1 x_1 + p_2 x_2 + \lambda [v - x_1^{1/4} x_2^{3/4}]$$

这里,λ 是拉格朗日乘数。这跟例 2.2 中的企业是一样的,只不过是重新标示了变量。因此,最优的需求是:

$$x_1^* = \frac{k}{4} \left[\frac{p_2}{p_1} \right]^{0.75} v$$

$$x_2^* = \frac{3k}{4} \left[\frac{p_1}{p_2} \right]^{0.25} v$$

这里,$k := 0.25^{-0.25} 0.75^{-0.75}$。用 p_1 乘以 x_1^*,p_2 乘以 x_2^*,相加后得:

---

① 迷你问题 11:假设一个人的效用函数为 $x_1 x_2^3$。(1)解释为什么这个效用函数可以等价地写为 $\frac{1}{4} \log x_1 + \frac{3}{4} \log x_2$。(2)写出消费者成本最小化问题的拉格朗日函数(给定效用水平 v),解释为什么我们可以确信它不会有角点解。(3)求最小化问题的一阶条件。(4)成本最小化的 x_1 和 x_2 的值。(5)成本(支出)函数是什么?(提示:检查例 4.1。)

$$p_1 x_1^* + p_2 x_2^* = \frac{k}{4} p_1^{0.25} p_2^{0.75} v + \frac{3k}{4} p_1^{0.25} p_2^{0.75} v$$

这个式子等号左端就是最低成本。因此，成本函数是：

$$C(\mathbf{p}, v) = k p_1^{0.25} p_2^{0.75} v$$

对成本函数求导，得到补偿需求：

$$H^1(\mathbf{p}, v) = \frac{\partial C(\mathbf{p}, v)}{\partial p_1} = \frac{k}{4} \left[\frac{p_2}{p_1} \right]^{0.75} v$$

$$H^2(\mathbf{p}, v) = \frac{\partial C(\mathbf{p}, v)}{\partial p_2} = \frac{3k}{4} \left[\frac{p_1}{p_2} \right]^{0.25} v$$

定理 4.2（消费者成本函数的特征）

消费者的成本函数 $C(\mathbf{p}, v)$ 是 $\mathbf{p}$ 的非递减连续函数、一次齐次函数以及凹函数。它对 v 和至少一个 p_i 是严格递增的。在每一个可微的点，对商品 i 的最优需求是：

$$\frac{\partial C(\mathbf{p}, v)}{\partial p_i} = x_i^* \tag{4.9}$$

定理 4.2 的正式结果跟企业的分析一样，不仅如此，与之相关的直觉也一样。例如：

（1）商品 i 的价格上升，如果你买的商品 i 的数量是正的，那么你达到目标效用水平 v 的支出就会增加；

（2）价格上涨导致你支出的增加速度就是你正在购买的商品 i 的单位数；

（3）所有的商品价格翻倍，那么达到目标效用水平 v 的最低成本也翻倍；

（4）增加目标效用水平 v，那么在给定价格下达到目标的成本一定增加。

跟企业的分析一样，我们也有兴趣知道，是否可以把消费者的需求表示为价格的函数。我们确实可以。第一步，我们介绍基于给定效用水平 v 的需求函数，类比于基于产出水平的企业投入函数。顺便说一下，我们用字母 H 表示此类需求函数（企业和消费者），是为了纪念约翰·希克斯爵士（Sir John Hicks）：

定义 4.5

对商品 $i = 1, 2, \cdots, n$ 的补偿需求函数（compensated demand functions）或**希克斯需求函数**（Hicksian demand functions）是价格和效用水平的实值函数集 H^i，满足：

$$x_i^* = H^i(\mathbf{p}, v) \tag{4.10}$$

这里，$(x_1^*, x_2^*, \cdots, x_n^*)$ 是给定 $\mathbf{p}$ 和 v 的成本最低的购买量。

如果式（4.6）定义的成本最小化问题的约束集有合适的形状，我们就可以借用企业理论的另一个结果，然后介绍企业条件需求函数在消费理论中的对等概念（对家庭）。需求函数的基本结果跟企业理论是一样的，只是需要重新命名：

定理 4.3（补偿需求函数的存在性）

如果效用函数对应的无差异曲线是严格凹的，那么补偿需求函数就永远是良好定义的且在所有正的价格上连续的。

我们也可以通过比较静态分析来得到需求函数的偏导数的符号；同样，我们只需要改变名称。

定理 4.4(补偿需求函数的特征)

(1)H_j^i 等于 H_i^j：前者是商品 j 的价格上涨对商品 i 的补偿需求的影响；后者是商品 i 的价格上涨对商品 j 的补偿需求的影响。(2)H_i^i，即商品 i 的价格上涨对商品 i 的补偿需求的影响，一定是非正的。如果平滑性公理成立，那么 H_i^i 是严格为负的。

成本最小化的两个应用之间的类比可以进一步拓展。[1]然而，在家庭情形下特别有趣的一点是，这个成本最小化问题和"最初的"预算约束下效用最大化问题之间存在密切关系。正如我们将看到的，这个关系会引出一些有用的结论。

4.5.2 效用最大化

我们现在回到最初的问题：在预算约束式(4.5)下最大化 $U(\mathbf{x})$。我们依然可以设定一个拉格朗日函数：

$$\mathcal{L}(\mathbf{x}, \mu; \mathbf{p}, y) := U(\mathbf{x}) + \mu\left[y - \sum_{i=1}^{n} p_i x_i\right] \tag{4.11}$$

这里，μ 是拉格朗日乘数。最大化问题的一阶条件得出：[2]

$$\frac{\partial U(\mathbf{x}^*)}{\partial x_i} \leqslant \mu^* p_i \tag{4.12}$$

$i = 1, \cdots, n$，同时预算约束的边界为：

$$\sum_{i=1}^{n} p_i x_i^* = y \tag{4.13}$$

对有些效用函数而言，消费者在最优点未必会购买所有的商品；我们区分式(4.12)的两种情形：

(1) 如果式(4.12)中的"$<$"对商品 i 成立，那么我们一定有 $x_i^* = 0$。[3]

(2) 否则("$=$"的情形)，我们有 $x_i^* = 0$ 或 $x_i^* > 0$。

我们再次从式(4.12)的一阶条件中发现了一个非常整洁的结果：如果效用最大化要求的商品 i 的数量是正的，那么对任意其他商品 j：

$$\frac{U_j(\mathbf{x}^*)}{U_i(\mathbf{x}^*)} \leqslant \frac{p_j}{p_i} \tag{4.14}$$

(这里 U_i 表示 $\partial U/\partial x_i$)如果消费者购买商品 j 的量是正的，那么式(4.14)中的等号成立。所以在成本最小化问题中，当两种商品的量都为正时，我们有：[4]

---

[1]　迷你问题 12：在消费者的情形下，"短期"的等价物是什么？

[2]　迷你问题 13：(供偏好数学的同学参考)应用附录 A 中用于求解最优化的库恩—塔克条件(A.50—A.53)，详细解出这个问题的解，并验证正文中的论断。

[3]　迷你问题 14：画出式(4.14)中的"$<$"成立时的图形。

[4]　迷你问题 15：(1)假设跟这个情况相反，这个条件不满足。证明这个人通过调整商品的购买，可以以更低的成本实现相同的效用，或者在给定的收入获得更高的效用。(2)当式(4.14)中的等号成立时，根据 MRS 的概念将这个条件解释为"边际支付意愿"。(3)当式(4.14)中的小于号成立时，重复上述操作。

$$MRS = 价格比$$

这实际上描画了图 4.9(a)中的切点解,而且有一个很优美的自然语言解释:如果最优的情况下你会同时购买两种商品,那么你一定让你的"个人价格比"正好等于市场上的价格比。[1]

现在考虑效用最大化问题的解的特征。我们已经证明了(通过跟企业的成本最小化情形相类比),在什么情况下,家庭的补偿(或者条件)需求可以表示为价格和效用的一个良好定义的函数。我们可以进一步讨论,家庭需求如何表示为价格和收入 y 的函数;为此,我们需要引入一个新的概念,即对商品 i 的普通需求函数。关键结论(证明参见附录 C)如下:

定理 4.5 (普通需求函数的存在性)

如果效用函数的无差异曲线是严格凹的,那么普通需求函数构成良好定义的连续实值函数集 D^i,对所有正的价格 $\mathbf{p}$ 和收入 y,满足:

$$x_i^* = D^i(\mathbf{p}, y) \tag{4.15}$$

这里,$(x_1^*, x_2^*, \cdots, x_n^*)$ 是在式(4.5)的约束下最大化 $U(\mathbf{x})$ 的商品需求。

例 4.2

参考例 4.1 中的偏好,$U(\mathbf{x}) = x_1^{1/4} x_2^{3/4}$。效用最大化的拉格朗日函数是:

$$\mathcal{L}(\mathbf{x}, \mu; \mathbf{p}, y) := U(\mathbf{x}) + \mu[y - p_1 x_1 - p_2 x_2]$$

给定无差异曲线跟坐标轴不相交,我们有如下的一阶条件:

$$\frac{U(\mathbf{x}^*)}{4x_1^*} - \mu^* p_1 = 0$$

$$\frac{3U(\mathbf{x}^*)}{4x_2^*} - \mu^* p_2 = 0$$

$$y - p_1 x_1^* - p_2 x_2^* = 0$$

据此,我们得到:

$$x_1^* = \frac{U(\mathbf{x}^*)}{4\mu^* p_1}$$

$$x_2^* = \frac{3U(\mathbf{x}^*)}{4\mu^* p_2}$$

$$y = \frac{U(\mathbf{x}^*)}{4\mu^*} + \frac{3U(\mathbf{x}^*)}{4\mu^*}$$

---

[1]   迷你问题 16:假设一个人的偏好由迷你问题 11 中的效用函数表示。预算约束是 $p_1 x_1 + p_2 x_2 \leqslant y$。验证如下三种解的方法是等价的。

(1) 运用 $MRS = $价格比的"相切"规则,求解最优要素需求比 x_1^*/x_2^*,表示为价格比 p_1/p_2 的函数;假设预算约束起作用,然后求解 x_1^* 和 x_2^*,它们都是 p_1、p_2 和 y 的函数。

(2) 假设预算约束起作用,用 x_1、p_1、p_2 和 y 替换 x_2;求解效用最大化的 x_1^*,表示为 p_1、p_2 和 y 的函数;因此,解出效用最大化的 x_2^*。

(3) 构建效用最大化问题的拉格朗日函数;假设没有角点解(为什么?),写出一阶条件;解一阶条件得到 x_1^* 和 x_2^*。

据此,我们可以知道 $\mu^* = U(\mathbf{x}^*)/y$,因此最优需求是:

$$D^1(\mathbf{p},\ y) = x_1^* = \frac{y}{4p_1}$$

$$D^2(\mathbf{p},\ y) = x_2^* = \frac{3y}{4p_2}$$

在最优需求处计算 U 就可以得到间接效用函数(见定义 4.6):

$$V(\mathbf{p},\ y) = U\left(\frac{y}{4p_1},\ \frac{3y}{4p_2}\right) = \left[\frac{y}{4p_1}\right]^{0.25}\left[\frac{3y}{4p_1}\right]^{0.75} = \frac{y}{kp_1^{0.25}p_2^{0.75}}$$

因此,如果效用函数是"行为良好的",且有预算约束式(4.5),那么我们可以把对每种商品的需求写成价格和收入的单值函数。[1]然而,我们不能只是写出一些看上去相似的方程,等号右端是价格和收入,左端是商品数量,然后期望它是正确的需求函数。原因如下:

(1) 因为预算约束在最优点起作用[式(4.13)],n 个方程的集式(4.15)一定满足:

$$\sum_{i=1}^{n} p_i D^i(\mathbf{p},\ y) = y \tag{4.16}$$

(2) 再次聚焦起作用的预算约束式(4.13)。如果所有的价格 $\mathbf{p}$ 和收入 y 同时乘以一个正的因子 t(所以新的价格和收入是 $t\mathbf{p}$ 和 ty),显然一阶条件保持不变,最优解(x_1^*,x_2^*,$\cdots$,x_n^*)也保持不变。换言之:

$$D^i(t\mathbf{p},\ ty) = D^i(\mathbf{p},\ y) \tag{4.17}$$

正式地,我们有:[2]

定理 4.6 (**普通需求函数的特征**)

(1)普通需求函数集受制于一个线性约束,每种商品的需求量乘以其价格后加总,一定等于总收入。(2)普通需求函数在所有的价格和收入上是零次齐次的。

现在我们看最优商品需求 $\mathbf{x}^*$ 对消费者的市场环境变化做出的反应。为此,根据如下事实:(1)式(4.7)成本最小化问题,(2)式(4.11)效用最大化问题,是研究同一消费者最优化问题的两种方式;因为问题(1)和问题(2)本质上是一样的,问题的解也是一样的。因此:

$$H^i(\mathbf{p},\ v) = D^i(\mathbf{p},\ y) \tag{4.18}$$

这个等式的两端是根据不同的信息得到相同答案的两种方式(最优的 x_i^*)。将成本函数代入式(4.18),我们得到:

$$H^i(\mathbf{p},\ v) = D^i(\mathbf{p},\ D(\mathbf{p},\ v)) \tag{4.19}$$

进一步推导式(4.19)。如果我们就其对任一价格 p_i 求导数,我们将得到:

---

[1]   迷你问题 17:假设消费者面对的不是通常的预算约束式(4.13),而是商品 1 的数量折扣("买五个则第六个免费")。画出预算集,并画出一条无差异曲线,证明此时的最优商品需求可能不是唯一的。在这种情况下,关于商品需求是价格的函数,我们能说什么?

[2]   迷你问题 18:用之前证明的成本函数的特征来证明这个定理。

$$H_j^i(\mathbf{p}, v) = D_j^i(\mathbf{p}, y) + D_y^i(\mathbf{p}, y) C_j(\mathbf{p}, v) \tag{4.20}$$

然后，根据式(4.9)我们得到斯拉茨基方程(Slutsky equation)：

$$D_j^i(\mathbf{p}, y) = H_j^i(\mathbf{p}, v) - x_j^* D_y^i(\mathbf{p}, y) \tag{4.21}$$

式(4.21)可以等价地写成：

$$\frac{\partial x_i^*}{\partial p_j} = \underbrace{\frac{\mathrm{d} x_i^*}{\mathrm{d} p_j}\Big|_{v=const}} - \underbrace{x_j^* \frac{\partial x_i^*}{\partial y}} \tag{4.22}$$

式(4.22)第一项是总效应，第二项是替代效应，第三项是收入效应。我们可以总结分解式[式(4.12)或式(4.22)]，看一下商品 j 的价格上升对商品 i 的需求的影响。如下：

$$总效应 = 替代效应 + \frac{收入效应}{价格\ j\ 对预算的影响 \times 收入变化对商品\ i\ 的需求的影响}$$

替代效应是对商品 i 的补偿需求的斜率(在商品 j 的价格方向上)。收入效应由两部分组成：(1)价格 j 对消费者预算的影响——它跟消费者在 j 上的花费成比例而且是负的，因为如果商品 j 的价格上升，消费者的"消费能力"下降，所以第一项是 $-x_j^*$；(2)收入增加对商品 i 的需求的影响——如果商品 i 是正常商品，那么 $\frac{\partial x_i^*}{\partial y}$ 是非负的。

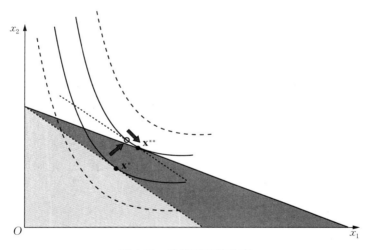

图 4.10　价格下降的效应

以上分析如图 4.10 所示，这里 $\mathbf{x}^*$ 是最初的均衡：当商品 1 变得便宜之后的均衡用 $\mathbf{x}^{**}$ 表示(在更高的无差异曲线上)。注意这条无差异曲线上标着"小圆圈"的点：在不变的相对价格下增加预算，直到正好跟新的无差异曲线相切，这个小圆圈的点就是这样得到的。那么，单纯增加这个人的实际购买力导致的每种商品的消费变化，就是收入效应(income effect)，即从 $\mathbf{x}^*$ 到小圆圈的移动。原则上，这个效应可正可负：如果收入效应是负的，那么这个商品就叫做低档物品(inferior good)，否则就是正常物品(normal good)。①从小圆圈

---

①　迷你问题 19：商品分组将如何影响收入效应？

到新的均衡 $\mathbf{x}^{**}$ 的移动,表示的是商品 1 的相对价格下降对商品需求的影响(调整预算使得这个人维持在同一无差异曲线上)。这就是替代效应(substitution effect)。(因为我们实际上讨论的是价格的极小变化,所以我们可以用另一种方式来实现这个图形表示,即沿着最初的无差异曲线考虑替代效应,然后考虑概念上的收入变化,也就是从一条无差异曲线移动到另一条无差异曲线。)

如果 $n>2$,并且式(4.21)中的 j 和 i 表示不同的商品(比如果冻和冰淇淋),那么替代效应可正可负。如果 $H_j^i>0$,我们说商品 i 和 j 是净替代品(net substitutes),比如给定一个效用水平,果冻价格的上涨导致消费者转换甜点,从而更多购买冰淇淋。如果 $H_j^i<0$,我们说二者是净互补品(net complements)。现在我们知道 $H_j^i=H_i^j$,也就是说,如果果冻是冰淇淋的净替代品,那么冰淇淋也是果冻的净替代品。[①]

例 4.3

商品 1 的价格变化对商品 1 的需求的影响的斯拉茨基方程是:

$$D_1^1(\mathbf{p}, y)=H_1^1(\mathbf{p}, v)-x_1^* D_y^1(\mathbf{p}, y)$$

根据例 4.2 得出的需求函数,需求函数的斜率可以推导如下:

$$D_1^1(\mathbf{p}, y)=\frac{\partial D^1(\mathbf{p}, y)}{\partial p_1}=-\frac{y}{4p_1^2}$$

$$D_y^1(\mathbf{p}, y)=\frac{\partial D^1(\mathbf{p}, y)}{\partial p_1}=\frac{1}{4p_1}$$

根据例 4.1 中的成本函数和补偿需求函数:

$$H^1(\mathbf{p}, v)=\frac{k}{4}\left[\frac{p_2}{p_1}\right]^{0.75} v=\frac{C(\mathbf{p}, v)}{4p_1}=\frac{y}{4p_1}$$

因此,替代效应可以写成:

$$H_1^1(\mathbf{p}, v)=-\frac{3y}{16p_1^2}=-\frac{3C(\mathbf{p}, v)}{16p_1^2}$$

综合这些结果,我们可以验证斯拉茨基方程:

$$-\frac{y}{4p_1^2}=-\frac{3y}{16p_1^2}-\frac{y}{4p_1}\times\frac{1}{4p_1}$$

现在,我们来看"自身价格"的情形。例如,我们考察冰淇淋价格的变化对冰淇淋需求量的影响。只要令式(4.21)中的 $j=i$ 即可。这给出了特殊情形:

$$D_i^i(\mathbf{p}, y)=H_i^i(\mathbf{p}, v)-x_i^* D_y^i(\mathbf{p}, y) \tag{4.23}$$

从企业的分析中我们再次知道 $H_i^i<0$(对任何具有平滑等高线的函数),参见定理 2.5 的讨论。因此,补偿需求曲线(表示替代效应)一定处处向下倾斜。但是收入效应会怎样?收

---

① 迷你问题 20:(1)关于总替代品和互补品,我们为什么不能这样说?(2)在两种商品的模型中,商品必须是净替代品,为什么?

入效应为$[-x_i^*]\times[\partial x_i^*/\partial y]$，正如我们已经看到的，这个乘积的第二项可正可负(跟企业投入需求的自身价格分解中的"产出效应"不同)，取决于商品是正常物品还是低档物品。因此，严格来讲，有可能存在一个低档物品($\partial x_i^*/\partial y<0$)，其收入效应足够大以至于其普通需求曲线在某些价格和收入组合下向上倾斜，这就是不同寻常的吉芬商品(Giffen good)。[1]但是，对于正常物品($\partial x_i^*/\partial y>0$)，我们可以得出如下的基本结论：

定理 4.7　(自身价格效应)

当消费者的收入(只是收入)增加时，如果消费者对一种商品的需求从不减少，那么当商品价格(只是价格)上升时，他对这种商品的需求量一定减少。[2]

我们可以看到收入效应的存在所带来的困难。如果我们所考虑的只是单纯的替代效应(沿着无差异曲线滑动)，那么问题就简单多了。然而，正如我们在本书的其他专题中所看到的，收入效应几乎总是一个"令人讨厌"的东西。

实践中的微观经济学：现实生活中能观察到吉芬商品吗？

吉芬商品能激起理论上的好奇心，但除此之外呢？在实践中能看到这样的事例吗？对于理性的家庭消费行为而言，要符合吉芬商品这种模式，我们从式(4.23)可以看出，不但要求这个商品是低档商品，而且其收入效应要足够大，以至于抵消了替代效应还有余。有人认为，在一些非常特殊的情形下，有可能发生在一些生活必需品上，比如在某商品上的支出在预算中所占的份额非常大，即$p_i x_i^*/y$非常大：

(1) 吉芬商品的最初案例指的是19世纪英国的主食："……正如吉芬爵士所指出的，面包价格的上涨严重损耗了贫穷的体力劳动者家庭的资源，从而提高了这些家庭中钱的边际效用，他们被迫减少肉类和更昂贵的淀粉类食品的消费；此时，面包依然是他们能够得到的最便宜的食品，他们消费了更多的面包，而不是更少。但是这样的事例是很罕见的；一旦出现，需要单独处理"(Marshall，1890，Bk. III，Ch. VI paragraph 17)。

(2) 在现代社会有人认为，便宜的取暖或烹饪燃料(Bopp，1983)以及中国湖南的大米消费(Jensen and Miller，2008)也属于吉芬商品的类型。

(3) 还有人提出，爱尔兰大饥荒时(1845—1850)的消费者行为中，土豆就是吉芬商品。但是跟更常规的对该危机时期的行为解释(Dwyer and Lindsey，1984；Rosen，1999)相比，很少有经济证据能支持土豆是吉芬商品这一论断。罗伯特·吉芬从来没有把他的名字和爱尔兰饥荒连在一起，这一关联被认为是一场误解，甚至只是一个恶作剧(McDonough and Eisenhauer，1995)。

4.6　福利

让我们再次看消费者最优化问题的解，联系执行最优化的市场环境。我们再次关注

---

① 迷你问题21：画出吉芬商品的收入效应和替代效应。
② 迷你问题22：用自身价格版的斯拉茨基方程(4.23)来证明这个定理。

解的函数,但是这次的首要问题是"在式(4.5)的约束下最大化$U(\mathbf{x})$"。为此要计算出最优的效用(是$\mathbf{p}$,y的函数):

定义 4.6

间接效用函数(indirect utility function)是价格和收入的实值函数V,满足:

$$V(\mathbf{p}, v) := \max_{\substack{x_i \geq 0 \\ \sum_{i=1}^{n} p_i x_i \leq y}} U(\mathbf{x}) \tag{4.24}$$

虽然这是一个新术语,但实际上不是一个新思想。如图 4.9 所强调的,研究消费者最优化问题有两个等价的方式,正如式(4.8)表示的问题的解如图 4.9(b)所示,式(4.24)表示的问题的解如图 4.9(a)所示。因为二者是同一个问题的两个方面,我们可以将解写成对偶问题:

$$y = C(\mathbf{p}, v) \tag{4.25}$$

根据最初的问题:

$$v = V(\mathbf{p}, y) \tag{4.26}$$

这里,y 既是式(4.8)中的最小成本,也是式(4.24)中的收入约束,v 既是式(4.8)中的效用约束,也是式(4.24)中的最大效用。实际上,函数 V 和函数 C 互为反函数。

鉴于这个密切的关系,间接效用函数 V 一定具有一些跟 C 相关的特征。具体而言,我们有:[1]

(1) V 对价格的导数满足$\dfrac{\partial V(\mathbf{p}, y)}{\partial p_i} \leq 0$。[2]

(2) V 对收入的导数满足$\dfrac{\partial V(\mathbf{p}, y)}{\partial y} = \mu^*$,即式(4.12)中的拉格朗日乘数的最优值。[3]

(3) 将式(4.25)的成本函数代入式(4.26),可以进一步得到一个导数特征:

$$V(\mathbf{p}, C(\mathbf{p}, v)) = v \tag{4.27}$$

然后,对式(4.27)中的 p_i 求导,整理得:

$$x_i^* = -\frac{V_i(\mathbf{p}, y)}{V_y(\mathbf{p}, y)} \tag{4.28}$$

这个结果就是我们所知道的罗伊恒等式(Roy's Identity)。[4]

● V 对所有的价格和收入是零次齐次的[5],对价格是准凸的(参见附录 C)。

我们可以用式(4.24)来度量价格的外生变化所导致的福利变化。为了说明,我们假设

---

[1]　迷你问题 23:假设一个人具有迷你问题 11 中的效用函数所代表的偏好。验证如下的子弹头点所列的特征对 V 也成立。(提示:应用迷你问题 16 的结果。)

[2]　迷你问题 24:解释为什么 V_i 对有些商品 i(但不是所有商品)可能为零。

[3]　迷你问题 25:应用第 2 章迷你问题 21 的答案来解释为什么是这样。

[4]　迷你问题 26:应用式(4.27)来推导式(4.28)$\left[$记住 V_i 和 V_y 是 $\dfrac{\partial V(\mathbf{p}, y)}{\partial p_i}$ 和 $\dfrac{\partial V(\mathbf{p}, y)}{\partial y}$ 的简写$\right]$。

[5]　迷你问题 27:应用成本函数的特征来证明这一点。

商品 1 的价格下降,而其他商品的价格和收入 y 都保持不变,这就是我们在图 4.10 中简单看到的情形。令价格下降之前的价格向量为 $\mathbf{p}$,下降之后的价格向量为 $\mathbf{p}'$。跟式(4.26)一样,定义效用水平 v 和 v',因此:

$$v':=V(\mathbf{p}',\ y) \tag{4.29}$$

如果消费者正好购买价格下降的这种商品,那么这个价格下降就是好消息。所以,我们知道 v' 大于 v:但是大多少?

回答这个问题的方法之一是给定新价格 $\mathbf{p}'$,然后计算让消费者从 v' 回到 v 的收入变化。这叫做价格变化 $\mathbf{p}\to\mathbf{p}'$ 的补偿变动(compensating variation)。这是一个收入的量 CV,满足:

$$v=V(\mathbf{p}',\ y-CV) \tag{4.30}$$

然后,将其与式(4.26)和式(4.29)相比。应用成本函数 C(而不是间接效用函数 V),我们可以写出同一概念:[①]

$$CV(\mathbf{p}\to\mathbf{p}'):=C(\mathbf{p},\ v)-C(\mathbf{p}',\ v) \tag{4.31}$$

这给了我们表示 CV 的另一种方式。图 4.11 表示的是在原来的效用水平 v 下商品 1 的补偿需求曲线:在价格 $\mathbf{p}$ 和效用水平 v 下的需求量是 x_1^*。记住谢泼德引理说的是,成本函数 C 对价格 p_1 的导数是 $x_1^*=H^1(\mathbf{p},\ v)$:这意味着我们可以把商品 1 的价格下降到新的值 p_1' 对应的 CV 写成如下的积分:

$$CV(\mathbf{p}\to\mathbf{p}'):=\int_{p_1'}^{p_1}H^1(\rho,\ p_2,\cdots,\ p_n,\ v)\mathrm{d}\rho \tag{4.32}$$

因此,我们讨论的价格下降的 CV 就是补偿需求曲线和坐标轴之间的阴影面积。

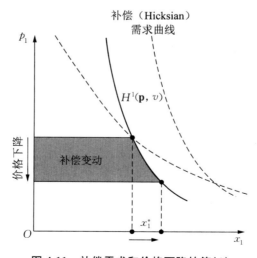

图 4.11　补偿需求和价格下降的值(1)

---

① 迷你问题 28:用式(4.27)来填上一行,从而可以让你从式(4.30)得到式(4.31)。

式(4.30)—式(4.32)包含相同的概念,只是以不同的形式出现。然而,我们可以用不同的方法来度量以货币单位度量的价格下降的效果。例如,给定原来的价格 **p**,然后计算使消费者效用从 v 到 v' 所需的收入变化;这就是价格变化 **p**→**p**′ 的*等价变动*(equivalent variation)。正式地,我们将其定义为一个收入 EV 的量,满足:

$$v' = V(\mathbf{p}, y + EV) \tag{4.33}$$

或者,用成本函数表达:

$$EV(\mathbf{p} \to \mathbf{p}') := C(\mathbf{p}, v') - C(\mathbf{p}', v') \tag{4.34}$$

(参见图 4.12。)

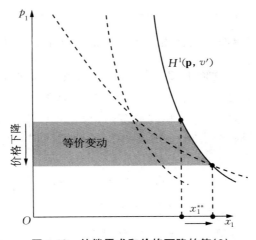

图 4.12 补偿需求和价格下降的值(2)

我们可以看到,CV 和 EV 都是正的,当且仅当价格变化 **p**→**p**′ 增加了福利——当福利变化的时候,这两个数字永远具有相同的符号。[1]根据定义,我们也可以看到这一点:

$$CV(\mathbf{p} \to \mathbf{p}') = -EV(\mathbf{p}' \to \mathbf{p}) \tag{4.35}$$

CV 和 EV 代表了评估价格下降的两种方式:前者是把原来的效用水平作为参照点;后者是把最终的效用水平作为参照。显然,两者都可以引起我们的关注。[2]

至此,我们应该提及度量价格变化的另一种方法,这个方法在实证研究中用起来很方便,就是消费者剩余(consumer's surplus,CS)的变化:

$$CS(\mathbf{p} \to \mathbf{p}') := \int_{p_1'}^{p_1} D^1(\rho, p_2, \cdots, p_n, y) \mathrm{d}\rho \tag{4.36}$$

也就是普通需求曲线下面的面积——比较式(4.36)和式(4.32)。

这三个概念之间的关系如图 4.13 所示。这里我们把图 4.11 做了改动,在价格下降的

---

① 迷你问题 29:根据式(4.26)—式(4.34)用语言来解释为什么这样。

② 迷你问题 30:根据图 4.10,证明如何评估商品 1 的价格下降:(1)以商品 2 为单位度量 CV;(2)以商品 2 为单位度量 EV。

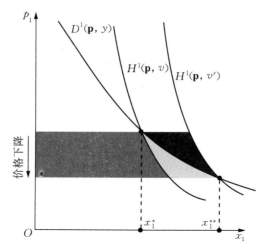

图 4.13　度量价格下降所带来的福利的三种方法

情形加入了补偿需求曲线（消费的量是 x_1^{**}）和普通需求曲线：这里画出的是正常商品的情形（标注 D^1 的曲线并不比图 4.13 中的 H^1 线更陡）。[1]从图 4.13 我们可以看到，价格下降的 CV 是左边最小的阴影面积；基于相同的逻辑，根据式（4.34），EV 是最大的阴影面积（由三部分阴影组成）；根据式（4.36），CS 是中间的面积，包括面积 CV 和旁边的三角形面积。

因此我们可以看到，对于正常商品而言，如下关系一定成立：

$$CV \leqslant CS \leqslant EV$$

在低档商品的情形下，我们用"$>$"替代"$\leqslant$"。如果商品的收入效应等于零，那么三个概念就重叠了。

例 4.4

我们根据例 4.1 得到的成本函数来考察价格变化对消费者福利的影响：

$$C(\mathbf{p}, v) = k p_1^{0.25} p_2^{0.75} v$$

或者根据例 4.2 得到的间接效用函数：

$$V(\mathbf{p}, y) = \frac{y}{k p_1^{0.25} p_2^{0.75}}$$

如果商品 1 的价格从 p_1 降到 $tp_1 (t < 1)$，效用从 v 增加到 v'：

$$v = \frac{y}{k p_1^{0.25} p_2^{0.75}}$$

$$v' = \frac{y}{k t^{0.25} p_1^{0.25} p_2^{0.75}} = \frac{v}{t^{0.25}}$$

价格变化的补偿变动是：

---

① 迷你问题 31：根据斯拉茨基方程解释为什么两条曲线的斜率必然如此。

$$C(\mathbf{p}, v) - C(\mathbf{p}', v) = k p_1^{0.25} p_2^{0.75} v - k t^{0.25} p_1^{0.25} p_2^{0.75} v = [1 - t^{0.25}] y$$

价格变化的等价变动是：

$$C(\mathbf{p}, v') - C(\mathbf{p}', v') = [k p_1^{0.25} p_2^{0.75} - k t^{0.25} p_1^{0.25} p_2^{0.75}] v' = \frac{1 - t^{0.25}}{t^{0.25}} y$$

4.6.1　应用：价格指数

我们可以根据上述的分析，来开发一些实用的工具。假设我们希望设计一个生活成本变化的指数。当价格从 $\mathbf{p}$ 变化到 $\mathbf{p}'$ 的时候，我们通过度量一个"代表性消费者"实现指定的效用水平（参照系）所需的生活成本的比例变化来实现。这个分析意味着我们可以使用"基准年"的效用水平 v（价格变化之前的效用——CV 的概念），或者"当年"的效用水平 v'（价格变化之后的效用——EV 的概念），这样我们就有两个生活成本指数：

$$I_{CV} = \frac{C(\mathbf{p}', v)}{C(\mathbf{p}, v)} \tag{4.37}$$

$$I_{EV} = \frac{C(\mathbf{p}', v')}{C(\mathbf{p}, v')} \tag{4.38}$$

以上是不使用经验近似的精确价格指数。然而，一般而言，式（4.37）和式（4.38）中的每一项都需要对成本函数的完整估计，非常烦琐，除非偏好碰巧使得成本函数可以整齐地改写为如下形式：

$$C(\mathbf{p}, v) = a(\mathbf{p}) b(v) \tag{4.39}$$

因此，式（4.37）和式（4.38）中的指数取决于特定的参照效用水平，这非常不方便［更多参见联系式（4.13）］。

实践中通常的做法是采用一个权宜之计，使用两个相应的近似指数——拉式（Laspeyres）和帕氏（Paasche）指数，如下：

$$I_L = \frac{\sum_{i=1}^{n} p_i' x_i}{\sum_{i=1}^{n} p_i x_i} \tag{4.40}$$

$$I_P = \frac{\sum_{i=1}^{n} p_i' x_i'}{\sum_{i=1}^{n} p_i x_i'} \tag{4.41}$$

这样的指数计算起来就容易多了，因为你只需要计算两个"加权平均数"，计算 I_L 使用基准年的数量作为权重，而计算 I_P 使用当年的数量作为权重。但是，遗憾的是，这两个指数有误差，因为式（4.37）—式（4.41）意味着 $I_L \geq I_{CV}$ 以及 $I_P \leq I_{EV}$：潜在的误差出现是因为指数 I_L 和 I_P 忽略了当相对价格变化时消费者在商品之间的替换。[①]因此，如果度量福

---

①　迷你问题 32：根据成本函数的定义来证明这个论断。解释在什么条件下二者是严格等式而不是不等式。

利变化的合适基础是 *CV* 的概念,那么通常使用的拉式指数将高估生活成本的上涨。

此外,需要记住的是,这一节中的模型是基于单个消费者的福利和行为:我们将在第5章探讨个人的加总问题,在第9章讨论福利的加总问题。

实践中的微观经济学:价格指数——应该涵盖谁?

英国国家统计部门通常发布一些生活成本指数,一般是基于不同版本的拉式指数法。但是这个指数度量的是**谁**的生活成本?"平均"消费者?富人或者老人是否应该被排除在外,因为他们不够具有代表性(比如英国的零售价格指数)?还是说所有的家庭都应该被涵盖到,比如英国的消费者价格指数?关注穷人的价格指数是否会显著不同于更一般的指数?根据 Garner 等(1996),对于美国的消费者价格指数(CPI),答案是否定的。

总　结

消费者的最优化问题的很多特征跟企业的最优化问题相似,需求函数的许多特征直接来自我们在企业的研究中得到的结果。微观经济学的这个细分领域存在一个核心困难,也是问题的重要组成部分,即消费者的动机无法直接观察,以至于实际上只能由建模者"设定"。在建模的时候,消费者的目标或者基于间接的观察(市场行为),或者基于先验的假设。

如果我们引入一套关于偏好结构的假设,使得偏好可以用一个行为良好的效用函数表示,那么这个问题的研究就可以取得可观的进展。我们就可以把消费者的问题按照跟企业相似的方法来处理(如第2章所分析的);成本函数也可以在消费者问题上得到重新阐释,从而很容易得到一些基本的比较静态结果。将成本函数的逻辑扩展,我们就可以得到一个连贯的规范基础,借此评估价格和收入变化对消费者福利的影响。消费者的核心模型还提供了处理更困难问题的基础,比如我们将在第5章探讨的消费者和市场的关系。

进一步阅读

关于消费者理论的基础,参见 Deaton 和 Muellbauer (1980,Chapters 2 and 7)。关于显示偏好分析的开创性工作,参见 Samuelson(1938,1948)和 Houthakker (1950);详尽的综述参见 Suzumura (1983,Chapter 2)。关于定理4.1的表达,参见 Debreu (1954);关于偏好的公理性模型的综合处理,参见 Fishburn (1970)。关于无差异曲线分析,经典的文献是 Hicks (1946)。Hicks 和 Allen (1934)引入了边际替代率的概念;本书这里的定义来自他们最初的贡献(参见 Hicks and Allen,1934,p.55)。注意:其他一些教科书中的定义跟Hick 的定义是相反的!

关于效用函数的本质的讨论(第4.4节),心理学给了现代微观经济学很多启发。心理学和经济学重叠的领域,大部分都是在行为经济学(behavioural economics)的框架下分析的;关于效用本质的一些具体问题的一个很好的介绍,参见 Kahneman (2003)以及 Kahneman 和 Thaler (2006)。当我们在第 8 章探讨不确定性的时候,这些问题的重要性就更加明显了。

关于斯拉茨基方程,有几个较好的处理,例如参见 Cook (1972)。关于最初的贡献,参见 Slutsky (1915)和 Allen (1936)。关于间接效用函数,参见 Roy (1947),消费者剩余的概念归功于 Dupuit (1984),关于这个概念跟补偿变动和等价变动的关系,参见 Hicks (1956)。关于使用消费者剩余作为一个合适的福利概念的讨论,参见 Willig (1976)。

关于价格指数的较好介绍,参见 Hausman (2003)和 Triplett (2001);一般的讨论,参见 Pollack (1989)。关于美国 CPI 的极好的综述,参见 Fixler (1993)。英国零售价格指数是由英国中央统计局(Central Statistical Office,1991)记录的;英国最近的 CPI 来自欧盟的消费者价格和谐指数(O'Donoghue and Wilkie,1998)。

练习题

4.1 观察两种情形下的一个消费者:当收入为 100 美元的时候,他买了 5 单位的商品 1 和 10 单位的商品 2,商品 1 和商品 2 的价格分别是每单位 10 美元和每单位 5 美元。当收入为 175 美元的时候,他买了 3 单位的商品 1 和 13 单位的商品 2,商品 1 和商品 2 的价格分别是 15 美元和 10 美元。这个消费者的做法是否符合关于消费者行为的基本公理?

4.2 画出如下四种偏好的无差异曲线:

类型 A:$\alpha \log x_1 + [1-\alpha] \log x_2$

类型 B:$\beta x_1 + x_2$

类型 C:$\gamma [x_1]^2 + [x_2]^2$

类型 D:$\min\{\delta x_1, x_2\}$

这里,x_1,x_2 分别表示商品 1 和商品 2 的消费量,α,β,γ,δ 都是严格为正的参数,其中 $\alpha<1$。在每种情况下消费者的成本函数是什么?(提示:检查练习题 2.5 和练习题 2.6 的答案。)

4.3 假设一个人具有柯布—道格拉斯效用函数:

$$\sum_{i=1}^{n} a_i \log(x_i)$$

这里 x_i 是商品 i 的消费量,a_1,$\cdots$,a_n 是非负参数且满足 $\sum_{j=1}^{n} a_j = 1$。如果他有给定的收入 y,面对价格 p_1,$\cdots$,p_n,求普通需求函数。在这套偏好下,在每种商品上的支出有什么特殊之处?

4.4 一个消费者的效用函数为 $x_1^{\beta} + x_2$,这里 $\beta > 0$ 是参数,x_i 是商品 i 的消费量。对应 $\beta<1$,$\beta=1$,$\beta>1$ 三种情形,求该消费者对商品 1 的需求。

4.5 消费者对国内取暖油的需求弹性是—0.5,对汽油的需求弹性是—1.5。两种油的价格都是每升 60 美分:这个价格中包含了每升 48 美分的消费税。政府想降低经济中的能源消费,并且提高税收收入。(1)通过对国内取暖油征税能达到这个目的吗?(2)对汽油征税能达到这个目的吗?

4.6 定义非补偿和补偿价格弹性为:

$$\varepsilon_{ij} := \frac{p_j}{x_i^*} \frac{\partial D^i(\mathbf{p}, y)}{\partial p_j}$$

$$\varepsilon_{ij}^* := \frac{p_j}{x_i^*} \frac{\partial H^i(\mathbf{p}, v)}{\partial p_j}$$

收入弹性为:

$$\varepsilon_{iy} := \frac{y}{x_i^*} \frac{\partial D^i(\mathbf{p}, y)}{\partial y}$$

证明:式(4.20)和式(4.21)可以用这些弹性和每种商品的支出在总预算中的份额表示。

4.7 你计划开展一项关于消费者需求的实证研究,关于消费者在每种商品 i 上的支出,使用如下的设定:

$$e_i = \alpha_i p_i + \sum_{j=1}^{n} \beta_{ij} p_j + \gamma_i y + \delta_i, \quad i=1, \cdots, n \tag{4.42}$$

这里,n 是商品的种类数,p_i 是商品 i 的价格;e_i 是消费者在商品 i 上的支出;y 是收入;$\alpha_i, \beta_{ij}, \gamma_i, \delta_i$ 是参数。你担心这个设定是否跟标准的消费者理论一致,于是你跟三个朋友讨论这个问题。他们用如下的三个观点来回答你:(1)这个等式适用于任何参数的值;(2)你需要施加限制 $\beta_{ij}=0$,$\sum_{i=1}^{n} \delta_i=1$;(3)你施加如下限制:$\beta_{ij}=-\gamma_i \alpha_j$,$\gamma_i \geqslant 0$,$\sum_{i=1}^{n} \gamma_i=1$,$\delta_i=0$。哪个说法是正确的? 为什么?

4.8 在练习题 4.7 的设定中,你决定根据观点(3)的限制来选择合适的形式——这个形式被称为**线性支出系统**(Stone, 1954):

(1)求消费者收入的变化和任一价格 p_j 的(非补偿)变化对 x_i(对商品 i 的需求)的影响。

(2)求价格 p_j 的变化对商品 i 的需求的替代效应。

(3)解释你将如何验证这个需求体系跟效用最大化是一致的,回答什么类型的效用函数能得到上述的需求函数(即从消费者支出的上述公式推导出来的)。(提示:与练习题 4.3 相比较。)

4.9 假设消费者有一个两阶段效用函数,如练习题 4.2 的类型 A 所示,这里 x_i 是阶段 i 所消费的量。消费者的资源包括阶段 1 所继承下来的资产 A,资产 A 的一部分在阶段 1 用于消费,剩余的部分投资在一项利率为 r 的资产上。

(1)在这种情况下解释参数 α。

(2)求解(x_1, x_2) 的最优配置。

（3）解释消费如何随着 A，r 和 α 的变化而变化。

（4）评论你的结果，考察利率对消费变化的"收入"效应和"替代"效应。

4.10 一个有固定收入的人有如下的效用函数：

$$U(x_1, x_2) = \begin{cases} \alpha\log x_1 + [1-\alpha]\log(x_2-\beta) & \text{当 } x_1>0, x_2>\beta \text{ 时} \\ 0 & \text{其他} \end{cases}$$

这里，x_1 和 x_2 是两种商品的量，参数 α，β 满足 $0<\alpha<1$ 且 $\beta>0$。

（1）画出无差异曲线，解释参数 α，β。

（2）求这个人的成本函数，以及对两种商品的普通需求和补偿需求。

（3）讨论这个模型如何被用于表示一个人在年轻（阶段 1）时和退休（阶段 2）时的消费。

（4）假设 β 的值翻倍。在如下三种情形下，这将如何影响他的第一阶段储蓄？①如果他的外生收入在两个阶段保持不变；②如果他在阶段 1 得到一个收入，足够维持他一生的效用不变；③如果他在阶段 2 得到一个收入，足够维持他一生的效用不变。基于你在（3）中的解释，讨论你的答案。（提示：参考练习题 2.9 的答案。）

4.11 假设一个消费者对商品 1 的消费是按照配给分配的，因此他的消费是受到约束的，比如 $x_1 \leqslant \alpha$。如果这个消费者的配给约束是起作用的，讨论该消费者的商品 2，…，n 的需求函数的特征。（提示：应用第 2.4 解的对应结果。）

4.12 一个人具有如下的效用函数表示的偏好：

$$U(\mathbf{x}) = \sum_{i=1}^{n} \log x_i$$

这里，x_i 是商品 i 的消费量，$n>3$。

（1）假设这个人有固定的收入 y，可以在价格 p_i 下购买商品 i，求对商品 1 的普通需求和补偿需求弹性（对于 p_j，$j=1, \cdots, n$）。

（2）假设这个消费者在法律上事先承诺了购买商品 n 的量为 A_n，这里 $p_n A_n<y$。假设在其他商品的选择上没有更多的约束，求消费者对商品 1 的普通需求和补偿需求弹性（对于 p_j，$j=1, \cdots, n$）。与（1）的答案做个比较。

（3）假设这个消费者现在在法律上承诺了购买商品 k 的量为 A_k，$k=n-r, \cdots, n$（这里，$0<r<n-2$ 且 $\sum_{k=n-r}^{n} p_k A_k < y$）。根据上述的逻辑来解释当 r 增加的时候，商品 1 对 p_j 的弹性将发生怎样的变化。对结果进行评论。

4.13 证明：如果效用函数是位似的，那么 $I_{IC}=I_{EV}$。（提示：参考练习题 2.10 中的结果。）

4.14 假设一个人具有柯布—道格拉斯偏好，如练习题 4.3 所示。

（1）写出消费者的成本函数和需求函数。

（2）San Serrife 共和国打算加入欧盟。结果是，牛奶的价格将上涨为其加入之前的 8 倍，而酒的价格将下降 50%。根据补偿变动来评估这些价格变化对消费者福利的影响。

（3）San Serrife 的经济学家估计了该国的消费者需求，得出结论认为需求跟（1）得到的需求高度近似。他们进一步估计了 San Serrife 人民的支出,认为他们在酒上的支出是牛奶支出的 3 倍。他们的结论是加入欧盟符合 San Serrife 国的利益。他们是对的吗?

4.15 在一个两商品的世界中,一个消费者的偏好由如下的效用函数来表示:

$$U(x_1, x_2) = \alpha x_1^{\frac{1}{2}} + x_2$$

这里,(x_1, x_2) 表示两种商品的消费量,α 是一个非负参数。

(1) 如果该消费者的收入 y 是固定的(货币意义上),求对两种商品的需求函数、成本(支出)函数和间接效用函数。

(2) 证明:如果两种商品的消费量都是正的,那么商品 1 的价格变化 $p_1 \to p_1'$ 所对应的补偿变动如下:

$$\frac{\alpha^2 p_2^2}{4} \left[\frac{1}{p_1'} - \frac{1}{p_1} \right]$$

(3) 在这种情形下,为什么补偿变动等于等价变动,且等于消费者剩余的变化?

4.16 参见练习题 4.15 中的模型。商品 1 是由一个垄断企业生产出来的,该企业的固定成本为 C_0,边际成本为 c。假设商品 2 的价格固定在 1,并且 $c > \alpha^2/4y$。

(1) 该企业是"自然垄断"吗?(参见练习题 3.1。)

(2) 如果市场上有 N 个完全相同的消费者,求垄断企业的需求曲线以及均衡产出和价格 p_1^*。

(3) 根据练习题 4.15 的解来给出如下选择的总的福利损失 $[L(p_1)]$:所有消费者不得不接受价格 $p_1 > c$,而不是以边际成本 c 购买商品 1。在垄断企业的均衡价格下评估这个损失。

(4) 政府决定管制垄断。假设政府根据垄断企业的定价,支付给垄断企业一个基于表现的补贴 B,$B = K - L(p_1)$,这里 K 是常数。将这个补贴表示为产出的函数。求垄断企业新的最优产出和价格 p_1^{**}。简要评论这个解。

消费者和市场

据说消费者是王……每个人都是一个投票者,用自己的钱作为选票来得到自己想要的东西。

——保罗·萨缪尔森(Paul Samuelson),《经济学》(1948)

5.1　引言

还有一小部分重要的问题跟消费者有关系。这些问题关注的是消费者跟周围经济环境的互动,包括:

(1) 收入的决定。正如市场决定了消费者购买的商品的价格,市场也决定了消费者的大部分(如果不是全部)收入。家庭成员不是一次性收到一笔钱,而是通过在市场上交易来得到他们的收入。因此跟第 4 章相比,价格体系在影响消费者行为中发挥着更充分的作用(参见第 5.2 节)。

(2) 家庭的供给。收入决定问题中隐含着的一个思想是,家庭也向市场出售商品和服务,正如他们从市场上购买一样。我们调整消费者的基本分析来涵盖这个现象(第 5.3 节)。

(3) 家庭生产。效用函数中的物品并非都在市场上销售。家庭也可能像企业一样,从市场上购买商品不是为了自用,而是作为投入来生产它真正想要的东西(第 5.4 节)。

(4) 商品的加总和家庭的加总。分析单个决策者对 n 种商品组合的选择是一个有益的基础,据此可以构建消费者行为的理论。把分析扩展到更一般的经济模型,并且数据的限制通常要求:(1)我们考虑广义定义的商品群组;(2)我们分析消费者群组的需求(第 5.5、第 5.6 节)。

通过重新考察消费者的预算约束,我们开始这一章。

5.2　市场和收入

到目前为止,我们假设消费者的预算约束是外生给定的美元、欧元或者英镑数(y),如式(4.5)所示。我们假定消费者的收入就像老年人从政府领取的养老金或者年轻人的零花钱。这是很有局限性的:为了继续往下分析,我们需要采用图 4.2(b)所示的东西。

表 5.1　市场中的消费者:符号表示

x_i	商品 i 的消费量	x_i^h	家庭 h 消费的商品 i 的量
R_i	商品 i 的资源所有权	y^h	家庭 h 的收入
δ	时间偏好	$D^{hi}(\cdot)$	家庭 h 对商品 i 的普通需求
r	利息率	n_h	家庭数

为此,我们引入产权体系。一个人拥有资源 R_1, R_2, $\cdots$, R_n,包含商品 1, 2, $\cdots$, n 的一定数量;有些 R_i 可以是零(如果该消费者并不拥有那个商品),但是 R_i 不可以是负的。这个人的收入来自在市场上出售他所拥有的一些资源。给定价格 p_1, p_2, $\cdots$, p_n,我们有:

$$y = \sum_{i=1}^n p_i R_i \tag{5.1}$$

将来需要注意的一点是,如果收入由式(5.1)决定,那么当商品 j 的价格变化时,这个人的货币收入也将发生变化,如下:

$$\frac{\mathrm{d}y}{\mathrm{d}p_j} = R_j \tag{5.2}$$

其他的收入设定也是有可能的。例如,我们可以有混合的情形,消费者有一部分收入来自出售资源,有些来自企业的利润(我们将在第 7 章探讨这个问题),还有一些固定的货币收入;但是式(5.1)对我们当前的探讨来说已经足够了。我们还可以把消费者是个人的情形转化为消费者是家庭的情形。

5.3　家庭的供给

现在消费者的问题可以表达为:在支出小于或等于资源价值的约束下,最大化效用。为了解决这个问题,可以构建拉格朗日函数:

$$\mathcal{L}(\mathbf{x}, \mu; \mathbf{p}, \mathbf{R}) := U(\mathbf{x}) + \mu \left[\sum_{i=1}^n p_i R_i - \sum_{i=1}^n p_i x_i \right] \tag{5.3}$$

这本质上跟式(4.11)是一样的形式,因此也就有相同的解。因此,在这种情况下,对商品 i 的需求 $D^i(\mathbf{p}, y)$ 可以写成:

$$x_i^* = D^i \left(\mathbf{p}, \sum_{i=1}^n p_i R_i \right) \tag{5.4}$$

现在,价格的变化将导致收入的变化(资源的价值变化),从而消费需求也会变化。考虑需求函数(5.4)的含义。如果最优值 x_i^* 大于 R_i,我们得到常见的对这种商品的消费需求;但是如果 $x_i^* < R_i$(且 $p_i > 0$),那么 $R_i - x_i^*$ 的量就被供给到了市场上。在这个模型中,家庭的要素供给和消费需求就可以被对称地处理。

现在考察这些需求函数的比较静态(因为每个 R_i 是固定的,在下面的每种情形下,要得到对供给的影响,只要在前面加一个符号即可)。首先,考虑禀赋 R_i 增加对消费者需求的影响：这等于增加了整个人的收入，收入增加的量跟 p_j 成比例。因此，根据式(5.1)，结果就是对第 4 章讨论的外生收入变化的影响效果做一个修正：

$$\frac{\mathrm{d}x_i^*}{\mathrm{d}R_j} = \frac{\partial D^i(\mathbf{p}, y)}{\partial y} p_j \tag{5.5}$$

可以更简洁地写为 $D_y^i(\mathbf{p}, y)p_j$。

接下来考虑商品 j 的价格 p_j 的变化。这通过式(5.4)中第一项产生了直接的效应；如果 y 保持不变，那么我们就可以应用斯拉茨基分解式(4.21)；但是 y 并没有保持不变：从式(5.1)中很明显可以看出，如果消费者有一个正的商品 j 的库存，那么当 p_j 上涨的时候，y 也会上涨，如式(5.2)所示。同时考虑到 p_j 的这个间接效应，我们必须对外生收入式(4.21)做出修正：[1]

$$\frac{\partial x_i^*}{\partial p_j} = H_j^i(\mathbf{p}, v) + [R_j - x_j^*]D_y^i(\mathbf{p}, y) \tag{5.6}$$

或者等价地：

$$\frac{\partial x_i^*}{\partial p_j} = \underbrace{\frac{\mathrm{d}x_i^*}{\mathrm{d}p_j}\bigg|_{v=\mathrm{const}}}_{[总效应]} + \underbrace{[R_j - x_j^*]\frac{\partial x_i^*}{\partial y}}_{[收入效应]} \tag{5.7}$$

比较一下修正后的分解式(5.6)和式(5.7)及固定收入情形的斯拉茨基方程(4.21)和式(4.22)，替代效应是一样的，组成收入效应的第二项 $\left(\frac{\partial x_i^*}{\partial y}\right)$ 也是一样的。但是式(5.6)中收入效应的第一项 $[R_j - x_j^*]$ 给我们一个新颖的解释。它度量的依然是价格 j 对消费者预算的影响。但是，现在这个影响有两个方向。如果这一项是负的，那么这个消费者(尽管拥有商品 j 的一个存量 R_j)仍然是商品 j 的净需求者，因此收入效应依然跟外生收入的情形是相似的。但是如果 $[R_j - x_j^*]$ 是正的，那么这个人是商品 j 的净供给者，当商品 j 的价格上涨的时候，他的购买力就得以提升。因此，假设商品 i 是正常物品(D_y^i 是非负的)，商品 j 是石油。如果石油的价格上涨，你是石油的净需求者($x_j^* > R_j$)，那么这件事对你而言是坏消息，显然，从式(5.4)可以看出对商品 i 的需求的影响跟外生收入情形是类似的；但是如果你是石油的净供给者($x_j^* < R_j$)，那么这就是好消息，收入效应就是相反的方向了。

提供曲线

在 $R_j - x_j^* > 0$ 的情形下，即个人是净供给者，此时乍看之下，你对价格变化的反应有些奇怪。为此，参见图 5.1，针对消费者收入是内生决定时，这里引入一个有用的概念：提供曲线(offer curve)。这是在不同价格下所需求的消费组合集(提供的交易)。最初的资源禀赋为 $\mathbf{R}$，最初的预算约束由阴影部分的三角形表示：显然，最优的消费组合在 $\mathbf{x}^*$，此时

---

[1] 迷你问题 1：从式(4.21)到式(5.6)缺失了一步，请补上。

这个人供给的量是 $R_1-x_1^*$，目的是购买额外数量的商品 2。如果商品 1 的价格上涨（等价地，商品 2 的价格下降），那么最优点将从 $\mathbf{x}^{**}$ 移动到 $\mathbf{x}^{***}$。注意，当商品 2 的消费稳步增加的时候，商品 1 的供给先增后减。均衡点的轨迹（$\mathbf{x}^*$，$\mathbf{x}^{**}$ 及 $\mathbf{x}^{***}$ 所在的线）就是提供曲线，它的形状显然取决于 $\mathbf{R}$ 的位置。

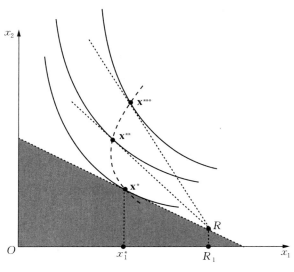

图 5.1　提供曲线

例 5.1

关于商品 1 的价格变化对商品 1 的需求的影响，对应的斯拉茨基方程是：

$$\frac{\mathrm{d}x_1^*}{\mathrm{d}p_1}=H_1^1(\mathbf{p},\,v)+[R_1-x_1^*]D_y^1(\mathbf{p},\,y)$$

假设效用函数是 $x_1^{1/4}x_2^{3/4}$（例 4.1 所示），假设消费者的收入由 $y=p_1R_1+y_0$ 给定，这里 R_1 是资源 1 的数量，y_0 是货币收入。对商品 1 的普通需求函数是 $x_1^*=D^1(\mathbf{p},\,y)=1/4[y_0/p_1+R_1]$（跟例 4.2 相比较），因此：

$$\frac{\mathrm{d}x_1^*}{\mathrm{d}p_1}=-\frac{y_0}{4p_1^2}$$

$$D_y^1(\mathbf{p},\,y)=\frac{\mathrm{d}x_1^*}{\mathrm{d}y}=\frac{1}{4p_1}$$

替代效应跟第 4 章的例 4.3 相同：

$$H_1^1(\mathbf{p},\,v)=-\frac{3y}{16p_1^2}=-\frac{3[y_0+p_1R_1]}{16p_1^2}$$

综上结果，我们可以验证修正版本的斯拉茨基方程：

$$-\frac{y_0}{4p_1^2}=-\frac{3[y_0+p_1R_1]}{16p_1^2}+\left[\frac{3}{4}R_1-\frac{y_0}{4p_1}\right]\times\frac{1}{4p_1}$$

将此与第 4 章的例 4.3 相比较。

家庭供给函数

基于上述得出提供曲线的分析,我们可以得到另一个有用的工具。以 R_1-x_1 为横坐标画出图 5.1 中的预算线的斜率。这样,我们就有了家庭供给曲线(参见图 5.2)。[①]注意图 5.1 中的提供曲线是如何弯曲的(因为收入效应的作用),这其实反映在了图 5.1 的曲线形状上:在这种情况下,供给曲线最终会"向后弯曲"。在应用经济学文献中(比如劳动供给、储蓄、农业生产),这个分析有几个应用。让我们看一下前两个领域应用的简化版本。

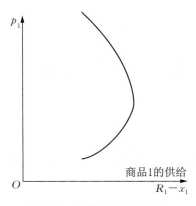

图 5.2 家庭的商品 1 供给

5.3.1 劳动供给

为了得到一个可用的劳动供给的模型,我们只需要重新解释上述模型中的要素。假设商品 1 代表"时间",它本身就是一种人们希望得到的消费品。时间可以花在有薪工作上,赚得货币收入(以便用来购买其他消费品),或者花在家里,享受闲暇。因此,商品 1 的消费量 x_1 表示闲暇的小时数。R_1 是工人拥有的总的小时数(每周 168 小时?),那么表达式 $\ell:=R_1-x_1$ 就是花在工作上的小时数。商品 1 的价格 p_1,就是小时工资率:为了方便起见,我们将其重新标示为 w。原则上,总收入由下式决定:[②]

$$y=w\ell+y_0 \tag{5.8}$$

这里,y_0 是这个家庭的非劳动收入。

现在,记住 $\mathrm{d}\ell=\mathrm{d}x_1$,我们修正式(5.6),可以得到工资率的微小变化对个人劳动供给

---

① 迷你问题 2:使用一个中间图表示商品 2 的需求量和商品 1 的供给量的关系,就可以方便地从图 5.1 得到图 5.2。描述一下如何得到这个图。

② 迷你问题 3:假设这个人可以得到一个超时工作的补贴工资,不是式(5.8)。(1)在 (x_1,x_2) 空间中画出预算集。(2)在 (ℓ,y) 空间内重复(1)。(3)预算集的形状对劳动供给函数有什么含义?(提示:参考第 4 章迷你问题 17 的答案。)

的影响：

$$\frac{\partial \ell}{\partial w} = \frac{d\ell}{dw}\bigg|_{v=\text{const}} + \ell\frac{\partial \ell}{\partial y} \tag{5.9}$$

定义劳动供给的普通工资弹性和补偿工资弹性及收入弹性（参见练习题4.6），结果如下所示：

$$\varepsilon := \frac{w}{\ell}\frac{\partial \ell}{\partial w}, \quad \varepsilon^* := \frac{w}{\ell}\frac{d\ell}{dw}\bigg|_{v=\text{const}}, \quad \varepsilon_y := \frac{y}{\ell}\frac{\partial \ell}{\partial y}$$

令 $s := \dfrac{\ell w}{y}$ 表示劳动收入在总收入中的比重，那么由式（5.9）可以得出：

$$\varepsilon = \varepsilon^* + s\varepsilon_y \tag{5.10}$$

实践中的微观经济学：妇女对工资率变化的反应？

式（5.10）中的关系可被用来分析从样本调查数据中估计出来的工人的劳动供给反应。下表给出了英国妇女典型的劳动供给反应。

第2列和第3列（替代效应和劳动收入份额）一定是非负的，但是最后一列（多一英镑"其他收入"对市场工作的影响）可正可负，但更有可能是负的。第1列（总的工资弹性）可正可负。

	ε	ε^*	s	ε_y
没有孩子	+0.14	0.14	1.07	+0.00
最小的孩子 11 岁以上	+0.13	0.16	0.48	−0.06
最小的孩子 5—10 岁	+0.13	0.17	0.40	−0.10
最小的孩子 3—4 岁	+0.37	0.44	0.39	−0.17
最小的孩子 0—2 岁	+0.21	0.30	0.52	−0.19

资料来源：Blundell 等（1998）。

5.3.2 储蓄

跟劳动供给一样，我们也是只需要重新解释模型的基本要素。首先，商品：采用一个两阶段模型就可以取得进展（"现在"和"未来"），这里 x_i 表示阶段 i 的消费，$i=1, 2$。消费者在两个阶段都有一个资源禀赋（R_1, R_2），储蓄就是家庭在市场上供给商品 1，$R_1 - x_1$（负数解释为借钱）。

价格是什么？假设在这个两阶段世界中利率是 r，即现在每节省一单位消费在将来可以得到额外的 r 单位。因此，一单位商品 1 值 $1+r$ 单位的商品 2；换言之：

$$\frac{p_1}{p_2} = 1+r \tag{5.11}$$

就是用商品 2 作为价值单位(计价单位)的商品 1 的相对价格。

在这个模型的解释中,关于"收入",存在一个术语上的困难。通常说到收入,指的是家庭在每个阶段得到的货币流(因此如果有人有资产 A_t,那么在日常用语中我们说,这些资产产生了 rA_t 的利息收入)。但是,这跟我们在本章和第 4 章所讨论的收入概念不一样。假设储蓄和信贷市场上有一个共同的利率 r,不管是债权人还是债务人都面对这个相同的利率。这样的"完美"市场是一个很强的假设(练习题 5.3 和练习题 5.4 让你思考放松这个假设的后果),但是它可以使我们对式(5.1)中的方法进行一个自然的扩展和解释。我们需要的收入概念是家庭资源在两阶段(R_1,R_2)的总价值。根据式(5.11),这可以表示为阶段 2 的消费 $[1+r]R_1+R_2$;然而,用商品 1 的单位来表示更方便,此时家庭资源的价值为:

$$\bar{y}:=R_1+\frac{R_2}{1+r} \tag{5.12}$$

这个现值表达式通常被称为"终身收入"。在完美市场的假设下,预算约束可以写成:

$$x_1+\frac{x_2}{1+r}\leqslant\bar{y} \tag{5.13}$$

这里,$\bar{y}$ 由式(5.12)给出。

考虑该模型中的偏好。关于效用函数的结构,施加一个更为具体的形式会很方便:

$$U(x_1,x_2)=u(x_1)+\delta u(x_2) \tag{5.14}$$

这里,u 是一个递增的凹函数。[①][②]对于下面要得到的一般结果,这个假设并不必要,而且未必恰当地表达了一些人的跨期偏好。[③]然而,这个特殊的结构在直觉上很自然,并且有吸引力:考虑一个消费向量,在两个阶段的每个阶段都给这个人相同的量,根据定义 4.3,我们有 $MRS_{12}=\delta$;我们可以把这个参数理解为纯粹的时间偏好。

现在考虑均衡。如果我们使用完美市场假定,那么模型以及模型的解如图 5.3 所示。图中的情形是,某人在阶段 1 有很多资源,在阶段 2 的资源则很少。[④]此外,它表示的点跟第 5.3.1 节中的劳动供给的情形很相似:随着利率的增加,储蓄最终可能会递减。

消费计划是偏向于现在还是将来?直觉表明,如果单纯的时间偏好率很高,那么消费者很有可能在将来花费更多的资源,而不是现在。实际上,当 $\delta\geqslant\frac{1}{1+r}$ 时,$x_2^*\geqslant x_1^*$。[⑤]

① 迷你问题 4:扩展式(5.14)的设定,考虑消费者在 n 个阶段做选择的情形。如果 n 趋向于无穷大,为什么需要设置 $\delta<1$ 的限制?

② 迷你问题 5:假设一个人在今天(时期 1)和明天(时期 2)同时消费面包(商品 1)和果酱(商品 2),因此式(5.14)被一般化为 $U(\mathbf{x}_1,\mathbf{x}_2)=u(\mathbf{x}_1)+\delta u(\mathbf{x}_2)$,这里 $\mathbf{x}_1=(x_{11},x_{12})$ 是今天的消费,$\mathbf{x}_2=(x_{21},x_{22})$ 是明天的消费。时期 1 的面包和果酱的边际替代率和时期 2 的面包和果酱的替代率有什么关系?解释这个情形下的参数 δ。

③ 迷你问题 6:一个消费者的生存分为三个时期:BREAKFAST、LUNCH 和 TEA。如果他在 LUNCH 想得到更高的消费,那么为了增加他的 TEA 的消费,就必然增加了他必须牺牲的 BREAKFAST 的消费量。解释为什么这些偏好跟式(5.14)中给出的模型不一致,并且在迷你问题 4 中进行扩展。也可参见练习题 5.7。

④ 迷你问题 7:在图 5.3 中找到家庭在阶段 2 的利息收入。

⑤ 迷你问题 8:证明之。提示:当效用由式(5.14)给出,预算约束由式(5.13)给出时,构建这种情形下的拉格朗日函数。

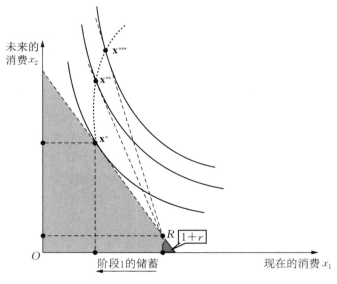

图 5.3　储蓄问题

实践中的微观经济学:消费和储蓄对利率的反应?

我们一般化式(5.14)中的模型可以回答这个问题。Attanasio 和 Weber (1993)基于**不变弹性效用函数**(isoelastic utility function)开展了这项工作,关于这个函数设定,参见练习题5.8。根据英国家庭支出调查(FES)17 年的数据,他们估计了如下形式的方程:

$$\Delta \log(x_t^*) = k + \sigma r_t + \varepsilon_t$$

这里,σ 是跨期替代弹性,ε_t 是干扰项。跨期替代弹性定义如下:

$$\sigma(x) = -\frac{u'(x)}{xu''(x)} \geq 0$$

对不变弹性的函数形式,这个替代弹性是常数。

统计列表

年轻人	中年人	老年人	全部 FES
0.559	0.747	0.317	0.379

资料来源:Attanasio 和 Weber (1993,Table 1)。

上表简要汇报了他们的研究结果(为了简单起见,这里省略了人口因素的影响)。很明显,消费增长对利率的敏感度,取决于人们所处的生命周期的位置。同时,加总数据的跨期替代弹性的估计值低于平均统计数据。

5.4 家庭生产

家庭消费所需的有些东西无法在市场上买卖,于是只能用其他购买的商品作为投入在家庭内部生产。例如家庭视频、照看儿童、度假旅行,以及很多其他的休闲活动,这些"物品"需要家庭投入时间和其他商品来生产,可以直接享用,却不能直接购买。

假设家庭面对一些商品的完美市场,但是某些消费品却无法到市场上购买。尽管在现实中有些商品既可以被用作投入,也能直接产生效用,但是为了理论的方便,我们假设只有两种类型的商品:

(1) m 种"家庭投入",它们不能直接产生效用,但是可以在市场上买卖,价格分别为w_1, $\cdots$, w_m。

(2) n 种"家庭产出"x_1, $\cdots$, x_m,它们可以直接产生效用,但是不能在市场上买卖。

家庭有一种技术,来把购买到的投入转化为产出。家庭既需要选择一个合适的产出组合,同时也需要找到合适的技术(即市场投入组合)来生产这个产出组合。

固定比例技术

首先,选择一种固定比例的技术(fixed-proportions technology)(参考练习题 2.13)。用投入 z_1, $\cdots$, z_m 来生产产出 x_1, $\cdots$, x_n 的生产函数如下:

$$x_i = \min\left\{\frac{z_1}{a_{i1}}, \cdots, \frac{z_m}{a_{im}}\right\} \qquad i = 1, \cdots, n \tag{5.15}$$

这里,a_{ij} 是生产一单位产出 i 所需的投入 j 的最小量。只要至少一种商品 i 有正的边际效用,家庭就希望有效率地将投入转化为产出。如果这个人想消费 x_i 量的这种商品,就需要 $a_{ij}x_i$ 单位的投入 j。因此,生产组合 $\mathbf{x}$ 所需的最低成本是:

$$C(\mathbf{w}, \mathbf{x}) = \sum_{i=1}^{n}\sum_{j=1}^{m} w_j a_{ij} x_i = \sum_{i=1}^{n} \rho_i x_i \tag{5.16}$$

这里

$$\rho_i := \sum_{j=1}^{m} a_{ij} w_j \tag{5.17}$$

这就是给定家庭的生产技术,消费者所面对的产出 i 的概念上的"价格"。

稍微修改式(5.1)就可以得到家庭的收入:

$$y = \sum_{j=1}^{m} R_j w_j \tag{5.18}$$

因此,根据式(5.16)—式(5.18)在固定比例的技术下,一个消费者(拥有资源 $\mathbf{R}$、面临投入价格 $\mathbf{w}$)可以得到的向量集 $\mathbf{x}$ 是:

$$\left\{\mathbf{x}: \mathbf{x} \in X, \sum_{i=1}^{n} \rho_i x_i \leqslant y\right\} \tag{5.19}$$

一般意义上,可得集的概念可以认为是消费者预算集的扩展,尽管在这种情形下可得集(5.19)等价于一个线性的预算集(参见图 4.2)。

实践中的微观经济学:如何刻画贫困?

确定一个具有特定需要的家庭是否处于贫困状态,有两个标准的方法:

(1) **收入标准**:比如由某个国际组织设定一个临界收入水平 $\bar{y}$(每天 1 美元或 2 美元?),参见世界银行(World Bank,2005)。如果 $y < \bar{y}$,那么该家庭就被认定为贫困家庭。

(2) **支出标准**:类似于上面的收入标准,但是依赖于观察到的家庭支出水平(而不是记录到的收入)。关于这个问题的讨论,参见 Deaton(2006)。

但是,上述两个方法都没有考虑人们安排资源以便于在社会中运作的方式。森(Sen)指出,家庭可得到的技术对于他们可以获得的基本服务至关重要:一个国家的小孩可能需要家里有台电视,以便于跟着教育节目学习;另一个国家的小孩可能不需要。技术随着时间的改变方式,对于贫困的合适度量有重要的含义[参见 Sen(1983)]。阿特金森(Atkinson)应用固定比例技术式(5.15)—式(5.16)发展了这个思想[参见 Atkinson(1988),pp.92—105]。

家庭生产中的替代

如果在家庭生产的过程中要素可以替代,那么家庭生产问题的分析就变得更加有趣。假设家庭"企业"作为一个有效率的经济单位在运行,从而会调整投入 $z_1,\cdots,z_m$ 来最小化成本。这就得到了成本函数 $C(\mathbf{w},\mathbf{x})$,即得到确定的 n 维产出向量 $\mathbf{x}$ 所需的成本最小值 $\sum_{j=1}^{m} w_j z_j$,所以可得的产出集 A 为:

$$A(\mathbf{R},\mathbf{w}) := \left\{ \mathbf{x}: C(\mathbf{w},\mathbf{x}) \leqslant \sum_{j=1}^{m} R_j w_j \right\} \tag{5.20}$$

显然,有效的预算约束不再是直线。但是如果家庭的生产技术是凸的,那么可得集一定是凸的(参见图 5.4)。[1]

家庭最优化问题的其余部分可参见图 5.4。给定可得集,消费者用通常的方式通过最大化约束条件下的 $U(\mathbf{x})$ 来选择最优的非市场商品组合。这决定了一个点 $\mathbf{x}^*$,这个点反过来又决定了购买投入的最优组合(通过家庭生产集合中的合适技术)。

接下来,我们看一下外生变化对家庭消费计划的影响。在式(5.15)的固定比例情形下,任意一个要素价格 $w_1,\cdots,w_m$ 的变化或者任意一个生产系数 a_{ij} 的变化,都将移动预算约束。[2]如果有些替代是可能的,那么就会出现更有趣的情况。为此,考虑另一种特殊情形:一般的线性技术。令投入 j 在产出 i 的生产过程中有不变的边际生产率 b_{ij}。那么,如

---

[1] 迷你问题 9:根据附录 A 定义 A.19 证明之。

[2] 迷你问题 10:用一句话解释为什么会这样。

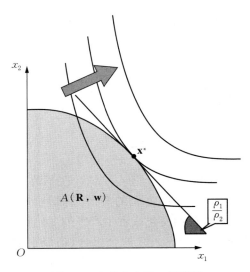

图 5.4　家庭生产的一般模型

果选择的投入向量是 z_1，$\cdots$，z_m，那么生产出来的消费品 $i=1, 2, \cdots, n$ 的数量为：[1]

$$\left.\begin{array}{l} x_1=b_{11}z_1+b_{12}z_2+\cdots+b_{1j}z_j+\cdots+b_{1m}z_m \\ x_2=b_{21}z_1+b_{22}z_2+\cdots+b_{2j}z_j+\cdots+b_{2m}z_m \\ \vdots \qquad\quad \vdots \qquad\qquad \vdots \qquad\qquad \vdots \\ x_i=b_{i1}z_1+b_{i2}z_2+\cdots+b_{ij}z_j+\cdots+b_{im}z_m \\ \vdots \qquad\quad \vdots \qquad\qquad \vdots \qquad\qquad \vdots \\ x_n=b_{n1}z_1+b_{n2}z_2+\cdots+b_{nj}z_j+\cdots+b_{nm}z_m \end{array}\right\} \tag{5.21}$$

将上式与式(5.15)固定比例技术相比较。如果 $m>n$，那么不是所有的要素都需要购买：至少 $m-n$ 种投入是冗余的，也就是说，这些要素最优的购买量是零。哪些要素是冗余的取决于要素价格 $\mathbf{w}$ 和目标函数 U。图 5.5 表示的是 $n=2$，$m=7$ 时的情形：家庭的可得集

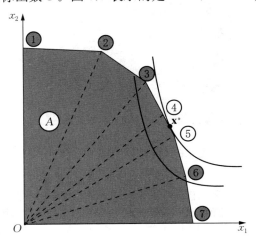

图 5.5　家庭生产模型中的消费

---

[1]　迷你问题 11：如何用式(5.21)的方程组来解释练习题 2.14 中的模型。

是一个多边形,因此它的边界是分段式的线,任意一个顶点的坐标是:

$$\left(\frac{b_{1j}}{w_j}y,\ \frac{b_{2j}}{w_j}y\right) \tag{5.22}$$

这表示的是当整个预算都被花费在投入 z_j 时所能生产出来的 x_1 和 x_2 的量。[1]顶点 j 和顶点 $j+1$ 之间的边界的斜率是:

$$\frac{w_jb_{2j+1}-w_jb_{2j}}{w_jb_{1j+1}-w_{j+1}b_{1j}} \tag{5.23}$$

我们可以将上式理解为符号上的价格比 ρ_1/ρ_2。显然,在不改变式(5.23)的不同部分边界的相对斜率的情况下,预算 y 的增加(更大的资源禀赋)会扩大可得集,看一下顶点式(5.22)随 y 的变化。但是要素价格的变化或者生产率的变化将改变边界的形状。[2]

　　如上所示,家庭将使用投入 4 和投入 5 这个组合(市场上的商品)来给自己提供产出 1 和产出 2,并在 $\mathbf{x}^*$ 处消费。家庭不会购买市场商品 3,因为它的市场价格太高了。现在假设发生了一些事,使得市场商品 3 的价格下降,即式(5.22)和式(5.23)中的 w_3 下降。显然,边界的形状将发生变化——顶点 3 将沿着从原点出发的射线外移。假设 $R_3=0$,如果市场商品 3 的价格下降了一点点,那么家庭的均衡将不会发生变化;[3]在顶点 3 处,新的边界将稍微外移,家庭积蓄在 $\mathbf{x}^*$ 处消费。但是假设价格 w_3 大幅下降,以至于顶点如图 5.6 所示外移。技术 4 和技术 5 将同时被排除在考虑范围之外,都将位于新的边界之内。市场商品 3 变得很便宜,以至于使得这些技术变得不再有效率;此时消费者将使用不再昂贵的市场商品 3 和市场商品 6 来生产所需的消费品,直接产生效用。家庭的新的消费点在 $\mathbf{x}^{**}$。

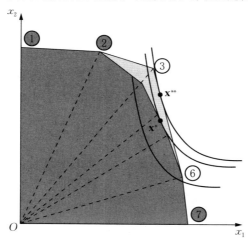

图 5.6　市场价格变化导致移动

---

　　[1]　迷你问题 12:在 $n=2$ 的情形下,假设消费者想提供两种消费品的具体的量为 (x_1, x_2)。如果某种市场投入的价格为 w_1,那么提供这个组合的最低成本是多少? 如果第二种投入的市场价格为 w_2,那么要保证成本最小化的消费者不购买任何投入 1 所要求的最大的 w_2 是多少(投入 1 的价格维持在 w_1)? 要保证两种投入都被用到,需要满足什么条件?

　　[2]　迷你问题 13:再次看 $n=2$ 的情形。假设一个成本最小化的家庭使用两种投入(都是正的)来生产一个组合 (x_1, x_2);每种投入的量应该使用多少?

　　[3]　迷你问题 14:如果 $R_3>0$,那么这个行为将发生怎样的变化?

实际上,家庭购买某些商品,不是为了直接的消费,而是在家庭内作为投入来生产其他商品。这个事实使我们理解了一些在第4.5节的消费者选择模型中很难理解的现象:

(1)如果 $m > n$,那么有些市场商品将不会被购买。相比之下,在第 4 章的模型中,如果所有的无差异曲线都凸向原点,那么所有商品的消费量都是正的。

(2)如果某种商品的价格下降,或者某种投入有技术进步,这可能不会引起消费者均衡的变化。

(3)尽管每个 x_i 都可能是"正常"商品,如果偏好不是位似的,那么某些购买的市场商品可能是"低档"物品。①

(4)市场上购买要素的需求可能出现跳跃:随着某种要素价格下降到一个临界水平,我们可能会得到一个突然的转换,即最优消费计划中从一种物品转换到另一种。

5.5　商品的加总

在实证研究中,当我们试图应用上述消费者模型的时候,会遇到一些实际的困难。当我们想捕捉消费者选择的具体细节时,不仅仅需要区分消费者支出的大类(食品、衣服、住宅……),还需要区分这些大类中的具体商品类型(橄榄油、花生油)。当然,这样就意味着商品向量中很多元素是零。在一些消费者模型中,数量为零会显得有些别扭,尽管它们会很自然地适用于第 5.4 节探讨的家庭生产范式;在计量经济学模型的设定中,这可能会带来一些问题。此外,将这些模型用于预算调查所得到的数据时,我们将不得不处理大的商品种类。

这带来了更深层次的问题:商品种类 n 是如何被决定的? 它是否应该被看成一个固定的数字? 什么决定了商品的边界? 关于消费者行为的模型,一类是商品之间的划分非常精确,另一类是很粗略的分组。如果我们能够保证两类模型之间的一定程度的一致性,这些问题也就一扫而空了。幸运的是,我们可以诉诸一个标准的常识结果(证明参见附录 C):

定理 5.1(组合商品)

假设商品 3 相对于商品 2 的相对价格永远保持不变。那么在约束 $p_1 x_1 + p_2 x_2 + p_3 x_3 \leqslant y$ 下最大化 $U(x_1, x_2, x_3)$,等价于在约束 $p_1 x_1 + \bar{p}\bar{x} \leqslant y$ 下最大化函数 $\bar{U}(x_1, \bar{x})$,这里 $\bar{p} := p_2 + p_3$,$\bar{x} := \alpha x_2 + [1 - \alpha] x_3$,$\alpha := p_2 / \bar{p}$。

这个结果可以从 3 种商品扩展到任意数量的产品②,这样就有效地解决了商品分组上的加总问题。定理 5.1 意味着,如果一组商品的相对价格保持不变,我们就可以把这一组商品看成是一种单一商品。

这个结果意义很强,因为将一个经济模型从 n 种商品简化为几种,通常是有道理的:定理 5.1 表明这个简化是可行的,前提是我们对相对价格作出假设。

---

① 迷你问题 15:提供一个符合直觉的逻辑来证明这种情况为什么会发生。
② 迷你问题 16:用一句话解释为什么可以这样做。

5.6   消费者的加总

将消费的基本模型转化为现实世界的应用,需要进行第二类的加总,即加总消费者。我们这里讨论的加总,不是将个人加总为大的群组,比如家庭、家族、部落等,因为这些群组可被认为具有一致的目标。[1]我们需要做一些更加基本的工作,跟第 3.2 节的企业一样,实际上我们需要对消费者进行相同的操作。我们发现,这在很大程度上可以解释为,当我们分析大量消费者的行为时,就好像分析一个"代表性"消费者的行为一样,这个代表性的消费者就是市场上出现的大批消费者的代表。

为了解决个体或家庭需求的加总问题,我们需要引入更多的符号。将单个的消费者看成一个家庭,用上标 h 表示专属于家庭 h 的事情。因此:

(1) y^h:家庭 h 的收入;

(2) x_i^h:家庭 h 消费的商品 i 的量;

(3) D^{hi}:对应的需求函数。

我们还用 n_h 表示家庭的数量。

这里要解决的问题是:(1)对商品 i 的加总(市场)需求如何跟单个家庭 h 对 i 的需求相关联?(2)为了从加总中得到有意义的结果,需要对偏好施加怎样的限制条件?让我们用三步来解决这些问题。

加总商品

假设我们知道每个家庭正在消费的某种特定商品的量:

$$x_i^h \qquad h=1,\cdots,n_h \tag{5.24}$$

为了得到整个经济体中正在消费的商品 i 的量,看起来我们应该在式(5.24)的前面加上一个加总符号即可,即 $\sum_{h=1}^{nh} x_i^h$。这一步需要引入一个假设,即所有的商品都是"竞争性"商品。竞争性商品的意思是,我多消费一单位商品 i,就意味着别人少消费一单位商品 i。现在,我们需要做出这个假定;实际上,我们会进一步假定我们只考虑单纯的私人物品(pure private goods),即既有竞争性又有"排他性"的物品,排他性是指这个商品可以在市场上定价。[2]我们将在第 9 章和第 13 章探讨更多关于竞争性和排他性的问题。

代表性消费者

如果所有的商品都是"私人商品",那么通过加总个体需求函数,我们可以得到总需求 x_i,它是价格 **p** 的函数(对每个人都相同的价格向量):

---

[1]   迷你问题 17:加总偏好序有意义吗?

[2]   迷你问题 18:你能否想到一种没有竞争性的商品或服务,没有排他性的商品或服务?

$$x_i(\mathbf{p}) := \sum_{h=1}^{nh} D^{hi}(\mathbf{p}, y^h) \tag{5.25}$$

图 5.7 描绘了两人情形下式(5.25)的思想,基本的过程跟图 3.1 和图 3.2 的加总企业的产出供给很相似。跟企业的加总和市场均衡相似,我们这里也有一些说明①,但是在消费者加总的情形下,还有一个更加微妙的问题。

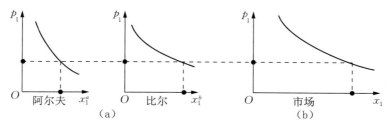

图 5.7 消费者需求的加总

式(5.25)的等号左端会像一个"合适的"需求函数一样行为吗? 问题是需求函数通常是用价格和某种度量的收入去定义的,但是显然式(5.25)的等号右端会对家庭之间的收入分配(而不仅仅是总量)很敏感。解决这个问题的方法之一,是把问题转化为刻画一个代表性消费者的行为。我们可以关注这样一个人,他有平均收入 $\bar{y} := \frac{1}{n_h} \sum_{h=1}^{nh} y^h$ ②,商品 i 的平均消费 $\bar{x}_i := \frac{1}{n_h} \sum_{h=1}^{nh} x_i^h$。 然后,关键的问题是要考虑,是否有可能把这个具有平均收入之人的商品需求写成:

$$\bar{x}_i := \bar{D}^i(\mathbf{p}, \bar{y}) \tag{5.26}$$

这里,每个 $\bar{D}^i$ 都像一个通常的需求曲线那样行为。如果这样一个关系存在,那么我们可以把式(5.26)写成:

$$\bar{D}^i(\mathbf{p}, \bar{y}) = \frac{1}{n_h} \sum_{h=1}^{nh} D^{hi}(\mathbf{p}, y^h) \tag{5.27}$$

如果函数集 D^{hi} 是任意选择的,那么尽管它对每个个体家庭是合理的需求函数,但是可能无法满足上述式(5.26)和式(5.27)中的加总标准。我们有如下定理(参见附录C):

定理 5.2(代表性消费者)

市场的平均需求可以写成式(5.26)的形式,当且仅当对所有的价格和收入,个体需求函数具有如下形式 $D^{hi}(\mathbf{p}, y^h) = a_i^h(\mathbf{p}) + y^h b_i(\mathbf{p})$。

因此,消费者的可加总性对任意一种商品 i 的普通需求曲线施加了一个严格的要求:

---

① 迷你问题19:考虑第4章的迷你问题9中的啤酒和苹果酒的例子。证明:我在星期五对苹果酒的需求是不连续的。假设我的口味和收入在伦敦是有代表性的。解释为什么星期五伦敦对苹果酒的需求实际上是连续的。

② 迷你问题20:这是"代表性消费者"的一个狭义定义,这样可以让计算变得容易;另外提供一个可以操作的定义。

对每个家庭 h,所谓的恩格尔曲线(以收入为横坐标画出对商品 i 的需求)必须具有相同的斜率[即 $b_i(\mathbf{p})$](参见图5.8)。对需求函数施加这样一个要求,同时也就对效用函数的类型施加了相应的条件,这样我们才能用代表性消费者的行为来刻画市场的行为。

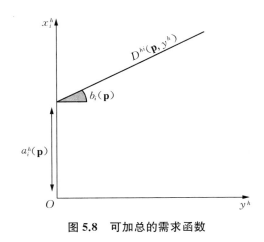

图5.8 可加总的需求函数

市场需求和显示偏好弱公理

如果这个规律性条件无法满足,那么加总需求的行为就非常古怪了。除了市场需求可能取决于收入分配之外,还有一个更深层次的问题。如图5.9所示,还有一种可能性,那就是收入内生决定于价格[如式(5.1)]。阿尔夫和比尔都有通常形状的效用函数,尽管他们显然在收入效应方面差别很大。

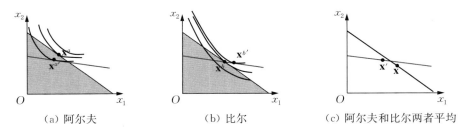

(a) 阿尔夫   (b) 比尔   (c) 阿尔夫和比尔两者平均

图5.9 当阿尔夫和比尔的需求合并的时候,古怪的事情发生了

最初的价格如图5.9(a)和图5.9(b)中的预算集所示:阿尔夫的需求在点 $\mathbf{x}^a$ 处,比尔的需求在点 $\mathbf{x}^b$ 处。价格变化之后,商品1变得便宜(预算约束变成了较平缓的线):阿尔夫和比尔的需求现在分别在点 $\mathbf{x}^{a'}$ 和点 $\mathbf{x}^{b'}$ 处;显然,他们的个体需求满足显示偏好弱公理(WARP)。然而,现在看一下他们行为合并后的结果[图5.9(c)]:平均需求从 $\mathbf{x}$ 移动到 $\mathbf{x}'$。显然,平均需求的这个变化跟一些假想的"代表性消费者"的行为不一致:它甚至都不满足显示偏好弱公理!

总   结

从第4章的结构延续下来的需求分析是强有力的:通过对标准的需求函数做一个微

调(将收入变成内生),就可以模型化家庭向市场的供给问题。这反过来又开启了一扇门,使得我们可以在家庭的经济学范围内探究一些重要的应用:例如,分析劳动供给、贷款需求以及储蓄供给。

同时引入第 2 章的生产模型和通常的偏好分析,可以让我们在"物品"和"商品"之间做一个有用的区分:前者直接进入效用函数,后者可以在市场购买,不是为了自己的需要,而是用于生产物品。这可以让我们理解一些不容易跟第 4 章的模型兼容的市场现象,比如商品需求中的跳跃,以及大量的商品根本不会被一些消费者购买。我们还将在第 8 章发现,这为金融资产的经济分析提供了一个有用的基础。

有一些情形中,我们需要考虑一类受到限制的效用函数。为了能够一致地加总,效用函数导出的需求函数必须是收入的线性函数。

考虑到市场的现实之后,基本消费者模型的发展就给关于家庭的计量经济学建模提供了便利,也为第 6 章和第 7 章的分析奠定了基石。

进一步阅读

关于内生收入的消费者模型,参见 Deaton 和 Muellbauer(1980,Chapters 11 and 12)。储蓄的讨论中用到的可加性分离特征,来自生产理论的平行结果(参见第 2 章的"进一步阅读")。然而,这依赖于一个可微假定。关于更一般的方法,参见 Debreu(1960)。关于消费者理论如何被用来理解劳动供给,为了扩展理解,可以参见 Blundell 和 Macurdy(1999)。

第 5.3.2 节中关于将基本的消费者模型应用在储蓄中,是基于对时间的一个简化处理,即"将来"可以有效地折叠成"现在":练习题 5.6 再次考察了这个方法的基础,练习题 5.7 表明,对这个模型做一个微小的改动,就可以引入时间不一致问题。关于这个问题的更多内容,请参见 Frederick 等(2002)。

关于家庭生产模型的基础,参见 Lancaster 关于物品和特征的开创性工作;这类模型早就被 Gorman(1980)的早期未发表版本用过了。Becker(1965)开创性地提出了家庭生产模型的一个版本,关注的是时间的分配。

练习题

5.1　一个农民消费者的效用函数为 $a\log(x_1)+[1-a]\log(x_2-k)$,这里,商品 1 是大米,商品 2 是"一篮子"其他商品,并且 $0<a<1$,$k\geq1$。

（1）简要解释参数 a 和 k。

（2）假设该农民拥有两种商品的资源禀赋为 (R_1, R_2),两种商品的市场价格是已知的。在什么情况下,该农民会愿意向市场提供大米?大米的供给量会随着大米价格的上涨而增加吗?

(3) 如果对商品 2 的消费施加一个配额限制,会带来怎样的效果?

5.2　参见练习题 5.1 的例子。假设农民有可能投资于大米生产。牺牲商品 2 的一个量 z,可以带来大米的额外产出量为 $b[1-e^{-z}]$,这里 $b>0$ 是一个生产率参数。

(1) 最大化农民收入的投资是什么?

(2) 假设所选的投资可以最大化收入,求农民对市场的大米供给。

(3) 解释大米生产的投资和市场上的大米供给如何受到参数 b 和大米价格的影响。如果大米价格低于 $1/b$,将发生什么?

5.3　考虑一个具有两阶段效用函数的家庭,效用函数的形式如练习题 4.9 所示。假设这个人可以在两个阶段收到外生给定的收入流 (y_1, y_2),假设这个人面对的是完美的借贷市场,统一的利率为 r。

(1) 考察不同的 y_1、y_2 和 r 对最优消费模式的影响。

(2) 第一阶段的储蓄跟利率之间是什么关系(递增还是递减)?

(3) 如果完全禁止借钱,你的答案将受到怎样的影响?[提示:相信你的直觉。如果你面临一个借贷(流动性)约束,你将对收入增加如何反应? Grossman 和 Soulele(2002)提供了一些有趣的证据。]

5.4　一个消费者生活两个阶段,效用函数为 $\alpha\log(x_1)+[1-\alpha]\log(x_2-k)$,这里 x_t 是阶段 t 的消费,α、k 是参数,满足 $0<\alpha<1$,$k\geq 0$。这个消费者获得一个外生的收入流 (y_1, y_2),他可以在固定的利率 r 下在资本市场上放贷,但他不能借钱。

(1) 解释效用函数中的参数。

(2) 假设 $y_1\geq\bar{y}$,这里,

$$\bar{y}:=k-\frac{\alpha}{1-\alpha}\left[\frac{y_2-k}{1+r}\right]$$

求这个人在每个阶段的最优消费。

(3) 如果 $y_1\geq\bar{y}$,那么当下列事情发生的时候,对阶段 1 消费的影响是什么? ①利率上升;②y_1 增加;③y_2 增加。

(4) 如果 $y_1<\bar{y}$,你对问题(2)和问题(3)的答案会有什么变化?

5.5　一个人的生命有三个时期。他的效用函数为 $\sum_{t=1}^{3}\log(x_t-a_t)$,这里 a_t 是参数,满足 $a_2>a_3>a_1>0$,x_t 是时期 t 的消费。每个时期的商品是不同的:在时期 1 这个人消费的是休闲物品;在时期 2,消费的是教育物品;时期 3 消费的是医疗保健。这个人将在三个时期中的每个时期收到一个已知的外生货币收入,并且他可以以已知的、不变的每个时期的利率自由借贷。假设未来时期的任何价格变化都可以被完美预料到。

(1) 假设存在一个内点解,求解消费者的终生最优化问题,并对问题的解作出解释。

(2) 在什么条件下,这个人会在时期 1 储蓄? 如果教育物品的价格上升,这将对时期 1 的储蓄产生怎样的影响?

(3) 如果医疗保健的价格上涨,对时期 1 消费的影响是什么? 这个价格变化的效果会比在问题(2)中的影响更大吗?

(4) 休闲物品的价格上涨对时期 1 的储蓄有什么影响? 解释为什么这个影响跟在问题(2)和问题(3)中分析的不同?

5.6 在一个 n 种商品的经济体中,一个消费者将生活在 T 个时期,他的偏好可以用一个可微的效用函数来表示。

(1) 证明:附录 C 中的定理 C.1 意味着,如果在时期 t,商品 i 和商品 j 的边际替代率独立于任何其他时期的消费,那么这个人的偏好总是可以表示为如下可加的形式:

$$\sum_{t=1}^{T} v(\mathbf{x}_t; t) \tag{5.28}$$

这里,$\mathbf{x}_t$ 是时期 t 的消费品向量,时期内的效用函数 $v(\cdot; t)$ 在每个时期可能是不同的。

(2) 证明:如果时期 t 的 MRS_{ij} 等于时期 t' 的 MRS_{ij}(当 $\mathbf{x}_t = \mathbf{x}_t'$),那么式(5.28)中的时期内效用可以写成:

$$v(\mathbf{x}; t) = u(\mathbf{x})\varphi(t) \tag{5.29}$$

(3) 假设式(5.29)中的 v 具有如下特征:当消费组合在所有时期都相同的时候,时期 t 和时期 $t+1$ 的商品 i 的 MRS 独立于 t。证明:时期内的效用可以写成:

$$v(\mathbf{x}; t) = \delta^t u(\mathbf{x}) \tag{5.30}$$

5.7 一个消费者生活为 $t+1$ 期,且具有如下的效用函数(从时期 t 来看),$t=0, 1, \cdots, T$ (Laibson, 1997):

$$u(\mathbf{x}; t) = u(\mathbf{x}_t) + \beta \sum_{\tau=t+1}^{T} \delta^{\tau-t} u(\mathbf{x}_\tau) \tag{5.31}$$

(1) 从时期 0 来看,时期 1 和时期 2 之间的边际替代率是多少? 如果从时期 1 来看会是多少?

(2) 如果 $\beta<1$,为什么上述两个问题的答案是不同的?

(3) 今天是 1 月 1 日($t=0$),一个具有上述偏好的人必须在如下的两项之间做出选择:①在 4 月 1 日($t=90$)完成一个任务,成本是 Δ(用当天的消费来衡量);②在 4 月 2 日($t=91$)完成这个任务,成本是 $\Delta'>\Delta$。假设在没有这项任务的情况下,$\mathbf{x}_{90}=\mathbf{x}_{91}$,$\delta=1$,并且 $\beta<\Delta/\Delta'$。如果他可以在 1 月 1 日做出承诺,那么他会在哪天完成这个任务? 如果这个决策要留到 4 月 1 日做出,那么他会在哪天完成这个任务?

(4) 对上述问题(3)的回答表明了**时间不一致**(time inconsistency)这个现象。如何改变参数才能恢复时间一致的行为?

5.8 假设一个人生活 T 期,具有式(5.28)形式的效用函数,时期内的效用由式(5.30)给出,时期 t 的消费由标量 $\mathbf{x}_t$ 给出,函数 u 具有常数弹性的形式:

$$u(\mathbf{x}) = \frac{1}{1-\theta}\mathbf{x}^{1-\theta} \tag{5.32}$$

这里,θ 是一个非负参数。

(1) 当 $\theta \to 1$ 的时候,给出一个合适的极限形式的 u。

(2) 这个人有一个已知的外生收入流 $(y_1, y_2, \cdots, y_T)$,阶段 t 的利率是 r_t。求效用最大化的一阶条件。

(3) 使用近似式 $\log(1+z) \approx z$ 来证明:最优消费路径可由 $\Delta \log(x_t^*) = k + \sigma r_t$ 来近似得到,这里 k 和 σ 是常数。

(4) σ 和参数 θ 之间的关系是什么?(提示:参见第 5.3.2 节最后的专栏"消费和投资如何对利率做出反应?")

5.9 假设一个人具有一个给定量的非工资收入 $\bar{y}$,并且有能力获得劳动收入,这可以用他(或她)赚到的市场工资 w 来反映。他(或她)选择一个工作时间的比例 ℓ,来最大化效用函数 $x^a[1-\ell]^{1-a}$,这里的 x 是总的货币收入,即非工资收入和来自工作的收入。求最优劳动供给 $(\bar{y}, w, a$ 的函数)。在什么情况下这个人选择不工作?

5.10 一个人具有如下效用函数:

$$U(x_1, x_2) = [x_1^\theta + x_2^\theta]^{\frac{1}{\theta}}$$

这里,$\theta \leqslant 1$ 是参数。令 $1-x_1$ 表示这个人的劳动供给,这个人拥有 1 单位的时间,并令商品 2 为其他商品的组合。这个人花在商品 2 上的货币收入由工作收入和非工资收入 $(\bar{y} \geqslant 0)$ 组成。来自工作的收入为工资率 w,用商品 2 的单位来度量。

(1) 写出这个人的预算约束。

(2) 证明:这个人的最优劳动供给如下:

$$\ell = \max \left\{ \frac{w^{\frac{1}{1-\theta}} - \bar{y}}{w^{\frac{1}{1-\theta}} + w}, \, 0 \right\}$$

(3) 解释在什么条件下这个人将选择不工作,并验证休闲是一个正常物品。

5.11 一个家庭有两个人,他们都是潜在的工人,他们的预算是合在一起的。他们的偏好由一个效用函数 $U(x_0, x_1, x_2)$ 表示,这里,x_1 是第一个人所享用的休闲时间,x_2 是第二个人享用的休闲时间,x_0 是这个家庭所享受的单一的合并消费品的量。家庭的两个成员分别拥有 (T_1, T_2) 个小时的时间,既可以用来享受闲暇,也可以用于工作。两个人的小时工资率分别为 w_1 和 w_2,他们合起来有非工资收入 $\bar{y}$,合并消费品的价格为 1。

(1) 写出这个家庭的预算约束。

(2) 如果效用函数 U 是如下的形式:

$$U(x_0, x_1, x_2) = \sum_{i=0}^{2} \beta_i \log(x_i - \alpha_i) \tag{5.33}$$

这里,α_i、β_i 是参数,满足 $\alpha_i \geqslant 0$,$\beta_i > 0$,且 $\beta_0 + \beta_1 + \beta_2 = 1$。解释这些参数。解这个家庭的最优化问题,证明对这个消费品的需求为:

$$x_i^* = \alpha_0 + \beta_0[[\bar{y} + w_1 T_1 + w_2 T_2] - [\alpha_0 + w_1 \alpha_1 + w_2 \alpha_2]]$$

(3) 写出这两个人的劳动供给函数。

（4）当下列变量增加的时候,个人的劳动供给会怎样反应?

    ① 他或她自己的工资;

    ② 对方的工资;

    ③ 非工资收入。

5.12 考虑练习题 4.4 中的模型($\beta > 1$ 的情形)。大量的相同消费者的平均需求跟你对练习题 4.4 的答案有何区别?

5.13 令家庭 1 对商品 1 的需求如下：

$$x_1^1 = \begin{cases} \dfrac{y}{4p_1} & \text{当 } p_1 > a \text{ 时} \\[2mm] \dfrac{y}{2p_1} & \text{当 } p_1 < a \text{ 时} \\[2mm] \dfrac{y}{4a} \text{ 或} \dfrac{y}{2a} & \text{当 } p_i = a \text{ 时} \end{cases}$$

这里,$a > 0$。

（1）画出这个需求曲线,然后描绘得到这个需求曲线的无差异曲线图。

（2）令家庭 2 有同样的需求函数和收入 y：写出家庭 1 和 2 对商品 1 的平均需求,并证明：在 $p_1 = a$ 的时候,$\dfrac{1}{2}\left[x_1^1 + x_1^2\right]$ 有三个可能的值。

（3）将这个逻辑扩展到 n_h 个相同的消费者。证明：当 $n_h \to \infty$ 时,每个家庭对商品 1 的消费的可能值变成了整个区间 $\left[\dfrac{y}{4a}, \dfrac{y}{2a}\right]$。

▶6

一个简单经济体

> 我没有什么好觊觎的；我拥有所能享受的一切。我就是这个庄园的领主；或者，如果我愿意的话，我就是我所占领的这个国家的国王或者皇帝。没有人跟我竞争。我没有竞争者，没有主权的争议，也没有人控制我……但是我能使用的一切都是有价值的……我所控制的东西的本质和我的经验，让我反思，这个世界上所有的好东西，除了为我们所用之外，也就不足称道了。
>
> ——丹尼尔·笛福(Daniel Defoe)，《鲁滨逊漂流记》(*Robinson Crusoe*，pp.128，129)

6.1 引言

至此，我们已经看到微观经济模型中的两个"主角"是怎样行为的了，我们也知道如何模型化他们对市场信号的反应。我们可以向前走一步，构建价格接受均衡的一般模型，这样的模型更富有信息且更具多元特征。的确，这是第 7 章的内容。但是首先，我们需要关注一点：在不引入大量经济决策者从而将模型复杂化的前提下，如何完成经济体系的讨论。为此，我们需要构建一个非常简单的经济体的自治模型。

构建一个经济体系的自治模型的第一步给我们提供了重要的洞见。迄今我们一直把关于企业的分析和关于家庭的分析看成是逻辑上分开的问题，一直假定他们面对的是"完美的"市场，可以在已知的价格上买卖。把消费和生产决策在逻辑上分开的处理，为什么是有道理的？我们现在可以看到一些经济上的理由。

6.2 再看生产

在第 2 章(第 2.5 节)我们关注的是单个企业的情形，单个企业用很多投入生产很多产出。我们需要再次看这个模型，因为这个多产品企业的模型是一个理想的工具，可以让我们从单个独立企业的分析转换到分析整个经济。我们有必要考虑生产过程的集合，处理的是整个经济的不同部分以及它们相互之间的关系。我们可以很容易做到这一点。

6.2.1 过程和净产出

为了描述技术可能性，我们需要用到第 2 章介绍的一个概念：

定义 6.1

净产出向量 q 是一个生产过程所有潜在的投入和产出列表,约定俗成的表示是:产出是正的,投入是负的。

这个概念既可以用于某个特定的生产过程,也可以用于整个经济。在每个生产阶段上,如果生产出来的商品 i 多于用作投入的 i,那么 q_i 是正的;如果用作投入的 i 多于作为产出的 i,那么 q_i 是负的。为了表示这个用法以及它在多个生产过程中的应用,参见图6.1,图中显示了三个过程,其中劳动、土地、猪和土豆都被用作投入,而猪、土豆和香肠也是产出。

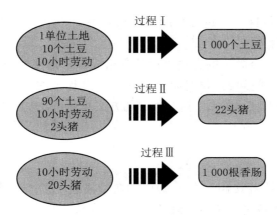

图 6.1　三个基本的生产过程

我们可以用向量的形式表示过程1到过程3,具体如下所示:

$$\mathbf{q}^1 = \begin{bmatrix} 0 & [香肠] \\ 990 & [土豆] \\ 0 & [猪] \\ -10 & [劳动] \\ -1 & [土地] \end{bmatrix} \quad (6.1)$$

$$\mathbf{q}^2 = \begin{bmatrix} 0 & [香肠] \\ -90 & [土豆] \\ +20 & [猪] \\ -10 & [劳动] \\ 0 & [土地] \end{bmatrix} \quad (6.2)$$

$$\mathbf{q}^3 = \begin{bmatrix} +1\,000 & [香肠] \\ 0 & [土豆] \\ -20 & [猪] \\ -10 & [劳动] \\ 0 & [土地] \end{bmatrix} \quad (6.3)$$

式(6.1)—式(6.3)用简洁的形式描述了每个生产过程。但是,我们设想一个简化的经济,在这个经济中,上述五种商品就是唯一的经济物品,$\mathbf{q}^1$—$\mathbf{q}^3$ 是唯一的生产过程。如果我们想看整个经济的情况,我们只需要把式(6.1)—式(6.3)中的向量加起来:$\mathbf{q}=\mathbf{q}^1+\mathbf{q}^2+\mathbf{q}^3$。约掉中间物品,并且把三个独立的生产阶段合并,我们可以得到一个整体的结果(用净产出向量描述):

$$\mathbf{q}=\begin{bmatrix} +1\,000 \\ +900 \\ 0 \\ -30 \\ -1 \end{bmatrix} \tag{6.4}$$

从整体经济的角度来看,这三个过程生产的产出是香肠和土豆,使用的投入是劳动和土地,猪纯粹是一个中间物品。

总结一下,我们用一个简单的方法可以从各组成部分得到整个经济的生产过程。但是这样做还是遗留了一些问题:我们如何处理每个过程中的多个技术? 这个方法和第2.5节介绍的生产函数有什么关系? 这个加总的方法永远是合理的吗?

6.2.2　技术

式(6.1)—式(6.3)或者其合并式(6.4)中的向量描述了生产活动的一种可能的列表。描述所有可能的将投入转化为产出的最新方法(即技术),做到这一点是非常有用的。我们把这个描述为技术集 Q,它是 $\mathbb{R}^n$ 的一个子集。如果我们写出 $\mathbf{q}\in Q$,这就意味着这个向量给出的投入和产出列表在技术上是可行的。我们假定集合 Q 是外生给定的,即事先确定的生产过程的蓝图的集合。我们当前的任务是考虑集合 Q 的可能结构,即包含了技术特点的集合的特征。

我们解决这个问题的方法是让集合 Q 满足一些公理,这些公理提供了可得技术的描述。这些公理也构成了我们后续关于经济的生产方面的讨论的基础,尽管有时候某个或者某些公理会被放松。我们首先给出这些公理的正式陈述,然后考虑它们在直觉上意味着什么。

前四个公理包含了生产概念的基本思想:永远可以什么都不做;零投入意味着零产出;生产是不可逆的,也就是说,产出和投入是不能颠倒过来的;"浪费"一些产出或者投入在技术上是可行的。正式地:

公理 6.1(不作为的可能性)

$$\mathbf{0}\in Q$$

公理 6.2(没有免费午餐)

$$Q\bigcap\mathbb{R}^n_+=\{\mathbf{0}\}$$

公理 6.3(不可逆)

$$Q\bigcap(-Q)=\{\mathbf{0}\}$$

公理 6.4(自由处置)

如果 $\mathbf{q}^\circ\in Q$ 且 $\mathbf{q}\leqslant\mathbf{q}^\circ$,那么 $\mathbf{q}\in Q$。

下面两个公理引入了更加复杂的思想，也引发了更多的问题。它们分别跟合并和分割生产过程有关。

公理 6.5（可加性）

如果 $\mathbf{q}' \in Q$ 且 $\mathbf{q}'' \in Q$，那么 $\mathbf{q}' + \mathbf{q}'' \in Q$。

公理 6.5（可分性）

如果 $0 < t < 1$ 且 $\mathbf{q}° \in Q$，那么 $t\mathbf{q}° \in Q$。

我们用一个图来看一下上述六个公理的含义。看一下图 6.1 中的过程 III，考虑将猪（商品 3）和劳动（商品 4）转化为香肠（商品 1）的技术；商品 2 和商品 5 是无关的。在图 6.2 中，向量：

$$\mathbf{q}° = (1\,800,\ 0,\ -18,\ -20,\ 0) \tag{6.5}$$

代表了一个特定的技术，括号里列出的是两种投入以及它们可以生产出来的产出的量。

$$\mathbf{q}' = (500,\ 0,\ -10,\ -5,\ 0) \tag{6.6}$$

代表了另一个专门技术，使用了劳动密集程度较低的技术，也生产了较少的产出。三个没有标注的向量代表的是其他的使用两种投入来生产香肠的技术：所有的五个点都位于 $(+, \cdot, -, -, \cdot)$ 象限，这意味着香肠是产出（+），猪和劳动是投入（−），两个点（·）提醒我们商品 2（土豆）和商品 5（土地）在这个生产过程中是不相关的。

这些公理可以用来构建图 6.3 中的技术图景。公理 6.1 要求原点 O 一定属于技术集，即没有猪和劳动，就没有香肠。公理 6.2 排除了 $(+, \cdot, +, +, \cdot)$ 象限中的所有点，即你不可能有一个技术同时生产出香肠、猪和劳动时间（即闲暇）。公理 6.3 固定了生产的"方向"，也就是说，生产香肠的机器没有倒转的齿轮，如果 $\mathbf{q}$ 在技术上是可行的，那么 $-\mathbf{q}$ 就是不可行的，你不能用香肠来生产出猪和劳动时间。公理 6.4 是说你可以把产出扔掉，可以把投入浪费掉，因此整个负象限属于 Q。

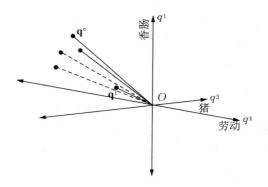

图 6.2　劳动力和猪生产香肠

如果我们在图 6.3 中引入 $\mathbf{q}'' = (0,\ 0,\ -12,\ 0,\ 0)$，那么可加性公理的含义就清楚了：这是另一个可行的技术（但没有太大意义），这个技术意味着，如果你只有猪而没有劳动力，那么是无法生产出香肠的。现在再考虑式（6.6）中的 $\mathbf{q}'$：可加性意味着 $(500,\ 0,\ -22,\ -5,\ 0)$ 一定也是一个技术上可行的净产出向量：它是向量 $\mathbf{q}'$ 和 $\mathbf{q}''$ 的和。显然，可加

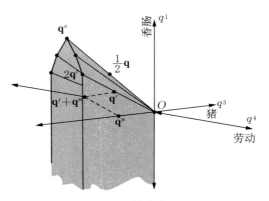

图 6.3　技术集 Q

性还有一个含义,例如,$(1\,000, 0, -20, -10, 0)$ 也是一个技术上可行的向量:它是 $\mathbf{q}'$ 自身的加总。可分性公理意味着,如果我们有一点表示的是可行的投入产出组合,那么这个点和原点相连的射线上的任意点也一定表示一个可行的技术。因此,因为式(6.5)中的 $\mathbf{q}°$ 是可行的,那么 $\frac{1}{2}\mathbf{q}° = (900, 0, -9, -10, 0)$ 也是技术上可行的;因此,图 6.3 中的整个锥形都属于 Q。

公理 6.1—公理 6.3 相当普通,公理 6.4 的自由处置公理基本上是无关紧要了。然而,我们需要对公理 6.5 和公理 6.6 多做一些思考,然后再向前推进。

可加性公理排除了规模报酬递减的可能性(类比的定义参见第 2.1.2 节的单一产出的情形)。只要每种单一产出都可以准确地确认并度量,这个公理看上去是合理的:比如说,如果土地在香肠的生产中是需要的,那么很可能的情形是,向量 $\mathbf{q}'$ 乘以 2 000 将生产出少于 100 万根香肠,因为香肠生产商可能会互相妨碍,但这显然是由于模型设定的不完全,而不是公理本身的问题。然而,在单个企业的层面上(而不是整个经济体),明显违反可加性可能有重要的意义。如果企业的某些本质特征无法扩充,那么企业内部就可能出现报酬递减;在整个经济中,如果"克隆"单个企业可以做到,那么可加性就依然适用。

可分性公理排除了递增报酬(因为这意味着任何净产出向量可以任意按比例缩小),这个公理可能是最值得怀疑的。[1]显然,有些生产过程涉及不可分,在过程 III 中我们可以说单头猪或者四分之一头猪,但是过程 II 要求的两头猪是不可减少的最小量了!然而,正如我们将在后面看到的,在大型经济体中我们可以忽略不可分性,因为并不重要;因此大多数时候我们假定可分性公理是成立的。显然,如果可加性和可分性成立,那么递减和递增回报就被排除了:我们再次推出了规模报酬不变;在多产品的情形下,这意味着如果 $\mathbf{q}$ 是技术上可行的,那么 $t\mathbf{q}$ 也是可行的,这里 t 是任意非负标量。[2]

---

[1]　迷你问题 1:在二维图上画出违反公理 6.6 的技术集。

[2]　迷你问题 2:考虑一个两种商品的经济(商品 1 是投入,商品 2 是产出),有两种潜在的技术如下:

$$Q°:=\{\mathbf{q}: q_2 = 0 \; if \; q_1 > -1; \; q_2 \leqslant 1 \; otherwise\}$$
$$Q':=\{\mathbf{q}: q_2 \leqslant -q_1 \; for \; all \; q_1 \leqslant 0\}$$

如果两个技术可以同时得到,那么合并的技术集是什么?

6.2.3　再看生产函数

第 6.2.2 节的扩展例子关注的是单个生产过程,但是那里探讨的所有的原理都适用于整个经济的合并过程。当然,我们无法用五维看东西,因此为了对技术集 Q 的性质有个感觉,我们可以看一下这个集合的特定部分。一个特别有用的情形如图 6.4 所示,图中所示的是在五种商品的经济中,给定其他三种商品,生产两种产出的技术可能性(香肠和土豆)。集合边界的折点对应的是我们先前讨论过的特定的生产技术。[①]在存在很多基本生产过程的情形下,给定两种产出的生产可能性,技术集的这个角度看上去很像图 6.5。我们重构了图 2.17(用于第 2 章关于单个多产品企业的讨论中)。

这些思想的关联给出了下一步探讨的方向。根据技术集 Q,我们可以写出整个经济的生产函数。这其实在给定经济体可得技术的前提下,设定了可行的净产出向量的集合(换言之,投入—产出组合的集合)。换一种表达,这是满足下式的函数 Φ:[②]

$$\Phi(\mathbf{q}) \leqslant 0 \tag{6.7}$$

当且仅当 $\mathbf{q} \in Q$。图 6.4 和图 6.5 所描画的生产函数的特征就是转换曲线,即给定特定水

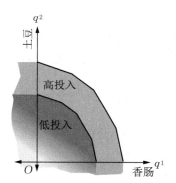

图 6.4　土豆—香肠的替换关系

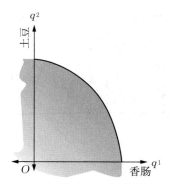

图 6.5　平滑的土豆—香肠替换关系

---

①　迷你问题 3:针对如下的情形,画出类似的图形:(1)一种投入和一种产出的关系(给定其他产出的水平);(2)对应猪—劳动—香肠图形的等产量线。

②　迷你问题 4:某个企业在显性的生产函数 $q \leqslant \phi(z_1, z_2)$ 约束下,使用投入 z_1,z_2 来生产单一的产出 q;用隐函数的符号 Φ 重写这个生产函数。画出技术上可行的净产出向量的集合。

平的投入,两种产出之间的隐性的替换关系。

6.2.4 外部性和加总

第6.2.1节的讨论有一个隐含的假设,即三个生产过程之间不存在技术互动。在第3.4节我们已经遇到过一个问题:一个企业的生产可能性取决于另一个企业的活动。这个概念可以转化为净产出表达的生产过程:如果 Q^1 和 Q^2 分别是生产过程1和生产过程2的技术集,那么如果没有外部性,合并过程的技术集是 Q^1+Q^2[关于集合相加的定义,参见附录 A 的式(A.24)]。因此,如果没有外部性,我们有一个很方便的结果:[1]

定理 6.1(加总的凸性)

如果每个技术集或企业是凸的,并且没有生产的外部性,那么整个经济的技术集也是凸的。

然而,如果存在外部性,那么加总的技术集就有可能是非凸的。不存在外部性所意味着的独立性大大简化了分析,使得我们可以从单个企业或过程的分析转向整个经济的分析。

例 6.1

参见例2.4中的三商品模型。假设商品3有一个固定的资源存量,但是商品1和商品2的存量为零:$R_1=R_2=0$, $R_3>0$。商品1和商品2的可得集由如下的点集(x_1, x_2)给出,且满足:

$$[x_1]^2+[x_2]^2 \leqslant AR_3$$

下图表示的是资源存量的高低所对应的可得集。

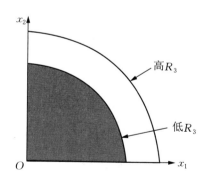

6.3 鲁滨逊经济

关于简单经济体的生产方面,现在我们已经有了一个正式的描述,现在需要把它并入一个完整的模型。这个模型将包含生产部门和消费部门,将考虑经济的自然资源约束。我们引用一个众所周知的鲁滨逊·克鲁索的故事,这个故事包含了经济组织的一个合适

---

[1]　迷你问题5:根据附录 A 的定理 A.6 用一句话证明这个定理。

的简单描述。

这个场景是在一个荒岛上,切断了跟世界的联系:

(1) 跟世界市场没有贸易;

(2) 只有唯一的经济决策者(鲁滨逊·克鲁索);

(3) 岛上所有的商品只能用现有的资源存量去生产或从现有的资源中找到。

在讨论的过程中,我们会放弃一些限制条件;但即便是在这样一个简单的模型中,我们还是需要回答一个有趣的问题。

表 6.1 荒岛经济

x	消费品
q	净产出
U	效用函数
Φ	生产函数
R	资源存量

这个问题是通过选择一个合适的消费和生产计划,来达到克鲁索的最优经济状态。假设他的偏好跟第 4 章相同;也就是用定义在所有可行的消费向量集 X 上的函数 U 来表示他的偏好;每个向量 **x** 就是岛上潜在可得的 n 种商品的数量列表。要求消费组合是可行的,意味着施加如下的限制:

$$\mathbf{x} \in X \tag{6.8}$$

在最优化问题中还有两个其他的约束:将某些商品转化为其他商品的技术可能性,以及岛上已有的资源存量。

我们需要引入技术集 Q,或者等价地,生产函数 Φ。这不过是指定了什么是技术上可行:技术的运用会受制于现有的资源;如果某种商品将被用于生产过程,那么可供消费的这种商品的量就会减少。为了包含这一点,我们假设事先存在的资源存量为 $R_1, R_2, \cdots,$ $R_n(R_i \geqslant 0)$,然后引入商品 i 的物资平衡(materials balance)条件为:

$$x_i \leqslant q_i + R_i \tag{6.9}$$

这说的是,可供消费的商品 i 的量,不能超过生产出来的商品 i 的量加上事先存在的商品 i 的量。技术和资源使我们可以设定模型中消费的可得集,有时候被称为生产可能集(production possibility set)[1],基于条件式(6.7)和式(6.9):

$$A(\mathbf{R}; \Phi) := \{\mathbf{x}: \mathbf{x} \in X, \mathbf{x} \leqslant \mathbf{q} + \mathbf{R}; \Phi(\mathbf{q}) \leqslant 0\} \tag{6.10}$$

图 6.6 给出了可得集 A 的两个例子:图 6.6(a)的例子假设有给定数量的资源 $R_3, \cdots,$ R_n,商品 1 和商品 2 的存量为零($R_1 = R_2 = 0$);图 6.6(b)的例子假设相同数量的资源 $R_3, \cdots, R_n, R_1 > 0$,以及 $R_2 = 0$。

"克鲁索问题"就是选择净产出 **q** 和消费 **x**,在约束条件式(6.7)—式(6.9)下最大化

---

[1] 迷你问题 6:使用练习题 2.13 的生产模型。如果克鲁索拥有三个资源 R_3, R_4, R_5 的存量,画出商品 1 和商品 2 的可得集。

$U(\mathbf{x})$,如图 6.7 所示。这里的可得集是从图 6.6 复制过来的(对应的是 $R_1=R_2=0$ 的情形),无差异曲线用来表示克鲁索的偏好。实现最大值的点满足:①

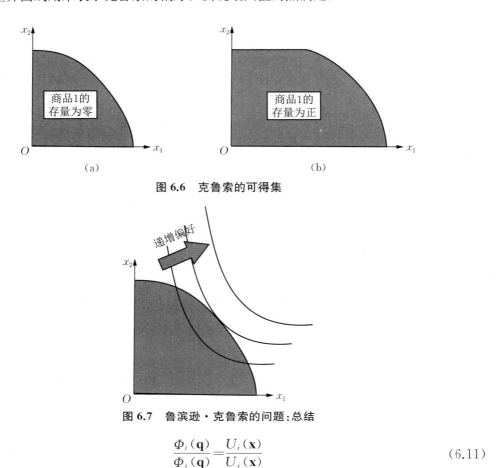

图 6.6　克鲁索的可得集

图 6.7　鲁滨逊·克鲁索的问题:总结

$$\frac{\varPhi_i(\mathbf{q})}{\varPhi_j(\mathbf{q})}=\frac{U_i(\mathbf{x})}{U_j(\mathbf{x})} \tag{6.11}$$

对生产出来的非零数量的两种商品,并且在最优点的时候消费的数量为正(记住 $\varPhi_i$ 的意思是 $\partial\varPhi/\partial q_i$,$U_i$ 的意思是 $\partial U/\partial x_i$)。这个条件如图 6.7 所示,标出的解的点在可得集和效用函数等值线的公共切线上,这个最优点同时表示最优消费 $\mathbf{x}^*$ 和最优净产出 $\mathbf{q}^*=\mathbf{x}^*-\mathbf{R}$。你可能认为这实际上跟图 5.4 的形状一样(关于家庭生产的模型),你是对的:二者的关联是很明显的,在家庭生产模型中,消费者购买商品作为投入,用于生产可以带来效用的商品,生产出来的这些商品本身是无法购买的;克鲁索用岛上的资源来生产消费品,而这些商品也是无法购买的,因为他在一个与世隔绝的荒岛上。

　　这个问题的比较静态分析是很直观的。显然,技术变化或资源变化通常会带来净产出 $\mathbf{q}$ 和消费 $\mathbf{x}$ 的同时变化。②此外,克鲁索口味的变化通常也会带来生产技术和消费的变化:这个也是可以从第 5 章的家庭生产模型推测出来的。③

---

① 迷你问题 7:用标准的拉格朗日方法证明之。
② 迷你问题 8:根据你对迷你问题 6 的回答来呈现存量 R_1 增加的效果。
③ 迷你问题 9:根据图 6.6 来表明技术进步的效果,即对应每个投入组合,克鲁索都可以生产出更多的商品 i。

6.4　分权和贸易

在一个简洁自洽的鲁滨逊·克鲁索世界里,看似不需要价格的存在。然而,也未必尽然:考虑如下具有启发意义的思想实验。

6.4.1　岛上改组?

重新考察图 6.6(a),考虑如下的表达式:

$$\Pi := \rho_1 q_1 + \rho_2 q_2 + \cdots + \rho_n q_n \tag{6.12}$$

这里,ρ_1,ρ_2,$\cdots\rho_n$ 是概念上的价格。我用了不同的符号表示价格,因为这里没有市场,因此也就没有通常字面意义上的"价格"(如果我们想编一个故事,可以假设,作为一个业余活动,鲁滨逊·克鲁索进行会计记账)。对应着不同的 Π 的值,如果我们在图上画出式(6.12)的投影,我们会得到一组跟图 2.18 相似的等利润线,只不过用的是概念上的价格,而不是真正的价格。[①]如果我们在图 6.6(b)中画出相同的一组线,那么显然我们有一个资源 R_1,R_2,$\cdots$,R_n 加上利润的概念值的集合,如果我们在图 6.7 中进行同样的操作,那么我们就有了一组预算约束,对应的是给定不同概念价格集 ρ_1,ρ_2,$\cdots$,ρ_n 的不同收入水平。

实践中的微观经济学:列宁统治下俄国的分权

分权可被看成是一个革命性的概念。经过了 1917 年俄国革命后的内战创伤,人们开始反思"战时共产主义"的经济组织方式,这种反思导致了后来的所谓新经济政策(NEP):

> 当前最紧迫的事情是采取措施,迅速增加农场的生产力。唯其如此,才有可能改善工人的条件,强化工农联盟,加强无产阶级专政……不深刻改变我们的食品政策,就无法做到这一点。这样的一个改革(通过新经济政策来实施)就是将剩余分配制度(即维持生存所需的粮食之外的部分必须被强制征收)替换为实物纳税(即上交粮食来履行税收义务),这意味着自由贸易……实物纳税是转变的形式之一,即从特殊的"战时共产主义"转变到合适的社会主义产品交换,"战时共产主义"是我们被迫采取的政策,迫于极端的需要、毁坏和战争。特殊的"战时共产主义"的本质,是我们从农民那里拿走全部的剩余粮食(有时候不仅仅是余粮,还包括农民维生的食物),来满足军队的需要以及维持工人的生产……这是权宜之计。在一个小的农业国,实施无产阶级专政的正确政策是用粮食换取农民所需的制造业商品……只有用这个政策才能强化社会主义的基础,直至完全胜

[①]　迷你问题 10:根据净产出的概念来解释如何将式(6.12)中利润的改写为通常的"收益—成本"模式。

> 利。这样做的效果,将是小资产阶级和资本主义在一定量自由贸易的基础上复活⋯⋯,这是毫无疑问的。对此视而不见是很荒谬的(Lenin,1921,pp.329—365)。
>
> 因此,不管一个社会的所有制是什么,列宁看到了分权的好处。但是它却无法持续:在斯大林统治的时候,新经济政策于1928年被彻底废弃了(Bandera,1970)。

现在假设岛上又多了一个人。尽管这个人(原书《鲁滨逊漂流记》中这个人叫"星期五")的偏好在目标函数中不起作用,并且他不拥有任何资源,但是他在经济模型中起了核心的作用,好比是一个智能机器人,鲁滨逊·克鲁索可以把生产活动委托给这个机器人。我们可以设想如下的故事。

克鲁索写下他的边际替代率,即他对经济体中所有不同商品的个人"价格",然后将这个信息以及在岛上组织生产的指令传递给"星期五",以实现利润最大化。如果概念的价格 ρ_1,ρ_2,$\cdots$,ρ_n 等于 MRS 的值,那么一个几何实验就能确认,"星期五"选定的利润最大化的净产出 $\mathbf{q}$[图 6.6(a)]带来的可供消费的商品向量 $\mathbf{q}+\mathbf{R}$[图 6.6(b)],正好对应着最优向量 $\mathbf{x}$(图 6.7)。

在这个故事的背景下,我们可以把数字 ρ_1,ρ_2,$\cdots$,ρ_n 解释为影子价格(shadow prices),即给定克鲁索的口味估算出来的商品的价值。在任一净产出向量 $\mathbf{q}$,这个荒岛上实现的概念上的"影子利润"将由式(6.12)给出。在这些影子价格下,整个岛概念上的估值为 $\rho_1[q_1+R_1]+\rho_2[q_2+R_2]+\cdots+\rho_n[q_n+R_n]$。

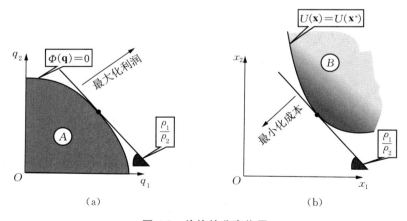

图 6.8 价格的分离作用

总结一下,参见图 6.8。克鲁索发现了一个简洁的方法来管理生产,他让"星期五"在影子价格[图 6.8(a)]下最大化利润,这要求:

$$\frac{\Phi_i(\mathbf{q})}{\Phi_j(\mathbf{q})}=\frac{\rho_i}{\rho_j} \tag{6.13}$$

然后在给定收入下最大化效用,这里的收入包括他的资源禀赋的价值加上"星期五"带来

的利润式(6.12);①这要求:

$$\frac{U_i(\mathbf{x})}{U_j(\mathbf{x})} = \frac{\rho_i}{\rho_j} \tag{6.14}$$

我们有了一个分权的类比:式(6.11)中的一阶条件问题分解成了式(6.13)和式(6.14)的两个一阶条件问题。

但是,分权永远有效吗?如果技术集存在不可分性使得可得集非凸,那么分权就未必有效。在这种情况下,利润最大化会选择一个不合适的投入—产出组合,如图 6.9 所示。注意,如果克鲁索宣布的价格对应着点 $\mathbf{x}^*$,那么利润最大化实际导致的生产会在点 $\mathbf{x}^\circ$,而不是在点 $\mathbf{x}^*$。

比较图 6.8 和图 6.9 给了我们如下基本结果的线索,证明参见附录 C:

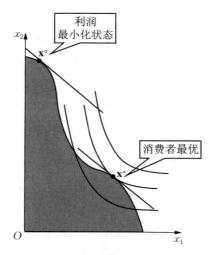

图 6.9 最优解无法被分权

定理 6.2(分权)

如果可得集是凸的、效用函数是凹形的且满足贪婪公理,那么存在估算的影子价格 ρ_1, ρ_2, $\cdots$, ρ_n,使得如下问题:

$$\max_{\langle \mathbf{x},\, \mathbf{q} \rangle} U(\mathbf{x}) \text{ s.t. } \begin{cases} \mathbf{x} \in X \\ \Phi(\mathbf{q}) \leqslant 0 \\ \mathbf{x} \leqslant \mathbf{q} + \mathbf{R} \end{cases} \tag{6.15}$$

等价于如下的两阶段问题:

$$\max_{\mathbf{q}} \sum_{i=1}^{n} \rho_i [q_i + R_i] \text{ s.t. } \Phi(\mathbf{q}) \leqslant 0 \tag{6.16}$$

$$\max_{\mathbf{x}} U(\mathbf{x}) \text{ s.t. } \begin{cases} \mathbf{x} \in X \\ \sum_{i=1}^{n} \rho_i x_i \leqslant y \end{cases} \tag{6.17}$$

———————————

① 迷你问题 11:如果克鲁索无法全面地监督"星期五"的行为,那么这类问题会有怎样的变化?

这里，y 是式(6.16)的最大值。

定理 6.2 依赖于关于凸集的强大的分离和支持超平面结果(在附录 A 以定理 A.8 和 A.9 给出)：如果你有两个凸集 A 和 B，它们没有共同点，那么你可以用一个超平面把它们"分离"，即一条线(在二维)或者一个平面(在三维)的 n 维扩展；如果 A 和 B 只有边界上的共同点，那么你可以用一个超平面穿过它们的共同边界点，从而"支持"A 和 B。这里的两个集合是：

(1) A，可得集[来自式(6.10)]：

$$A(\mathbf{R}; \Phi) := \{\mathbf{x}: \mathbf{x} \in X, \mathbf{x} \leqslant \mathbf{q} + \mathbf{R}; \Phi(\mathbf{q}) \leqslant 0\} \tag{6.18}$$

(2) B，优于 $\mathbf{x}^*$ 的集合：

$$B(\mathbf{x}^*) := \{\mathbf{x}: U(\mathbf{x}) \geqslant U(\mathbf{x}^*)\} \tag{6.19}$$

(纯粹主义者会注意到，我应该把 B 称为"至少和 $\mathbf{x}^*$ 一样好"的集合，或者"不劣于 $\mathbf{x}^*$"；但是为了语言上的和谐，纯粹主义者也将不得不容忍这个术语。)这里的超平面由概念价格 ρ_1，ρ_2，$\cdots$，ρ_n 决定，即由图 6.8 中的每条直线表示。[1]式(6.16)中的问题等价于最大化利润 $\sum_{i=1}^n \rho_i q_i$；最大化利润给出了图 6.8(a)中的解。图 6.8(b)将克鲁索的效用最大化问题重新解释为一个成本最小化问题(正如第 4 章讨论的消费者行为)；在这种情形下，消费者的成本为 $\sum_{i=1}^n \rho_i x_i$。

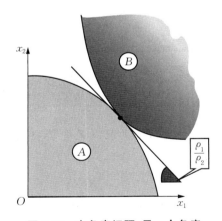

图 6.10 克鲁索问题：另一个角度

分权的结果进一步如图 6.10 所显示，实际上把图 6.8 的两部分合在一起了。图 6.10 表示的是基本的效用最大化问题(如同图 6.7)，但也显示了两个凸集 A 和 B，分别对应着两个最优化问题：技术可能性约束下的利润最大化，以及效用约束下的成本最小化。相同的价格适用于这两个问题，由图 6.10 中正好"支持"两个集合的线表示。这是经济分权的第一个例子，它将在第 7 章发挥重要的作用。

---

[1] 迷你问题 12：讨论定理 6.2 如何被用于第 5.4 节中的家庭生产模型中。

6.4.2 开放经济

现在假设克鲁索可以进入世界市场（价格为 **p**）：所有的商品都在这样的价格下交易，并且没有交易费用。[①]此时一个立刻可知的结果是，可得集会扩大。要看到这一点，我们重新使用已经开发出来的图形工具。

我们在图 6.11 的深色阴影部分描画生产可能性：这是最初的（没有贸易的）可得集。在没有贸易的情况下，这个荒岛上所能实现的最优点在 **x**[*]（与我们之前的图形 6.7 对比）。在点 **x**[*]，一条无差异曲线跟最初的可得集相切，公共切线的斜率（穿过 **x**[*] 的陡峭直线）可被解释为贸易开放之前经济中的相对价格。

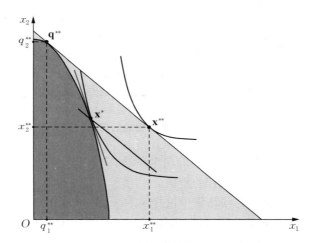

图 6.11　克鲁索的岛上贸易

现在允许荒岛跟外部世界接触，外部世界的商品 1 比商品 2 便宜得多，由图中穿过 **x**[*] 的浅色线的斜率来表示。如果我们引入买卖的可能性，克鲁索可以在这些新的价格下任意买卖，那么这条线上的任一点都是可行的，即所有这样的点都位于克鲁索的"预算集"内，这个预算集由世界价格 **p** 给定。因此，显然，可得集扩大了。然而，跟穿过 **x**[*] 的预算线上的点相比，克鲁索可以做得更好。这是一组线中的一条，这组线由如下方程给出：

$$\sum_{i=1}^{n} p_i [q_i + R_i] = 常数 \tag{6.20}$$

每条线都对净产出加上资源进行了一个特定的估值，那么为什么不选择最大化这个估值的预算线呢？即穿过 **q**[**] 和 **x**[**] 的平行线：克鲁索的荒岛在 **q**[**] 处生产，但是跟市场的贸易可以使克鲁索在 **x**[**] 处消费。这对克鲁索来说是一个巨大的改进，因为跟 **x**[*] 相比，**x**[**] 位于更高的无差异曲线上。[②]

第二个结果也就随之出现了。贸易可以"凸化"可得集，因此我们无须担心分权问题。

---

①　迷你问题 13：如果有固定的贸易费用，重新进行本节的分析。

②　迷你问题 14：用一个相似的图来表示克鲁索出口到市场和从市场上进口的商品的量。

这个结果如图 6.12 所示:克鲁索贸易之前的可得集为 A,我们故意画成非凸的;贸易之后的可得集为 A'。所以,贸易之前可得集的具体形状对于消费者的效用结果而言基本上是无关紧要的;在这里所画的图形中,不管贸易之前的可得集是凸的(图 6.11),还是非凸的(图 6.12),克鲁索得到的效用都是相同的。[①]

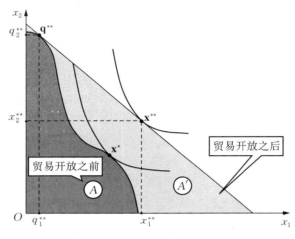

图 6.12 可得集的凸化

贸易可以把最优化问题转化为如下的两个阶段:

(1) 选择 $\mathbf{q}$ 来最大化"荒岛公司"的价值。

(2) 从这个最大价值决定的预算集中选择 $\mathbf{x}$。

这个操作揭示了一个重要的信息,即市场用一种简洁优美的方式实现了分权,它承接了"星期五"的作用,它确保消费和生产部门得到了正确的信号,因此它们的最优化问题可以彼此分开。

实践中的微观经济学:开放贸易——日本

日本在 19 世纪中叶发生了一个巨大的变化。1854 年美国海军准将马修·佩里来到日本之后,日本和美国签订了一个和平协议。自此之后,日本经历了从几乎完全与世界经济隔绝到积极融入世界贸易的转变(跟克鲁索的荒岛故事不同,日本是自愿选择的封闭,而不是因为船只失事)。那么,发生了什么事? 图 6.11 中的概述应该给我们一个很好的思路。开放贸易之前,日本关键商品的相对价格跟世界市场脱节:在日本,1 磅茶叶的价值跟 1.3 磅铁相同,但是在伦敦市场上,1 磅茶叶值 11 磅铁。

这对日本经济的影响是很突然的。仅仅过了十年多一点时间,日本对外贸易增长了 70 倍。贸易的改变使得国民收入增加了大约 65%(Huber, 1971)。

① 迷你问题 15:用语言解释为什么会这样。

总　结

我们已经看到一个完整的经济体系的一些基本要素。通过使用简洁的净产出语言和技术的明确公理化,我们可以方便地刻画这个体系。尽管本章核心的经济模型很简单,但是关于分权和市场的标准经济分析,这个模型能够阐释深刻的要点。它为第 7 章更丰富的模型奠定了基础。

进一步阅读

关于鲁滨逊·克鲁索经济的一个很好的介绍,参见 Koopmans（1957）。

练习题

6.1　在一个经济体中,在地上打孔的活动是由自我雇佣的劳动力完成的（单人企业）。要打一个标准尺寸的孔,需要一单位劳动的最低投入。 自我雇佣的劳动力中,没有人能够打超过一个孔。

(1) 画出单个企业的技术集 Q。

(2) 画出两个企业的技术集 Q。

(3) 这个技术满足公理 6.1—公理 6.6 中的哪个公理?

6.2　考虑如下四个技术集 Q 的例子:

A：$\{\mathbf{q}: q_1^2 + q_2^2 + q_3 + q_4 \leqslant 0; q_1, q_2 \geqslant 0; q_3, q_4 \leqslant 0\}$

B：$\{\mathbf{q}: q_1^\alpha - [-q_2]^\beta - [-q_3]^\gamma \leqslant 0; q_1 \geqslant 0; q_2, q_3 \leqslant 0\}$

C：$\{\mathbf{q}: \log q_1 - \frac{1}{2}\log(q_2 q_3) \leqslant 0; q_1 \geqslant 0; q_2, q_3 \leqslant 0\}$

D：$\{\mathbf{q}: q_1 + q_2 + \max\left(q_3, \frac{q_4}{\alpha}\right) \leqslant 0; q_1, q_2 \geqslant 0; q_3, q_4 \leqslant 0\}$

(1) 验证每种情况是否满足公理 6.1—公理 6.6。

(2) 对应每种情况,画出等产量线,写出生产函数。

(3) 在 B 和 C 的情形下,用第 2 章的符号表示其生产函数。

(4) 在 A 和 D 的情形下,画出转换曲线。

6.3　假设两个完全相同的企业,每个企业都用一种投入生产两种产出。每个企业都正好拥有一个单位投入。假设企业 1 所生产出来的两种产出的量 q_1^1, q_2^1 如下:

$$q_1^1 = \alpha\theta^1, \quad q_2^1 = \beta[1-\theta^1]$$

这里,θ^1 是企业 1 用于生产商品 1 的投入比例,α 和 β 取决于企业 2 的活动,因此

$$\alpha = 1 + 2\theta^2, \quad \beta = 1 + 2[1-\theta^2]$$

这里，θ^2 是企业 2 用于生产商品 1 的投入比例。同样地，对企业 2：

$$q_1^2 = \alpha'\theta^2, \ q_2^2 = \beta'[1-\theta^2],$$
$$\alpha' = 1 + 2\theta^1, \ \beta' = 1 + 2[1-\theta^1]$$

(1) 如果企业 2 设定 $\theta^2 = \dfrac{1}{2}$，画出企业 1 的生产可能集；如果企业 1 设定 $\theta^1 = \dfrac{1}{2}$，画出企业 2 的生产可能集。

(2) 画出合并的生产可能集。

6.4 参见例 2.4 中的模型。假设组织生产是为了在给定的价格下最大化利润，证明：利润最大化的商品 1 和商品 2 的净产出为 $q_1 = \dfrac{A}{2} p_1$，$q_2 = \dfrac{A}{2} p_2$，这里，p_i 是商品 i 的价格（用商品 3 来度量），最大化的利润为 $\dfrac{1}{4} A [[p_1]^2 + [p_2]^2]$。

6.5 参见练习题 5.3 的模型，但是假设第一阶段的收入外生给定为 y_1。第二阶段的收入可以通过在第一阶段投资 z 的量来获得。假设 $y_2 = \phi(z)$，这里 ϕ 是一个二阶可导的函数，一阶导数是正的，二阶导数是负的，且 $\phi(0) = 0$，假设存在一个完美的借贷市场。

(1) 写出预算约束。

(2) 解释定理 6.2 在这个模型中的作用。

(3) 求解这个家庭的最优解，并与练习题 5.3 作比较。

(4) 假设 $\phi(z)$ 要被 $\tau\phi(z)$ 替代，这里 $\tau > 1$；这将如何影响解？

6.6 将练习题 6.5 的模型用于个人的教育投资决策。

(1) 假设参数 τ 表示才能。更有能力的人会购买更多的教育服务吗？

(2) 对学校教育的需求和外生的第一阶段收入 y_1 是什么关系？

6.7 参见练习题 5.4 中的储蓄模型。现在假设通过在第一阶段投资教育，消费者可以增加自己未来的收入。第一阶段牺牲 z 的量，可以在第二阶段带来额外的收入 $\tau[1 - e^{-z}]$，这里 $\tau > 0$ 是生产率参数。

(1) 解释教育投资和利率的关系。如果利率高于 $\tau - 1$，那么会发生什么？

(2) 借钱的需求如何受下列因素的影响？①利率 r 升高；②这个人的劳动生产率参数 τ 增加。

▶7

一般均衡

> 每个人……只在乎自己的利益,他这样做跟在其他情形中一样,会被一只看不见的手引导着去达到一个目的,而这个目的并不是他的初衷的一部分。通过追求自己的利益,他通常是增进了整个社会的利益,这比他真心想促进社会利益更加有效。
>
> ——亚当·斯密(Adam Smith),《国富论》(1776)

7.1 引言

现在我们已经看到一个简单经济体的各部分是如何组合在一起的(第6章),就可以考察一般竞争均衡的问题了;换言之,由自私自利的人们组成的市场经济,在什么条件下才能实现一定的和谐,或者说这种和谐实现的方式是什么。一般均衡分析很"一般化",体现在如下几个方面:

(1) 经济决策者(家庭和企业)的数量是一般化的。我们可以有 n_h 数量的家庭和 n_f 数量的企业。

(2) 行为假定很一般化——不需要假定每个人都是价格接受者。

(3) 体系很一般化:不是单个市场,也不是市场的集合,我们处理的是完整的、封闭的经济单位,包括消费、交换,或许还包括生产。

最后这个特征是在第6章的鲁滨逊·克鲁索模型的基本版本中呈现的:生产和消费发生在相同的封闭宇宙中,没有一个外部世界与之贸易。我们现在把经济体系的模型扩展到包含前两个特征的情况,即多个决策者以及非价格接受行为的可能性。

7.2 一个更有趣的经济体

我们从鲁滨逊·克鲁索模型开始:我们需要丰富这个模型,使之能够处理更大数量的经济决策者。为此,首先我们需要重新考虑经济问题的基本要素。有三个基本要素:

家庭(households):有给定的偏好,偏好由如下的效用函数表示:

$$U^h, \quad h = 1, 2, \cdots, n_h \tag{7.1}$$

企业(firms):有特定的技术,技术由如下的生产函数描述:

$$\Phi^f, \quad f = 1, 2, \cdots, n_f \tag{7.2}$$

资源存量 R^i（resource stocks）:分别是商品 $i = 1, 2, \cdots, n$ 的量。

假设所有商品都有市场,所有的决策者都对发生的事情了如指掌。我们通常也假定他们在每个市场上都是价格接受者。最后,我们提一下时间在模型中的作用:本质上它是不存在的,但是我们会考察一个包含时间的基本模型（见第 7.4.4 节）。

要完成经济的描述,还需要更多的东西,比如家庭的预算约束是如何被决定的,谁经营企业,等等,但是现在已经足够让我们来开始关于均衡体系的有意义的讨论。这个框架中的问题包括:

（1）为什么人们作为价格接受者行动?

（2）价格来自哪里?

（3）一个经济体系将会有均衡吗? 多于一个均衡吗?

（4）存在一个机制使得经济趋向均衡吗?

7.2.1 配置

为了继续向下进展,我们需要描述一个"经济的状态":即在特定的时刻,每个家庭和每个企业内正在发生的事情;现在我们尚不关心导向这个状态的过程。

定义 7.1

经济状态（state of the economy）或者经济的**配置**（allocation）包括每个家庭的消费向量配置$[\mathbf{x}]$和每个企业的净产出向量配置$[\mathbf{q}]$。

关于这些符号所表示的内容,参见表 7.1 的细节。

假设有一个正在运行的市场:价格表示为 $p_1, p_2, \cdots, p_n$,家庭 h 的收入记为 y^h, $h = 1, \cdots, n_h$。企业 f 的利润为:[1]

$$\Pi^f = \sum_{i=1}^{n} p_i q_i^f \tag{7.3}$$

这里,$f = 1, \cdots, n_f$。我们感兴趣的是市场配置（market allocations）,即考虑了价格、消费组合的集合$[\mathbf{x}]$以及净产出向量组合的集合$[\mathbf{q}]$的市场配置。引入如下的内容是有用的:

表 7.1 经济的组成要素

家庭	
x_i^h	h 对商品 i 的消费
$\mathbf{x}^h$	$(x_1^h, x_2^h, \cdots, x_n^h)$
$[\mathbf{x}]$	$[\mathbf{x}^1, \mathbf{x}^2, \mathbf{x}^3, \cdots]$
U^h	h 的偏好

---

[1] 迷你问题 1:原来相互贸易的两家企业,现在合并了。用这里的符号来解释利润将会怎样变化。

企业	
q_i^f	f 对商品 i 的净产出
	>0 如果 i 是产出
	<0 如果 i 是投入
$\mathbf{q}^f$	$(q_1^f, q_2^f, \cdots, q_n^f)$
$[\mathbf{q}]$	$[\mathbf{q}^1, \mathbf{q}^2, \mathbf{q}^3, \cdots]$
Φ^f	f 的技术
R_i	i 的资源存量

定义 7.2

一个竞争性配置（competitive allocation）是如下的一个市场配置：

$$\mathbf{a} = ([\mathbf{x}], [\mathbf{q}], \mathbf{p})$$

这里,给定价格 $\mathbf{p}$, $\mathbf{x}^h$ 对家庭 $h=1, 2, \cdots, n_h$ 是效用最大化的, $\mathbf{q}^f$ 对企业 $f=1, 2, \cdots, n_f$ 是利润最大化的。

上面的意思是,给定价格 $\mathbf{p}$,配置中的每个 $\mathbf{x}^h$ 一定是式(7.4)的解:

$$\max_{(\mathbf{x}^h)} U^h(\mathbf{x}^h) \text{ s.t.} \begin{Bmatrix} \mathbf{x}^h \in X \\ \sum_{i=1}^n p_i x_i^h \leqslant y^h \end{Bmatrix} \tag{7.4}$$

配置中的每个 $\mathbf{q}^f$ 一定是式(7.5)的解:

$$\max_{(\mathbf{q}^f)} \sum_{i=1}^n p_i q_i^f \quad \text{s.t. } \Phi^f(\mathbf{q}^f) \leqslant 0 \tag{7.5}$$

这意味着,在竞争性配置中,每个消费者的组合一定在他的提供线上。为了"封闭"这个体系,我们再次使用物资平衡条件,一般化式(6.9)来包含多个家庭和企业。这里有一点很巧妙,且容易被掩盖。我们能否将家庭消费需求加起来得到对投入 i 的整体需求？能否将企业的净产出加起来？这个加总特征是成立的,前提是：

所有的商品都是纯粹的私人商品(比如面包),不允许联合消费(比如桥梁和广播电视)。我们前面用过这个假定,当时我们考虑的是市场和家庭消费的关系。技术语言上来说,这要求的是满足"竞争性"特征(第 5.6 节)。

生产中没有外部性。也就是说,如果 $\mathbf{q}^1$ 对企业 1 而言是技术上可行的, $\mathbf{q}^2$ 对企业 2 而言是技术上可行的,那么合并的净产出向量 $\mathbf{q}^1 + \mathbf{q}^2$ 也是可行的。

如果我们假设这个简单加总特征成立,那么对任一商品 i,一般化的物资平衡条件是：

$$\sum_{h=1}^{n_h} x_i^h \leqslant \sum_{f=1}^{n_f} q_i^f + \sum_{h=1}^{n_h} R_i^h \tag{7.6}$$

或者,令 $x_i = \sum_{h=1}^{n_h} x_i^h$, $q_i = \sum_{f=1}^{n_f} q_i^f$, $R_i = \sum_{h=1}^{n_h} R_i^h$,对于家庭和企业的加总,我们可以把式(7.6)等价地表达为向量形式如下：

$$\mathbf{x} \leqslant \mathbf{q} + \mathbf{R} \tag{7.7}$$

这意味着，如果一个配置是可行的，那么需求不能超过供给，这里任一商品的"供给"包括企业所有的净产出的加总以及事先存在的所有存量的加总。然后我们可以引入我们的主要概念：

定义 7.3

竞争性均衡（competitive equilibrium）是一个满足物资平衡条件的竞争性配置 $\mathbf{a}^* = ([\mathbf{x}^*], [\mathbf{q}^*], \mathbf{p})$。

因此，竞争性均衡的定义有两个组成部分：每个决策者（家庭、企业）的价格接受的最大化行为，以及包含在根本约束式（7.6）中的可行性条件。但是我们依然没有解释为什么人和企业应该将价格 $\mathbf{p}^*$ 接受为参数，也没有回答这些价格来自哪里。

7.2.2 收入

但是，收入呢？收入来自哪里？尽管存在许多的可能性，但我们将考虑最简单的一种。私人所有制经济中收入有两个来源，即：

$$\text{收入} = \text{资源的价值} + \text{企业利润的份额}$$

为此，我们需要设定 R_i^h，即家庭 h 对资源存量 i 的所有权，以及 s_f^h，即家庭 h 在企业 f 的利润中所占的份额。然后我们可以正式地表达家庭的收入为：

$$y^h = \sum_{i=1}^{n} p_i R_i^h + \sum_{f=1}^{n_f} s_f^h \Pi^f \tag{7.8}$$

将其与鲁滨逊·克鲁索的概念"收入"相对比。鲁滨逊的收入包括对岛上所有资源的估值加上从生产活动中得到的剩余（利润）。我们可以把式（7.8）改写为：[①]

$$y^h = \sum_{i=1}^{n} p_i \left[R_i^h + \sum_{f=1}^{n_f} s_f^h q_i^f \right] \tag{7.9}$$

因此，y^h 对价格是一次齐次的。财产分布（能够带来收入的资产的分布）为 $\mathbf{d} := ([\mathbf{R}], [s])$。

实践中的微观经济学：英国土地志——威廉一世时期的一项中世纪调查

这里的"收入"方法很像现代的国民收入体系。中世纪的英国有一个很有趣的先例：英国土地志。根据诺曼底国王威廉一世命令，英国在 1085—1086 年做了一项综合的调查，涵盖了每个庄园。在每个庄园，总管（农场经理）和六个农民都要接受问询；他们的回答会被详细核实，如有虚假信息，他们将受到严重的惩罚。调查的问题包括：

（1）庄园有多少耕犁？

（2）有多少磨坊和鱼塘？

---

① 迷你问题 2：根据式（7.3）中给出的利润定义证明之。

（3）庄园有多少自由民、村民和奴隶？

（4）有多少林地、草原和牧场？

（5）庄园里每个自由民欠债多少？

（6）庄园价值多少？

7.2.3 例证：交换经济

competitive均衡的本质是可以方便地通过一个没有生产的经济（交换经济）模型进行展示，在两个人的情形下，模型中的要素如图 7.1 和图 7.2 所示。图 7.1(a) 显示的是通常的阿尔夫的效用最大化问题的解：①阿尔夫获得的资源禀赋组合是 $\mathbf{R}^a$；给定他的偏好图和图中的价格线，他会选择交易以便能够在点 $\mathbf{x}^a$ 消费。图 7.1(b) 显示的是比尔的类似的解，只不过是旋转了 180°。②

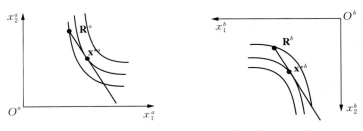

图 7.1　阿尔夫和比尔的效用最大化选择

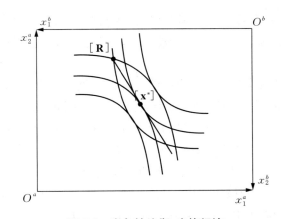

图 7.2　竞争性均衡：交换经济

给定阿尔夫和比尔面临相同的价格，我们可以把两幅图粘在一起，得到图 7.2，这个图被称为埃奇沃思方框图（Edgeworth box）。这个方框图的长是 R_1，高是 R_2。③图中标注

---

①　迷你问题 3：写出预算约束和最大化的一阶条件。

②　迷你问题 4：在上面的例子中，阿尔夫和比尔之间发生了怎样的交易？

③　迷你问题 5：请解释原因。如果阿尔夫突然收到一个礼物，即 10 个单位的商品 1，那么这个图将发生怎样的变化？如果阿尔夫和比尔都额外获得了 10 个单位的商品 1，那么这个图将发生怎样的变化？

[**R**]的点叫做禀赋点(endowment point),表示的是资源向量(R_1^a, R_2^a)和(R_1^b, R_2^b),即阿尔夫和比尔在交易发生之前的禀赋。根据上述对图7.1的讨论,显然,竞争性均衡的配置由点[**x***]给出,均衡价格的比率p_1/p_2由连接点[**R**]和[**x***]的直线给出。同样显而易见的是,竞争性均衡严重依赖财产分配,在这种情形下,就是禀赋点[**R**]。

实践中的微观经济学:战俘营中的交换经济

有些类型的战俘营被合适地模型化为一个交换经济。Radford(1945)从个人经验讨论了这样一个经济的关键要素,包括均衡价格和配置的决定以及禀赋变化的影响。

总结一下,经济体系可以用如下的示意图概括:

$$\mathbf{d} \to (\mathbf{a}^*, \ \mathbf{p}^*) \tag{7.10}$$

适用于这个经济模型的"游戏规则"如下:

(1) 接受 **d**;

(2) 每个参与人的价格接受行为。

为什么说套游戏规则是合适的?

7.3　价格接受的逻辑

在目前的情境中,关于第一个规则的讨论,我们还不能贡献很多。然而,我们可以说一下第二个规则。为了刻画一个非常一般化的均衡交易的概念,我们来使用一个简化的经济模型。

我们再次假定一个没有生产的交换经济,所有的收入来自资源禀赋。你可以把交换经济设想为一个上述例子中的战俘营,每个战俘得到一个同样的食品包裹,他们相互之间可以就包裹中的东西进行交换。在这种情况下,**d**=[**R**]:财产分配就是战俘营中最初的包裹分配,如图7.3所示(来自图7.2)。连接两个原点O^a和O^b的路径叫做契约曲线(contract curve),它有一个很好的特征。契约曲线上的每个点表示的是,给定b的一个特定的效用水平,a所能得到的最大效用,或者给定a的一个效用水平,b所能得到的最大效用。如果无差异曲线处处平滑且是凹型的,那么这些点的路径轨迹就是a的无差异曲线和b的无差异曲线的切点。[①]这个还是很有吸引力的,因为它是我们寻求的一般解的概念的关键。

---

① 迷你问题6:即使无差异曲线不是平滑的或者偏好不是严格准凹的,契约曲线依然可以得到很好地定义。假设商品1和2都有100个单位。对应如下的情形,画出契约线:

(1) $U^a(x_1^a, x_2^a) = \min(x_1^a, x_2^a)$, $U^b(x_1^b, x_2^b) = x_1^b + 2x_2^b$

(2) $U^a(x_1^a, x_2^a) = \min(x_1^a, x_2^a)$, $U^b(x_1^b, x_2^b) = \min(x_1^b, 2x_2^b)$

(3) $U^a(x_1^a, x_2^a) = [x_1^a]^2 + [x_2^a]^2$, $U^b(x_1^b, x_2^b) = x_1^b + 2x_2^b$

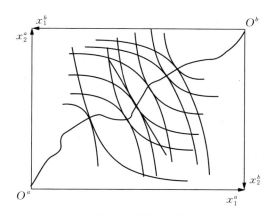

图 7.3　契约曲线

要看到这一点,需要考虑在这样一个经济中可以成为潜在解的配置,假设决策者(家庭或者个人)有完美的信息并且说实话。[①]允许人们之间进行各种协商,个人产权得到尊重:没有人被迫参与交易,也没有人能够偷窃他人的资源。给定所有的决策者都是完美信息的,并且是自利的。我们可以假定,如果一个配置还可以改进,那么他们不会满足于这个配置,不管这个改进是他们自己可以实现,还是跟经济中的其他人合作才能实现。基于如下的两个定义,这个理念可以表述得更加正式:

定义 7.4

一个**联盟**(coalition)是家庭集合$\{1,2,\cdots,n_h\}$的非空子集 K。

定义 7.5

如果存在一个消费向量集合$\{\mathbf{x}^h:h\in K\}$,使得对 K 中的每个 h,下式成立,那么叫做**联合 K 会抵制**(block)配置$[\hat{\mathbf{x}}]$:

$$U^h(\mathbf{x}^h)\geqslant U^h(\hat{\mathbf{x}}^h)\tag{7.11}$$

至少对一个 h,严格不等式成立,并且

$$\sum_{h\in K}\mathbf{x}^h\leqslant\sum_{h\in K}\mathbf{R}^h\tag{7.12}$$

抵制是一个很基本的概念,它跟我们在第 9 章要讨论的效率的概念有密切的联系。在一个诚实的决策者组成的经济中,它得到的是交换问题的解的概念:

定义 7.6

给定 n_h 个家庭的偏好$(U^1,U^2,\cdots)$和财产分配 $\mathbf{d}$,未被抵制的可行配置叫做**核**(core)。

7.3.1　交换经济中的核

我们看一下图 7.4 中的核,这里我们还是只有两个决策者阿尔夫和比尔,可以组成三

---

① 迷你问题 7:如果人们不具备完美信息,或者他们说谎,那么将发生什么?

个联盟{阿尔夫}、{比尔}以及{阿尔夫、比尔}。图 7.4 中的分析在很大程度上取决于禀赋点的配置[**R**]。

令阿尔夫在点[**R**]的效用水平为 v^a:这是他的保留效用(reservation utility),因为他总可以拒绝交易,从而至少总是可以保证这个效用水平;比尔也一样,他的无差异曲线穿过点[**R**]的效用水平为 v^b。因此,两个人中的任何一个可以形成一个单人联盟,来抵制任何落在图 7.4 的透镜形状的区域(边界为 v^a 和 v^b)外面的任何配置。此外,通过合作,他们可以抵制任何不落在上述契约线上的点。① 因此,核是连接[$\mathbf{x}^a$]和[$\mathbf{x}^b$]的曲线的一部分(包括端点),它包括整个契约线上的点。

正如我们在第 7.2.3 节中讨论的竞争性均衡,我们应该注意到,核取决于禀赋点[**R**]给定的财产分配。

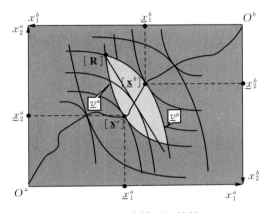

图 7.4　两人情形下的核

7.3.2　竞争性均衡和核:小型经济

核是一个基本的解的概念,它本身就很有趣。但是更有趣的是,研究这个概念跟一般均衡问题的其他方法之间的关系。特别地,如下的结果(证明参见附录 C)就非常有用:②

定理 7.1(竞争性均衡和核)

如果所有的消费者都不存在一个最高满足的点,那么任何竞争性均衡的配置一定在核内。

定理 7.1 并不局限于经济中只有一个竞争性均衡的情形。的确,在特定的经济中,可能存在多个竞争性均衡:这个定理意味着,所有的均衡都已经在核内。如图 7.5 所示,[$\mathbf{x}^*$]和[$\mathbf{x}^{**}$]都是竞争性均衡的配置,每个都有自己的均衡价格。要看到这一点,可以先验证配置[$\mathbf{x}^*$]:穿过[**R**]和[$\mathbf{x}^*$]的直线是阿尔夫和比尔的预算约束;给定这个预算约束,双方都在点[$\mathbf{x}^*$]最大化效用。配置[$\mathbf{x}^{**}$]也满足这一点:它是对应着不同相对价格的不同

---

　　① 迷你问题 8:考虑一个落在契约曲线外面的点,在图形上证明他们可以找到一个配置,在不减少一个人的效用的前提下,至少让另一个人变得更好。

　　② 迷你问题 9:在两人经济中,用每个交易者的提供曲线来描述竞争性均衡。据此为定理 7.1 提供一个符合直觉的解释。

的预算约束,但是在这些价格下[**x****]也是效用最大化的配置。[1]

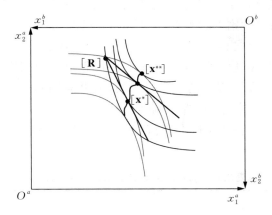

图 7.5　任何竞争性均衡一定在核内

即使在多均衡的情形下(图 7.5),显然,均衡配置集合也是很少的:核内还有很多配置不是竞争性均衡。但是其他的配置跟交易问题的解有关吗?

7.3.3　竞争性均衡和核:大型经济

这个问题的答案取决于我们是把阿尔夫和比尔的故事当做一个两人经济,还是类比一个由许多决策者组成的经济体。如果这只是一个类比,那么两人故事中的许多核配置在大型经济中是无关紧要的。

为什么?我们假设经济体可以复制:我们选择一个或者多个相同的决策者以及他们的禀赋。因此,在这个复制的经济中,阿尔夫的双胞胎兄弟亚瑟也加入进来了;比尔的兄弟本也一样。阿尔夫和亚瑟双胞胎有相同的效用函数和资源。比尔和本也一样。直接的结果就是,有了更多形成联盟的可能性:两人模型中原来的联盟依然存在,现在又有了一些新的联盟。这意味着核没有包含原来那么多的配置,因为新的联盟可以抵制一些配置。

这就是实际所发生的。在图 7.4 中,考虑一个点比如[$\underline{\mathbf{x}}^a$],这个点在阿尔夫—亚瑟—比尔—本经济中是否依然是合理的解;依然在核内吗?一些基本的推理就可以证明,让两对双胞胎都在这一点的配置一定会被抵制。

要证明这一点,首先要注意到,比尔双胞胎中的一个的消费组合点[$\bar{\mathbf{x}}^b$]由下式给出:

$$\bar{\mathbf{x}}^b := \mathbf{R}^b + \mathbf{R}^a - \underline{\mathbf{x}}^a \tag{7.13}$$

这里,$\underline{\mathbf{x}}^a$ 是阿尔夫双胞胎中的一个在点[$\underline{\mathbf{x}}^a$]的消费组合。接下来,如果他被放置在[**R**]和[$\underline{\mathbf{x}}^a$]的中点处,写出他的消费组合:

$$\hat{\mathbf{x}}^a := \frac{1}{2}[\mathbf{R}^a + \underline{\mathbf{x}}^a] \tag{7.14}$$

---

[1]　迷你问题 10:在多个均衡的情形下,画出提供曲线。(提示:参见迷你问题 9。)

因此,设想一个联盟,阿尔夫、亚瑟和比尔有一个联盟的消费组合,如表 7.2 的上半部分所示(遗憾的是,本没有能够在组合内,所以他不得不消费他最初的禀赋)。

考察给出的这个配置,我们发现,满足联盟内成员的消费向量所需的资源,正好等于阿尔夫、亚瑟和比尔的禀赋之和。[①]另外,如图 7.6 所示,显然通过保证阿尔夫双胞胎在点 $\hat{\mathbf{x}}^a$[式(7.14)给定]消费,跟他们被迫在 $\underline{\mathbf{x}}^a$(标注了小圆圈的点)相比,他们可以在严格更高的无差异曲线上。因此,联盟提议的配置是可行的,并且阿尔夫和亚瑟都更偏好这个配置。因此,表 7.2 的组合所给定的配置抵制[$\underline{\mathbf{x}}^a$]。[②]

这个练习的意思在于,在原来两人经济的核内的配置,在四人经济中会被抵制:在复制的过程中,核一定会萎缩。[③]

表 7.2　阿尔夫、亚瑟和比尔将本赶出联盟

联盟		
阿尔夫	$\hat{\mathbf{x}}^a$	(7.14)
亚瑟	$\hat{\mathbf{x}}^a$	(7.14)
比尔	$\bar{\mathbf{x}}^b$	(7.13)
(联盟之外)		
本	$\mathbf{R}^b$	

从阿尔夫—比尔经济到阿尔夫—亚瑟—比尔—本经济的复制过程中,不仅仅是"极端"的配置被排挤出核。令[$\tilde{\mathbf{x}}$]表示连接[$\underline{\mathbf{x}}^a$]和[$\underline{\mathbf{x}}^b$]的契约线上的任意一点(图 7.6),且不是竞争性均衡;这个假定意味着两条无差异曲线在[$\tilde{\mathbf{x}}$]的切线不穿过[$\mathbf{R}$]。回顾一下我们如何用例子来证明,点[$\underline{\mathbf{x}}^a$]不在核内;每个类型的决策者中的两个代表,使我们可以考虑一个消费向量,将连接[$\mathbf{R}$]和[$\underline{\mathbf{x}}^a$]的线分成两半。对于许多其他的位于两人核内的点[$\tilde{\mathbf{x}}$],我们可以做相同的事情。也就是说,我们可以将连接[$\mathbf{R}$]和[$\tilde{\mathbf{x}}$]的线分成两段,然后发现一个点,使得阿尔夫双胞胎比在原来的[$\tilde{\mathbf{x}}$]更好。

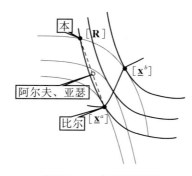

图 7.6　一个抵制配置

为此,我们重复这个经济 N 倍:阿尔夫部落里有 N 个人,比尔部落里也有 N 个人,相

①　迷你问题 11:根据表 7.2 中的信息来验证之。
②　迷你问题 12:表 7.2 中的配置不在四人经济的核内,你能看出来为什么吗?
③　迷你问题 13:如果这个复制以一种不平衡的方式被执行,那么将发生什么?

同部落里的所有成员都拥有相同的偏好和禀赋。如果 $N=4$，那么联盟不仅可以把连接 $[\underline{R}]$ 和 $[\tilde{x}]$ 的线分成 $\frac{1}{2}:\frac{1}{2}$（如图 7.6 所示），还可以分成 $\frac{1}{4}:\frac{3}{4}$；如果 N 非常大，联盟就可以保证阿尔夫部落里的成员可以在这条线上的任意一点。用这种方法我们可以证明，在足够大的经济中，上段定义的任何一点 $[\tilde{x}]$ 一定会被一些联盟抵制。①

这意味着，当 $N\to\infty$ 时，平衡复制使得非竞争性均衡的所有配置都会被从可能解的集合中剔除：在极限的状态下，核将萎缩成竞争性均衡的集合。换句话说，在严格指定的条件下，大数意味着只有价格接受行为才可以在均衡处存活。②

7.4 超额需求方法

回忆迄今我们讨论的两个主要要素：

（1）市场配置和物资平衡条件一起导出了竞争性均衡（competitive equilibrium）（第 7.2.1 节）。

（2）在"核"均衡的上下文中，价格接受是理性经济决策者的限制行为（第 7.3.3 节）。

根据这两个要素，我们可以用一个非常方便的经济工具来表示有关一般均衡的问题。对每种商品 i，我们引入超额需求函数（excess demand function）：在给定的一套市场价格下，它编码了关于商品 i 的总需求和总供给的信息；它定义为函数 $E_i(\bullet)$，满足：③

$$E_i(\mathbf{p}):=x_i(\mathbf{p})-q_i(\mathbf{p})-R_i \tag{7.15}$$

超额需求函数的推导如下所示。

首先，得到每种商品的需求函数（价格 $\mathbf{p}$ 的函数）：第 5 章的图 5.7 展示的是如何在两人经济中得到需求函数 $x_1(\bullet)$ 的思想，即对商品 1 的需求。然后，关于每种商品的净产出，我们可以做相似的操作，将企业的供给曲线加总得到 $q_1(\bullet)$（两家企业的情形，参见图 3.1 和图 3.2）。最后，对于每种商品，我们从需求中减去净产出和资源存量，如图 7.7 所示。针对商品 1 的情形，图 7.7 总结了消费者的市场需求、企业的净产出、资源存量和超额需求之间的关系。我们可以用超额需求函数写出均衡条件。对每种商品 $i=1,\cdots,n$，均衡价格向量 $\mathbf{p}^*$ 一定满足如下条件：

$$\left.\begin{array}{l} E_i(\mathbf{p}^*)\leqslant 0 \\ p_i^*\geqslant 0 \\ p_i^* E_i(\mathbf{p}^*)=0 \end{array}\right\} \tag{7.16}$$

式（7.16）中的三个论断意味着，在均衡的时候，不可能存在超额需求，因为那将违背物资平衡，任何存在超额供给的商品一定是免费物品。④

---

① 迷你问题 14：假设 N 非常大，用一个类似于图 7.6 的几何推理来显示一个联盟的构成，这个联盟可被用来抵制配置 $[\tilde{x}]$。

② 迷你问题 15：有一种逻辑认为，在实践中，在大量个人的经济中，这个抵制的过程并不会自动展开，因此有些人会偏离价格接受行为。这为什么会发生？

③ 迷你问题 16：简要解释在一个交换经济中超额需求函数和家庭提供曲线的关系。

④ 迷你问题 17：用语言来解释，在什么情况下均衡的时候有些商品出现超额供给。

对于理解竞争性均衡的决定和刻画中的一些基本问题,超额需求函数是一个有效的工具。但是在应用它之前,我们需要考察它的特征。

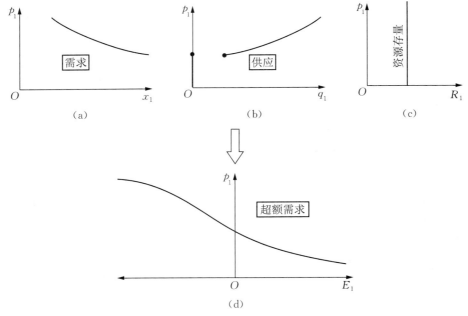

图 7.7　超额需求函数的构建

7.4.1　超额需求函数的特征

超额需求函数 $\mathbf{E}=(E_1,\cdots,E_n)$ 有两个内在的特征,这些特征对竞争性市场体系的运作起着根本的作用,而且使得均衡的计算容易多了。它们被总结在两个结果中,这两个结果直接来自企业和消费者的反应函数的特征(第 2 章和第 4 章):

定理 7.2(超额需求函数的位似性)

每个超额需求函数一定是零次齐次的。[①]

定理 7.3(瓦尔拉斯定律)

在一个私人所有制的经济中,给定任意的价格向量 $\mathbf{p}$ 和完全信息的、理性的、不满足的决策者,n 个超额需求函数一定满足:[②]

$$\sum_{i=1}^{n} p_i E_i(\mathbf{p}) = 0 \tag{7.17}$$

值得重新强调的是,这两个特征在价格接受的最优化行为人的世界中基本是正确的:它们对所有的偏好和生产函数结构都是成立的,不仅仅是行为良好的;它们对所有的价格向量都是成立,不仅仅是在均衡。让我们看一下它们的含义。

---

① 迷你问题 18:解释为什么。根据企业的需求和供给函数以及消费者的需求函数来证明之。

② 迷你问题 19:根据如下的事实,证明这个定律。(1)对每个家庭而言,收入等于支出。(2)每个家庭的收入来自它所拥有的资源和它在企业利润中所占的份额。[提示:参见式(4.13)和式(7.9)。]

实践中的微观经济学：什么才是好的一般等价物？

　　一种方法是使用一个"代表性篮子"的商品。这就是购买力平价方法的基础，购买力平价方法经常被用于收入、成本等相关指标的国际比较（Taylor and Taylor, 2004）。一个"篮子"的方法依然无法解决一些标准的问题，如价格指数的福利解释问题以及消费者加总的问题，前者参见第4.6.1节，后者参见第5.6节。

　　另外一个有吸引力的方法是选择一个公认的、标准化的商品作为一般等价物（Foley, 2013）。1986年的时候，《经济学人》杂志就建议使用巨无霸汉堡作为等价物商品，作为在国际范围内标准化价格的手段（http://www.economist/com/content/big-mac-index）。

零次齐次

　　这个特征意味着我们可以任意标准化价格。可以有很多种方法进行这种标准化，但是我们简要考虑其中的两种，它们在实际的应用中很常见。

　　我们可以用等价物商品（比如商品 n）来度量所有的东西。那么，如果非标准化的价格由向量 $\hat{\mathbf{q}}$ 给出，根据这个标准化的方法，我们就可以得到标准化的价格：

$$
\left.\begin{aligned}
p_1 &= \frac{\hat{p}_1}{\hat{p}_n} \\[4pt]
p_2 &= \frac{\hat{p}_2}{\hat{p}_n} \\[4pt]
&\cdots \\[4pt]
p_{n-1} &= \frac{\hat{p}_{n-1}}{\hat{p}_n} \\[4pt]
p_n &= 1
\end{aligned}\right\}
\tag{7.18}
$$

我们用这种方法来写价格，就能保证它们加起来等于1。我们再次把非标准化的价格写成向量 $\hat{\mathbf{p}}$，我们发现这第二个方法可以带来如下的标准化的价格：

$$
\left.\begin{aligned}
p_1 &= \frac{\hat{p}_1}{\hat{p}_1 + \hat{p}_2 + \cdots + \hat{p}_n} \\[6pt]
p_2 &= \frac{\hat{p}_2}{\hat{p}_1 + \hat{p}_2 + \cdots + \hat{p}_n} \\[6pt]
&\cdots \\[6pt]
p_{n-1} &= \frac{\hat{p}_{n-1}}{\hat{p}_1 + \hat{p}_2 + \cdots + \hat{p}_n} \\[6pt]
p_n &= \frac{\hat{p}_n}{\hat{p}_1 + \hat{p}_2 + \cdots + \hat{p}_n}
\end{aligned}\right\}
\tag{7.19}
$$

这个操作可能看上去有些古怪，但它通常是一个非常方便的工具。这是因为它保证了每个标准化的价格一定介于 0 和 1 之间（闭区间）。同时，标准化的价格集合：

$$J := \left\{ \mathbf{p}: \mathbf{p} \geqslant 0; \sum_{i=1}^{n} p_i = 1 \right\} \tag{7.20}$$

是凸紧集；这个特征对如下讨论的一些结果是非常方便的。[①]

例 7.1

考虑一个两种商品的经济体，非标准化的价格为 $\hat{p}_1$ 和 $\hat{p}_2$。根据式(7.19)的标准化方法得到标准化的价格 $p_1 = \hat{p}_1 / [\hat{p}_1 + \hat{p}_2]$，$p_2 = 1 - p_1$。下图描述了集合 J，显示了标准化的价格向量 $\mathbf{p} = (0.75, 0.25)$。

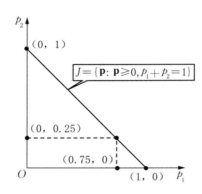

瓦尔拉斯定律

超额需求函数的这个特征意味着，n 个需求函数有一个线性约束。特别地，如果你知道 $E_1, \cdots, E_{n-1}$，你可以根据如下公式得到 E_n：

$$E_n(\mathbf{p}) = -\frac{1}{p_n} \sum_{i=1}^{n-1} p_i E_i(\mathbf{p}) \tag{7.21}$$

因此，尽管有 n 中商品进而存在 n 个价格和 n 个超额需求，我们讨论的两个限制意味着当我们解方程组(7.16)时，我们实际上只有 $n-1$ 个方程和 $n-1$ 个未知数。在简单的模型中，这是一个巨大的优势：在 $n=3$ 的经济中，要得到均衡价格向量，我们实际上有一个含两个未知数的两个联立方程的方程组；而这很可能手算就能求解。

关于超额需求函数组如何表示竞争体系，我们有了一个更清楚的概念，然后我们就可以考察均衡的一些基本问题。我们解决三个主要的问题：

（1）式(7.16)的解的存在性(existence)条件，参见第 7.4.2 节；

（2）式(7.16)的解的唯一性(uniqueness)，参见第 7.4.3 节；

（3）均衡的稳定性(stability)，参见第 7.4.4 节。

---

① 迷你问题 20：对应 $n=3$ 的情形，画出集合 J，描述标准化的价格 $\mathbf{p} = (0.5, 0.25, 0.25)$。（提示：参考例 7.1。）

7.4.2　存在性

一个理想的"行为良好"的情形如图 7.8 所示:商品 1 的价格存在一个特定的值 p_1^*,使得商品 1 的超额需求正好等于零,根据式(7.21),我们知道商品 2 在这一点的超额需求也一定是零。然而,这样一个简洁优美的解还是提出了一些问题,我们将在下面的几页中去探究这些问题。

我们需要解决的最基本的问题是,总体而言,一般均衡体系是否一定有解:我们能否确信,对于特定的超额需求函数集 **E**,是否存在一个向量 **p***,使式(7.16)成立? 为了证明这个问题不是空穴来风,我们在一个 $n=2$ 的模型中看两个例子。有界和连续的特征显然很重要。如果超额需求函数存在不连续,那么我们可能发现超额需求函数会从负数跳跃到正数,而永远不等于零:参见图 7.19 跨越 p_1 坐标轴的空缺。如果对某种商品的超额需求是无下限的,那么你可以无限增加另一种商品的价格,而永远达不到均衡,参见图 7.10。[1]有界性特征不算很困扰:你所需要的只是要求任何商品的总供给不是无限的即可。然而,连续性有更大的困难,我们已经看到过一些情形,显然,关于企业成本结构的标准假定可能会导致供给函数的不连续。

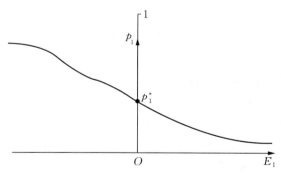

图 7.8　唯一均衡价格的存在性

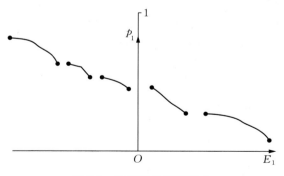

图 7.9　不连续的超额需求

---

① 迷你问题 21:证明在图 7.10 中一些其他商品的超额供给一定是无限的。

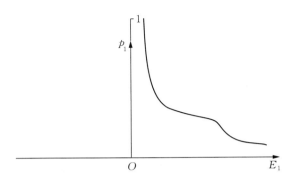

图 7.10 商品 2 的无下限的超额需求

如下的结果(证明参见附录 C)正式总结了我们在图 7.8—图 7.10 的讨论。

定理 7.4(竞争性均衡的存在性)

如果每个 $E_i(\cdot)$ 都是从 J 到实线的连续函数而且是有下限的,那么存在 $\mathbf{p}^* \in J$,即存在一个均衡的价格向量。

保证每个 E_i 连续性的充分条件是,每个生产函数 Φ^f 都是严格凹的(技术集的严格凸性),以及每个效用函数 U^h 都是严格准凹的。实际上,这些要求相当严格,并不必要。只根据每个生产函数的凹性和准凹性(而不是"严格"凹性),我们就可以证明均衡的存在性,但是这样做比较困难。

7.4.3 唯一性

即便是在一个纯粹的交换经济中,也可能存在不止一个均衡:这一点可以从图 7.5 的埃奇沃思方框图中看出。无差异曲线和禀赋的模式会带来多个均衡,这样就使得提供曲线很"扭曲"(如果你没有这样做,可以参考迷你问题 10 的答案),同时使得超额需求曲线有多个转折点,参见图 7.11。我们可能想知道,为了避免这种情况的发生,函数 $\mathbf{E}$ 需要满足怎样的条件。基本上,我们需要行为良好的需求和供给曲线,例如,它们不能有"错误的"斜率,从而我们在图 7.11 中不会发现多个交点。但是,需求曲线(加总后)为什么可能有"错误的"斜率? 主要的问题是收入效应的存在,这个我们已经在第 5 章的消费者市场行为的加总讨论中看到过。如果阿尔夫和比尔有非常不同的收入效应,那么随着不同的价格向量的尝试,收入的变化可以导致加总的需求发生不合常理的变化。

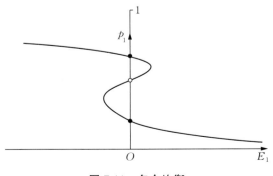

图 7.11 多个均衡

经济体系要满足什么条件才能保证这种情况不会出现？我们先前对图5.9的讨论提供了一些线索：我们当时就注意到，尽管阿尔夫和比尔的个体行为是理性的、一致的，但当他们的需求被加总的时候，出现了一些明显的怪异，此时他们合起来的行为不满足显示偏好弱公理（WARP）；因此，是不是违背弱显示偏好公理是理解多竞争性均衡情形下的怪异事情的关键？这个洞见被总结在如下的定理中（证明参见附录C）：

定理 7.5(竞争性均衡的唯一性)

如果 p^* 是私人所有制经济中标准化的均衡价格向量，并且加总的消费者需求满足（关于 p^* 的）显示偏好弱公理，那么 p^* 一定是唯一的。

对个人来说，显示偏好弱公理可谓不言自明，然而这个原则在刻画规律性条件中发挥着微妙且重要的作用，这个规律性条件是众多消费者的行为使得竞争性均衡"行为良好"所必须的。[①]

实践中的微观经济学：一般均衡分析的实际应用

一般均衡分析是一个有价值的理论工具。同时，它也有很丰富的实践应用。

许多现代的**宏观经济模型**都是一般均衡模型（Gali and Gertler，2007）。一个重要的变化是动态随机一般均衡方法，参见 Sbordone(2010)。

一个更为重要的分支是**可计算一般均衡**模型（computable general equilibrium）。这个建模方法使得政策分析师可以针对一些大规模的问题构建大型的定量模型。例如，它们可被用来探究一个转型中的经济体经济改革的含义。Zhang(1998)考虑了中国的情形，他明确地考虑到了转型过程中计划价格和市场价格的分野。

关于一般均衡分析在**发展经济学**（development economics）中的重要性，Acemoglu(2010)提供了一个很好的讨论。

7.4.4 稳定性

一个系统的稳定性意味着什么？实现稳定性所需的条件是什么？为了精确回答这些问题，我们需要一些明确的动态故事，即随时间变化的过程。我们的第一步是引入一个虚构的工具，一个负责调整价格的"拍卖人"。这不是我们的模型中的一个普通的经济决策者，而是一个非人格化的制度，它根据市场条件的变化操纵向量 p。一个合理的规则是，如果当前商品 i 出现了超额需求，那么这个拍卖人就应该把 p_i 提高一点；如果出现了超额供给（$E_i < 0$），那么应该把价格降下来一点（如果当前价格还不是 0），参见图 7.12 和图 7.13：显然，对于一种没人需要的物品，价格可以降到最低，而不是逐步下降。我们用如下特定的过程来正式化这个思想：

定义 7.7

如果下式成立，那么经济遵循**一个线性的反复试错过程**（linear tâtonnement process）

---

① 迷你问题 22：你可能认为，多均衡的现象是个技术问题，但是它可能有重要的政策含义。在图 7.11 的情形中，如果你想通过改变资源禀赋的方法来影响贫穷农业生产者的均衡收入，那么可能会发生什么？

$$\frac{\mathrm{d}p_i(t)}{\mathrm{d}t} = \begin{cases} \alpha_i E_i(\mathbf{p}(t)) & \text{当 } p_i(t) \geqslant 0 \text{ 时} \\ 0 & \text{其他} \end{cases} \tag{7.22}$$

$i = 1, \cdots, n$,这里 α_i 是正的标量。

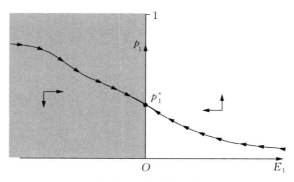

图 7.12 全局稳定性

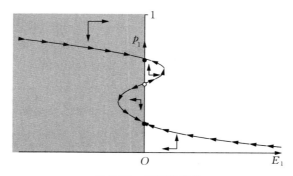

图 7.13 局部稳定性

　　反复试错过程是一个方便的分析简化,但是在经济解释上是很奇怪的。式(7.22)描述的过程意味着,如果一种商品出现了正的超额需求,那么那个商品的价格会上升,反过来道理也一样。但是函数 E_i 是相对于给定的分布 **d** 来定义的,因此上述的价格调整规则隐含假定 **d** 在这个过程中保持不变。一旦人们开始交易,"下一阶段"的资源禀赋就会变化;因此反复试错过程实际上假定,在均衡到达之前没有交易发生;也就是说,在所有事情达成一致之前,没有事情能够达成一致。

　　让我们看一下在这个"头脑简单"的过程下,这个系统如何调整。方便起见,我们令 $\alpha_i = 1$(对所有的 i)。在任何时间 t,引入一个到均衡价格的价格"距离"的概念;这个概念可以定义为:

$$\Delta(t) := \sqrt{\sum_{i=1}^n \left[p_i(t) - p_i^* \right]^2} \tag{7.23}$$

例 7.2

　　假设两个决策者 a 和 b 的偏好如例 4.1 所示,财产分布为 $(R_1^a, R_2^a) = (4, 8)$,$(R_1^b, R_2^b) = (8, 4)$。每个决策者的边际替代率为:

$$\frac{U_1(x_1^h, x_2^h)}{U_2(x_1^h, x_2^h)} = \frac{1/x_1^h}{3/x_2^h} = \frac{x_2^h}{3x_1^h} \quad h = a, b$$

根据总资源(12，12)，让决策者的边际替代率相等，我们得到契约曲线为：

$$\frac{x_2^a}{3x_1^a} = \frac{12 - x_2^a}{3[12 - x_1^a]}$$

这就简化为 $x_1^a = x_2^a$。在一个竞争体系中，价格为 p_1，p_2，那么两个决策者的收入为 $y^a = 4p_1 + 8p_2$，$y^b = 48 + 4p_2$。给定柯布—道格拉斯偏好，决策者的需求给出如下：

$$(x_1^{*h}, x_2^{*h}) = \left(\frac{y^h}{4p_1}, \frac{3y^h}{4p_2}\right), \ h = a, b$$

因此，商品 1 的总需求为：

$$\frac{y^a}{4p_1} + \frac{y^b}{4p_1} = \frac{12p_1 + 12p_2}{4p_1} = 3 + 3\frac{p_2}{p_1}$$

给定总资源为(12，12)，商品 1 和 2 的超额需求为：

$$E_1 = x_1^{*a} + x_1^{*b} - R_1 = 1 + \frac{2}{\rho} + 2 + \frac{1}{\rho} - 12 = \frac{3}{\rho} - 9$$

$$E_2 = x_2^{*a} + x_2^{*b} - R_2 = 3\rho + 6 + 6\rho + 3 - 12 = 9\rho - 3$$

这里，

$$\rho := \frac{p_1}{p_2}$$

显然，瓦尔拉斯定律是满足的，因为 $\rho E_1 + E_2 = \rho\left[\frac{3}{\rho} - 9\right] + 9\rho - 3 = 0$。令 E_1 或者 E_2 等于 0，得到均衡价格比率为 $\frac{p_1}{p_2} = 1/3$。将收入 y^a、y^b 代入式 (x_1^{*h}, x_2^{*h})，在均衡价格的时候 a 和 b 的消费为：

$$(x_1^{*a}, x_2^{*a}) = \left(\frac{4p_1 + 8p_2}{4p_1}, 3\frac{4p_1 + 8p_2}{4p_2}\right) = (7, 7)$$

$$(x_1^{*b}, x_2^{*b}) = \left(\frac{8p_1 + 4p_2}{4p_1}, 3\frac{8p_1 + 4p_2}{4p_2}\right) = (5, 5)$$

要考察稳定性的问题，我们考虑价格距离随着时间的变化。对式(7.23)的时间求导数，根据反复试错过程的定义，我们得到：[①]

$$\frac{d\Delta(t)}{dt} = -\frac{1}{\Delta(t)} \sum_{i=1}^{n} p_i^* E_i(\mathbf{p}(t)) \tag{7.24}$$

---

① 迷你问题 23：式(7.23)取平方，求导，然后再根据瓦尔拉斯定律，就可以证明这个结果。

然而,如果总消费需求 $\mathbf{x}(\mathbf{p})$ 遵守关于 $\mathbf{p}^*$ 的显示偏好弱公理,那么超额需求函数 $\mathbf{E}(\mathbf{p})$ 也遵守。[1]显示偏好弱公理意味着:

$$\sum_{i=1}^{n} p_i^* E_i(\mathbf{p}^*) < \sum_{i=1}^{n} p_i^* E_i(\mathbf{p}(t)) \tag{7.25}$$

因为瓦尔拉斯定律,式(7.25)的左端等于零。根据这个结果,我们可以看到,式(7.24)的右端一定是负的。这意味着,到均衡的距离总是随着时间而递减。因此我们可以得出结论,系统是稳定的。[2]

超额需求方法中的三个主题使我们可以关注均衡价格向量决定中的关键问题。现在我们可以用这个分析所提供的信息来完成关于一般均衡的刻画。

7.5 价格的作用

在第 7.2 节,我们总结了竞争性均衡系统背后的故事,它是从资源和所有权份额的分配到式(7.10)经济中商品和生产活动的一个特殊配置的映射。在关于那个映射的解释中,我们已经看到了两个关键的步骤:

(1)价格接受范式的逻辑道理。第 7.3 节关于"核"的结果阐释了一个假定的合理性,即为什么在大型经济中假设自利的消费者作为价格接受者是有道理的。如果每个人都作为价格接受者行动,那么这个基本映射的一个重要要素是,财产分配和价格体系通过如下的需求和供给函数决定了合意的消费组合和产出:

$$(\mathbf{d}, \mathbf{p}) \to [\mathbf{x}^1(\mathbf{p}), \mathbf{x}^2(\mathbf{p}), \cdots] \tag{7.26}$$
$$\mathbf{p} \to [\mathbf{q}^1(\mathbf{p}), \mathbf{q}^2(\mathbf{p}), \cdots] \tag{7.27}$$

(2)分析均衡价格向量特征的工具。第 7.4 节讨论的超额需求体系,通过在所有决策者上加总这两个关系(7.26、7.27),涵盖了关于价格接受反应的一切信息。这就将式(7.26)和式(7.27)简化为:

$$(\mathbf{d}, \mathbf{p}) \to \mathbf{E}(\mathbf{p}) \tag{7.28}$$

我们现在知道了,在显然合理的条件下,超额需求体系式(7.16)将产生一个唯一的均衡价格向量 $\mathbf{p}^*$。

显然,价格在上述步骤的论证中起了核心的作用。要开发这个核心的作用,我们还需要完成两个重要的任务。首先,我们需要根据这两个步骤来完成一般竞争均衡的刻画。其次,我们需要重新考察第 6 章讨论过的价格的分权作用。跟第 6 章的模型相比,我们现在需要考虑的是,我们是在一个拥有大量决策者的经济中。

7.5.1 均衡配置

第 7.4 节讨论的超额需求体系的解,给了我们一套专门的标准化价格;我们可以概念

---

[1] 迷你问题 24:根据显示弱偏好的定义(公理 4.2)和利润最大化的定义来证明这个结论。

[2] 迷你问题 25:如果人们沿着这个路径继续卖东西,那么将发生什么?

性地将其表示为：

$$式(7.16) \rightarrow \mathbf{p}^* \qquad (7.29)$$

给定式(7.29)，我们进行从财产分配到均衡配置映射的最后一步。就是将式(7.29)中的 $\mathbf{p}^*$ 代入式(7.26)和式(7.27)的反应函数中去：经济中的每个家庭或企业都在均衡价格自由选择合适的消费组合或净产出组合，这是他们作为经济决策者进行最优化选择的结果。将其总结为"均衡价格决定配置"如下：

$$\mathbf{p}^* \rightarrow \mathbf{a}^* \qquad (7.30)$$

将式(7.28)—式(7.30)故事中的三个片段组合在一起，我们就得到了关于 $\mathbf{d} \rightarrow \mathbf{a}^*$ 基本映射的完整描述。

最后说一句，我们不要忽略一个事实：与配置 $\mathbf{a}^*$ 中的商品组合的分配相关的，还有一个效用的分配。一般均衡决定了每个人的福利。每个关心经济运作的人应该对此有兴趣，我们将在第 9 章进行探讨。

7.5.2　再看分权

关于价格的作用，还有一个重要的解释，我们可以通过借用鲁滨逊·克鲁索模型的资料来看到这一点（第 6 章）。这就是分权的结果，图 7.14 描述了其本质：这个图跟图 6.10 非常相似（图 6.10 用于解释鲁滨逊·克鲁索经济的分权结果），但是有两个小的区别。第一个区别是我们正在讨论的是真实的市场价格，而不是图 6.10 讨论的影子价格。均衡价格向量 $\mathbf{p}^*$ 所定义的超平面在图 7.14 中表示为直线。在这个图中，这条线穿过两个集合 A 和 B：这里它们依然是消费的可得集（attainable set），集合 A 表示如下：

$$\{\mathbf{x}: \mathbf{x} \leqslant \mathbf{q} + \mathbf{R}, \ \Phi(\mathbf{q}) \leqslant 0\} \qquad (7.31)$$

优于 x^*（better-than-x^*）的集合 B，表示如下：

$$\left\{\sum_{h=1}^{n_h} \mathbf{x}^h : U^h(\mathbf{x}^h) \geqslant U^h(\mathbf{x}^{*h})\right\} \qquad (7.32)$$

这里，$\mathbf{x}$、$\mathbf{q}$ 和 $\mathbf{R}$ 表示整个经济加总的消费向量、净产出和资源［如式(7.7)］。本质上，可得集 A 跟式(6.10)定义的鲁滨逊·克鲁索版本的可得集是一样的。集合 B 跟前面讨论的略有区别：它代表的是加总的消费向量集合，这个消费向量让每个家庭（each household）可以实现跟均衡时的效用水平相同或者更高的效用水平。如果所有的家庭都有通常的凹形等值线的效用函数，那么这个集合一定是凸的。[①]

要解释这种情况下价格的分权作用，定义均衡时的总支出（收入）为：$y := \sum_{i=1}^{n} p_i^* x_i^*$。那么图 7.14 所示的超平面为如下的点集：

$$\left\{\mathbf{x}: \sum_{i=1}^{n} p_i^* x_i = y\right\} \qquad (7.33)$$

---

① 迷你问题 26：根据附录 A 中的定理 A.6，解释为什么式(7.32)一定是凸的。

这个超平面支持集合 A 和 B,参见如下结果(证明参见附录 C):

定理 7.6(一般均衡的估值)

如果式(7.31)给出的 A 和式(7.32)给出的 B 都是凸集,那么存在价格 $\mathbf{p}^*$ 和消费向量 $\mathbf{x}^*$,满足对所有的 $\mathbf{x} \in A$: $\sum_{i=1}^{n} p_i^* x_i = y$,以及对所有的 $\mathbf{x} \in B$: $\sum_{i=1}^{n} p_i^* x_i \geqslant y$,这里 $y := \sum_{i=1}^{n} p_i^* x_i^*$。

这意味着 $\mathbf{x}^*$ 最大化了可得集 A 上的总收入的值,同时也最小化了集合 B 上的总支出的值。

我们可以借用第 6 章的结果,但必须承认从第 6 章延续下来一个问题。从鲁滨逊·克鲁索类比中得出的一个教训是,在面临非凸性的时候,有可能无法分权。

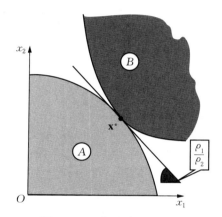

图 7.14　一般均衡中的分权

这会影响到定理 6.2,因为它依赖于集合 A 和集合 B 是凸的。[①]我们在讨论均衡不存在的可能性的时候,已经怀疑了这一点——毕竟,正如我们所看到的,一个决策者约束集的非凸性可以导致决策者反应函数的不连续性。

然而,给定我们使用的模型可以表示任意多的决策者,通过应用我们此前遇到的结果(参见第 3.3 节),我们可以规避这个问题。考虑一个简单的生产函数,商品 1 是投入,商品 2 是产出(这基于第 6 章中的练习题 6.1):

$$\left.\begin{cases} q_2 = 0 & q_1 > -1 \\ q_2 = 1 & q_1 \leqslant -1 \end{cases}\right\} \tag{7.34}$$

这个技术如图 7.15 的第一个图所示。显然,这个生产过程不可分,因此技术集是非凸的。如果我们复制一个相同技术的企业,把投入和产出的可行组合绘制在图上,将得到第二幅图;连续的复制就可以得到接下来的图,变成原来的 1/4、1/8,以此类推。如果复制次数足够多,那么这个复制的过程使得加总的技术集"几乎"是凸的。在非凸偏好的情形下也可以得到相同的结果。图 7.16 中的阴影面积表示的是单个人(比尔)的集合 B。考虑集合

---

① 迷你问题 27:根据鲁滨逊·克鲁索类比和图 7.14 那样的图来证明,当(1) A 是非凸的,且(2) B 是非凸时,为什么分权可能无法实现。

B 中连接一个"凹陷"的直线。如果一个经济包含比尔和他的双胞胎兄弟本,那么不仅这条线的端点属于集合 B,而且其中点也属于集合 B。如果有无限多的比尔部落,那么这条线上的所有点都属于集合 B;实际上,我们可以在单人的集合 B 的凹陷处涂上阴影。

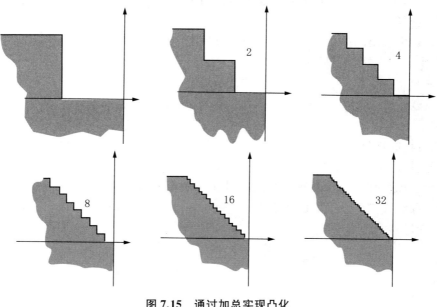

图 7.15　通过加总实现凸化

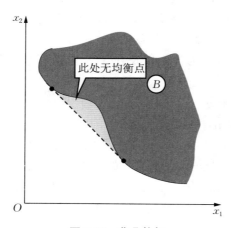

图 7.16　非凸偏好

两种情形中的配置是把相似的决策者放在不同的情境中:有些企业会生产($q_2 = 1$),其他的不生产($q_2 = 0$);有些消费者将在图 7.16 凹陷中的左端,其他的位于右端。但是在每种情况下企业和消费者都是寻求最大化的人。这意味着,如果单个集合是非凸的但决策者足够"小",我们依然可以分权。

总　结

第 6 章的鲁滨逊·克鲁索经济可以推广到多个决策者(消费者和企业)的经济,这个过程可以保留主要的克鲁索洞见。另外，很显然，一般均衡模型得到的结果都是前面章节所熟悉的：伴随着克鲁索故事的细节，它包含了企业和消费者的均衡分析的细节。微观经济模型的一些构成要素以新的形式呈现出来了：例如，显示偏好弱公理原先是作为消费者行为的一个基本公理，现在作为超额需求函数的一个条件重现，使得我们可以判断体系是否是行为良好的。

然而，这里给出的一般均衡分析并非仅仅是把前面的分析结果拼凑在一起，而是在三个领域提供了重要的新的洞见。

所有权

我们分析的这类模型的立足点是产权体系——谁拥有资源，以及拥有企业利润的所有权。据此推出了家庭收入的内生决定；据此也推出了一个基本映射 $d \to a$，从财产分配到消费组合在家庭中的配置，以及净产出向量在企业中的配置。如果把财产分配看成是外生给定的，那么我们可以很清楚地聚焦于竞争市场体系运作的原理，这也可以看成是经济学家的责任逃避。

数目

许多经济决策者的出现，乍看之下，可能是基本经济模型不幸但必须的复杂化。然而，有两点使得"大数目逻辑"帮助我们确立关键的经济洞见。

第一个大数逻辑是关于核和竞争均衡的分析（第 7.3.3 节）。关于自利经济决策者如何行为，极限定理让我们明白，为什么以及在什么情形下竞争的比喻提供了一个连贯的描述。

第二个大数逻辑是关于分权故事（第 7.5.2 节）。这跟鲁滨逊·克鲁索的运作方式基本是相同的，但是有新的变化。在克鲁索的故事中，分权可能崩溃，比如在生产中有相当的不可分性，使得可得集非凸。这在一般均衡模型中也会出现，但是大数逻辑提供了一些安慰：基于第 3 章的知识，大量的小的决策者的出现，近似地凸化了模型，保证了超额需求函数实际上是连续的，因此也就保证了均衡价格的存在性，也就完成了分权的工作。

价格

刻画一般竞争均衡的中心问题可以分解为一个两阶段的过程：

(1) 从加总的市场出清条件求解均衡价格向量 p^*。

(2) 通过单个决策者的价格反应，根据 p^* 得到均衡配置 a^*。

显然，价格体系是推动这个模型的引擎；它是如何完成这个任务的，是我们在后章节中继续探讨的问题。

进一步阅读

一般均衡的来源基本归功于 Walras(1954)。关于核和竞争均衡的关联,参见 Edgeworth(1881);关键结果参见 Debreu 和 Scarf(1963);较早的一个处理参见 Schweizer(1982)。关于均衡存在性的经典文献,参见 Arrow 和 Debreu(1954);关于一般均衡模型的综合处理,参见 Arrow 和 Hahn(1971)。Hahn(1982)进一步考虑了均衡的稳定性分析。关于交易物品不可分时的竞争均衡的一个有趣的例子,参见 Shapley 和 Scarf(1974)。关于竞争模型中的凸性逻辑的应用,参见 Farrell(1959)。经济分析中,经典的单一商品参照物是劳动;这是马克思的价值理论的一个核心要素(Foley, 2013)。

练习题

7.1 假设市场上有 200 个交易者,他们都作为价格接受者行为。假设有三种商品,交易者最初拥有的数量如下:
- 100 个交易者每人拥有 10 单位的商品 1;
- 50 个交易者每人拥有 5 单位的商品 2;
- 50 个交易者每人拥有 20 单位的商品 3。

所有的交易者都有如下的效用函数:

$$U = x_1^{\frac{1}{2}} x_2^{\frac{1}{4}} x_3^{\frac{1}{4}}$$

三种商品的均衡相对价格是什么?哪一组交易者中有成员的利益最大?

7.2 考虑一个有两种商品和三个人的交换经济。阿尔夫总是需求相同数量的两种商品。比尔在商品 1 上的支出永远是在商品 2 上的支出的两倍。查理永远不使用商品 2。

(1) 描述三个人的无差异图,并给出跟他们的行为一致的效用函数。

(2) 如果最初的禀赋分别为(5, 0)、(3, 6)和(0, 4),计算均衡价格比率。如果下列事件发生,那么对均衡价格的影响是什么?

① 阿尔夫得到额外的 4 个单位的商品 1;

② 查理得到 4 个单位的商品 1。

7.3 在一个两种商品的交换经济中,决策者有如下的效用函数:

$$U^a(\mathbf{x}^a) = \log(x_1^a) + 2\log(x_2^a)$$
$$U^b(\mathbf{x}^b) = 2\log(x_1^b) + \log(x_2^b)$$

这里,x_i^h 是代理人 h 消费的商品 i,$h = a, b$,$i = 1, 2$。财产分配由如下的禀赋给出:$\mathbf{R}^a = (9, 3)$,$\mathbf{R}^b = (12, 6)$。

(1) 求解每种商品的超额需求函数,验证瓦尔拉斯定律是对的。

(2) 求解均衡的价格比率。

(3) 均衡配置是什么?

(4) 给定总的资源固定在 $\mathbf{R}:=\mathbf{R}^a+\mathbf{R}^b=(21,9)$,推导契约曲线。

7.4 下面的函数集中哪些是正确的超额需求函数?

$$
\left.\begin{aligned}
E_1(\mathbf{p}) &= -p_2+\frac{10}{p_1}\\
E_2(\mathbf{p}) &= p_1\\
E_3(\mathbf{p}) &= -\frac{10}{p_3}
\end{aligned}\right\} \tag{7.35}
$$

$$
\left.\begin{aligned}
E_1(\mathbf{p}) &= \frac{p_1+p_3}{p_1}\\
E_2(\mathbf{p}) &= \frac{p_1+p_3}{p_2}\\
E_3(\mathbf{p}) &= \frac{p_1+p_2}{p_3}
\end{aligned}\right\} \tag{7.36}
$$

$$
\left.\begin{aligned}
E_1(\mathbf{p}) &= \frac{p_3}{p_1}\\
E_2(\mathbf{p}) &= \frac{p_3}{p_2}\\
E_3(\mathbf{p}) &= -2
\end{aligned}\right\} \tag{7.37}
$$

7.5 在一个两商品经济中,对商品 1 和 2 的超额需求函数分别是:

$$
7-12\rho+6\rho^2-\rho^3
$$
$$
\rho^4-6\rho^3+12\rho^2-7\rho
$$

这里 ρ 是商品 1 的价格(用商品 2 表示)。

(1) 针对这个经济验证瓦尔拉斯定律。

(2) 这个经济有多少均衡?

(3) 在反复试错过程中这个体系是稳定的吗?

7.6 在一个两种商品的经济中,令 ρ 是商品 1 相对于商品 2 的价格。假设对商品 1 的超额需求函数给出如下:

$$
1-4\rho+5\rho^2-2\rho^3
$$

这里有多少个均衡? 它们是稳定的还是不稳定的? 如果经济中商品 1 的存量增加,那么这会影响你的答案吗?

7.7 在一个两种商品的经济中:

(1) 假设一个人的禀赋包括 10 单位的商品 1,没有商品 2。证明:如果他的偏好如练习题 4.2 中的类型 A 所示,那么他对两种商品的需求可以表示为:

$$
\mathbf{x}:=\begin{bmatrix} x_1\\ x_2 \end{bmatrix}=\begin{bmatrix} 10\alpha\\ 10\rho[1-\alpha] \end{bmatrix}
$$

这里,ρ 是商品 1 的价格(用商品 2 表示的)。在这个情况下这个人的提供曲线是什么?

(2) 现在假设这个人的禀赋包括 20 单位的商品 2（没有商品 1），如果他的偏好如练习题 4.2 的 A 至 D 所示，求解这个人对两种商品的需求。在每种情况下，解释提供曲线的形状。

(3) 在两商品经济中，有两组相同数目的人。第一组的人拥有全部的商品 1（每人 10 个单位），第二组的人拥有全部的商品 2（每人 20 个单位）。如果第一组人的偏好是类型 A($\alpha = 1/2$)，那么在如下的每种情形下，求解竞争性均衡的价格和配置：

① 第二组人的偏好是类型 A($\alpha = 3/4$)。

② 第二组人的偏好是类型 B($\beta = 3$)。

③ 第二组人的偏好是类型 D($\delta = 1$)。

(4) 如果第二组人的偏好是类型 C，那么会出现什么问题？将此与问题(3)中的②相比较。

7.8　在一个两种商品的交换经济中，有两组相同数目的人。类型 a 的人拥有如下的效用函数：

$$U^a(\mathbf{x}^a) = -\frac{1}{2}[x_1^a]^{-2} - \frac{1}{2}[x_2^a]^{-2}$$

并且拥有资源禀赋(R_1, 0)；类型 b 的人拥有如下的效用函数：

$$U^b(\mathbf{x}^b) = x_1^b x_2^b$$

并且拥有资源禀赋(0, R_1)。

(1) 这个体系有多少个均衡？

(2) 如果 $R_1 = 5$，$R_2 = 16$，求解均衡价格比。

7.9　在一个两人组成的私有制经济中，a 和 b 两个人都有如下形式的效用函数：

$$V^h(\mathbf{p}, y^h) = \log(y^h - p_1\beta_1^h - p_2\beta_2^h) - \frac{1}{2}\log(p_1 p_2)$$

这里，$h = a$，b 且 β_1^h、β_2^h 是参数。求解均衡价格比（作为财产分布 $[\mathbf{R}]$ 的函数）。

7.10　在一个经济中，有大量的相同数目的资本家和工人。该经济体按照例 2.4 和练习题 6.4 的模型组织生产。资本家的收入仅仅来源于从生产过程中得到的利润；工人的收入仅仅来源于出售劳动力。资本家和工人的效用函数分别为 $x_1^c x_2^c$ 和 $x_1^w - [R_3 - x_3^w]^2$，这里 x_i^h 表示类型 h 的人消费的商品 i，R_3 是商品 3 的存量。

(1) 如果资本家和工人都是价格接受者，求解每组人对消费品的最优需求以及最优劳动供给 $R_3 - x_3^w$。

(2) 证明：对商品 1 和 2 的超额需求函数可以写成：

$$\frac{\Pi}{2p_1} + \frac{1}{2[p_1]^2} - \frac{A}{2}p_1$$

$$\frac{\Pi}{2p_2} - \frac{A}{2}p_2$$

这里,Π 是练习题 6.4 中解出的利润的表达式。证明:在均衡的时候 $\dfrac{p_1}{p_2} = \sqrt{3}$,进而证明商品 1 的均衡价格(用商品 3 来衡量)如下:

$$p_1 = \left[\frac{3}{2A}\right]^{1/3}。$$

(3) 均衡的时候,工人和资本家的收入比是多少?

▶8

不确定性和风险

> 彩票是一缕希望之光，没有它的话，我的生活难以忍受。
>
> ——霍默·辛普森（Homer Simpson）

8.1　引言

迄今的分析都是基于确定世界的假定。每当我们触及时间问题的时候，我们都用一种非常简单的方式来处理：它通常意味着未来通过折现可以变成现在。现在我们要改变这个假设。

我们把不确定性纳入消费者的微观经济模型中。这给了我们一个机会，可以更深入地思考时间这个问题。我们处理一个特定的不确定性的概念，在一定意义上是外生的。它是一个外部的要素，对单个决策者的经济环境产生影响（它影响决策者的收入、需要……），它也对人们的决策产生影响（它影响人们的消费计划、资产持有的方式……）。

尽管我们会引入一些全新的概念，但是我们的分析依然扎实地建立在已有的原理之上，特别是那些赋予消费者选择意义的原理。然而，方法可以把我们带到更一般的问题上：通过模型化不确定性，我们可以给出风险的定义、风险态度以及风险厌恶的精确概念，并提供一些洞见。

8.2　消费和不确定性

我们先看一下如何扩展基本的消费者理论，来包含一个事实：未来是不完全可知的。为了理解这个理念，考虑不确定性下消费者选择问题的两个例子。

（1）预算日（budget day）。你有一辆车的许可证，必须进行年审，还有几周就要到期。今天下午政府要宣布税收调整，这会影响到你的许可证费用：如果你去年审，支付的是原来的费用，但是你失去了许可证未到期的时日；如果你继续等，那么有可能在年审的时候支付更高的费用。

（2）选举日（election day）。两党竞选，结果将在中午公布。早上的时候你持有一项资产，资产的价值将受到选举结果的影响。如果你不出售资产，那么如果红党获胜，你的资产将增值；如果蓝党获胜，你的资产将贬值。

表 8.1　两个不确定性下的决策问题

	预算日	选举日
状态	费用增加/不增加	蓝党/红党获胜
收益(结果)	-20 磅或 0,取决于 ω	资本增值/贬值,取决于 ω
前景	早上来看的状态和结果	早上来看的状态和结果
事前/事后	下午 3:00 之前/之后	选举结果公布之前/之后

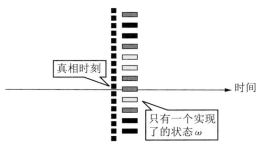

图 8.1　事前/事后的区分

两个例子的核心特征总结在了表 8.1 中,下列要点也值得注意:

● ω 表示的状态(states-of-the-world)就像物理形态不同的商品上的标签。

● 两个例子中,所有状态的集合 Ω 很简单:它只包含两个要素。但是在一些有趣的经济模型中,它可能是无穷多(可数或不可数)的。

● 两个例子中的收益(payoffs)是标量(货币数量);但是在更一般的模型中,收益可能是消费组合,即商品向量 $\mathbf{x}$。

● 时间很重要。用图 8.1 中的时间线做一个类比说明,左边表示的是做出决策的"早上";决策的结果在下午才能知道,而且将受到状态 ω 的影响。虚线的边界表示的是,在一系列的可能性中,某个精确状态 ω 出现的点。你必须事先做出决策。事后(等到事件发生之后)再做就太迟了。

● 前景(prospects)可以被处理为消费组合。

8.2.1　选择的本质

这些例子表明,我们看待选择的方式跟第 4 章的分析略有不同。在我们前面关于消费者理论的阐释中,消费者的行动等同于结果。你选择行动"购买 x_1 单位的商品 1",你就可以消费 x_1 单位的商品 1:这实际上是一个即时满足的模型。我们现在有一个更复杂的满足需要的模型。消费者可以选择采取一些行动(买这个或那个,投票给他或她),但是选择的结果不再是即时的,也不可推测。收益(直接影响消费者的后果)既取决于行动本身,又取决于一些事件的结果。

在本章的后面,我们将考察一个特定的效用模型,这个模型可以非常好地用来表示不确定性下的选择,然后考虑这个模型如何被用于刻画风险态度以及不确定性下选择的问题。首先我们看一下,如果只是修改第 4 章的消费者选择模型,能走多远。

8.2.2 状态—空间图形

我们看一下只有两种可能状态的情形,分别用 RED 和 BLUE 表示,并且收益是一个标量;这意味着每个状态 ω 下的收益可以表示为组合消费品的量 x_ω。那么,每个状态下的消费(x_{RED} 和 x_{BLUE})可以用图 8.2 中的两个轴表示。它们是状态依存的商品(contingent goods):x_{RED} 和 x_{BLUE} 对应的是不同状态下的消费量,也就是说,取决于出现的是哪个状态。个人的前景表示为一个状态依存商品的向量(由点 P_0 表示),所有的前景的集合表示为图 8.2 中的阴影面积。反过来,如果 Ω 中存在三个状态,且具有标量收益,那么一个典型的前景就如图 8.3 中的 P_0 所示。因此,个体选择所处的环境描述就很像普通消费向量的环境。然而,图 8.2 中的 45°射线有一个特殊的含义:沿着这条线的前景表示的是完全确定性下的收益。定性意义上来讲,这样的前景跟图中的其他地方是不同的,因此,也被消费者区别对待;确定性下的选择是没有这样的区分的。

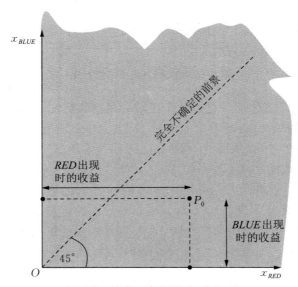

图 8.2 状态—空间图形:$\sharp\Omega=2$

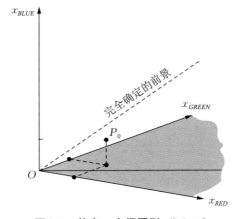

图 8.3 状态—空间图形:$\sharp\Omega=3$

　　现在考虑在这个不确定的世界里消费者偏好的表达（从早上来看）。要表达个人对前景的排序，我们可以使用一个定义 4.2 介绍的弱偏好关系。如果我们复制第 4 章的确定世界里用到的概念，我们就可以在状态依存商品的空间里刻画无差异曲线，如图 8.4 所示。这将需要第 4 章介绍的标准偏好公理：完备性、传递性和连续性。在前景排序的情形下，其他标准的消费者公理从直觉上也是合理的。比如"贪婪"（公理 4.6）：图 8.4 中，可以推测，前景 P_1 优于 P_0。

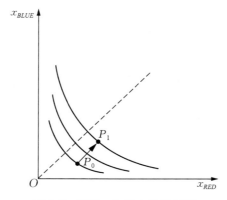

图 8.4　状态—空间内的偏好图

　　但是进展太迅速。公理 4.3—公理 4.5 在讨论完全确定性下的选择时，似乎是无可指责的，但是有些人可能质疑，在不确定的前景下，连续性公理是否处处合适。可能有人对确定性有着一种病态的注重，从而他的偏好在 45°射线附近是不连续的：对这样的人来说，一个完整的无差异曲线图是画不出来的。[①]

　　然而，如果一个人的偏好可以画出无差异曲线，那么你可以得到一个非常有用的概念：任意前景 P_0 的确定性等价（certainty equivalent）。确定性等价如图 8.5 中的点 E 所示，坐标为 (ξ, ξ)；数量 ξ 就是完全确定性下保证的消费品的量，消费者愿意用这个量和前景 P_0 直接交换。显然，这个数量的存在极其依赖连续性假设。

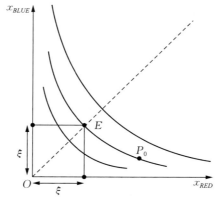

图 8.5　确定性等价

---

　　① 迷你问题 1：如果连续性公理被违反了，请描述这个人的无差异曲线图的形状。

进一步考虑确定性等价这个概念。用一条直线把前景 P_0 和它的确定性等价连接起来,如图 8.6 所示。我们可以观察到,点 P_1 弱偏好于 P_0,当且仅当偏好图是准凹的(可以在附录 A 查看准凹性的定义 A.25)。这给了我们一个直觉上很有吸引力的解释:跟单纯的前景 P 相比,如果一个人总是更偏好前景 P 和它的确定性等价的混合,那么在一定意义上他或她具有"风险厌恶"的偏好。基于这个解释,"风险厌恶"意味着凸向原点的无差异曲线(风险厌恶这个词加了引号,因为我们还没有定义什么是风险)。[1]

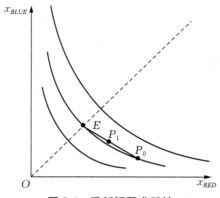

图 8.6 重新解释准凹性

现在看另一点解释。假设 RED 实现的可能性下降(这个人早上这么认为),那么无差异曲线会怎么样? 我们预期,无差异曲线会如图 8.7 那样移动,即实线的无差异曲线替代原来的虚线曲线。原因如下。在 45° 线上取一点 E 作为参照点,记住这个点表示的是确定的收益,不依赖于将要出现的状态。变化之前,点 E 和 P_0 所代表的前景被视为无差异的;然而,变化之后,P_1 和 E 是"等值"的(P_1 意味着在 RED 出现的时候收益更高)。[2]

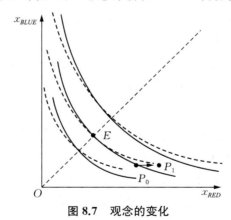

图 8.7 观念的变化

---

[1] 迷你问题 2:对于一个风险中性的人来说,曲线的样子是怎样的? 对于风险爱好的人来说呢?

[2] 迷你问题 3:考虑在下面的两个前景中的选择:

$$P:\begin{cases}1\,000\ 美元 & 概率 0.7 \\ 100\,000\ 美元 & 概率 0.3\end{cases}, \quad P':\begin{cases}1\,000\ 美元 & 概率 0.2 \\ 30\,000\ 美元 & 概率 0.8\end{cases}$$

很多实验研究证明了如下的行为:(1)当面临 P 和 P' 时,许多实验的对象会选择 P'。(2)当要求用钱来竞拍这两个前景的时候,许多人对 P 的竞拍价高于 P'。这个现象被称为偏好逆转(preference reversal)。这违反了哪个基本公理(Lichtenstein and Slovic,1983)?

8.3 一个偏好模型

通过重新解释商品空间和这个空间内的偏好,我们迄今已经扩展了消费者的正式模型。偏好的重新解释包括了风险刻画的最初步骤,包括当人们对未知将来的认知发生变化的时候,偏好图应该如何变化。通过使用一个类似定理 4.1 中的效用函数,我们可以在状态依存商品的空间上表达偏好(当然需要适当的限制)。

这看上去有些含糊:我们还没有精确地指明风险到底是什么,也没有突破最基本的两种状态的例子。要取得更多的进展,需要对偏好施加更多的结构限制。据此,我们需要构建一个面临不确定性时的标准偏好模型,并表明这个模型依赖于一些强有力的假设。

8.3.1 关键公理

我们假设所有的结果都可以被表示为向量 $\mathbf{x}$,属于 $X \subset \mathbb{R}^n$。我们要引入另外三个公理。

公理 8.1(状态无关):出现的状态对个人没有内在的价值。

换言之,状态的标签本身并不重要。对此,直观的解释是,人们追求的目标只是向量 $\mathbf{x}$,并不关心 $\mathbf{x}$ 是在"RED"那一天实现的,还是在"BLUE"那一天实现的。除了用颜色来命名状态,我们还可以用字母或者数字来作为状态的标签。如果我们用信息性的标签来命名状态(例如,"下雨"和"太阳"),那么我们必须小心描述商品及其体征:人们对雨伞的需要程度,取决于下雨还是晴天。

公理 8.2(独立性):令 P_z 和 $\hat{P}_z$ 为任意两个独立的前景,在某个特定状态下,两个前景的收益相同:$\mathbf{x}_\omega = \hat{\mathbf{x}}_\omega = \mathbf{z}$。那么,如果对于 $\mathbf{z}$ 的一个值,P_z 优于 $\hat{P}_z$,那么对 $\mathbf{z}$ 的所有取值,P_z 优于 $\hat{P}_z$。

个中缘由,参见表 8.2,其中的收益都是标量数字。假设 P_{10} 优于 $\hat{P}_{10}$:当收益 10(总是在状态 GREEN 下实现)被 20 取代的时候,这个关系依然成立吗?看一下图 8.8 所描述的偏好:画出的每一"片"表示了给定 x_{GREEN} 的值后(x_{RED},x_{BLUE})边界。独立性特征还意味着,一个人不会经历失望或后悔,参见练习题 8.5 和练习题 8.6。[①]

表 8.2 一个独立性公理的例子

	RED	BLUE	GREEN
P_{10}	1	6	10
$\hat{P}_{10}$	2	3	10

---

① 迷你问题 4:比较练习题 8.5 和练习题 8.6。后悔和失望的本质区别是什么?

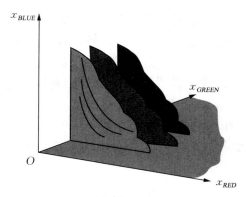

图 8.8 独立性公理：一个例证

公理 8.3(显示可能性)：令 $\mathbf{x}^*$ 和 $\mathbf{x}$ 是两个收益，满足在确定性下，$\mathbf{x}^*$ 弱偏好于 $\mathbf{x}$。令 Ω_0 和 Ω_1 是所有状态集 Ω 的任意两个子集，假设在下面两个前景中，个人弱偏好于前者（对一些这样的 $\mathbf{x}^*$ 和 $\mathbf{x}$）：

$$P_0 = [\mathbf{x}^*, \text{如果}\ \omega \in \Omega_0; \mathbf{x}, \text{如果}\ \omega \notin \Omega_0]$$
$$P_1 = [\mathbf{x}^*, \text{如果}\ \omega \in \Omega_1; \mathbf{x}, \text{如果}\ \omega \notin \Omega_1]$$

那么，对每个这样的 $\mathbf{x}^*$ 和 $\mathbf{x}$，他认为 P_0 优于 P_1。

用一个例子来说明这个特征。令所有状态的集合为：

$$\Omega = \{RED, ORANGE, YELLOW, GREEN, BLUE, INDIGO, VIOLET\}$$

现在假设有一个人，他认为一个苹果优于一根香蕉，一颗樱桃优于一颗枣子。考虑两个前景 P_0, P_1，每个前景的收益为一个苹果或一根香蕉，如表 8.3 所示。

表 8.3　收益为水果的前景

	RED	ORANGE	YELLOW	GREEN	BLUE	INDIGO	VIOLET
P_0	苹果	苹果	苹果	苹果	苹果	香蕉	香蕉
P_1	香蕉	香蕉	香蕉	苹果	苹果	苹果	苹果

另外，我们定义 Ω 的两个子集：$\Omega_0 := \{RED, ORGANGE, YELLOW, GREEN, BLUE\}$，$\Omega_1 := \{GREEN, BLUE, INDIGO, VIOLET\}$；我们可以看到，$P_0, P_1$ 具备公理中描述的特征。假设这个人认为 P_0 优于 P_1。那么，显示可能性公理要求，他也认为 P_0' 优于 P_1'，如表 8.4 中所定义的；它进一步意味着上述结论对所有状态集合的任意其他子集都成立。

表 8.4　收益为不同水果的前景

	RED	ORANGE	YELLOW	GREEN	BLUE	INDIGO	VIOLET
P_0'	樱桃	樱桃	樱桃	樱桃	樱桃	枣子	枣子
P_1'	枣子	枣子	枣子	樱桃	樱桃	樱桃	樱桃

直觉是，当"获胜者"出现的时候，(P_0, P_1) 和 (P_0', P_1') 具有相同的状态空间的子集模

式。通过逻辑一致地选择 P_0 优于 P_1、P_0' 优于 P_1',以此类推,这个人显示出来的是,他认为事件子集 Ω_0 比 Ω_1 "更有可能"。这个假设排除了所谓的"模糊性厌恶",参见练习题 8.7。

推出这个重要结论的三个新的假设的证明,参见附录 C。

定理 8.1(期望效用)

假设状态依存商品空间上的偏好可以用定理 4.1 中的效用函数来表示。如果偏好同时满足状态无关、独立性和显示可能性(公理 8.1—公理 8.3),那么它们可以被表示为如下形式:

$$\sum_{\omega \in \Omega} \pi_\omega u(\mathbf{x}_\omega) \tag{8.1}$$

这里,π_ω 是实数,u 是 X 上的实值函数,可以进行单调递增的仿射变换。

为了纪念其来源,式(8.1)的这个特殊形式通常被称为冯·诺依曼—摩根斯坦效用函数(von-Neumann-Morgenstern utility function)。这个思考方式很自然来源于我们在第 5 章讨论的储蓄问题[式(5.14)和迷你问题 4]。这里我们用到的,不是离散的时间段(用 t 表示),而是离散的状态(用 ω 表示);这两个情形的主要区别(时间段有个天然的顺序,而这在不确定问题中不存在)在这里并不重要。因此,既然两种问题有相同的形式,它们就可以用相同的方法来研究。定理 8.1 的证明实质上就是练习题 5.6,只不过符号不一样。

跟第 5 章讨论的加总问题一样,在偏好表示上我们需要施加额外的限制,这也意味着在可接受的效用函数上施加一些限制。在微观经济分析中,这个结果(及其在定理 8.4 中的版本)的重要性很难被高估。然而,在我们探讨它的解释和一些应用之前,我们需要提醒自己,这个定理所需一些额外的结构性公理会受到挑战,我们指的是在面临不确定性的情况下,作为人们偏好的合理表达时受到挑战。特别是,在面临不确定性下的选择的时候,作为人们偏好的表达,实验证据一再推翻了独立性公理。

8.3.2　冯·诺依曼—摩根斯坦效用

这个特殊的效用函数是什么样的呢?为了详细考察式(8.1)的特征及其运作原理,我们可以从标量收益的情形中提取很多信息,如第 8.2.2 节所示。

首先,函数 u。这里我们遭遇了一个术语上尴尬的境地。我们不应该把 u 叫做"效用函数",因为式(8.1)的完整表达是这个人的效用;因此有时候 u 被称为个人的基数效用函数(cardinal utility function)或幸福函数(felicity function),逻辑上两个术语都不是理想的选择。定理 8.1 的最后一部分意味着,函数 u 可以合理地被 $\hat{u}$ 替代,$\hat{u}$ 定义如下:

$$\hat{u} := a + bu \tag{8.2}$$

这里,a 是一个任意的常数且 $b > 0$:u 的数量单位和初始点都不重要。然而,尽管函数 u 的这些特征不重要,其他特征依然是重要的(比如曲率),因为曲率等特征可以被用来刻画个人的风险态度:这将在第 8.4 节中探讨。

现在考虑式(8.1)中的权重集$\{\pi_\omega : \omega \in \Omega\}$。如果将它们标准化使得它们的和为1[1]，那么它们通常被称为个人的**主观概率**(subjective probabilities)。注意，概率这个概念的出现很自然地来自结构性的假定(即我们在介绍个人偏好的时候引入的假定)，而不是一个明确的构建。此外，既然是"主观的"，这个概率就会因人而异，跟另一个人相比，一个人可以很合理地赋予"红党赢得竞选"这个结果更高的权重。

给定πs的主观概率解释，式(8.1)的冯·诺依曼—摩根斯坦效用函数可被解释为**期望效用**(expected utility)，可以更简洁地写为$\varepsilon u(\mathbf{x})$。在我们前面用到的例子中，两种状态、标量收益的情形下，这个可以写成：

$$\pi_{RED}u(x_{RED}) + \pi_{BLUE}u(x_{BLUE}) \tag{8.3}$$

根据图8.9中的两状态情形，我们可以看到式(8.3)施加在这个问题上的结构：[2]

(1) 无差异曲线跟45°线相交的点的斜率等于概率比：$(-)\pi_{RED}/\pi_{BLUE}$。

(2) 这个结果的一个推论是，期望效用函数的等值线与45°线的交点处的斜率都相同。

(3) 对于任何一个前景，比如图8.9中的点P_0，如果我们以这个概率在P_0画一条线，那么这条线跟45°线的交点表示的是前景P的**期望值**(expected value)；这个值被表示为(在任何一个坐标轴上)εx，这里ε是通常的期望符号。

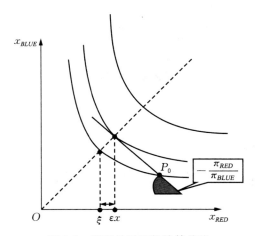

图8.9　期望效用函数的等值线

8.3.3　"幸福"函数

现在我们用个人的态度来解释函数u。为了说明这个概念，我们考察两阶段的情形，假设收益是标量；进一步假定个人赋予两阶段相同的概率权重(这个假定并不重要，但是它可以让图形变得易于处理)。关于u的形状，图8.10给出了三个主要的可能。

---

① 迷你问题5：给定u的定义，这个标准化永远都可以实现，证明之。
② 迷你问题6：根据式(8.3)解释为什么这些结果是真的。

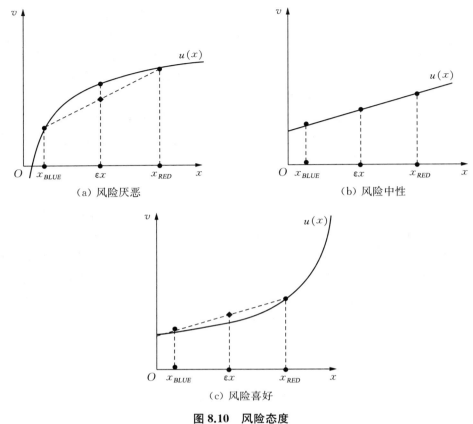

（a）风险厌恶　　　　　　　　　（b）风险中性

（c）风险喜好

图 8.10　风险态度

例 8.1

一个消费者的效用为 $U(x_{RED}, x_{BLUE}) = \frac{1}{4}\log x_{RED} + \frac{3}{4}\log x_{BLUE}$，这里，$x_{RED}$、$x_{BLUE}$ 表示两种状态（RED 和 BLUE）下消费品的数量。状态依存商品空间内的无差异曲线如例 2.1 所示。

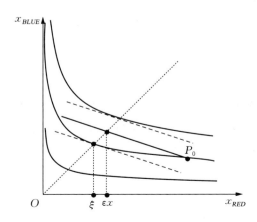

边际替代率给出如下：

$$MRS_{BLUE, RED} = \frac{\left[\frac{1}{4} \times \frac{1}{x_{RED}}\right]}{\left[\frac{3}{4} \times \frac{1}{x_{BLUE}}\right]} = \frac{x_{BLUE}}{3x_{RED}}$$

这意味着主观概率为 $(\pi_{RED}, \pi_{BLUE}) = \left(\frac{1}{4}, \frac{3}{4}\right)$。前景 $P_0 = (4, 1)$ 的均值等于 $\varepsilon x = \frac{1}{4} \times 4 + \frac{3}{4} \times 1 = 1.75$。这个前景的期望效用是：

$$\frac{1}{4}\log\xi + \frac{3}{4}\log\xi = \frac{1}{4}\log x_{RED} + \frac{3}{4}\log x_{BLUE} = \frac{1}{4}\log 4 + \frac{3}{4}\log 1 = \frac{1}{4}\log 4$$

因此，确定性等价 ξ 为 $\log\xi = \frac{1}{4}\log 4$，结果是 $\xi = \sqrt{2} = 1.414\cdots$

（1）在图 8.10(a) 中，看一下连接点 $(x_{BLUE}, u(x_{BLUE}))$ 和点 $(x_{RED}, u(x_{RED}))$ 的线；在这条线的中间我们可以读出这个人的期望效用 (8.3)。显然，这个期望效用严格小于 $u(\varepsilon x)$。因此如果 u 的形状是这样的，那么这个人将严格偏好前景的期望值（在这个例子中是 $\pi_{RED} x_{RED} + \pi_{BLUE} x_{BLUE}$），而不是前景本身。这意味着这个人会拒绝一些"优于公平"的赌局，即期望收益高于赌注本身的赌局。

（2）在图 8.10(b) 中，我们看到的是相反的情况；这里这个人的期望效用高于 $u(\varepsilon x)$，因此这个人会接受一些不公平的赌局（即期望效用严格小于赌注的赌局）。[1]

（3）最后看一下图 8.10(c)。这里，赌局的期望效用正好等于 $u(\varepsilon x)$。

显然，每种情况都在说一些关于个人风险态度的重要信息；我们对此做进一步的探讨。

8.4 风险厌恶

我们已经用一个直观的方法探究了风险厌恶的概念。如果在状态依存商品上的效用函数 U 是准凹的（因此状态空间图形上的无差异曲线是凸向原点的），那么我们已经证明了，这个人是风险厌恶的。然而，现在我们可以更进一步说：除了准凹性之外，如果效用函数如式 (8.1) 的冯·诺依曼—摩根斯坦形式一样，那么幸福函数 u 一定是凹的。[2]这正是图 8.10(a) 的情形，这跟后面的故事是一致的，即这个人可能会拒绝一些公平的赌局，这也是为什么这个图标注为"风险厌恶"。根据同样的逻辑，图 8.10(b) 和图 8.10(c) 分别描述了风险中性和风险喜好的态度。[3]然而，从幸福函数的图形中我们可以提取更多的信息。

---

① 迷你问题 7：一个理性的人会买彩票吗？

② 迷你问题 8：证明之。（提示：根据图 8.9，延长穿过 P_0 的斜率为 $-\pi_{RED}/\pi_{BLUE}$ 的线，穿过无差异曲线，再次相交于 P_1 点；然后根据准凹性的定义证明之。）

③ 迷你问题 9：画出类似于图 8.9 中的 u 函数的例子，只不过这个人对于小风险是喜好的，对于大风险是厌恶的。

8.4.1　风险补偿

正如我们在图 8.5 所看到的,确定性等价是一个完全确定的收入,你愿意用这个收入去交换一个位于同一条无差异曲线上的随机前景。现在,使用冯·诺依曼—摩根斯坦效用函数,确定性等价可以用一个简单的公式去表达:它是一个隐含确定的数量 ξ,满足:

$$u(\xi) = \varepsilon u(x) \tag{8.4}$$

进一步,我们可以用确定性等价来定义风险补偿(risk premium)如下:

$$\varepsilon x - \xi \tag{8.5}$$

这就是风险厌恶的人愿意放弃的收入的量,目的是消除某个前景的风险:如图 8.9 的横坐标所示。

我们还可以用幸福函数的图形来同时说明确定性等价和风险补偿,参见图 8.11(a);这里,$\pi_{RED} < \pi_{BLUE}$,在横坐标上 εx 表示点 $\pi_{RED} x_{RED} + \pi_{BLUE} x_{BLUE}$;在纵坐标上表示点 $\pi_{RED} u(x_{RED}) + \pi_{BLUE} u(x_{BLUE})$。根据这个曲线,在横坐标上读出收入 ξ,在纵坐标上读出相应的 $\varepsilon u(x)$。横坐标上点 ξ 和点 εx 的距离就是风险补偿。

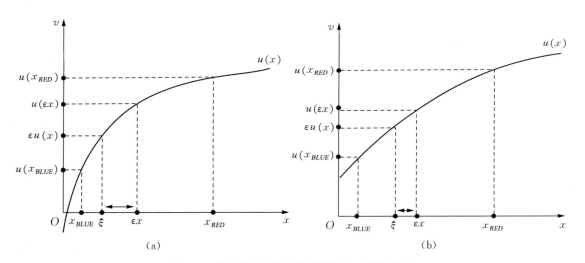

图 8.11　"幸福"或"基数效用"函数 u:两种情形

现在看一下图 8.11(b)。在这个情形下,幸福函数弯曲的程度比图 8.11(a)要轻一些,但赌局是一样的(也就是说,x_{RED}、x_{BLUE} 和 εx 在两个图中的位置是一模一样的)。遵循跟图 8.11(a)同样的逻辑,你可以看到,图 8.11(b)中的风险补偿一定小于 8.11(a)。[①]

8.4.2　风险厌恶指数

为什么要量化风险厌恶? 在面临不确定性的情况下,如果我们能用一个直观的方式

[①]　迷你问题 10:根据图 8.10,对此给出一个简单的直觉解释。

来描述人们的偏好,那将是非常有用的;如此,一个复杂的问题通过一个简易解读的指数就可以变得可处理。然而,定义一个风险厌恶指数的方法不止一种,这并不奇怪,尽管合理的方法并不多。

假设冯·诺依曼—摩根斯坦偏好和标量收益。我们可以定义一个风险厌恶指数,它包含了图 8.11 所描述的函数 u 的信息。用下标符号 u_x 和 u_{xx} 分别表示幸福函数的一阶导数(du/dx)和二阶导数(d^2u/dx^2)。然后我们可以介绍两种有用的风险厌恶定义。

定义 8.1

绝对风险厌恶(absolute risk aversion)指数是一个方程 α,定义如下:

$$\alpha(x) := -\frac{u_{xx}(x)}{u_x(x)}$$

这正是边际幸福的标准化的递减率:我们也可以把 $\alpha(\cdot)$ 看成函数 u 的一种"曲率"指数;一般情形下,$\alpha(x)$ 的值会随着收益 x 的不同水平而变化,当然下面我们会考察 α 为常数这种重要的特殊情形。指数 α 对于风险厌恶的偏好是正的,对于风险中性的偏好是零[原因:直接来自 $u_{xx}(\cdot)$ 的符号]。此外,α 独立于函数 u 的单位和初始值。[1]我们还可以用绝对风险厌恶指数和 x 的方差分布来表示风险补偿:[2]

定理 8.2(风险补偿和方差)

对于较小的风险,风险补偿近似等于 $\frac{1}{2}\alpha(x)\mathrm{var}(x)$。

定义 8.2

相对风险厌恶(relative risk aversion)指数是一个函数 ϱ,定义如下:

$$\varrho(x) := -x\frac{u_{xx}(x)}{u_x(x)}$$

显然,这就是"边际幸福弹性"。而且 $\varrho(x)$ 也跟函数 u 的单位和初始值没有关系。对于风险厌恶和风险中性的偏好,递增的绝对风险厌恶也意味着递增的相对风险厌恶(但反过来不一定)。[3]

我们已经看到(图 8.11),函数 u 是凹函数可被解释为处处风险厌恶,函数 u 是凸函数则意味着处处风险偏好。现在,关于 u 的凹性和风险厌恶之间的关系,我们可以更加精确:如果我们对 u 进行一个严格的凹函数转换,那么两个风险厌恶指数都会增加,参见下面的定理。[4]

例 8.2

假设幸福函数是 $u(x)=a+b\log x$。计算一阶导数和二阶导数,分别为:

$$u_x(x)=b\frac{1}{x}$$

---

① 迷你问题 11:证明为什么这个特征是对的。
② 迷你问题 12:证明之。[提示:在风险补偿的定义中对 εx 进行泰勒展开(参见附录 A 的定理 A.2)。]
③ 迷你问题 13:通过对定义 8.2 中的表达式求导来证明之。
④ 迷你问题 14:根据严格凹函数的二阶导数为负这个结果来证明之。

$$u_{xx}(x) = -b \frac{1}{x^2}$$

绝对风险厌恶指数和相对风险厌恶指数分别为：

$$\alpha(x) = -\frac{u_{xx}(x)}{u_x(x)} = \frac{1}{x}$$

$$\rho(x) = -x \frac{u_{xx}(x)}{u_x(x)} = 1$$

定理 8.3（凹性与风险厌恶）

令 u 和 $\hat{u}$ 为两个幸福（基数效用）函数，$\hat{u}$ 为 u 的凹函数变换。那么 $\hat{\alpha}(x) \geqslant \alpha(x)$ 且 $\hat{\varrho}(x) \geqslant \varrho(x)$。

因此，基数效用函数或幸福函数 u 越是"弯曲得厉害"，风险厌恶的程度就越高（不管是用哪个指数来解释，见图 8.12）。一个直接的结果是，任意给定一个前景，u 的弯曲程度越厉害，风险补偿式（8.5）就越高。[1]

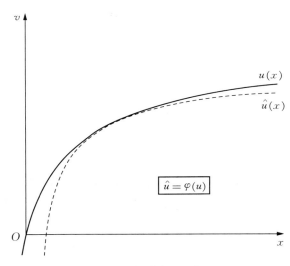

图 8.12 u 的凹性和风险厌恶

这可以让我们很方便地描述一个人的风险态度的变化，也可以用来比较不同人的风险态度（风险厌恶程度）。除了用主观概率来区别这个概念，我们有一个强有力的方法来比较个人的偏好。看一下图 8.13。在图 8.13（a）我们可以发现，阿尔夫和比尔为两个状态 RED 和 BLUE 赋予了相同的主观概率：状态—空间图形中的两组无差异曲线，跟 45°线的交点处的斜率相同。但是他们具有不同的风险厌恶程度：跟比尔相比，阿尔夫的无差异曲线更加凸向原点（他的幸福函数 u 更加凹）。与之对照，在图 8.13（b）中，阿尔夫和查理展现了相同的风险厌恶程度（他们的无差异曲线具有相同的"曲率"，并且与之相关的函数 u

---

[1] 迷你问题 15：根据詹森不等式［参见附录 A 的式（A.66）］来证明之。

也一样),但是跟阿尔夫相比,查理赋予了状态 RED 更高的概率权重(看一下无差异曲线和 45°线交点的斜率)。

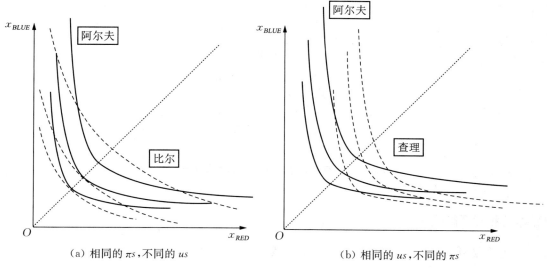

(a) 相同的 πs,不同的 us　　　　　　(b) 相同的 us,不同的 πs

图 8.13　风险态度的不同

8.4.3　特殊情形

风险厌恶指数 $\alpha(\cdot)$ 和 $\varrho(\cdot)$ 以及幸福函数 $u(\cdot)$ 都是一般概念。然而,在很多实际的模型中,我们需要关注一些特殊形式的 u。在许多可能有趣的特殊函数形式中,显然我们对这一类偏好很感兴趣,即对所有的 x,$\alpha(x)$ 和 $\varrho(x)$ 是常数。针对这两种情况,关于幸福函数 u,我们有一个特别方便的公式。

常数的绝对风险厌恶

在常数绝对风险厌恶的情况下,幸福函数一定是这种形式:[1]

$$u(x) = -\frac{1}{\alpha}e^{-ax} \tag{8.6}$$

或者是这个函数的递增仿射变换,参见式(8.2)。图 8.14 显示了式(8.1)中的效用函数在给定的常数 α 时状态空间里的无差异曲线:沿着任意一条 45°线,两种状态下的消费的 MRS 是常数。[2]

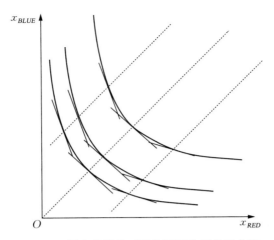

图 8.14　具有常数绝对风险厌恶的无差异曲线

常数的相对风险厌恶

在常数相对风险厌恶的情况下,幸福函数一定是这种形式:[①]

$$u(x) = \frac{1}{1-\varrho} x^{1-\varrho} \tag{8.7}$$

如图 8.15 或者式(8.7)的一些变换所示。[②]图 8.14 所示的是给定常数 ϱ 的情况下效用函数式(8.1)在状态空间内的无差异曲线:在这种情况下,我们看到,沿着从原点出发的射线,MRS 不变。

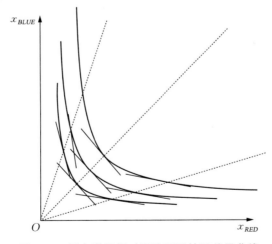

图 8.15　具有常数相对风险厌恶的无差异曲线

---

① 　迷你问题 18:根据定义 8.2 来证明式(8.7)[如果 $\varrho(x)$ 是常数 ϱ]。

② 　迷你问题 19:假设一个人的偏好满足式(8.1),u 由式(8.7)给出。证明如下情况发生时,图 8.15 会怎样变化:(1)π_ω 变化;(2)ϱ 变化。

实践中的微观经济学：人们有多么厌恶风险？

　　Barsky 等(1997)根据卫生和退休调查问卷(Health and Retirement Survey)中的问题(调查对象是在 1992 年的时候年龄为 51—61 岁的美国人，是美国全国范围内代表性样本的一个追踪调查)，获取了关于风险厌恶、主观时间偏好率以及跨期替换意愿的信息。问卷设计的问题涵盖了假设情形下的选择，即是否愿意接受关于一生中收入的赌局。他们的主要证据涉及个人在不同收入分布点上"相对风险容忍"的程度[$\varrho(x)$ 的倒数]。根据收入和财富分组的相对风险厌恶的估计，参见下图。

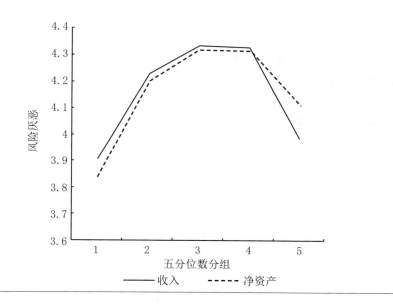

　　其他的特殊情形有时候也有用，特别是当 u 是二次函数的时候，参见练习题 8.10。

8.5　彩票和偏好

　　根据人们在面临未知将来的时候的偏好结构，可以推出概率的概念，除此之外，第 8.2—8.4 节的内容基本没有涉及概率。这样的处理是合适的，因为没有一个特别的情形需要我们引入一个明确的概率模型，但是现在我们要做一些改变。一个明确的概率模型意味着有一个良好定义的概率概念，这个概率跟通常的公理是一致的，并且概率分布在客观上是可知的。概率来自哪里？可能是抛硬币，可能是转轮盘，我们对此不细究，只是把它们看成是已知的。

　　考虑一些情形：概率分布(probability distributions)本身就是选择的目标。这种选择的动机是可以理解的，我们设想一个人在给定奖品的不同彩票之间做一个选择，不同奖品跟不同的可能状态有关：奖品是固定的，但是不同的彩票意味着不同的概率向量。

8.5.1　概率空间

为了形式化这个思想,我们假设一个有限的状态集 ϖ[如式(A.64)所示]:这个假定并不十分要紧,却可以让我们的分析大大简化。对应着每个状态,有一个收益 $\mathbf{x}_\omega$ 和概率 π_ω。我们可以设想定义在概率分布空间上的偏好,一个代表性的概率分布可以写成一个 ϖ 维的向量 π:

$$\pi:=(\pi_{RED}, \pi_{BLUE}, \pi_{GREEN}, \cdots) \tag{8.8}$$

满足

$$\sum_{\omega\in\Omega}\pi_\omega=1 \tag{8.9}$$

图 8.16 描述了 $\varpi=2$ 的情形,这里表示彩票分布的点集就是从$(0,1)$到$(1,0)$的 45°线:一个特定的分布$(0.75,0.25)$就是这条线上的一个点。另外,对于 $\varpi=3$ 的情形,我们可以参见图 8.17,这里表示正确的概率分布的点集就是$(1,0,0)$、$(0,1,0)$和$(0,0,1)$围成的阴影三角形;特定的分布$(0.5,0.25,0.25)$如图 8.17 所示。(图 8.16 和图 8.17 本质上跟例 7.1和图 B.24 中标准化的价格图是一模一样的。)$\varpi=3$ 的情形在图 8.18 中看得更清楚一些,这里的概率三角形已经变成平面了。

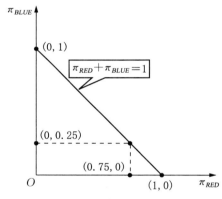

图 8.16　概率图形:$\sharp\Omega=2$

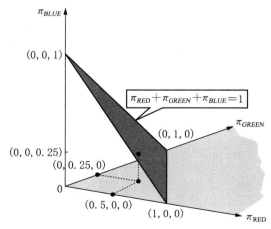

图 8.17　概率图形:$\sharp\Omega=3$

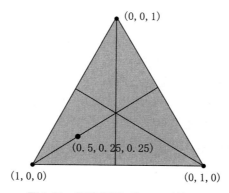

图 8.18 概率图形：♯Ω＝3（特写）

8.5.2 公理法

现在,我们考虑一个人在彩票空间上的偏好。我们再次对彩票进行"合理的"公理化,然后据此刻画偏好图形的结构(一类特别的效用函数),从而用来研究不确定性下的选择问题。

假设 π°、π' 和 π'' 是具有相同收益的彩票,每一个都是如同式(8.8)那样的 ϖ 维向量。对每个状态集 ϖ,跟给定的奖品集相关的收益是一个排序的消费向量[$\mathbf{x}_{RED}$, $\mathbf{x}_{BLUE}$, $\mathbf{x}_{GREEN}$, …],(0,1)是大于0、小于1的数集。这里有必要重新介绍不那么优美的"弱偏好"概念,我们最早在第 4 章用过(符号"$\geqslant$"应该读作"至少一样好")。下面是基本的公理:

公理 8.4(彩票的传递性)

如果 $\pi^{\circ} \geqslant \pi'$,并且 $\pi' \geqslant \pi''$,那么 $\pi^{\circ} \geqslant \pi''$。

公理 8.5(彩票的独立性)

如果 $\pi^{\circ} \geqslant \pi'$,并且 $\lambda \in (0,1)$,那么 $\lambda\pi^{\circ} + [1-\lambda]\pi'' \geqslant \lambda\pi' + [1-\lambda]\pi''$。

公理 8.6(彩票的连续性)

如果 $\pi^{\circ} > \pi' > \pi''$,那么存在数字 λ, $\mu \in (0,1)$,使得 $\lambda\pi^{\circ} + [1-\lambda]\pi'' > \pi'$,且 $\pi' > \mu\pi^{\circ} + [1-\mu]\pi''$。

下面是一个非常具有吸引力的结果,这个结果跟定理8.1相呼应(证明参见附录C):

定理 8.4(彩票偏好表示)

如果公理 8.4—公理 8.6 成立,那么偏好可以表示为冯·诺依曼—摩根斯坦效用函数:

$$\sum_{\omega \in \Omega} \pi_{\omega} u(\mathbf{x}_{\omega}) \tag{8.10}$$

这里,u 是 X 上的实值函数,可以进行递增的仿射变换。

有了上述三个关于彩票的公理,个人的偏好结构可以用预期效用的形式 $\varepsilon u(\mathbf{x})$。此外,效用函数式(8.10)可以改写为一个简单的"双线性"形式:

$$\sum_{\omega \in \Omega} \pi_{\omega} \upsilon_{\omega} \tag{8.11}$$

这里,$v_\omega:=u(\mathbf{x}_\omega)$是状态 ω 下的收益,用效用的形式表达。我们可以用两种等价的方式来看目标函数式(8.11):

    (1) 收益的加权和(收益是从消费中得到的效用;权重是概率)。

    (2) 概率的加权和(权重是标量的效用收益)。

版本 1 正是我们已经从不确定性下的偏好公理化中得到的(第 8.3 节)。当概率分布本身是选择目标的时候,版本 2 就更加自然。

    式(8.11)是线性的,意味着无差异曲线一定是图 8.19 所示的形式[1],将呈现下列的特征:[2]

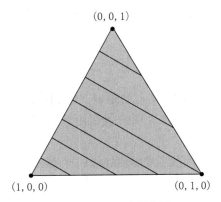

图 8.19　π 无差异曲线

    (1) 无差异曲线一定是平行的直线。

    (2) 如果 $v_{RED} > v_{GREEN} > v_{BLUE}$,那么斜率 $\dfrac{\mathrm{d}\pi_{BLUE}}{\mathrm{d}\pi_{RED}}$ 是正的。

    (3) 如果 v_{BLUE} 增加,那么斜率也增加。

因此,我们现在有了第二个方法来用期望效用表达个人在不确定性下的偏好。 如果概率

表 8.5　不确定性和风险:符号表示

π_ω	状态 ω 出现的概率
π_ω^h	h 认为 ω 出现的主观概率
u	幸福或效用函数
β_j	j 类债券的持有
$r_{j\omega}$	状态 ω 下 j 类债券的回报率
$p_{i\omega}$	依存于状态 ω 的商品 i 的价格
$\bar{y}$	初始财富
y_ω	状态 ω 下的财富

---

    ① 迷你问题 20:当 $\varpi = 3$ 时,表达所有概率分布集合还有一个方便的方法,即在二维图形上把 π_{RED} 放在横坐标,π_{GREEN} 放在纵坐标。(1)在这个图形表达中,所有可能彩票的集合是个什么形状?(2)在这个图形中,π_{BLUE} 是如何被决定的?(3)在这个图形中,一个预期效用最大化之人的无差异曲线是什么形状?

    ② 迷你问题 21:在 $\varpi = 3$ 的情形下,根据基本特征式(8.9)和式(8.11)的双线性形式的效用,证明之。

可以被良好定义,并且显然是已知的,那么这个研究不确定性和选择的方法就特别有用。在赌博机、彩票、赛马以及类似情景中,用这个方法来研究理性选择是合适的。但这个方法的应用并不局限于此。我们将在第 10 章发现,在分析和求解特定类型的经济问题时,明确的随机化通常是一个合适的工具:潜在的应用范围很广。

8.6　贸 易

关于如何刻画不确定性下的个人偏好,现在我们已经有了一个相当宽泛的观点;接下来,我们看一下这个分析的应用。考虑把第 7 章的交换经济分析,逻辑推广到一个确定性的世界。我们再次使用图 8.1 引入的时间惯例。

8.6.1　状态依存商品:竞争性均衡

如果存在 n 种物质商品(凤尾鱼、牛肉、香槟······)和 ϖ 种可能的状态(RED,BLUE,···),那么,从早上的时点来看,一共有 $n\varpi$ 中可能的"状态依存商品"(RED 下的凤尾鱼,BLUE 下的凤尾鱼,RED 下的牛肉······)。有可能存在早上开放的市场,使得上述标签的状态依存商品可以被买卖。然后,根据第 7 章的原理,我们有:

定理 8.5(状态依存商品的均衡)

如果所有人都是风险厌恶的或者中性的,那么存在市场出清的状态依存商品价格:

$$[p_{i\omega}], \quad i=1,\cdots, n, \quad \omega \in \Omega \tag{8.12}$$

可以支持一个交换均衡。[①]

如果只有一种物质商品($n=1$)和两个状态,那么这个情形可以用图 8.20 来描述。此

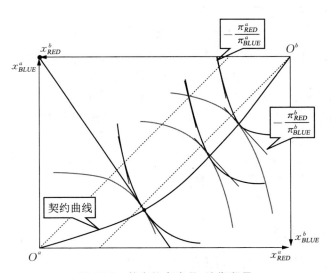

图 8.20　状态依存商品:均衡贸易

---

① 迷你问题 22:在什么情况下,我们有可能放松这个定理中关于风险厌恶的假设?

时阿尔夫的禀赋是$(0,y_{BLUE})$,比尔的禀赋是$(y_{RED},0)$,方框图的大小是$y_{RED}\times y_{BLUE}$。沿着穿过原点O^a的45°线,在阿尔夫的无差异曲线和这条线的交点处,斜率相等;沿着穿过原点O^b的45°线,在比尔的无差异曲线和这条线的交点处,斜率相等;如图所示,关于这两个事件,阿尔夫和比尔有不同的主观概率:

$$\frac{\pi^a_{RED}}{\pi^a_{BLUE}} > \frac{\pi^b_{RED}}{\pi^b_{BLUE}}$$

换言之,跟比尔相比,阿尔夫赋予了状态 RED 更高的概率。从禀赋点(左上角)到契约曲线上的均衡点的连线就是均衡的状态依存商品的价格。①

但是,状态依存商品的数量$n\overline{\omega}$可能非常巨大,这意味着,期望所有的这些市场在实践中都存在就过于乐观了。可以缩小这个问题的规模吗?

8.6.2 金融资产

我们接下来介绍"证券"或金融资产,它们就是一些文件,声称"如果状态ω出现,持有人将获得 1 美元"。如果h这个人在早上持有的禀赋为y^h的财富,并且以价格σ_ω购买了量为z^h_ω的证券ω,那么$\sum_{\omega\in\Omega}\sigma_\omega z^h_\omega\leqslant y^h$。如果(早上)购买商品$i$的价格是$p_{i\omega}$(商品$i$依存于状态$\omega$),$p_i|\omega$是(下午)商品$i$的价格(给定状态$\omega$在午饭时间已经发生了),那么证券市场的均衡(所有企业盈亏平衡)要求:

$$\sigma_\omega p_i|\omega = p_{i\omega}$$

用通俗的语言表述,就是:

证券ω的价格×当ω出现时香槟的价格=给定ω的香槟的状态依存价格

因此存在一个两阶段预算过程:

(1)选择证券z^h_ω:这个和ω的实现一起决定了下午的收入。

(2)给定状态ω已经出现了,选择下午的购买量$\mathbf{x}^h_\omega$,以便最大化$u^h(\mathbf{x}^h_\omega)$。

这样看上去可以减少问题的数量级,合理分解最优化问题。

但是,存在一个陷阱。人们必须在早上就进行金融资产的购买(到午饭时间就太迟了)。当他们这样做的时候,他们是否知道,在每个可能的状态ω,对于每一种商品i,$p_i|\omega$将是多少?这看上去是一个相当苛刻的要求,但是为了在第一阶段进行合理的证券购买z^h_ω,他们必须掌握这个信息。尽管存在这样一个逻辑上尴尬的困境,这个两阶段的简化还是让个体决策者的问题变得更方便处理。

8.7 个体最优化

基于我们已经在第 8.6.2 节中讨论的两阶段问题,我们可以扩展家庭偏好和约束的基

---

① 迷你问题 23:针对如下的两个特殊情形,重新绘制图 8.20:(1)经济中的总体财富是固定的,不依赖于状态;(2)阿尔夫和比尔有相同的主观概率。

本模型,来刻画不确定性的本质特征。我们将运用第 4 章讨论的标准消费者行为理论和第 5 章介绍的家庭生产模型。我们将进一步扩展第 8.6.2 节中介绍的金融资产理念,以便关注风险下行为的比较静态分析。

为了刻画场景,考虑一个不确定世界中消费者最优化问题的一般模型。下午你必须去购买食物和衣服等。你能花的钱可能是随机的(从早上来看),但是你在早上做出的选择,可以影响一个概率分布,而这个概率分布又影响到你的收入。这些选择涉及你金融资产的处置,包括购买债券和保险合约。

在我们着手分析模型的细节之前,我们再次根据图 8.1 来锚定几个概念,这些概念将在分析中用到。时间安排是根据如下顺序进行的:

(1) 初始禀赋是给定的。个人就金融资产做出决策。

(2) 状态 ω 出现:这个状态和早已做出的金融决策决定了状态 ω 下的最终财富。

(3) 给定最终财富,个人根据事后的效用函数和当时的主导价格决定消费组合。

第 8.7.2 节展现了一个明确的模型:首先,我们详细考察,在一个不确定性下选择的典型问题中,个人的可得集是什么形状。

8.7.1 可得集

我们需要考虑决策者在不确定性下的机会,即市场环境和预算约束。我们已经介绍了其中的一个方面,我们考虑了一个人是否愿意用一个给定的随机前景 x 来交换一个确定的收益 ξ:人们是有可能把不喜欢的风险置换掉的。然而,是否有一个类比于第 4 章和第 5 章那个类型的预算集?

接下来关注两个关键的情形:一是个人的禀赋是完全确定的,二是禀赋是随机的,然后分别用一个例子来推理。

确定的禀赋:证券选择

回到上述两种状态(RED/BLUE)的例子,看图 8.21,这个图表示了证券组合问题的可得集。设想一个人无论在哪个状态下都可以得到一个数量为 $\bar{y}$(用美元表示)的禀赋。他可以用这个钱来购买债券(以美元计价)。只有一种债券:如果状态 BLUE 出现,那么债券可以带来 r° 的回报;如果状态 RED 出现,那么债券的收益为 r',我们假设 $r' > 0 > r^\circ > -1$。

因此,如果个人购买的债券的量为 β,然后以货币的形式持有余额 $\bar{y} - \beta$,那么以事后财富表示的收益为:

$$y_{RED} = [\bar{y} - \beta] + \beta[1 + r']$$

或者

$$y_{BLUE} = [\bar{y} - \beta] + \beta[1 + r^\circ]$$

换言之,

$$(y_{RED}, y_{BLUE}) = (\bar{y} + \beta r', \bar{y} + \beta r^\circ) \qquad (8.13)$$

基于这个例子的构建,对于正数的 β,我们有 $y_{RED} > \bar{y} > y_{BLUE}$。在图 8.21 中,点 $\bar{\bar{P}}$ 和 P_0 分别表示 $\beta = 0$ 和 $\beta = \bar{y}$ 这两种情形。显然,连接点 $\bar{\bar{P}}$ 和 P_0 的线的斜率为 r°/r',是一个负数,P_0 点的坐标是 $([1+r']\bar{y}, [1+r^\circ]\bar{y})$。给定可以进入这样一个债券市场,这条线上的任意点都在可行集内;假设在两种情况下都可以自由处置收益,因此可得集 A 一定包括深色阴影面积中的所有点(如图 8.21 所示)。还有更多这样的点吗?

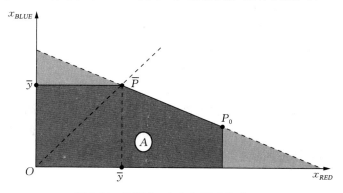

图 8.21 可得集:安全和风险资产(1)

首先,考虑集合 A 上面的浅色阴影部分中的点。如果一个人可以购买的债券的数量是负的,那么从 P_0 到 $\bar{\bar{P}}$ 的线可以延长,直到跟纵轴相交:这意味着这个人正在向市场出售债券。这是否是一个符合实际的命题,取决于其他人对他的"金融稳健性"的评估:如果 RED 实现了,他可以全部付清吗? 在某些很小的交易中,这是非常合理的,比如朋友之间就赛马打赌。否则的话,为了让别人购买他的债券,他必须提供一个非常大的 r'(相对于 r°)。

其次,考虑 A 右边区域里的点。我们为什么不可以把连接 $\bar{\bar{P}}$ 和 P_0 的线延长到跟横轴相交? 要这样做的话,他就不得不找一个人愿意"赊账"出售债券,因为他会购买一个债券的量 $\beta > \bar{y}$。发送这个信贷的人将不得不承担一个风险,因为当 BLUE 出现的时候,这个人会破产。所以可以找到的债权人,愿意借给他的现金的量,是使得他能够购买 $-\bar{y}/r^\circ$ 这么多债券的点。当然,在一些情况下这可能是一个符合常理的假设,但是更合理的假定是,这个人不得不为此支付一个很高的风险补偿。相应地,可行集可能看上去像图 8.22,尽管对很多情形而言,图 8.21 是更合理的形状。

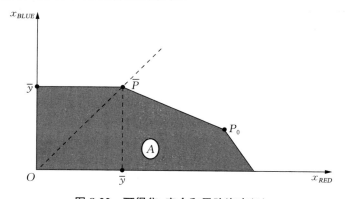

图 8.22 可得集:安全和风险资产(2)

随机禀赋：保险问题

现在用同一个图形法来考虑一个不同的问题，参见图 8.23。假设个人的禀赋本身是随机的：当 RED 出现的时候，禀赋等于 y_0；当 BLUE 出现的时候，禀赋等于 y_0-L，这里 $0<L<y_0$。举个例子，状态 BLUE 出现的时候，一个人的房子可能毁于一场火灾；当状态 RED 出现的时候，没有火灾，房子无损。y_0 是没有灾难时你的资产的总价值，L 是损失的货币价值。假设可以购买火灾保险，然后解释图 8.23。如果完全的风险覆盖是可能的，那么风险补偿表示为：

$$\kappa=y_0-\bar{y} \tag{8.14}$$

那么，这类完全覆盖保险的结果将在 $\bar{P}$ 点。如果个人还可以按照相同的价格购买部分保险，那么从 $\bar{P}$ 到 P_0 的整个线段（也就是整个的阴影多边形区域）一定位于可得集 A 内。

在这种情况下，我们也可以看到，对个人而言可能没有更多的点了。将区域内的集合 A 扩大到穿过点 $\bar{P}$ 的横线之上，再次考虑这样做的含义是什么。在这个区域内的任意一点，房子烧掉（比不发生火灾）对这个人而言更好。这个人算是过度保险了，这种做法通常是不被赞许的。人们不赞成这种做法的原因在于一个概念：道德风险（moral hazard）。道德风险指的是，被保险人的行为可能影响特定事件发生的概率。我们一直把不同事件发生的概率（"客观的"或者"主观的"）看成是外生给定的。但是在现实生活中，一个人的房子毁于火灾的概率，部分取决于他的疏忽或者细心。如果一个人知道一旦他的房子毁于火灾，保险公司可以为他兜底，那么他倾向于疏忽大意；更进一步，如果他知道当事件 BLUE 发生的时候，他可以从中获利，那么他就会倾向于玩忽职守。因此保险公司通常会避免过度保险，而且会包含一个"超额条款"（否则叫做"共同保险"），这使得部分阴影面积无法实现。

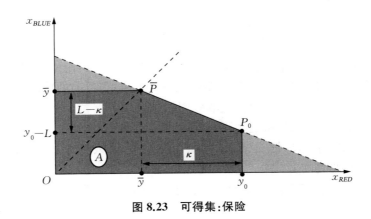

图 8.23　可得集：保险

此外，类似于证券选择例子中的理由，A 右边的阴影区域也不太可能被包含在可得集中。

8.7.2 最优点的组成部分

为了设定个人的最优化问题,我们以第 8.7.1 节中的模型为例,即禀赋是确定的。然而,我们会加入另外一个考虑,即以"债券"的形式持有多种金融资产的可能性。最初,这个人给定的财富量为 $\bar{y}$,他可以用这个财富来投资债券,债券类型有 $1,\cdots,m$。用 β_j 表示持有的类型 j 的债券的量;那么,在任意特定的状态 ω,我们可以定义债券 j 带来的收入如下:

$$\text{状态 } \omega \text{ 时 } j \text{ 的回报}\times\text{持有的债券 } j = r_{j\omega}\beta_j$$

那么,金融决策之后,这个人的财富变成了:

$$y_\omega = \bar{y} + \sum_{j=1}^m r_{j\omega}\beta_j \tag{8.15}$$

参见式(8.13)。然后我们可以进一步设定一个标准的消费者最优化模型,这个模型以特定状态 ω 的实现为条件:

$$\max_{\mathbf{x}} U(\mathbf{x}) \quad \text{s.t.} \sum_{i=1}^n p_i x_i \leqslant y_\omega$$

这里,p_i 是 $p_i|\omega$ 的缩写,即当状态 ω 出现时实际的商品价格,然后得到以 ω 为条件的需求函数:

$$x_i^* = D^i(\mathbf{p}, y_\omega)$$

如果商品的价格是已知的,我们可以把状态 ω 下的最大效用写成 $u(y_\omega) := V(\mathbf{p}, y_\omega)$,这里,$V$ 就是通常的间接效用函数(定义 4.6)。如果所有可能的状态数是有限的,那么我们还可以解下面这个问题:

$$\max_{\beta_1,\cdots,\beta_m} \sum_{\omega\in\Omega} \pi_\omega u(y_\omega) \text{ s.t. } y_\omega = \bar{y} + \sum_{j=1}^m r_{j\omega}\beta_j$$

但是,我们此前已经分析了这类经济问题。这跟第 5 章讨论的一般的"家庭生产"或"商品和特征"模型非常类似。我们只需要转化一些术语;在目前的情形下:

(1) y_{RED},y_{BLUE},$\cdots$是人们直接获取效用的"消费品";

(2) $\beta_1,\cdots,\beta_m$ 对应的是家庭购买的"市场商品"或者"投入";

(3) 给定统一的利率,根据式(8.15)在每个状态下,个人有一个线性的技术把购买的资产转化为可支配的收入。

如图 8.24 所示,这里可得集 A 的每个顶点对应的是不同类型的债券。[①]每个面的斜率为:

$$\frac{r_{j+1,BLUE} - r_{j,BLUE}}{r_{j+1,RED} - r_{j,RED}} \tag{8.16}$$

① 迷你问题 24:如图所示,债券 1 和债券 7 可能没有兴趣:简要解释为什么。

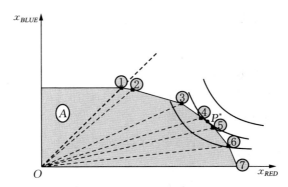

图 8.24　拥有多种金融资产时的消费者选择

　　基于第 5.4 节的分析,在这个设定下关于金融资产的购买,对这个人的决策,我们能说什么呢? 对最优选择而言,较差的金融资产是无关紧要的。在 m 种资产中,可能有很多是零,如图 8.24 所示,只购买了两种资产。结果是,当回报率变化的时候,人们对金融资产的需求可能出现跳跃,某些特定的资产被购入或者被放弃。如果个人的无差异曲线不是位似的,那么当初始财富增加的时候,就会出现需求的跳跃。[①]

8.7.3　组合问题

　　如果我们把注意力放在一个面上发生的事情,那么我们可以发现更多的东西。然后,在只有两种状态的情形下,这个问题实际上等价于我们在第 8.7.1 节讨论的问题。然而,尽管我们将在两种状态的情形下阐述这个问题(基于图 8.21),我们的方法更具一般性,因为我们将允许任意多的可能状态。

　　因此,我们采用一个只有两种资产的模型:货币和债券。这个人有一个确定数量的初始财富 $\bar{y}$(禀赋)。债券的回报率 r 是一个随机变量,具有已知的分布,均值为正且是有限的;r 的密度函数如图 8.25 所示。

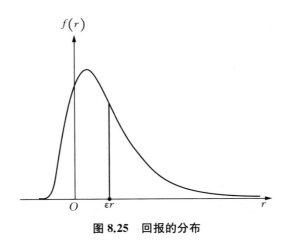

图 8.25　回报的分布

如果这个人选择持有的债券量为 β,那么金融决策之后的财富为:

$$y = \bar{y} + \beta r \tag{8.17}$$

这也是一个随机变量——将其与式(8.13)和式(8.15)作比较。假设这个人的偏好由形式为 $\varepsilon u(y)$ 的效用函数表示,这里 y 由式(8.17)给出。

我们现在可以设定简化的最优化问题:

$$\max_{\beta} \varepsilon u(\bar{y} + \beta r) \ \text{s.t.} \ 0 \leqslant \beta \leqslant \bar{y} \tag{8.18}$$

这个最优化问题内点解的一阶条件为 $\varepsilon\left(r\dfrac{du(y)}{dy}\right) = 0$,在点 $y = \bar{y} + \beta r$ 处计算。用 u_y 表示 u 的一阶条件,这可以更简洁地表示为如下等价的形式:

$$\varepsilon\left(ru_y(\bar{y} + \beta r)\right) = 0 \tag{8.19}$$

(参见图 8.26 中的点 P^*)。[①]

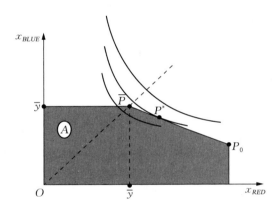

图 8.26　消费者选择:安全和风险资产

假设内点解之后,原则上,我们可以通过解式(8.19)得到债券的最优购买量 β^*,它是禀赋资产 $\bar{y}$ 和回报率 r 的概率分布的函数。

根据这个方法,我们可以得出一个直截了当的结论。考虑图 8.26 中的 $\bar{P}$ 点附近会发生什么;具体来讲,考虑 β 从 0 开始有一个微小的增加,这将对个人的效用产生怎样的影响:

$$\left.\frac{\partial\varepsilon\left(u(\bar{y} + \beta r)\right)}{\partial\beta}\right|_{\beta = 0} = u_y(\bar{y})\varepsilon r \tag{8.20}$$

因此,给定收入的边际效用是正的[$u_y(\bar{y}) > 0$],如果 εr 是正的,那么 β 对效用的影响也一定是正的。我们有如下的结果:

定理 8.6(风险承担)

　　如果一个人是不满足的且具有冯·诺依曼—摩根斯坦效用函数,并且如果风险承担

---

　　① 迷你问题 26:对于如下两个可能的内点解,对应于式(8.19)的一阶条件是什么?(1)个人选择将所有的资源都以无风险资产的形式持有;(2)个人将全部的资源用于购买债券。

的期望回报是正的,那么这个人将持有一份数量为正的风险资产。

通过模型化个人预算约束的合适变化,当市场环境发生变化的时候,对风险资产的最优需求 β^* 将如何变化? 这个问题应该很有趣。我们可以根据一阶条件式(8.19)来看比较静态分析中的几个问题。

禀赋增加

通过对式(8.19)中的 $\bar{y}$ 求一阶导数,我们来分析个人资产变化的效果:

$$\varepsilon\left(ru_{yy}(\bar{y}+\beta^* r)\left[1+r\frac{\partial\beta^*}{\partial\bar{y}}\right]\right)=0 \tag{8.21}$$

这里,$u_{yy}(\bullet)$ 表示二阶导数 $\mathrm{d}^2u(\bullet)/\mathrm{d}y^2$。式(8.21)意味着:

$$\frac{\partial\beta^*}{\partial\bar{y}}=\frac{-\varepsilon\left(ru_{yy}(\bar{y}+\beta^* r)\right)}{\varepsilon\left(r^2 u_{yy}(\bar{y}+\beta^* r)\right)} \tag{8.22}$$

式(8.22)的分母毫无疑问是负的,因为 u_{yy} 一定是负的(根据风险厌恶的假定),r^2 一定是非负的。然而,分子可正可负,因为风险资产的回报可正可负。因此,财富对风险承担的影响看上去并不明确。为了解决这个模糊效应,我们引入一个额外的偏好假定:

公理 8.7(递减的绝对风险厌恶)

$\alpha(x)$ 随着 x 的增加而递减。

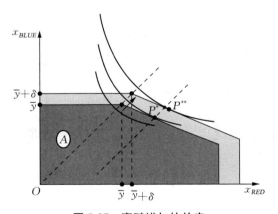

图 8.27 禀赋增加的效应

这对幸福函数 u 施加了一个额外的限制。[1]但是如果我们引入递减的绝对风险厌恶,再加上其他标准的假定,那么我们可以证明(参见附录 C):

定理 8.7(风险承担和财富)

如果一个人具有冯·诺依曼—摩根斯坦效用函数和递减的绝对风险厌恶,持有一个数量为正的风险资产,那么他对风险资产的投资量会随着初始财富的增加而增加。

---

① 迷你问题 27:这个额外的限制可以表示为 u 的三阶导数的一个条件。这个条件是什么?

如果人们的风险厌恶随着禀赋的增加而递减,那么当他们的财富增加的时候,他们会购买更多的风险资产。这可以参见图 8.27。最初的均衡如 P^* 所示,浅色阴影部分表示的是当 $\bar{y}$ 增加到 $\bar{y}+\delta$ 时的可得集的增加。根据式(8.13)可以看出,如果债券的持有被固定在 β^*,那么当 $\bar{y}$ 增加的时候,点 P^* 将沿着 45°线外移。然而,图中所示的无差异曲线表明的是递减的绝对风险厌恶(不变的相对风险厌恶),新的均衡在 P^{**},位于穿过 P^* 的 45°线的右边:持有的债券一定增加了。

分布的右移

如果风险资产的回报以一种明确有利的方式变化,那么风险承担将发生怎样的变化?我们分析这个问题的时候,可以假设 r 的概率分布被"转化"了,就是在每个 r 的值上增加了相同的数量 τ,参见图 8.28;然后我们看 β^* 如何对 τ 的微小变化做出反应(这个微小变化发生在 $\tau=0$ 附近)。

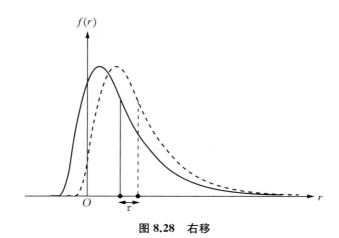

图 8.28 右移

在 r 上面增加一个数量 τ 之后,式(8.19)的一阶条件变成了:

$$\varepsilon([r+\tau]u_y(\bar{y}+\beta^*[r+\tau]))=0 \tag{8.23}$$

对式(8.23)中的 τ 求导:

$$\varepsilon(u_y(\bar{y}+\beta^*[r+\tau]))+\beta^*\varepsilon([r+\tau]u_{yy}(\bar{y}+\beta^*[r+\tau]))$$
$$+\frac{\partial\beta^*}{\partial\tau}\varepsilon([r+\tau]^2u_{yy}(\bar{y}+\beta^*[r+\tau]))=0 \tag{8.24}$$

令 $\tau=0$,我们发现:

$$\varepsilon(u_y(y))+\beta^*\varepsilon(ru_{yy}(y))+\frac{\partial\beta^*}{\partial\tau}\varepsilon(r^2u_{yy}(y))=0$$

这里,y 由式(8.17)给出。因此,在 $\tau=0$ 附近,我们有:

$$\frac{\partial \beta^*}{\partial \tau} = -\frac{\varepsilon(u_y(y))}{\varepsilon(r^2 u_{yy}(y))} - \beta^* \frac{\varepsilon(u_{yy}(y))}{\varepsilon(r^2 u_{yy}(y))} \tag{8.25}$$

给定式(8.22),式(8.25)变成了:

$$\frac{\partial \beta^*}{\partial \tau} = -\frac{\varepsilon(u_y(y))}{\varepsilon(r^2 u_{yy}(y))} + \beta^* \frac{\partial \beta^*}{\partial \bar{y}} \tag{8.26}$$

根据式(8.26)的表达方式,显然,如果 β^* 随着个人财富 $\bar{y}$ 的增加而增加,那么它也一定随着分布的有利移动而增加。递减的绝对风险厌恶是这一结果的充分条件(尽管不是必要条件)。

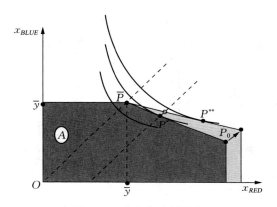

图 8.29   分布右移的效应

上述分析如图 8.29 所示。可得集 A 随着点 P_0 沿着 45°线的外移而扩展,因此 A 的边界围绕着 $\bar{P}$ 旋转。穿过 P^* 的虚线就是当购买的债券的绝对量 β 保持不变时的轨迹:新的均衡 P^{**} 一定位于这条线和 A 的新边界的交点的右边(用空心圆圈表示)。

分布范围的扩展

假设 r 的概率分布被"扩大"了,也就是说,在 r 的每个可能值上乘以一个确定的常数 t;然后我们看在 $t=1$ 附近,t 的变化如何影响 β^*。一阶条件变成了:

$$\varepsilon(tru_y(\bar{y}+\beta^* tr))=0 \tag{8.27}$$

对上式中的 t 求导,我们发现:[1]

$$\frac{t}{\beta^*}\frac{\partial \beta^*}{\partial t}=-1 \tag{8.28}$$

式(8.28)意味着最优的债券购买 β^* 注定递减;债券购买和标量因子 t 的弹性是 -1。得到

---

[1]   迷你问题 28:写出求导的步骤,并且用类似于图 8.29 的图来表明结果。

这个结果,我们不需要一个关于风险厌恶的特别假定。

实践中的微观经济学:较大的不确定性真的意味着更不愿意冒险吗?

Delavande 和 Rohwedder(2011)研究了未来社保收益的不确定性对美国退休计划决策的影响,当然这个不确定性是人们心目中设想的。根据健康和退休研究互联网调查(Heath and Retirement Study Internet Survey)和记录,他们认为,未来收益的不确定性越高,人们的财富以股票形式持有的比例就越小。

8.7.4 保险

根据第 8.7.1 节的内容我们可以知道,保险的经济问题本质上跟刚刚讨论的组合问题可以用相同的方法来处理,也就是说,人们在安全资产和风险资产之间的权衡取舍取决于人们自己对事件的主观概率、风险厌恶的本质以及风险资产的回报。的确,有些结果可以直接复制过来。例如,我们看一下如何"转化"这个结果:如果风险的期望回报是正的,那么人们将持有一个数量为正的风险资产(定理 8.6)。

根据图 8.23 和相关的讨论,我们可以归纳出如下的结论。如果损失发生的风险是 π_{BLUE},损失的大小是 L,那么下式成立的时候,期望的支出等于从保险公司得到的期望收益:

$$\pi_{BLUE}L = \kappa \tag{8.29}$$

这里的 κ 是风险补偿,由式(8.14)给出。简单验证就可以看出,式(8.29)等价于:

$$\frac{L-\kappa}{\kappa} = \frac{\pi_{RED}}{\pi_{BLUE}} \tag{8.30}$$

式(8.30)的左边是(一)可得集 A 的边界的斜率;右边是(一)无差异曲线和 45°线相交的点的斜率。因此,如果保险补偿的设定使得保险公司可以实现预期盈亏平衡式(8.29),那么无差异曲线和点 $\bar{P}$ 的机会集相切:个人在最优点是完全保险的。这意味着,如果保险条款是不公平的[在表达式(8.14)和式(8.29)中用"<"替换"="],那么个人将选择少于完全保险或者根本不买保险,即均衡将在 $\bar{P}$ 和 P_0 连线的内部或者在最右侧端点。这正好对应着定理 8.6。

其他结果也可以用类似的方法得到。例如,如果递减风险厌恶的个人选择部分保险,那么当他的财富增加的时候,他的保险覆盖的数量不会增加(参见练习题 8.15)。[①]然而,这种类型的分析假定这类风险的保险市场是存在的,但是在什么情况下,才会存在这样的一个市场呢?

---

① 迷你问题 29:假设个人选择了部分保险,保险公司削减了风险补偿。假设绝对风险厌恶递减,用类似于图 8.29 的图来表明,所选择的保险覆盖数量将怎么变化。

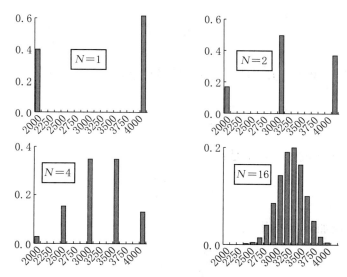

图 8.30　数量变化的效果

　　首先,一个必要条件是市场上有大量的人,这样才可以聚集风险。举个例子,考虑一个克隆人的经济体。每个克隆人面临着相同的财富损失的独立风险,并且用相同的主观概率来评估风险:损失 2 000 美元的概率是 0.4,损失 4 000 美元的概率是 0.6。假设所有的克隆人组织起来,同意将他们的财富聚集起来,平分实现的总收益。显然数学期望是3 200 美元。现在考虑图 8.30。随着经济体的人数复制为 2,4,8,16,……,我们可以看到个人的收益分布很快变得对称,并且集中在期望值附近。在极限状态下,任何不同于期望值收益的概率将变得几乎为零。如果保险公司由大量的"小股东"拥有,也就是说,如果保险盈亏的份额足够分散,那么风险不仅被聚集了,还被分散了。在这样的情形下,保险市场的供求双方就出现了有效的竞争。

　　在有大量决策者的情形下,给定上述的概率,在保险公平的价格上,每个人都应该"购买保险"抵抗其收入面临的风险。但是这个例子也揭示了一些陷阱:

　　(1) 存在上述的"道德风险"问题。我们必须假定没有人能够直接影响任一特定收益发生的概率。

　　(2) 极限状态下每个人的影响必须足够"小"。

　　(3) 风险必须是独立的——如果所有决策者的风险是密切相关的,那么上述结果就不成立了。

　　(4) 收益在不同人之间必须是可交易的,以可转让商品的形式进行交易。但是在现实中,在人们面对的一些风险中,收益是无法转移的,损失也是无法用金钱补偿的。

上述的任何一个原因都可能使得保险市场不存在;第 11 章将进一步探讨这个问题及其相关的问题。

　　例 8.3

　　基于例 8.1 中的偏好,考虑一个彩票。如果你赢了,回报是 $r=W$;如果你输了,回报是 $r=-L$。如果这个人投资的量是 β,效用是:

$$U(x_{RED}, x_{BLUE}) = \frac{1}{4}\log(y+W\beta) + \frac{3}{4}\log(y-L\beta)$$

期望回报率是 $\varepsilon r = \frac{1}{4}W - \frac{3}{4}L$。最大化的一阶条件是:

$$\frac{W}{4[y+W\beta^*]} - \frac{3L}{4[y-L\beta^*]} = 0$$

整理后,我们得到最优的投资水平是:

$$\beta^* = \frac{W-3L}{4LW}y$$

求导即可得到 y 增加对 β^* 的影响:

$$\frac{\partial \beta^*}{\partial y} = \frac{W-3L}{4LW}$$

如果 $\varepsilon r > 0$,则上式是正的。因此,高收入人群投资得多!

总　结

　　不确定下的决策问题的基本研究方法可以看成是消费者理论的一个直观扩展,即通过考虑一组在不同状态下可加可分的效用函数来分析。另外,面临风险的情况下市场均衡和个人组合行为的分析直接来自我们前面章节中关于核的分析,前提是我们要合适地模型化偏好和机会。

　　显然,这个方法的核心是期望效用的概念——参见定理 8.1 和定理 8.4。但是为什么要重复这个概念和方法? 研究这个问题的第一个方法表明,效用函数的特殊结构很自然地来自偏好的连贯表达,而这里的偏好是定义在"状态依存商品"空间上的,并没有特定的概率构造。第二个方法表明的是,当我们把概率分布(彩票)看成是选择问题的关注点时,将会发生什么。第一个方法和第 5 章讨论的决策标准分析建立了关键的联系;第二个方法则奠定了第 10 章的博弈分析的基础。

进一步阅读

　　关于彩票选择的期望效用分析的基础,参见 von Neumann 和 Morgenstern(1944)及 Friedman 和 Savage(1948),关于更早的具有穿透性的批评,参见 Allais(1953)和 Ellsberg(1961)。在一定意义上,冯·诺曼依—摩根斯坦方法建立在 Bernouilli(1954)的经典贡献之上,最早发表于 1738 年;正因如此,有人把冯·诺曼依—摩根斯坦效用函数称为 Bernouilli 效用函数。Machina(1987)提供了一份有用的研究。关于不确定性的消费者理论方法,参见 Deaton 和 Muellbauer(1980)。

　　关于这里阐述的经典的伯努利、冯·诺依曼—摩根斯坦方法,其实还有一些重要的替代。考虑修改一下式(8.1)中的期望效用,这里,每个 π 都做了转化,都超过一些小的数字,这里的 u 函数看上去像"S"形,而不是图 8.11 的形状。跟现状相比,表示获益和亏损的收益函数的形状是不同的。这是前景理论(prospect theory)方法的核心模型的开始:经典文献是 Kahneman 和 Tversky(1979);关于这个问题的一个有趣的非正式讨论,参见 Kahneman(2011)。

风险厌恶的概念来自 Arrow(1970)和 Pratt(1964)。关于递增风险厌恶的条件的讨论,参见 Menezes 等(1980)。关于风险态度和不确定性下个人行为一致性的更多证据,参见 Choi 等(2007)。

练习题

8.1 假设为了参加一场竞赛,你需要支付 2 美元。奖金是 19 美元,你获胜的概率是 1/3。你的期望效用函数是 $u(x) = \log x$,你当前的财富是 10 美元。

(1) 这个竞赛的确定性等价是多少?

(2) 风险补偿是多少?

(3) 你是否应该参加这个比赛?

8.2 你要寄送一个价值 1 000 欧元的包裹。你估计有 0.1% 的概率包裹会在运输过程中丢失或者被损坏。一家保险公司给你提供一项保险服务,以 15 欧元的保费来覆盖这个可能的风险。如果你是风险中性的,你应该购买保险吗?

8.3 考虑如下定义的风险厌恶。令 $P := \{(x_\omega, \pi_\omega) : \omega \in \Omega\}$ 是一个随机的前景,这里 x_ω 是状态 ω 下的收益,π_ω 是状态 ω 的(主观)概率,令 $\varepsilon x := \sum_{\omega \in \Omega} \pi_\omega x_\omega$ 是这个前景的均值,令 $P_\lambda := \{(\lambda x_\omega + [1-\lambda]\varepsilon x, \pi_\omega) : \omega \in \Omega\}$ 是最初的前景及其均值的一个"混合"。给定 $0 < \lambda < 1$,如果一个人永远认为 P_λ 优于 P,那么定义这个人是风险厌恶的。

(1) 用类似于图 8.6 的图来表示这个概念,并与风险厌恶的概念对比。

(2) 证明这个风险厌恶的概念并不一定意味着凸向原点的无差异曲线(Rothschild and Stiglitz, 1970)。

8.4 这是一个阿莱悖论(Allais, 1953)的例子。假设你需要在两种彩票之间做出选择。在一种情形下,你需要在 P_1 和 P_2 之间做出选择;在另一种情况下,你需要在 P_3 和 P_4 之间做出选择,具体如下:

$$P_1:\ 1\,000\,000\ \text{美元} \qquad 概率 = 1$$

$$P_2: \begin{cases} 5\,000\,000\ \text{美元} & 概率 = 0.1 \\ 1\,000\,000\ \text{美元} & 概率 = 0.89 \\ 0 & 概率 = 0.01 \end{cases}$$

$$P_3: \begin{cases} 5\,000\,000\ \text{美元} & 概率 = 0.1 \\ 0 & 概率 = 0.9 \end{cases}$$

$$P_4: \begin{cases} 1\,000\,000\ \text{美元} & \text{概率}=0.11 \\ 0 & \text{概率}=0.89 \end{cases}$$

通常的情况下,人们认为 P_1 优于 P_2,同时认为 P_3 优于 P_4。证明这样的偏好违反了独立性公理。

8.5 这个例子用来说明失望(Bell,1988;Machina,1989)。假设收益如下:

$$x'': \text{在你最喜欢的度假地过个双人周末}$$
$$x': \text{同一地点的摄影书}$$
$$x°: \text{炸鱼晚餐}$$

你在确定性下的偏好是 $x'' \succ x' \succ x°$。现在考虑如下的两个前景:

$$P_1: \begin{cases} x'' & \text{概率}=0.99 \\ x' & \text{概率}=0 \\ x° & \text{概率}=0.01 \end{cases} \qquad P_2: \begin{cases} x'' & \text{概率}=0.99 \\ x' & \text{概率}=0.01 \\ x° & \text{概率}=0 \end{cases}$$

假设一个人的偏好认为,P_1 优于 P_2。简要解释一下为什么现实中将出现这个情形。这样的偏好违反了第 8.3 节中的哪个公理?

8.6 下面这个例子来说明后悔。令:

$$P := \{(x_\omega, \pi_\omega) : \omega \in \Omega\}$$
$$P' := \{(x'_\omega, \pi_\omega) : \omega \in \Omega\}$$

是可供一个人选择的两个前景。如果这个人选择了 P 而不是 P',定义"期望后悔"为:

$$\sum_{\omega \in \Omega} \pi_\omega \max\{x'_\omega - x_\omega, 0\} \tag{8.31}$$

现在考虑练习题 8.4 中的前景选择。证明:如果一个人关心的是最小化式(8.31)度量的期望后悔,那么很合理的是,这个人会在 P_1 和 P_2 之间选择 P_1,在 P_3 和 P_4 之间选择 P_3(Bell,1982;Loomes and Sugden,1982)。

8.7 埃尔斯伯格悖论中的一个例子(Ellsberg,1961)。有两个分别标注着 L 和 R 的瓮里各有 100 个球。你知道在 L 的瓮里正好有 49 个白球,剩下的是黑球,R 瓮里有黑球和白球,但是不知道确切的比例。考虑如下的两个实验:

(1) 从 L 瓮或 R 瓮中抽取一球。在抽取之前,这个人必须先选择 L 瓮或者 R 瓮。如果从选定的瓮中抽取的球是黑球,那么获得奖金 1 000 美元,否则无奖金。

(2) 再次从 L 瓮或者 R 瓮中抽取一球;同样,在抽取之前,这个人必须在 L 瓮和 R 瓮中做一个选择。现在如果从选定的瓮中抽取的球是白球,获得奖金 1 000 美元,否则无奖金。

你观察到一个人在两个实验中都选择了 L 瓮。证明这违反了公理 8.3。

8.8 在一个不确定的情形下,正好有两个可能的状态 $i = 0, 1$,一个人的偏好由如下的函数表示:

$$-\alpha y_0^{-\gamma} - \beta_1^{-\delta}$$

这里，y_i 是状态 i 下的收益，α，β，γ，δ 是参数。

(1) 要保证这些偏好可以用冯·诺依曼—摩根斯坦效用函数表示，对参数应该施加怎样的限制？

(2) 要保证个人是风险厌恶的，对参数应该施加怎样的限制？

(3) 如果参数的值为 $\alpha = \beta = \gamma = \delta = 1$，收益是 $y_0 = 1$，$y_1 = 3$，求确定性等价和风险补偿。

8.9 参考练习题 8.8 中的世界，但是现在假定个人的偏好由如下的函数表示：

$$-\alpha \exp(-\gamma y_0) - \beta \exp(-\delta y_1)$$

(1) 在这种情况下你对练习题 8.8 中的问题(1)和问题(2)的回答是什么？

(2) 假设 $y_0 = 0$，$y_1 = \ln(9)$，$\alpha = \beta = \gamma = \delta = 1$。确定性等价的收入是多少？

8.10 一个人面临这样一个前景，前景的货币收益由随机变量 x 表示，x 在实线 $[\underline{a}, \bar{a}]$ 的有界区间内分布。他的效用函数为 $\varepsilon u(x)$，这里：

$$u(x) = a_0 + a_1 x - \frac{1}{2} a_2 x^2$$

其中，a_0，a_1，a_2 都是正数。

(1) 证明：这个人的效用函数还可以写成 $\varphi(\varepsilon x, var(x))$。在以 εx 和 $var(x)$ 为坐标轴的图上画出这个人的无差异曲线。讨论改变参数 a_1 和 a_2 对无差异曲线图形的影响。

(2) 要使得模型有意义，$\bar{a}$ 的值必须是多少？（提示：参考 u 的一阶导数。）

(3) 证明：绝对和相对风险厌恶都随着 x 的增加而增加。

8.11 一个人生活在时期 1 或时期 2。如果他能够生活两个时期，他的效用函数由式(5.14)给出，这里的参数 δ 是纯粹的时间偏好率。生存到时期 2 的概率是 γ，如果在时期 2 无法生存的话，效用是 0。

(1) 证明：如果个人在不确定性下的偏好由式(8.1)的函数形式表达，那么这个人的效用可以写成：

$$u(x_1) + \delta' u(x_2) \tag{8.32}$$

则参数 δ' 的值是多少？

(2) 如果这个人可以生存的时期数无法确定，那么效用函数的合适形式是什么？我们假设任何相邻两期的时间偏好率都相同，同时假设给定已经生存在了当前时期，生存到下一期的概率保持不变。

8.12 一个人有如下的目标函数：$\varepsilon u(y)$。这里的 u 是一个递增的、严格凹的、二阶可导的函数，y 是他的税后的最终财富的货币价值。他有一个初始的资产存量 K，可以以债券或者现金的形式持有。如果以债券的形式持有，他可以获得一个随机的回报率；如果以现金的形式持有，那么回报率为零。假设 $\varepsilon r > 0$ 且 $\Pr\{r < 0\} > 0$。

(1) 如果他投资债券的数量为 $\beta (0 < \beta < K)$，所得税率为 t，写出他的最终可支配财富的表达式，假定损失可以完全抵税。

(2) 求决定他的最优债券组合 β^* 的一阶条件。

(3) 考察 t 的一个微小增加对 β^* 的影响。

8.13 人们持有财富的方式是债券或者现金,或者是二者的组合。债券的回报率是一个具有已知分布的随机变量:预期回报率是正的,但是回报率低于零的概率也是正的。现金的回报率永远是零。

(1) 如果有人持有一个资产组合,那么在债券回报率变成已知之后,计算他(税前)财富的表达式。

(2) 下列事件发生之后,计算他的可支配(税后)财富:

① 征收等比例的收入所得税,这个所得税具有完全的损失抵消(即税收对称处理亏损和盈利)。

② 征收等比例的财富税。

(3) 假设这个人选择的资产组合构成,可以最大化可支配财富的效用的期望值。在上述两个税收计划中,求解决定最优债券持有的一阶条件。

(4) 政府顾问指出,如果采纳收入所得税,那么税率的增加会增加债券的持有,但是如果对财富征税,那么这样一个相似的结果就不会出现。他们的说法正确吗?

8.14 一个纳税人有收入 y,他应该向税务部门报告他的收入。税收是按照一个不变的税率 t 征收的。当 $0 \leqslant x \leqslant y$ 时,纳税人会报告 x,他知道税务部门会审计一些税收。假设纳税人的报告被审计到的概率是 π,当进行审计的时候,真实的应纳税收入将变成公共知识,因此,如果 $x < y$,那么纳税人必须同时缴纳欠缴的税收和罚金,罚金等于 s 乘以欠缴税收。

(1) 如果纳税人选择 $x < y$,证明:在两种可能状态下的可支配收入 c 给定:

$$c_{NOAUDIT} = y - tx$$
$$c_{AUDIT} = [1 - t - st]y + stx$$

(2) 假设个人选择 x 的目的是最大化如下的效用函数:

$$[1 - \pi]u(c_{NOAUDIT}) + \pi u(c_{AUDIT})$$

这里,u 是递增的而且是严格凹的。

① 写出内点最大值的一阶条件。

② 证明:如果 $1 - \pi - \pi s > 0$,那么个人肯定会低报收入。

(3) 如果最优报告收入 x^* 满足 $0 < x^* < y$:

① 证明:如果罚金提高,那么被低报的收入将减少。

② 如果真实收入提高了,那么被低报的收入会增加还是减少?

8.15 一个风险厌恶的人拥有财富 y_0,面临损失 $L < y_0$ 的风险概率为 π。一家保险公司愿意提供保险来覆盖损失,保费为 $\kappa > \pi L$。可以在等比例的基础上取出部分保险覆盖,使得可以以 $t\kappa$ 的代价来获得 tL 的损失覆盖($0 < t < 1$)。

(1) 解释为什么这个人不会选择完全保险。

(2) 求决定最优 t 值(t^*)的条件。

(3) 如果其他参数保持不变,当 y_0 增加的时候,t 将怎么变?

8.16　考虑一个竞争性的、价格接受的企业,面对如下的两种情景之一:

(1)"不确定性":价格 p 是一个随机变量,期望值为 $\bar{p}$。

(2)"确定性":价格固定在 $\bar{p}$。

企业的成本函数为 $C(q)$,这里 q 是产出,它在寻求最大化利润的期望效用。

(1)假设企业必须在价格宣布**之前**选择产量水平。构建企业的最优化问题,推导最大值的一阶条件和二阶条件。证明:如果企业是风险厌恶的,那么递增的边际成本不是最大化的必要条件,并且在"确定性"和"不确定性"之间,企业严格偏好"确定性"。证明:如果企业是风险中性的,那么它在"确定性"和"不确定性"之间是无差异的。

(2)现在假设当 p 宣布之后,企业可以选择 q,边际成本是严格递增的。根据企业的竞争性供给函数,将利润写成 p 的函数,并且证明利润函数是凸的。因此,证明:一家风险中性的企业将严格偏好"不确定性"(而不是"确定性")。

8.17　每年阿尔夫销售自家果园产的苹果。尽管苹果的市场价格保持不变(等于1),阿尔夫果园的产出是个变量,好年景和坏年景下的产量分别为 R_1 和 R_2;好年景和坏年景出现的概率分别为 $1-\pi$ 和 π。比尔作为买家,跟阿尔夫签订了一份苹果购买合同,预付了订金(不管年景如何),如果好年景出现,还将支付一个额外的津贴。

(1)假定阿尔夫是风险厌恶的,使用一张类似于图 8.20 的图来勾画他愿意接受的合同。假设比尔也是风险厌恶的,在同一张图中画出比尔的无差异曲线。

(2)假定比尔知道阿尔夫的可接受集的形状,在图形中画出最优合同。基于阿尔夫和比尔的效用函数,写出这个问题的一阶条件。

8.18　在练习题 8.17 中,如果下列事情发生,对合同的影响是什么?(1)比尔是风险中性的;(2)阿尔夫是风险中性的。

福　利

社会对其成员而言像是父母。社会要繁荣，它的价值必须清晰、连续且整体可接受。

——米尔顿·萨帕斯坦（Milton S. Sapirstein），《日常生活悖论》（*Paradoxes of Everyday Life*，1955，8）

9.1　引言

本章我们将考察社会福利概念的一些解释。我们将回答这样的问题：个人的"福利"指的是什么？"社会福利"指的是什么？二者之间有什么关系？

对于第一个问题，我们继续采用一个简单的假定：一个人的福利是由他或她消费的商品和服务来决定的。但是进一步思考会引出更大的问题：如果人们是利他主义的或者嫉妒他人的，那么一个人的效用会受其他人的消费水平影响。第二和第三个问题需要更多的思考。"社会福利"跟个人福利有关；但是除了这句无关痛痒的陈述，如果我们再多想一层，那么显然我们必须谨慎。我们必须小心处理本章所需的基本概念：人、社会以及使用微观经济学工具来分析的社会状态。

人（people）。在我们的讨论中，有些地方我们说公民，有些地方我们说消费者。当我们说公民的时候，我们把人看成是独立的个体；当我们说消费者的时候，我们把人看成家庭成员，然后把家庭看成相关的经济决策者。没有一个完美的统一表达，标准的福利经济学关心的是个体的人及其福利，但是消费者行为经常发生在小的群体内部，比如夫妻或者其他伙伴关系（第9.5.2节有一个关于二者之间联系的简要介绍）。基本上我们可以通过情境来决定哪种决策者是合适的。这个实用的方法对当前的分析层次而言是足够的，本章不适用于分析家庭经济学。

社会（society）。对于当前的目的而言，"社会"只是给定的一组人。有时候赋予一个更加具体的含义也是有用的，比如国家：具体是什么含义在情境中会很明确。但是人群的组合被看成是给定的：我们不去考虑社会如何形成或者如何分解为其他的社会。

社会状态（social states）。跟描述社会状态相关的问题可以是非常宽泛的：例如，可能包括所有公共和私人的经济物品的配置，以及其他的非经济实体的配置。但是在有些讨论中，我们关注更狭义的社会状态的定义，比如私人物品的配置。

"福利"这个话题所引出的问题很多、很杂,很难把他们合成一个单一的主题。为了提出一些基本要点,我们用渐进的方式,考虑三个方法:

(1) 我们探究"社会偏好"(所有可能社会状态的排序)能否逻辑一致地从单个公民对所有可能社会状态的排序中推导出来。

(2) 我们考察某些显然合理的原则能否提供一个令人满意的评估社会状态的基础。

(3) 我们考虑限制社会偏好特定结构的含义,社会偏好的结构要在一定程度上尊重个人的偏好。

这些方法未必是不兼容的,但是它们代表了不同的研究路线,来探究有用的做法。

9.2　构成方式

我们如何把个体选择的思想扩展到社会环境? 或许重新使用第 4 章的一些工具是合理的,比如跟效用和无差异曲线相关的工具。然而,我们不去试图定义和详述"社会无差异曲线",而是研究一个更基本的概念:"社会排序"的存在,换言之,所有可能社会状态的排序。这个方法让我们在一个基本层面上考察如何组合经济或社会的问题。

9.2.1　一个社会选择模型

我们先看一些术语和符号。

环境

当我们开始考虑影响整个社区的问题时,我们允许用非常广义的词来描述社会状态,包括经济问题和非经济问题:用 θ 表示一个特定的社会状态,用 Θ 表示所有可能的社会状态的集合。

社会中的每个决策者 h(每个家庭或者个人),在 Θ 内的社会状态上,都有一个良好定义的排序 $\succcurlyeq^h$;这意味着每个决策者对社会状态的排序满足完备性和传递性,同时也是自反的(也就是说 θ 跟它自身一样好)。"$\theta \succcurlyeq^h \theta'$"读作:"$h$ 认为,社会状态 θ 不比社会状态 θ' 差"。用 $\succcurlyeq$(没有上标 h)表示社会状态的排序,称之为社会排序(social ordering),用符号 $\succ^h$ 和 $\succ$ 分别表示 h 和社会的严格(strict)偏好。这是对第 4 章介绍的个人选择中所用符号的一个改动。

可能有一个系统的方法,可以根据所有的个人 $\succcurlyeq^h$ 来推导 $\succcurlyeq$。换言之,可能存在一个函数 Σ,使得:

$$\succcurlyeq = \Sigma(\succcurlyeq^1, \ \succcurlyeq^2, \ \cdots, \ \succcurlyeq^h, \ \cdots,) \tag{9.1}$$

规则 Σ 叫做一个构成(在有些文献中也叫做一个社会福利函数)。构成 Σ 的自变量中有一组偏好——换言之,一组个人的偏好序或者效用函数(不是效用水平)——每个偏好序对

应着一个 h；①它的结果就是产生一个排序。

问题

因此，构成 Σ 是加总偏好的一个概念工具。福利经济学的一个核心问题是，能否找到这样的一个偏好加总构成以满足某些合理的前提条件。要赋予"社会偏好"或者"社会排序"以实质内容的话，那么这就是我们主要关心的问题。毕竟，除了其成员之外，一个社会还包含什么呢？因此，要使得这个概念有一定的意义，要么从外部施加社会偏好，要么它要跟个体关于社会状态的偏好有关。需要立刻解决的问题是：构成 Σ 要具备怎样的特征，才能使它成为一个"合理的"方法，将个体偏好 $\geqslant^h$ 和总体偏好 $\geqslant$ 联系起来？考虑如下的四个要求：

公理 9.1(普遍性)

构成定义在所有逻辑上可能的个体偏好组合上。

公理 9.2(帕累托一致性)

对任意 $\theta, \theta' \in \Theta$，如果对所有的 h，$\theta \succ^h \theta'$，那么 $\theta \succ \theta'$。

公理 9.3(无关选项的独立性)

两个不同的偏好组合在一些子集（$\hat{\Theta} \subset \Theta$）上是相同的。那么，对应每个组合的社会排序在 $\hat{\Theta}$ 是相同的。

公理 9.4(没有独裁)

不存在这样一个个人 h，使得对于所有的 $\theta, \theta' \in \Theta$：$\theta \succ^h \theta' \Rightarrow \theta \succ \theta'$。

第一个要求不言自明。公理 9.2 要求的是，如果一个构成使得所有人一致严格偏好一个社会状态，那么"社会"也将严格偏好这个社会状态。公理 9.3 类似于不确定性下选择理论中的"独立性"要求（公理 8.2）和彩票选择理论中的"独立性"要求（公理 8.5）。公理 9.4 要求不存在一个永远具有决断权的人，来决定社会是否将一个状态置于另一个之上。

一个关键结果

关于结构的主要结果说起来很简单，显然语气上比较负面。

定理 9.1(阿罗不可能定理)

如果存在两个以上的社会状态，那么不存在满足公理 9.1—公理 9.4 的 Σ。

这个负面的结果是不是特别令人不安呢？并非如此，前提是我们认真解释它实际上在说什么。仔细想一下，也不奇怪，毕竟一个群体中存在潜在的利益冲突。如果不可能定理不成立，那反而让人奇怪了。

这个结果的要点

定理 9.1 并没有说合理的结构永远都不存在，这算是个好消息，因为社会自我安排的

---

① 迷你问题 1：假设我们用一个效用函数 U^h 来表示偏好 $\geqslant^h$。如果我们用 $a + bU^h$ 来替代式(9.1)中的 U^h，那么 $\geqslant$ 将发生怎样的变化？如果我们用 $\varphi(U^h)$ 来替代式(9.1)中的 U^h，那么 $\geqslant$ 将发生怎样的变化？

结构有时候也不完全是奇怪的。但是它确实意味着太不明确了，以至于我们无法期待用一个规则（比如 Σ）来得到"社会意愿"或"社会偏好"，且同时满足下列要求：

(1) 一个真正的排序；

(2) 跟公理 9.1—公理 9.4 一样的一般化且具有吸引力；

(3) 只是人们在社会状态上排序的函数。

这意味着有三种可能的方法走出不可能定理的明显困局。

9.2.2　对不可能定理的一个回应？

对定理 9.1 的一个可能的回应是，勉强接受这个难以接受的结论：如果公理 9.1—公理 9.4 被接受，那么"社会偏好"将不会像个人偏好一样，社会偏好可能既不符合完备性，也不符合传递性，而通常理解的"排序"是要满足这两个特点的。另外，这个结果关心的，不仅仅是得到理性社会偏好的可能性，而且还关心其他小型群体的偏好。因此，集体选择，不管是一个国家、俱乐部、公司，乃至一个家庭，都有可能不是"理性的"，即都不是我们通常所假定的个体理性。在一定程度上放松两个特征中的某一个，我们或许可以取得一些进展①，但是即便如此，上述不可能定理的一些结论依然适用。

第二个方法是考察公理 9.1—公理 9.4，看看其中的某个或某几个能否在一定条件下、在一定程度上被放弃。可以有几种方法来做到这一点，但是我们先给定公理 9.2 和公理 9.4（如果一个社会选择规则公然违背了帕累托一致性标准或者将选择权交给了希特勒这样的独裁者，那么这种设定不太可能有什么前途）。如何有效地放松公理 9.1 和公理 9.3？

公理 9.1 的问题是，人们可能对构成 Σ 的要求过多，因为公理 9.1 要求 Σ 适用于个人偏好的每种可能模式。在实践中，以某种方式限制一下"相关"偏好的范围可能是合理的，比如通过一些经验的一般化（"你们年轻一代美国人希望减少政府干预"），或者限制个人偏好比较重要的区域。后者的一个方面说明如下。

考虑一个可能性：只有某种特定类型的偏好在经验上是重要的。有可能出现的是，尽管人们在社会状态的相对可取性上存在较大差异，但是所有公民的排序具有相似的结构。例如，考虑一个情景：所有的社会状态可以用一个单一的变量来表示——比如投入国防的（同质）国家资源的比例；其他所有可能的变量是固定的。图 9.1 刻画了三个人的偏好：陆军退伍军人阿尔夫、禁止核武器主义者比尔和具备常识的普通人查理。横坐标度量的是投入国防的国家资源的比例，纵坐标表明的是每个人对 θ 范围的偏好强度。纵坐标的刻度是随意的：如果你喜欢，你可以想象这个坐标轴度量的是效用，效用的大小在人与人之间是不具可比性的。阿尔夫永远希望更多的资源被投入国防中；比尔的偏好结构正好与之相反；查理不喜欢上述两种极端类型。三个人都属于单峰（single-peaked）偏好的例子，即沿着表达社会状态的线，最多只有一个峰值。假设每个人的偏好都是单峰结构，考虑一个多数投票计划作为式（9.1）中的 Σ 的可能候选（给定 θ 和 θ' 之间的一个选择，当且仅当更

---

① 迷你问题 2：有些作者建议放松传递性的要求，改为准传递性（quasi-transitivity），这意味着允许一种可能性：(i)如果 $\theta > \theta'$；(ii)θ 和 θ' 被认为是无差异的；(iii)θ' 和 θ'' 也被认为是无差异的。思考这个概念在进行社会状态的判断时有什么用处？

喜欢 θ 的人数超过更喜欢 θ' 的人数,θ 优先于 θ')。根据图 9.1,我们可以发现这个条件带来了一个行为良好的状态排序[$\theta, \theta', \theta''$],实际上,多数投票对状态的排序正是这个顺序。

与之对照,如果偏好看起来如图 9.2 所示的那样,那么多数投票将无法得出一个三种状态的良好定义的排序:在这种情况下,我们可以看到社会选择规则中明显的非传递性。①偏好的这个特征可以一般化。

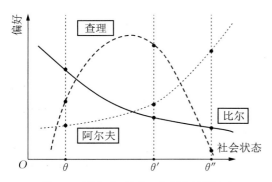

图 9.1 阿尔夫、比尔、查理和炸弹(1)

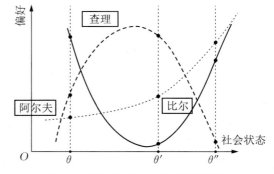

图 9.2 阿尔夫、比尔、查理和炸弹(2)

定理 9.2(布莱克定理)

如果投票者数目是奇数,并且所有人都有单峰偏好,那么多数投票程序可以产生一个完备的、传递的社会排序。

对这个结果,人们不应该过于兴奋。首先,单峰偏好在一些情况下是一个非常强的假设。其次,"单峰性"这个理念很难应用于一些情形,比如社会状态集 Θ 是多维的。②看起来,在处理定理 9.1 的结论时,单纯限制可接受偏好的模式本身帮助不大。

如果我们放松公理 9.3 的无关选项独立性(IIA),那么当然可以得到一个良好定义的排序。但是依然不清楚的是,这是否是一个大的进步。考虑放松 IIA 的投票系统的两个例子:

(1) 相对多数投票(得票多者当选议员的选举制度)。对所有的社会状态同时进行投票。选择那个获得最大数量选票的。这个制度的问题是它只是关注"高票"状态,并不考虑后面分布中的投票人的偏好。中低票状态的选票也就被认为是"浪费"了。

(2) 排名顺序投票(或者德波尔达投票)。让每个投票者将数字 1 赋予最差的选项,数字 2 赋予倒数第二的选项,3 赋予倒数第三的选项……以此类推。令 $\sharp(\theta)$ 为状态 θ 的点数;那么当且仅当 $\sharp(\theta) > \sharp(\theta')$,构成将把 θ 置于 θ' 之上。$\sharp(\theta)$ 的使用提供了一个完整的、传递的排序;但是这个排序极其依赖赋予选票的点数系统。例如,如果一个人赋予的点数系统为[1, 2, 4, 8, …],而不是[1, 2, 3, 4, …],那么出现的将是一个不同的排序。

---

① 迷你问题 3:写出阿尔夫、比尔和查理在[$\theta, \theta', \theta''$]上的偏好(以排序的形式)。证明:对于图 9.1 中的偏好,基于每对状态的多数投票规则可以产生一个定义良好的获胜者[被称为孔多塞(Condorcet)获胜者];对于图 9.2 中的偏好,多数投票无法产生一个定义良好的获胜者。

② 迷你问题 4:考虑一个二维社会状态的情形:国防支出和福利支出。假设阿尔夫、比尔和查理在集合 $\{\theta, \theta', \theta''\}$ 上具有相似的偏好结构;阿尔夫总是更偏好国防;比尔的偏好正好相反;查理的偏好是二者平分。要使得"单峰性"特征成立,要对选项集 $\{\theta, \theta', \theta''\}$ 施加怎样的限制?

这种构成有一个更加干扰人的特征,直接显示了为什么无关选项独立性的假定非常有吸引力。在这个构成下,考虑社会状态的一个子集,它优于所有其他的子集;现在通过只舍弃一些较差的状态来缩小社会状态集的规模;人们会发现,尽管最初的"最优状态"子集依然存在,当选择是从更受限制的状态集中做出时,那么它们未必依然被认为是"最优的"。①

处理不可能定理的第三个方法是改变 Σ 的范围。回想一下,Σ 的自变量是排序的组合;因此,如果我们转换效用函数 U^h,我们可以对 U^h 进行一个任意的递增转换,而不会影响 Σ 产生的社会排序。如果人们放弃这个而赋予效用函数 U^h 一个基数的含义,那么人们实际上是允许构成 Σ 去考虑人们的偏好强度。这需要知道更多关于偏好的信息;我们将在考虑具体的社会福利函数时再探讨这个问题(第 9.5 节)。在社会决策规则方面,关于投票体系的奇特之处,有许多例子。

实践中的微观经济学:奥林匹克运动会举办地选择,以及无关选项独立性

国际奥林匹克委员会在选择 2000 年奥运会举办地的时候,选择情况如下。每一列表示一轮投票,以及每轮投票淘汰掉的城市。考虑几列组合所显示的排序。显然,悉尼能否排在北京的前面,取决于曼彻斯特的权重是否被迫为零(比较第 3 列和第 4 列)。它所隐含的构成违背了无关选项独立性。

城市 ＼ 轮	1	2	3	4
悉 尼	30	30	37	45
北 京	32	37	40	43
曼彻斯特	11	13	11	—
柏 林	9	9	—	
伊斯坦布尔	7	—		

9.2.3 构成方法的重要性

这里看到的结果给人一种相当沮丧的感觉,或许让我们感觉进入了一个死胡同。其

① 迷你问题 5:考虑一个有如下投票极致的经济体,有四个社会状态,三个人的偏好如下:

阿尔夫	比尔	查理
θ	θ'''	θ'
θ''	θ	θ'''
θ'	θ''	θ''
θ'''	θ'	θ

针对如下的每种情形,计算每种状态的总票数:(1)假定 $\Theta=\{\theta,\theta',\theta'',\theta'''\}$;(2)假定 $\Theta=\{\theta,\theta'''\}$。证明:在假定(1)下,$\theta$ 的排序和 θ''' 相同,优于其他状态。证明:在假定(2)下,θ''' 优于 θ。

实并不然。构成的结果完成了两个非常重要的任务。首先,这里的分析让我们看清楚的,不仅仅是社会选择问题在根本上是很困难的,而且告诉我们为什么是困难的。我们需要这一点,然后我们可以向前看社会福利的其他方法。其次,它为经济设计领域的重要发展奠定了基础。我们将在第 12 章详述这个问题。

9.3　社会判断的原则:效率

我们现在看一下第 9.1 节中所列出的三个路径中的第二个:寻找一个"合理的"原则来评估社会状态。最明显的一个原则是效率;因为这个问题非常重要,我们考虑的不仅仅是原则本身,而且更详细地探究它在第 7 章考虑的那类经济模型中的应用。

效率通常是不言自明的原则。这部分是因为我们通常在图形上表达这些问题。你看到了一个生产可能性集合,你的眼睛立刻就关注到边界。你看到了预算约束,同样你的眼睛也在关注边界,也就是所有预算被用掉,从而没有"浪费"的情况。但是如果效率通常被认为是一个可取的东西,那我们就需要在一个经济模型中考虑如何刻画它。

首先,我们引入一些符号表示。令 v^h 表示决策者 h 的效用水平。对于任一状态 $\theta \in \Theta$,令:

$$v^h = v^h(\theta) \tag{9.2}$$

这里,$v^h(\cdot)$ 是一种"简写式"的函数,给出了个人或家庭 h 在状态 θ 的效用:这个函数包含了所有的详细信息,这些信息是关于 h 的效用水平是如何通过市场或其他机制来决定的。我们来介绍如下的两个概念:

定义 9.1

对于任意两个状态 θ, θ',状态 θ 帕累托优于状态 θ',当且仅当:(1)对于所有的决策者 h,$v^h(\theta) \geqslant v^h(\theta')$;(2)至少对于一个决策者 h,$v^h(\theta) > v^h(\theta')$。

定义 9.2

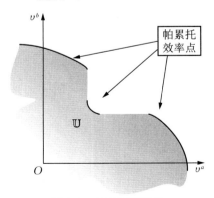

图 9.3　效用可能性集

状态 θ 是帕累托效率的,当且仅当:(1)θ 是可行的($\theta \in \Theta$);(2)不存在任何可行的 θ' 帕累托优于 θ。

作为"帕累托优于"这个术语的同义语,我们有时候使用"帕累托主导"这个术语。当一个帕累托更优的选项存在的时候,我们的推测就是拒绝掉任何"无效率的"状态 θ'。所有帕累托效率的结果如图 9.3 所示。阴影面积表示的是效用可能性集 $\mathbb{U}$,即阿尔夫和比尔的效用水平的可得集,前提是给定经济总资源的技术水平以及其他可能的约束。用粗线表示的边界部分叫做帕累托效率点。[①]一旦我们掌握了这些基本

---

①　迷你问题 6:(1)如果阿尔夫和比尔的效用函数 U^h 被变换之后的效用函数 $\alpha + \beta U^h$ 取代,这个图形将如何变化? (2)如果效用函数被变换后的函数 $\varphi^h(U^h)$ 取代(φ^h 是单调递增函数),这个图形将如何变化? (3)在效用可能性集上任取一点,画出帕累托优于该点的点集。

思想,自然会想到如下的问题:

(1) 什么类型的配置会产生帕累托效率的结果?

(2) 帕累托效率状态的设定在哪种方式上会依赖于商品的特征?

(3) 效率和均衡概念的关系是什么?

(4) 偏离效率的程度应该如何量化?

上述问题中的最后一个将在第 9.3.2 节回答。为了处理另外三个问题,我们需要考虑一个关系:个体消费者层面上的物品和服务与整体经济层面上的商品之间的关系。根据物品内在的物理特征或者配送的手段特征,我们对物品进行划分;总结在表 9.1 中。

表 9.1 中的一个单元格我们已经很熟悉了:在需求分析和一般均衡分析的时候,当考虑所有消费者的商品需求加总的问题时,我们遇到过"私人物品"的概念。微观经济学中有一个不言自明的假定,即所有的物品都是纯粹的私人物品。但是这个假定要求每个商品都满足两个特征,在一些情形下,这可能是不合适的。这两个特征如下所示。

(1) 竞争性(rivalness)。假设有 n_h 个消费者,每个消费者至少消费一单位的商品 i,商品 i 的边际成本(用其他商品度量)是 c。现在设想一个额外的消费者(第 n_h+1 个)加入进来需求商品 i。如果商品 i 的性质使得多提供一单位商品 i 给第 n_h+1 个消费者,必须消耗其他商品,那么我们说商品 i 是竞争性的(rival)。如果多提供一单位商品 i 给新的消费者不需要牺牲其他商品,那么我们说商品 i 是非竞争性的(non-rival)。

(2) 排他性(excludability)。假设有 n_h 个消费者,每个消费者至少消费一单位的商品 i。如果可以毫无成本地阻止另外的消费者来消费商品 i,那么商品 i 就被称为排他的(excludable)。如果无法排除额外的个人来消费商品 i,那么商品 i 就被称为是非排他的(non-excludable)。

一个(完全)排他性的例子是,你可以对商品定价,而不需要额外的费用来保证消费者实际上付了费。随着技术的进步,竞争性和排他性特征都可能变化。此外,排他性取决于经济体中施行的制度,例如,拒绝个人消费某种特定的商品是否是合法的。基于这两个概念,我们有:

定义 9.3

如果商品 i 既是竞争的,又是排他的,那么它就是**纯粹私人**(pure private)物品。

定义 9.4

如果商品 i 既是非竞争的,又是非排他的,那么它就是**纯粹公共**(pure public)物品。

表 9.1　物品分类

	竞争的	非竞争的
排他的	纯粹私人物品	?
非排他的	?	纯粹公共物品

其他类型的物品(比如表 9.1 中标注问号的地方)在经济上也是有趣的。关于这个问题更多的讨论,可以参见第 13 章。

9.3.1 私人物品和市场

关于帕累托效率配置所需的经济条件,我们现在概括一个推导方法。经济环境的类型跟我们用于标准竞争均衡方法时是一样的。在这个环境中,有 n 种商品,n_h 个消费者,n_f 家企业;h 消费 x_i^h 单位的商品 i,企业 f 生产商品 i 的净产出的量为 q_i^f;n 维向量 $\mathbf{x}^h$(第 i 个元素为 x_i^h)表示的是 h 的消费篮子;n 维向量 $\mathbf{q}^f$(第 i 个元素为 q_i^f)表示的是 f 的活动。在这个世界中,社会状态 θ 完全决定于配置 $\mathbf{a} := ([\mathbf{x}], [\mathbf{q}])$,这里,$[\mathbf{x}]$ 是 $[\mathbf{x}^1, \mathbf{x}^2, \cdots, x^h, \cdots]$ 的简写,即 $h = 1, 2, \cdots, n_h$ 的消费向量列表,$[\mathbf{q}]$ 是 $[\mathbf{q}^1, \mathbf{q}^2, \cdots, \mathbf{q}^f, \cdots]$ 的简写,即企业 $f = 1, 2, \cdots, n_f$ 的净产出向量列表。

表 9.2　效率问题的要素

x_i^h	h 消费的商品 i 的量
q_i^f	f 对商品 i 的净产出
R_i	i 的资源存量
U^h	h 的偏好
$\mathbf{\Phi}^f$	f 的技术
拉格朗日乘数	
λ_h	效用约束
μ_f	技术可行性
κ_i	物资平衡

为了在这个环境中刻画经济效率,我们要完成如下任务:

(1) 我们按照三个基本要素来设定一个经济:偏好、技术和总资源,参见表 9.2。

(2) 除家庭 1 之外,我们为每个家庭选择一个任意(可行的)的效用水平 $\bar{v}^h$。把家庭 1 作为例外没有特别的含义:可以任选其他的家庭作为例外。

(3) 然后我们在三个约束下最大化家庭 1 的效用。每一个其他的家庭必须实现上述设定的目标效用水平,即对每个 $h = 2, \cdots, n_h$:

$$U^h(x^h) \geqslant \bar{v}^h \tag{9.3}$$

每个企业的生产函数必须在技术上是可行的:

$$\mathbf{\Phi}^f(\mathbf{q}^f) \leqslant 0 \tag{9.4}$$

对每种商品而言,物资平衡条件必须满足:

$$x_i \leqslant q_i + R_i \tag{9.5}$$

在没有生产外部性的纯粹私人物品情形下,如下的加总特征成立:

$$x_i = \sum_{h=1}^{n_h} x_i^h \tag{9.6}$$

$$q_i = \sum_{f=1}^{n_f} q_i^f \tag{9.7}$$

效率问题可以设定为最大化如下的拉格朗日函数：

$$\mathcal{L}([\mathbf{x}],[\mathbf{q}],\lambda,\mu,\kappa;\bar{v},\mathbf{R}):=U^1(\mathbf{x}^1)+\sum_{h=2}^{n_h}\lambda_h[U^h(\mathbf{x}^h)-\bar{v}^h]\\
-\sum_{f=1}^{n_f}\mu_f\mathbf{\Phi}^f(\mathbf{q}^f)\\
+\sum_{i=1}^{n}\kappa_i[R_i+q_i-x_i]$$ (9.8)

这里我们引入了三个约束条件[式(9.3)—式(9.5)]的三套拉格朗日乘数 λ_h、μ_f、κ_i。最大化的一阶条件为[①]，对所有的 h，f，i：

$$\frac{\partial\mathcal{L}}{\partial x_i^h}=\lambda_h U_i^h(\mathbf{x}^h)-\kappa_i\leq 0$$ (9.9)

$$\frac{\partial\mathcal{L}}{\partial q_i^f}=-\mu_f\mathbf{\Phi}_i^f(\mathbf{q}^f)+\kappa_i\leq 0$$ (9.10)

这里，如果相关的消费或者净产出（分别为 x_i^h 和 q_i^f）在 $\mathcal{L}$ 的最大化处不为零，那么式(9.9)和式(9.10)中的不等号将被替换为等号。要完成一阶条件，我们还需要 $\mathcal{L}$ 对三套拉格朗日乘数求导：完成后我们可以再次得到式(9.3)—式(9.5)，如果相应的拉格朗日乘数在最大化处不为零，那么不等号也将被等号替代。

根据标准的约束下的最优化方法，我们可以演绎出如下的有效率状态的特征：

(1) 如果家庭 h 是非餍足的，那么 $\lambda_h>0$[条件式(9.3)]。

(2) 如果至少有一个家庭不满足于商品 i，并且正在消费一个正的商品 i，那么 $\kappa_i>0$[条件式(9.9)]：在一个有效的配置下商品 i 的"稀缺价格"是正的。

(3) 既如此，那么将不存在闲置存量的商品 i[条件式(9.5)]。

(4) 如果 $\kappa_i>0$，且企业 f 对商品 i 的净产出不是 0，那么 $\mu_f>0$[条件式(9.10)]。

(5) 如果 $\mu_f>0$，那么 $\mathbf{\Phi}^f(\mathbf{q}^f)=0$[条件式(9.4)]：这意味着任何一家活跃的企业一定按照技术最优的方式运作。

从一阶条件中我们还可以推出另外两点。考虑任意一个同时消费商品 i 和商品 j（数量为正）的家庭：[②]

$$\lambda_h U_i^h(\mathbf{x}^h)=\kappa_i$$ (9.11)

$$\lambda_h U_j^h(\mathbf{x}^h)=\kappa_j$$ (9.12)

等号右端独立于 h。同样地，对于任一企业 f，只要生产的商品 i，j 的数量为正：

$$\mu_f\mathbf{\Phi}_i^f(\mathbf{q}^f)=\kappa_i$$ (9.13)

$$\mu_f\mathbf{\Phi}_j^f(\mathbf{q}^f)=\kappa_j$$ (9.14)

---

① 迷你问题 7：实际上对家庭 1 而言，条件式(9.9)的区别微乎其微。写出适用于这个情况的修改后的条件。

② 迷你问题 8：对于如下的情形，重新推导条件式(9.11)—式(9.13)：(1)一个或多个家庭不消费商品 i；(2)一家或多家企业不生产也不使用商品 i。

根据商品 i, j 边际替代率的定义和边际转换率的定义，将式(9.12)除以式(9.11)，式(9.14)除以式(9.13)，我们得到如下的结果：

定理 9.3(纯粹私人物品情形下的效率)

在没有外部性的帕累托效率状态下，对于每个家庭消费以及每个企业生产的任意一对纯粹的私人物品 i, j：

$$\left. \begin{array}{l} MRS_{ij}^1 = MRS_{ij}^2 = \cdots = MRS_{ij}^{n_h} = \dfrac{\kappa_j}{\kappa_i} \\[2mm] MRT_{ij}^1 = MRT_{ij}^2 = \cdots = MRT_{ij}^{n_f} = \dfrac{\kappa_j}{\kappa_i} \end{array} \right\} \tag{9.15}$$

每个家庭都让自己的边际替代率等于"影子价格比率" κ_j/κ_i，实际上表达了经济体中商品 i 和商品 j 的相对稀缺性。企业的边际转换率也一样。

效率和均衡

如果我们考虑的经济体中碰巧存在竞争均衡，那么帕累托效率配置的条件就满足。如果 $(\mathbf{a}^*, \mathbf{p}^*)$ 是一个竞争均衡，那么根据定义，所有的家庭都最大化了效用，所有的企业都最大化了利润。但是，它们是通过满足一阶条件才实现了这一点，跟我们刚刚讨论的相类似。每个同时消费商品 1 和商品 2 的家庭都保证了，它们的边际替代率正好等于市场上商品 1(用商品 2 表示)的成本 p_1/p_2。同样地，每一个利润最大化的企业都会让边际转换率等于价格比 p_1/p_2。这是我们刚刚考虑的特例的结果，用市场价格 p_i 代替影子价格：

定理 9.4(竞争均衡的效率)

如果消费者是非餍足的，在一个完全信息的私人所有制经济中，没有外部性且只包含纯粹私人物品，那么任何的竞争均衡配置都是帕累托效率的。

在纯粹私有经济、贪婪的消费者和完全信息的特殊情况下，竞争均衡一定是帕累托效率。在交换经济中考虑这个情形(参见图 7.3)。为了找到帕累托效率的配置集，把阿尔夫的效用固定在一个任意的水平 $\bar{v}^a$，最大化比尔的效用；最后会在契约曲线上。因此，在交换经济中，契约曲线本身构成了帕累托效率配置的集合。我们知道核是契约曲线的子集，竞争均衡配置如果存在的话，一定位于核内。

反过来怎么样呢？假设偏好、技术和总资源是给定的。考虑一个具体的帕累托效率的配置 $\hat{\mathbf{a}}$。有没有可能存在一个 $\hat{\mathbf{d}}$ 使得 $\hat{\mathbf{a}}$ 是一个竞争均衡？换句话说，我们能否找到一个财产分配 $\hat{\mathbf{d}}$ 和价格体系 $\hat{\mathbf{p}}$ 使得人们选择 $\hat{\mathbf{a}}$？如果存在非凸性，那么这个结论并非总是可以实现。原则上，这既适用于家庭的偏好，又适用于企业的生产可能性，图 9.4 和图 9.5 显示了发生的事情：[①]

然而，在没有这样的病态结构下，我们可以说：

---

① 迷你问题 9：根据图 9.4 和图 9.5 的图形来画出可被竞争均衡支持的点。

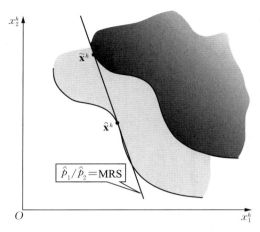

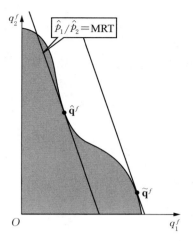

图 9.4　家庭 h 将选择 $\tilde{\mathbf{x}}^h$ 而不是 $\hat{\mathbf{x}}^h$

图 9.5　企业 f 将选择 $\tilde{\mathbf{q}}^f$ 而不是 $\hat{\mathbf{q}}^f$

定理 9.5（支持）

如果定理 9.4 的条件成立,每个企业的技术集是凸的,消费者是贪婪的且具有凹形的效用函数,那么任意的帕累托效率的配置 $\hat{\mathbf{a}}$（对所有的 h，i，$\hat{x}_i^h > 0$）都可以被一个竞争均衡支持。

证明参见附录 C。因此,在特定条件下,我们可以选择我们想看到的帕累托效率配置,并且可以安排经济通过竞争的过程自动移动到这个配置,即竞争均衡"支持"这个配置。但是,这里要注意几个问题。

第一,为了以这样的方式操控经济,我们需要以正确的财产分配 $\hat{\mathbf{d}}$ 作为出发点。但是,我们如何先安排这个分配? 如果历史给出了其他的财产分配 $\mathbf{d}$,那么可能需要安排财产从一些家庭转移到另一些家庭,然后才能展开生产和贸易。这些财产转移并不是基于经济体内的任何决策者的活动或选择,而且不能低估与之相关的政治和行政困难(更多讨论参见第 13 章)。一个主要的困难是确定谁可以收到这个转移支付,谁应该提供这个资源。有些资源禀赋本质上是不可观察的[1],有些资源则根本无法转移。[2]

第二,定理 9.5 的条件非常苛刻。基于效率的原则,我们有理由问,有怎样的指引可以让我们包容现实世界的问题和困难。这些困难要么涉及偏离了完全竞争的理想模型,要么需要放松定理背后的一些假定。第 9.3.2 节解决了这些问题。

第三,效率的讨论是在完全确定的世界中进行的。我们在第 8 章讨论的不确定性模型也提出了一些重要的问题。第 9.3.5 节处理了这些问题。

例 9.1

考虑一个交换经济,物品的存量为 $(12, 12)$,两个决策者的偏好如例 4.1 所示。要找到有效率的点,我们需要在保持 a 的效用不变的前提下最大化 b 的效用。为此我们最大化如下的拉格朗日函数:

---

[1]　迷你问题 10:(1)给出一个例子来说明为什么是这样。(2)因为这个不可观测的问题,政策制定者通常将这个转移支付跟个人的行为挂钩,如同所得税一样。这为什么会产生效率问题?

[2]　迷你问题 11:给一个例子。

$$\frac{1}{4}\log x_1^b + \frac{3}{4}\log x_2^b + \lambda\left[\frac{1}{4}\log(12-x_1^b) + \frac{3}{4}\log(12-x_2^b) - \upsilon\right]$$

这里我们对偏好进行了对数变换。给定一阶条件如下：

$$\frac{1}{4x_1^b} - \frac{\lambda}{4[12-x_1^b]} = 0$$

$$\frac{3}{4x_2^b} - \frac{3\lambda}{4[12-x_2^b]} = 0$$

整理可得：

$$\frac{12-x_1^b}{x_1^b} = \lambda = \frac{12-x_2^b}{x_2^b}$$

因此，有效率的点满足 $x_1^b = x_2^b$。

9.3.2 对效率的偏离

定理 9.4 和定理 9.5 毫无疑问是有吸引力的，但是如果要应用，显然还有一些理想化的要求。因此，两件事值得进一步思考。(1)在私人物品经济的情形下，技术和偏好满足定理 9.4 和定理 9.5 的条件，我们如何量化对理想状态的偏离程度？关于一个不完美的状态在效率上是"优于"还是"劣于"另一个状态，我们需要一些指引。(2)如果私人物品经济体的假定被放松，会出现什么情况？关于有效率配置的条件，有什么是要讨论的？我们依次回答这些问题。

浪费

考虑在一个纯粹私人物品经济中如何量化非效率的问题。假设给定价格 $\mathbf{p}^*$ 和收入 y^{*1}，y^{*2}，…，一个竞争均衡是可能的，但是有些事情的发生将商品 1 的价格强制定在了 p_1^* 之上。例如，这可能是因为销售税，而这一般而言会扭曲所有其他价格。我们能否度量这个价格楔子所引发的损失？

假设我们实际上观察到了消费者价格 $(p_1, p_2, \cdots, p_n)$ 和生产者价格 $(\tilde{p}_1, \tilde{p}_2, \cdots, \tilde{p}_n)$，使得

$$\left.\begin{aligned}
p_1 &= \tilde{p}_1[1+\delta] \\
p_2 &= \tilde{p}_2 \\
p_3 &= \tilde{p}_3 \\
&\cdots \\
p_n &= \tilde{p}_n
\end{aligned}\right\} \tag{9.16}$$

这里，δ 是施加在商品 1 上的价格楔子，这里所有的价格都是正的，所有的市场出清。为了度量浪费，我们需要一个参照点。因为我们已经论证过，在竞争均衡的理想条件下，看起

来以均衡价格 p^* 作为参照点是很自然的。另外，令 $\Delta p_i := p_i - p_i^*$ 表示对每种商品 $i=1, 2, \cdots, n$ 的参照系价格的偏离。如果所有的消费者都最大化效用，那么，对所有的商品 i 和商品 j，所有的家庭 h：[①]

$$MRS_{ij}^h = \frac{p_j}{p_i} \tag{9.17}$$

并且

$$\left. \begin{array}{l} MRT_{1j} = \dfrac{p_j}{p_1}[1+\delta] \\[2mm] MRT_{2j} = \dfrac{p_j}{p_2} \\[2mm] \cdots \\[2mm] MRT_{nj} = \dfrac{p_j}{p_n} \end{array} \right\} \tag{9.18}$$

这里，$\tilde{p}_1 = p_1 / [1+\delta]$。现在考虑 h 将得到的净好处，就是从参照点 $\mathbf{a}^*$ 到实际的配置 $\mathbf{a}$：

$$EV^h = C^h(\mathbf{p}^*, v^h) - {}^h(\mathbf{p}, v^h) - [y^{*h} - y^h] \tag{9.19}$$

这里，C^h 是 h 的成本函数。对所有的家庭 h 加总式(9.19)，表达了总的损失(用跟收入相同的单位来度量)。假定所有的生产者价格保持不变(无穷大供给弹性的隐含假定)。那么式(9.19)中的损失在所有消费者上的加总给出了价格扭曲 $\Delta \mathbf{p}$ 导致的总浪费，那么：[②]

$$\Lambda(\Delta \mathbf{p}) := \sum_{h=1}^{n_h} \left[C^h(\mathbf{p}, v^h) - C^h(\mathbf{p} - \Delta \mathbf{p}, v^h) \right] - \sum_{i=1}^{n} R_i \Delta p_i - \sum_{i=1}^{n} q_i \Delta p_i \tag{9.20}$$

我们有 $\Lambda(\mathbf{0}) = 0$，谢泼德引理意味着 $x_i^h = C_i^h(\mathbf{p}, v^h)$。根据物资平衡条件和近似计算，我们得到：[③]

$$\Lambda(\Delta \mathbf{p}) \approx -\frac{1}{2} \sum_{i=1}^{n} \sum_{j=1}^{n} \sum_{h=1}^{n_h} \frac{\partial H^{hi}(\mathbf{p}, v^h)}{\partial p_j} \Delta p_i \Delta p_j \tag{9.21}$$

这里，$\dfrac{\partial H^{hi}(\mathbf{p}, v^h)}{\partial p_j}$ 是商品 j 的价格上升导致的家庭 h 对商品 i 的需求的替代效应——换言之，补偿需求曲线或希克斯需求曲线的斜率。[④]

　　这个解释可以基于我们在企业和消费者理论中的成本变化的分析(第 2 章和第 4 章)。价格变化导致了某些人收入的增长(因为对销售收入的影响)，决策者 h 的消费贡献的部分($p_1 x_1^h$)由图 9.6 中的浅色阴影部分的矩形面积给出。然而，价格变化(Δp_1)导致的决策者 h 成本上升的部分由图 9.6 中的整个阴影面积表示。这两部分的差表示的是决策者 h

---

　　①　迷你问题 12：画一个跟图 9.5 类似的图，但是生产可能集是负的，并叠加无差异曲线的集合；据此来说明条件式(9.17)和条件式(9.18)。

　　②　迷你问题 13：根据式(7.8)、式(7.9)和定理 2.7 来证明式(9.19)可以推出式(9.20)。

　　③　迷你问题 14：用泰勒近似来推导式(9.21)(参见附录 A 的定理 A.2)。

　　④　迷你问题 15：如果供给弹性小于无穷大，那么如何写出浪费的表达式。

面临的价格扭曲带来的浪费部分(直接从 Δp_1)。在图 9.6 中,它表示为(一)深色阴影的三角形面积,近似表示为 $-\frac{1}{2}\Delta p_1 \Delta x_1^h$,这里 $\Delta x_1^h = \frac{\partial H^{h1}(\mathbf{p}, \upsilon^h)}{\partial p_1}\Delta p_1$。我们需要考虑价格变化所产生的浪费中的其他部分:图 9.6 中所示的小三角形的面积之和给出了损失的表达式(9.21)。[①]

量化浪费的思想给了我们一个基础,据此可以发展一个关于经济政策的连贯分析,目标是带来福利的改进,而不是求解福利的最优值。第 13 章中将有更多的分析。

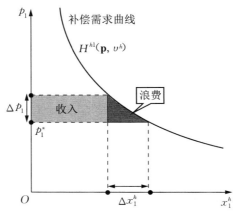

图 9.6 效率损失的地方

效率和市场"失灵"

接下里看一下需要考虑的另一个事情。这引入了一组经济问题,有时候被刻画为"市场失灵";它指的是有时候依赖市场机制不能带来有效率的结果。这并不奇怪:定理 9.5 中的"支持"结果的要求太强了;放松这些要求就带来了两个关键的问题。

(1) 配置确定的困难。当定理 9.4 中的条件不具备的时候,一阶条件式(9.12)—式(9.13)就不再成立。此外,在非凸性存在的情况下,一阶条件不足以确定唯一的配置。因此在所有的这些情形下,帕累托效率配置的一阶条件需要被替换或者被补充,以便确定一个有效率的配置。

(2) 配置实施的困难。如果在这种情况下市场机制不能够支持一个特定的配置,那么还有什么机制能够起作用呢?

我们将在第 12 章和第 13 章进一步讨论非凸性和实施困难的问题。当定理 9.4 的条件不具备时所产生的配置确定的问题,可以通过第 9.3.3 节和第 9.3.4 节的一系列调整来处理。

---

① 迷你问题 16:(1)假设存在唯一的生产商品 1 的企业,它利用自身的市场能力来提升商品 1 的价格。如果我们忽略交叉价格效应,并且使用消费者剩余来作为确定性等价(EV)的近似,将这个模型解释为归因于垄断的浪费。〔提示:使用式(3.7)给出的均衡条件。〕(2)这个浪费跟商品 1 的需求弹性之间的关系是什么?

9.3.3 外部性

在企业之间互动的例子中(第 3 章),我们已经看到了外部性的发生机制。这里我们也需要考虑消费者之间互动的类似现象。

生产的外部性

有很多"负面的"生产外部性的现实例子——河流排污、酸雨、交通拥堵,一家企业不受管制的行为大大影响了其他企业的成本函数。我们将关注这类有害的外部性,尽管结果也可以用于处理正的外部性。通过考虑一个两家企业的例子,我们可以看到问题的本质。假设企业 1 生产的商品 1(胶水)q_1^1 影响了其他企业的技术可能性。考虑企业 2(一家餐厅)的位置。在非外部性的情形下,我们正常写出 $\boldsymbol{\Phi}^2(\mathbf{q}^2) \leqslant 0$ 来刻画技术可行的净产出向量 $\mathbf{q}^2$。然而,考虑到外部性,企业 1 的产出(q_1^1)将移动企业 2 的生产函数。如果外部性是有害的(胶水的味道不可能令就餐者感到愉快),那么我们有:

$$\frac{\partial \boldsymbol{\Phi}^2}{\partial q_1^1} > 0 \tag{9.22}$$

为什么? 在企业 1 增加其产量之前,考虑企业 2 的一个正好可行的净产出向量 $\hat{\mathbf{q}}^2$;这意味着 $\boldsymbol{\Phi}^2(\mathbf{q}^2) = 0$。如果企业 1 增加其产出 q_1^1,而因为外部性是有害的[1],这就意味着刚才正好位于可行集内的 $\hat{\mathbf{q}}^2$,现在就不再可行(你不得不用更多的电来运行空调)。这反过来意味着我们现在发现 $\boldsymbol{\Phi}^2(\hat{\mathbf{q}}^2) > 0$,$q_1^1$ 将 $\boldsymbol{\Phi}^2$ 向内移了,如图 9.7 所示;换言之,条件(9.22)成立。[2]我们就可以在边际上近似度量企业 1 带来的外部性给企业 2 造成的损失的值。我们可以用企业 2 的商品 2 的产出来度量这个损失:

$$-\frac{1}{\boldsymbol{\Phi}_2^2} \frac{\partial \boldsymbol{\Phi}^2}{\partial q_1^1} \tag{9.23}$$

这里,$\boldsymbol{\Phi}_2^2$ 是企业 2 的生产函数对它自己的产出的微分。

更一般地,在多企业情形下,我们可以写出企业 g 的生产函数来表达外部性:

$$\boldsymbol{\Phi}^g(\mathbf{q}^g ; [q_1]^{-g}) \tag{9.24}$$

这里,$\mathbf{q}^g$ 表示企业 g 的生产向量,$[q_1]^{-g}$ 表示的是除企业 g 之外的所有其他企业生产的商品 1 的量。如果任意其他一家企业 f 产生了有害的外部性,则我们有 $\dfrac{\partial \boldsymbol{\Phi}^g}{\partial q_1^f} > 0$。这再次意味着如果其他企业的有害外部性(有毒物质的排放)增加的话,那么企业 g 的生产可能性将下降,参见图 9.7。

---

① 迷你问题 17:企业 1 和企业 2 呈现的是规模回报递减,并产生了负的外部性,那么总体的生产也呈现规模回报递减吗?

② 迷你问题 18:针对有利的外部性的情形,重复式(9.22)—式(9.26)中的分析。

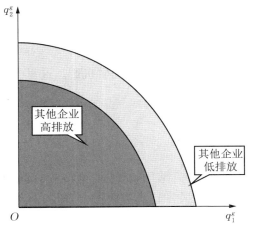

图 9.7　污染对受害者的生产集的影响

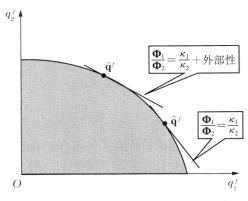

图 9.8　外部性条件下的生产边界和效率

生产商品 1 的企业 f 的边际外部性的一般形式可以写成（用商品 2 来度量）：

$$e_{21}^f := \sum_{g=1}^{n_f} \frac{1}{\mathbf{\Phi}_2^g} \frac{\partial \mathbf{\Phi}^g}{\partial q_1^f} \qquad (9.25)$$

然后，我们把具有外部性的生产函数代入定义有效率配置的问题中。我们发现：[1]

$$\frac{\mathbf{\Phi}_1^f}{\mathbf{\Phi}_2^f} - e_{21}^f = \frac{\kappa_1}{\kappa_2} \qquad (9.26)$$

可以表示为：

$$MRT - 外部性 = 影子价格比$$

这其中的一个含义是，企业所用的市场价格并没有对应着有效配置中商品的"稀缺价格"：对应于边际外部性，二者之间有一个"楔子"。[2]如图 9.8 所示。如果 MRT 要等于稀缺价格比率，那么企业将在 $\hat{\mathbf{q}}^f$ 点生产。如果稀缺价格被边际外部性调整，那么我们发现有效率的配置在点 $\tilde{\mathbf{q}}^f$。

消费外部性

消费外部性可以用相似的方法来处理，我们可以用一个例子来阐释这个思想。阿尔夫是哮喘患者，他不抽烟，但是会受到比尔抽烟行为的影响。令商品 1 为烟草，商品 2 为其他所有商品的组合。然后，我们可以把比尔的效用函数写成 $U^b(x_1^b, x_2^b)$，阿尔夫的效用函数写成 $U^a(x_1^a, x_2^a; x_1^b)$。我们可以假设 $\frac{\partial U^a}{\partial x_1^b} < 0$，因为当比尔消费商品 1 的时候，阿尔夫会受害。但是，如果哮喘患者阿尔夫在比尔的公司工作的话，该有多糟糕呢？回答这个问

---

[1]　迷你问题 19：将式（9.24）代入式（9.8）并求导将得到这个结果。

[2]　迷你问题 20：讨论式（9.26）如何可以被解释为设定"污染者支付"的规则。

题的一个方法是，为了减少这个被动吸烟的困扰，阿尔夫的边际支付意愿是多少，即他愿意支付多少钱来让比尔减少抽烟？为了让比尔少抽一根烟，阿尔夫准备牺牲多少？这是：

$$e_{21}^b := \frac{1}{U_2^a}\frac{\partial U^a}{\partial x_1^b} \leqslant 0 \tag{9.27}$$

这里，U_2^a 是阿尔夫以通常的方式从其他商品的消费中所得到的边际效用，$\frac{1}{U_2^a}$ 将效用的边际变化 $\left(\frac{\partial U^a}{\partial x_1^a}\right)$ 转换为商品 2 的边际变化。从阿尔夫的观点来看，式（9.27）是边际外部性或者说边际损害，这个损害是由比尔在消费商品 1 的过程中施加的。将此转换成一个一般化的效率模型（n 种商品、n^h 个家庭），我们假设任何一个家庭 h 在消费商品 1 的时候，因为产生了副作用，从而都将潜在影响其他家庭 ℓ 的效用。因此，我们写出：

$$v^\ell = U^\ell(\mathbf{x}^\ell, [x_1]^{-\ell}) \tag{9.28}$$

这里，$\mathbf{x}^\ell$ 表示的是家庭 ℓ 的消费组合，$[x_1]^{-\ell}$ 表示的是除家庭 ℓ 之外的其他所有家庭消费的商品 1 的数量。如果外部性本质上是有害的，那么对任何两个不同的家庭 h 和 ℓ，我们有 $\partial U^\ell / \partial x_1^h \leqslant 0$。类比于式（9.27），我们可以定义家庭 h 施加给别人的边际外部性为：

$$e_{21}^h := \sum_{\ell=1}^{nh} \frac{1}{U_2^\ell}\frac{\partial U^\ell}{\partial x_1^h} \tag{9.29}$$

这一加总给出了施加给所有各方的边际损害；大概用受害者其他商品的边际效用来估算。我们把这个关系考虑进效率的一阶条件中，可以发现：[①]

$$\frac{U_1^h}{U_2^h} + e_{21}^h = \frac{\kappa_1}{\kappa_2} \tag{9.30}$$

换言之，我们再次得到了如下的关系：

$$MRS + 外部性 = 影子价格比$$

显然，如果存在负的外部性，那么在有效率的配置中，商品 2 对商品 1 的边际替代率将大于要素价格比。[②]

　　企业之间或消费者之间的互动扩展了有效配置刻画的规则。然而，尽管在这种情形下刻画问题相对简单，但是在缺少外部干预的情况下，执行问题将变得不可操作。

9.3.4　公共物品

　　公共物品的确切含义可以参见定义 9.4。因此，如果商品 1 是纯粹的公共物品，那么它一定是非竞争性的，这要求对所有的未被满足的家庭而言，$x_1^h = x_1$。它必须还是非排他

---

　　①　迷你问题 21：将式（9.28）代入式（9.8），然后求导，即可得到此结果。
　　②　迷你问题 22：在两种商品的模型中，证明式（9.30）可被用来施加一个合适的产品税来导致外部性，或者对其他商品施加一个补贴。

性的,这可以被解释为消费外部性的极端情形:只要是没有办法做到收费。

我们考察一下非竞争性的效率含义。在这个情况下,对于效率条件而言,需要一个不同的加总形式。如果对一些家庭 h 而言,我们有 $x_1^h < x_1$,$U_1^h > 0$,那么,通过允许家庭 h 增加商品 1 的消费(只要 x_1^h 严格小于 x_1,那么增加家庭 h 对该非竞争性商品的消费并不占用额外的资源,因此我们可以在不减少其他任何人的效用的前提下,让家庭 h 增加它自己的效用),就可以得到一个帕累托更优的配置。因此,在帕累托有效的配置下,对每个家庭 h 而言,要么 $x_1^h = x_1$,即每个家庭都消费了最大限度的非竞争性商品;要么 $x_1^h < x_1$ 且 $U_1^h = 0$,即家庭消费的少于它能做到的,但是它对商品 1 的消费已经满足了它的需要。我们假定每个人都是非满足的;[1]因此在有效率的配置上,每个人消费的商品 1 的数量正好相等。因此,我们把 $x_1^h = x_1$,$h = 1, \cdots, n_h$ 放入拉格朗日函数(9.8)作为加总条件。拉格朗日函数对 x_1 求导数,令导数等于零:

$$\sum_{h=1}^{n_h} \lambda_h U_1^h(\mathbf{x}^h) = \kappa_1 \tag{9.31}$$

对每个人消费的数量为正的任一纯粹私人物品 i,我们有条件式(9.11)。因此,根据式(9.31)我们得到:

$$\sum_{h=1}^{n_h} \frac{U_1^h(\mathbf{x}^h)}{U_i^h(\mathbf{x}^h)} = \frac{\kappa_1}{\kappa_i} \tag{9.32}$$

因此,我们有:

定理 9.6(存在公共物品时的效率)

在没有外部性的帕累托效率状态下,对于每个人消费的任意纯粹私人商品 i 和非竞争性商品 1,我们有:

$$\left. \begin{aligned} MRS_{i1}^1 + MRS_{i1}^2 + \cdots + MRS_{i1}^{n_h} &= \frac{\kappa_1}{\kappa_i} \\ &= MRT_{i1}^f, \ f = 1, \cdots, n_f \end{aligned} \right\} \tag{9.33}$$

图 9.9 表示的两商品、两决策者的情形,生产是由一个企业开展的。图形的顶部描述的是阿尔夫在私人物品(商品 2)和公共物品(商品 1)之间的边际替代率,它是商品 1 的总供给的函数。图形是他对于额外数量的公共物品的支付意愿,如果阿尔夫的效用函数是准凹的,那么图形就是向下倾斜的。图形的第二部分是比尔的相似情形。给定公共物品的任意供给水平 x_1,我们可以想象问我们自己"得到额外一单位的公共物品,你的总的支付意愿是多少"(记住:因为它是非竞争性的,所以双方都可以从增加的单位中获益)。在图形的下部,总的支付意愿的曲线是向下倾斜的($MRS_{21}^a + MRS_{21}^b$);提供公共物品的边际成本由 MRT_{21} 和 x_1 的坐标图给出;两条曲线的交点给出了公共物品的有效率供给 x_1^*。

---

[1] 迷你问题 23:假设前 h^* 个家庭是不满足的,剩下的 $n_h - h^*$ 个家庭是满足的,推导相同的条件。

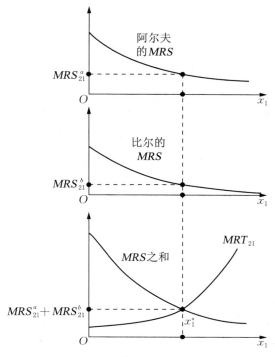

图 9.9　公共物品有效率供给的条件

9.3.5　不确定性

根据第 8.6 节的分析,定义 9.2 中的效率概念可以被用于不确定性的经济情形。关键的问题是,在不确定的状态显示出来之前还是之后去看效率? 如下是一个标准的方法。考虑一种情形,社会状态完全由配置来描述。比如一个配置 $\hat{\mathbf{a}}$,在这个配置中,家庭 h 在状态 ω 时的消费是 $\hat{\mathbf{x}}_\omega^h$,家庭 h 由此获得的效用是 $\hat{\upsilon}^h$,$h=1, 2, \cdots, n_h$。

定义 9.5

配置 $\hat{\mathbf{a}}$ 是**事前帕累托效率**的,如果它是可行的,且不存在任何其他可行的配置 a(相关的效用水平 υ^h,$h=1, 2, \cdots, n_h$),使得对所有的 h:

$$\upsilon^h \geqslant \hat{\upsilon}^h \tag{9.34}$$

至少有一个 h 使得上述的严格不等号成立。

如果我们想施加一个限制,即每个人或家庭的效用符合公理 8.1—公理 8.3,也就是冯·诺依曼—摩根斯坦函数形式的效用,那么我们可以写出:

$$\upsilon^h = \varepsilon^h u^h(\mathbf{x}^h) = \sum_{\omega \in \Omega} \pi_\omega^h u^h(\mathbf{x}_\omega^h) \tag{9.35}$$

这里,π_ω^h 是家庭 h 赋予状态 ω 的主观概率权重,ε^h 表示对 h 的主观概率的期望。根据式(9.35),条件式(9.34)变成:

$$\sum_{\omega \in \Omega} \pi_\omega^h \left[u^h(\mathbf{x}_\omega^h) - u^h(\hat{\mathbf{x}}_\omega^h) \right] \geqslant 0 \tag{9.36}$$

因此事前效率有一个解释,即不存在占优的其他配置(用预期效用表达)。然而,状态实现之后,只从事后的角度考虑效率也是合理的。

定义 9.6

配置 $\hat{a}$ 是**事后帕累托效率**的,如果不存在任何其他可行的配置 a(相关的效用水平 $v^h = u^h(\mathbf{x}_\omega^h)$, $h = 1, 2, \cdots, n_h$),使得对所有的 h 和所有的 $\omega \in \Omega$

$$u^h(\mathbf{x}_\omega^h) - u^h(\hat{\mathbf{x}}_\omega^h) \geqslant 0 \tag{9.37}$$

至少有一个 h 使得上述的严格不等号成立。

比较式(9.36)和式(9.37)我们看出如下定理一定成立:

定理 9.7(事前和事后效率)

如果不存在一个所有家庭都认为不可能的状态,那么任何事前帕累托有效率配置一定也是事后帕累托有效率的。

然而,反过来未必成立;我们可以很容易找到一些社会状态,它们是事后有效率的,但不是事前有效率。图 9.10 表示了这一点。从原点 O^a 看到的坐标轴跟图 8.2 是一样的,给出了阿尔夫在两种状态下的消费的单个商品的量;从原点 O^b 看到的坐标轴是比尔的消费。从 O^a 到 O^b 的契约曲线上的点表示事前有效率的配置;不在曲线上的点不是事前有效率的:你可以在不减少一个人的预期效用的情况下增加另一个人的预期效用。然而,图 9.10 中的任意点都是事后有效率的:一旦状态 ω 变成已知,你只能通过减少另一人的消费(进而效用)来增加另一人的事后效用。

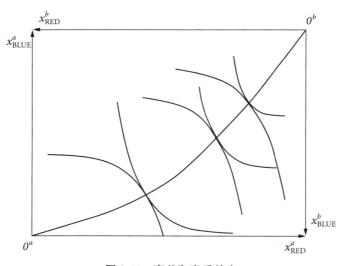

图 9.10　事前和事后效率

定理 9.8(事前效率)

如果竞争性均衡在状态依存商品市场存在,那么它是事前帕累托效率的。

这个结果的证明是很直观的,因为所有状态依存市场的存在使得我们可以通过重新定义特定市场的方式，来扩展竞争均衡和帕累托效率的标准结果。类似地，我们有：

定理 9.9（事前支持）

如果消费者是贪婪的且拥有凹型边界的效用函数，那么收入为正的所有消费者任意的事前帕累托效率配置都可以被一个竞争性均衡支持。

拓展一下我们在第 9.3 节中不存在不确定性情况下的效率和均衡模型所得到的结果，就可以得到上述定理。这个结果要求在每个状态 ω 下都可以进行一次性的转移支付，以及存在完整的一套 $n\omega$ 个状态依存商品的市场。

9.3.6　效率概念的扩展

我们再次考察一下帕累托优越性的标准。在某些福利条件下，它似乎有一个颇具吸引力的解释（"批准一个从状态 θ' 到 θ 的转变，前提是没有人的福利在 θ 下变差，且至少有一个人严格变好"），但是作为一个一般化的政策规则，它是很有局限性的。主要的原因是这个规则很不明确。有大量可能的社会状态根据这个标准是无法比较的；而且很难想到大量的现实生活中的例子来表示帕累托改进，帕累托优越性的标准在实践中并非那么有用。

考虑一下我们怎样做才能让帕累托优越性标准更有区分性，从而在进行福利判断的时候成为一个更有用的标准。为此，我们将这个问题转化为一个两阶段决策过程。

为了便于阐述，考虑一个政府的例子。该政府必须决定要不要修建一个机场，我们假设这个机场是一个"一次性的或有或无"的项目，即要么拥有一个给定规模和质量的机场，要么就没有。跟这个决策相关，尽管要建的机场只有一个类型，但可能的社会状态的范围很大；这是因为这个项目所产生的收益和成本会以很多种方式在社区之间分配。因此考虑如下的情况都是有道理的：(1)给定资源已经用于这个机场，通过单纯的再分配（比如通过税收和转移支付）可以实现所有的社会状态；(2)给定机场没有兴建，所有的状态都可以得到。在这两种情况下，我们把通过再分配可以实现的其他状态，称为从参照系状态可以得到的。因此决策过程是：

(1) 考虑兴建机场所需的资源承诺。

(2) 考虑从第一步的结果通过进一步的收入再安排所能产生的状态。

在第一步中，其他可能的项目是互斥的且不可逆的；第二步中的所有状态彼此之间可以达到，原则上这些达到的方法是可逆的。这两步之间的区别让人联想到"短期"和"长期"的区别。

为了看清楚我们如何用这个概念来扩展帕累托优越性的标准，令 θ 和 θ' 是我们要考虑的两个状态（"有机场"和"无机场"），令 $\hat{\Theta}(\theta)$ 是 Θ 的子集，Θ 是从 θ 可以达到的状态的集合。然后考虑如下的定义：

定义 9.7

状态 θ 潜在优于 θ'，前提是：存在 $\theta^* \in \hat{\Theta}(\theta)$，使得 θ^* 帕累托优于 θ'。

这个思想是这样的：如果存在一个可以从 θ 达到的其他状态，这个状态实际上帕累托优于 θ'，那么 θ 就潜在优于 θ'。在机场这个例子中，规则说的是："如果可以证明，一旦机场建成,存在一个假想的收入再分配,一旦执行,将使得每个人的福利至少跟以前一样好并且没有人受损(状态 θ^*),那么就说兴建机场(状态 θ)潜在优于不兴建机场(状态 θ')"。

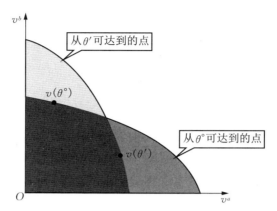

图 9.11 θ° 可以通过 θ' 达到, θ' 可以通过 θ° 达到

这个标准同样有缺陷。其一就是伦理道德层面。基于上述条件,状态 θ 被认为是优于 θ',即使通过收入再分配到 θ^* 这个转换永远都不会发生。对于一些人而言,这很显然是需要反对的。

第二个更加有力的反对基于逻辑。在图 9.11 中, $\mathbf{v}(\theta^\circ)$ 表示 $(v^a(\theta^\circ),\ v^b(\theta^\circ))$,即跟 θ° 相对应的效用收益的向量; $\mathbf{v}(\theta')$ 是跟 θ' 相对应的效用向量。对于从 θ' 可以达到的状态,其对应的所有的点都已经画出了。显然,从 θ° 可以达到的集合内,有些点位于 θ' 的东北方向,因此 $\theta' \in \hat{\Theta}(\theta)$;因此, θ° 潜在优于 θ'。然而,我们可以容易地将逻辑逆转,考察位于 θ° 的北边和东边的点,我们发现 $\theta^\circ \in \hat{\Theta}(\theta')$。我们有一个不同寻常的结论,即 θ° 潜在优于 θ' 且 θ' 潜在优于 θ°! 这个问题的解本身是要强化一个定义,也就是这样明显矛盾的情况是不可能发生的。考虑如下定义:

定义 9.8

状态 θ° 明确潜在优于 θ',前提是: θ° 潜在优于 θ',但是 θ' 不会潜在优于 θ°。

可惜的是,这个明显更有吸引力的标准可能是空的,因为它可能恢复到最初的帕累托优越性标准的不明确状态,而且它还可能带来社会状态排序的不传递性。然而,尽管跟潜在优越性标准相关有一个"翻转"的问题,基于加总的"支付意愿",这个概念有一个有用的解释,加总的支付意愿表示为 $\sum_{h=1}^{n_h} CV^h$,即所有家庭的补偿变动的总和。这里, $CV^h(\theta' \to \theta)$ 表示家庭 h 从状态 θ' 恢复到状态 θ 的成本,如果从 θ' 到 θ 的变动对 h 是一个福利改进,那么 CV^h 就是正的。在上述用货币转移定义的"可达到性"(给定价格 $\mathbf{p}$)的情况下,我们有:

定理 9.10(潜在优越性)

θ 潜在优于 θ' 的充分必要条件是 $\sum_{h=1}^{n_h} CV^h(\theta' \to \theta) > 0$。

这用到了可达到性的一个很强的定义。在一些较弱的可达到性的定义中,通常的情形是,条件 $\sum_{h=1}^{n_h} CV^h > 0$ 只是潜在优越性的一个必要条件,而不是充分条件。

定理 9.10 具有相当大的现实意义。潜在帕累托优越性是更大范围的应用福利经济学中的理论基础。它为政策制定者和顾问提供了一个强大的工具。

实践中的微观经济学：成本—收益分析

潜在优越性方法是成本—收益分析技术的基础。兴建一座新的桥梁、改道高速公路、延长机场跑道，谁将从中获益，谁又将因此受损呢？关于个人收益的评估 CV^h（可能包含旅行时间的节省以及安全的提升等诸如此类的事情），以及加总的简单方法（从 1 到 n_h 的直接加总，忽略收益和成本在富人和穷人之间的分配），当然有辩论的空间。关于这些技术的应用，一个特别有力的例子是围绕伦敦地铁系统维多利亚线的建设的论证（Beesley and Foster，1965）。

9.4　社会判断的原则：公正

我们现在考虑另一个广泛的一般原则，这个原则可能被认为是福利经济学的"合理"基础。这是一个跟效率原则互补的独立标准，即公正（equity）。

9.4.1　公平

公正可被解释为"公平"（fairness），可以让我们能够用掌握的关于家庭的信息来进行分析，所需要的信息并不比研究效率的时候更具体。

假设每个社会状态 θ 可以完全用其内在商品配置 **a** 来描述。特别地，假设家庭是自私的：一个社会状态的评估仅仅取决于 $\mathbf{x}^h$，即家庭 h 所享受的消费向量。基于这个严格的解释，我们用通常的效用函数 $U^h(\mathbf{x}^h)$ 作为家庭 h 的偏好的一个指数，这样做是很方便的。

定义 9.9

一个消费组合 $[\mathbf{x}]$ 是公平的，前提是：对于每两个家庭 h，$\ell=1, 2, \cdots, n_h$，$U^h(\mathbf{x}^h) \geqslant U^h(\mathbf{x}^\ell)$ 成立。

换句话说，一个配置是公平的，如果：社区中的每个人都不希望拥有他人的消费组合，即都满足于自己的组合。公平就是没有羡慕。这可以得出如下定理：[①]

定理 9.11（竞争性均衡的公平性）

如果所有家庭的收入相同，那么竞争性均衡是一个公平的配置。

这样一个相同收入的均衡不仅是公平的，而且还是帕累托效率的——这看上去是一个强有力的背书。然而，正因为它既满足效率的要求，又满足"无羡慕"的公平性，我们不应该假定这个均衡是理想的。设想两个家庭，一个家庭由几个残疾人组成，另一个家庭是

---

① 迷你问题 24：证明之。（提示：竞争性均衡的定义意味着，对每个家庭 h：$U^h(\mathbf{x}^{*h}) \geqslant U^h(\mathbf{x}^h)$，对所有的 $\mathbf{x}^h$，满足 $\sum_i p_i x_i^h \leqslant y^h$。现在，在这个均衡下，如果家庭 h 收到了家庭 h' 的消费组合，那么家庭 h 的效用是多少，记住所有的家庭面临相同的预算约束。）

健康的单身汉:不考虑家庭差异的相同收入的配置,不是那么有吸引力。因此,"公平"的概念本身不是那么毫无争议地令人信服。

9.4.2　对不平等的担心

把公正原则解释为公平,有点特殊,甚至可能有些武断。人们或许认为,用收入分配或者效用分配来解释,公正应该意味着不平等的对立面。但是这里我们的分析进展遇到了一个暂时的障碍。如果我们要用这种方式来解释公正,那就不可避免要在家庭之间进行详细的效用比较,本章的讨论尚未介绍到这个事情。要取得进展,我们首先需要对福利分析施加更多的结构。

例 9.2

a 和 b 的效用函数是:$U^a(\mathbf{x}^a) = \log(x_1^a) + 2\log(x_2^a)$,$U^b(\mathbf{x}^b) = 2\log(x_1^b) + \log(x_2^b)$。

(1) 假设配置是 $\mathbf{x}^a = (5, 5)$,$x^b = (16, 4)$。这个是无羡慕的吗? 评估如下的效用:

$$U^a(\mathbf{x}^a) = \log(5) + 2\log(5) = \log(125)$$
$$U^a(\mathbf{x}^b) = \log(16) + 2\log(4) = \log(256)$$
$$U^b(\mathbf{x}^a) = 2\log(5) + \log(5) = \log(125)$$
$$U^b(\mathbf{x}^b) = 2\log(16) + \log(4) = \log(1\,024)$$

决策者 a 从 b 的组合中得到了更高的效用,因此他认为 b 的组合优于自己的组合。决策者 b 从自己的组合中得到的效用高于从 a 的组合中得到的效用。因此这个组合不是无羡慕的。

(2) 现在假设配置是 $\mathbf{x}^a = (1, 8)$,$x^b = (20, 1)$。这个是无羡慕的吗?

$$U^a(\mathbf{x}^a) = \log(1) + 2\log(8) = \log(64)$$
$$U^a(\mathbf{x}^b) = \log(20) + 2\log(1) = \log(20)$$
$$U^b(\mathbf{x}^a) = 2\log(1) + \log(8) = \log(8)$$
$$U^b(\mathbf{x}^b) = 2\log(20) + \log(1) = \log(400)$$

决策者 a 从他自己的组合中得到的效用高于从 b 的组合中得到的效用。同样地,决策者 b 从自己的组合中得到的效用高于从 a 的组合中得到的效用。因此,这个配置是无羡慕的。

9.5　社会福利函数

现在我们看研究社会福利的第三个更具限制性的方法,这个方法在许多应用经济学研究中有着奠基性的作用,涉及四个主要的因素:

(1) 限制了每个家庭的偏好所依靠的问题的范围;

(2) 假定了我们可以知道或者推导出家庭的偏好;

(3) 为比较家庭的效用水平以及规模提供了基础;

(4) 有一个加总每个家庭效用的函数。

要包含所有这些特征,我们要用到一个社会福利函数(social welfare function)。这在

本质上是个人主义的,因为它明确尊重每个个体决策者的偏好。我们将要使用的特殊形式是:

$$W(U^1(\mathbf{x}^1), U^2(\mathbf{x}^2), \cdots, U^h(\mathbf{x}^h), \cdots) \tag{9.38}$$

注意到 W 定义在个人效用的空间上,而不是像"构成"那样定义在排序上的函数 Σ。我们进一步假定个人的效用是由他们自己的消费决定的,因此:

$$\upsilon^h = U^h(\mathbf{x}^h), \quad h = 1, 2, \cdots, n_h \tag{9.39}$$

在这个设定中,福利不仅是个体的,而且是自利的。显然,我们有一个规则来赋予任何一个消费组合 $[\mathbf{x}]$ 一个福利水平(某个数字 W),分两阶段进行:

$$[\mathbf{x}] \xrightarrow{(1)} (\upsilon^1, \upsilon^2, \upsilon^3, \cdots) \xrightarrow{(2)} W \tag{9.40}$$

W 来自哪里? 对于这个问题,社会科学文献中已经试图给出了一些回答;这里我们特别关注两个:

(1) 同等无知。尽管个人对社会实际上看上去的样子已经完全知晓,但是社会需要在"无知的面纱"后面对不同的社会状态形成判断。这就好像是一个代表性的个人要在不同的社会状态之间做出选择,而他并不知道他在社会状态中的身份。如果社会在不同分配之间选择的方式跟个人在不确定前景中的选择一样,那么令 W 具有跟个人在不确定下的效用函数相同的基本结构就是合适的(参见练习题 9.4)。

(2) 李子原则(The PLUM principle):像我们这样的人很重要。社区中的某个人作决策,他或她或他们将他们的价值观施加到每个人身上。在实践中,这意味着 W 是由一个特定利益团体决定的。

9.5.1 福利、国民收入和支出

假定一个良好定义的社会福利函数来表示社会偏好,要看到这样做的含义,我们考虑当配置有一个很小变化的时候,福利水平将怎样变。令每个决策者 h 的每种商品的消费变化一个量 $\mathrm{d}x_i^h$。我们发现 $\mathrm{d}W = \sum_{i=1}^n \sum_{h=1}^{n_h} W_h U_i^h \mathrm{d}x_i^h$。从这个关系可以推断出如下特征:

(1) 关于 W 排序状态的问题是有限的,每个 $\mathbf{x}^h$ 只被 h 根据自己的偏好来评估;

(2) 这里,U^h 的基数化很重要,因为我们需要加总效用的变化;[①]

(3) 决策者 h 的"权重"既取决于 W_h(h 的效用对社会福利的重要性),也取决于 U_i^h(商品 i 给 h 带来的边际效用)。

假设政府可以选择配置 $[\mathbf{x}^h]$,受制于一些总体的约束:

$$\left. \begin{array}{l} \Phi(x_1, \cdots, x_n) \leqslant 0 \\ x_i := \sum_{h=1}^{n_h} x_i^h, \quad i = 1, 2, \cdots, n \end{array} \right\}$$

---

① 迷你问题 25:如果每个 U^h 都进行一个任意的放射变换,那么社会福利将如何变?

显然，我们将发现，任意两个家庭所消费的任意一对物品：

$$\frac{U_i^h}{U_j^h}=\frac{U_i^\ell}{U_j^\ell} \tag{9.41}$$

这是我们从效率问题的考虑中已经知道的。但是我们也发现了这个条件：

$$W_h U_i^h=W_\ell U_i^\ell \tag{9.42}$$

为什么？因为如果不管谁消费冰淇淋，生产冰淇淋的成本不变，那么福利最大化的必要条件是，从 h 到 ℓ 的一个很小的转移支付不会增加 W。

现在考虑在市场经济的情况下社会福利函数（9.38）的特征。每个家庭 h 都在预算约束 $\sum_i p_i x_i^h\leqslant y^h$ 下最大化它的效用 $U^h(\mathbf{x}^h)$，这里 y^h 是 h 的收入：逻辑可以延伸到 y^h 内生决定的情形。我们可以把每个 h 的需求函数代入效用函数来得到间接效用函数 $V^h(\mathbf{p},y^h)$。将每个 h 的间接效用函数代入式（9.38）就得到用价格和收入表示的社会福利函数：

$$W_h U_i^h=W(V^1(\mathbf{p},y^1),V^2(\mathbf{p},y^2),\cdots,V^h(\mathbf{p},y^h),\cdots) \tag{9.43}$$

回忆一下，在自由市场上消费者的最优购买意味着 $U_i^h=\mu^{*h}p_i$，前提是购买的商品 i 的量是正的。μ^{*h} 项是 h 的货币收入的边际效用，它等于 $\dfrac{\partial V^h}{\partial y^h}$，参见式（4.12）。因此，对任何两个家庭 h 和 ℓ 而言，在市场经济的情形下，社会最优条件（9.42）可被写成 $W_h V_y^h=W_\ell V_y^\ell$。这就是在最优点给任何一个家庭一美元所产生的社会福利效果；我们称之为 M。因此，很直接的含义是，如果有一个经济变化影响了个人的收入（比如自然资源禀赋或者技术的变化），社会福利的变化是：

$$\mathrm{d}W=\sum_{h=1}^{n_h}W_h\mathrm{d}U^h=\sum_{h=1}^{n_h}W_h V_y^h\mathrm{d}y^h=M\sum_{h=1}^{n_h}\mathrm{d}y^h \tag{9.44}$$

式（9.44）右端的项跟国民收入 $y^1+y^2+\cdots+y^{n_h}$ 的变化成比例。

现在考虑价格的变化（收入 y^h 保持不变）。对式（9.43）求导后，我们发现价格变化对社会福利的影响是：

$$\sum_{h=1}^{n_h}W_h\left[\sum_{i=1}^n V_i^h\mathrm{d}p_i\right] \tag{9.45}$$

但是，因为假定每个家庭都在最大化效用，式（9.45）就变成：[1]

$$-\sum_{h=1}^{n_h}W_h V_y^h\sum_{i=1}^n x_i^{*h}\mathrm{d}p_i=-M\sum_{i=1}^n x_i^*\mathrm{d}p_i \tag{9.46}$$

式（9.46）就是 $-M$ 乘以价格变化导致的总支出成本的变化，即所有家庭在所有商品上的支出。在市场经济中，总支出等于国民收入；因此我们证明了，不管什么原因导致的社会状态的变化，如下结果一定成立：

---

[1] 迷你问题 26：根据罗伊恒等式证明之。

定理 9.12(国民收入)

在福利最优化的附近,福利的变化由国民收入的变化来度量。

除非我们相信在我们希望考察的每种情形下,资源的分配都是理想的,否则的话,这个结果没有多少吸引力。其他情形呢?

9.5.2　不平等和福利损失

在我们前面关于把公正作为一般福利原则的讨论中(第 9.4 节),我们认识到,在常识理解的不平等概念的基础上,为了引入一个有意义的标准,我们需要一个方法来比较个体的效用。社会福利函数方法使我们可以采取必要的步骤。

根据社会福利函数 W,如果家庭的货币收入没有"正确地"调整,那么就会导致某种形式的损失,这就引出了定理 9.12。我们可以根据一个方法来考察损失的性质,这个方法让我们联想到第 9.3.2 节讨论的量化对效率的偏离("浪费")。为此,我们进行两个进一步的假设:[1]

(1) 所有的 V^h 是相同的;

(2) W 是一个对称的凹函数。

给定如果假定所有的家庭都相同,那么对称性的假定就很自然了:这意味着单个家庭的标签 $1, \cdots, n_h$ 就不重要了。W 是凹函数的假定意味着"社会"(由社会福利函数表示)对国民收入的不平等分布是弱厌恶的。国民收入等于一个社会区域内所有资源的价值加上所有企业的利润,在市场经济中企业利润可以写成:

$$\left.\begin{array}{c}\sum_{h=1}^{n_h} y^h = \sum_{i=1}^{n} p_i R_i + \sum_{f=1}^{n_f} \Pi^{*f}(\mathbf{p}) \\ \Pi^{*f}(\mathbf{p}) = \sum_{i=1}^{n} p_i q_i^f(\mathbf{p}) \end{array}\right\} \tag{9.47}$$

给定价格向量 $\mathbf{p}$,给定资源和技术,国民收入是固定的。因此,给定 $\mathbf{p}$,鉴于 W 的凹性和对称性,W 最大化的时候一定是每个家庭的所得在国民收入中占有相等的比例;换句话说,每个人得到平均收入 $\varepsilon y := \sum_h y^h / n_h$。

考虑一种情况,每个家庭得到的份额不相等。归咎于低于理想状态的财产分配,一个自然的度量方法可以参见第 8 章关于风险补偿概念的讨论。在社会福利的情境中,这个类比是这样的:如果收入相同地分配给每个家庭,那么产生的社会福利水平就跟实际收入 $y^1, y^2, \cdots, y^{n_h}$ 一样。这个收入小于或者等于 $\bar{y}$,两个收入之间的差可被视为因收入不平等而导致的社会福利损失的货币度量。

定义 9.10

(1) 平等分配等价收入 ξ 是一个实数,满足:

$$W(V(\xi, \mathbf{p}), V(\xi, \mathbf{p}), \cdots) = W(V(y^1, \mathbf{p}), V(y^2, \mathbf{p}), \cdots) \tag{9.48}$$

(2) 不平等指数是 $1 - \xi / \bar{y}$。

---

[1]　迷你问题 27:假设经济是由两类家庭组成,即单个人和夫妇(分享他们的收入)。如果家庭根据规模设置权重并且收入调整折算成"单人等价",证明如何证明本节的结果。

这如图 9.12 所示。穿过原点的射线是坐标轴中的 45°线:这条线上的任意一点表示的是完全平等的收入分配状态。因此,给定点 $\hat{y}$ 所代表的实际收入分配(y^a,y^b),画出从 $\hat{y}$ 到 45°线的垂线,我们可以找到均值:这条垂线和 45°线相交于 εy,即点 $(\bar{y},\bar{y})$。穿过 $\hat{y}$ 的社会福利函数 $W(V(\mathbf{p},y^a),V(\mathbf{p},y^b))$ 的等值线在射线两侧是对称的,并且跟射线相交于点 ξ,坐标是(ξ,ξ)。这个等值线越是弯曲,不平等指数 $1-\xi/\bar{y}$ 就越大。

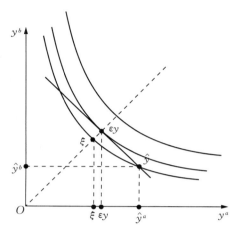

图 9.12 社会福利函数

这些概念和确定性等价及风险补偿的概念很相似。如果我们进一步要求 W 是可加性分离(类似于冯·诺依曼—摩根斯坦效用函数[1]),那么控制价格向量 $\mathbf{p}$(假设保持不变),我们可以把式(9.43)改写为:

$$\sum_{h=1}^{n_h} \zeta(y^h) \tag{9.49}$$

这里,ζ 是一个变量递增的凹函数。定义平等分配等价收入的式子可以写成:

$$\xi = \zeta^{-1}\left(\frac{1}{n_h}\sum_{h=1}^{n_h}\zeta(y^h)\right) \tag{9.50}$$

回忆一下,在不确定性下选择的情形下,函数的曲率反映了风险厌恶的程度,以及跟任何特定前景相关的风险补偿。同样地,ζ 的曲率决定了社会福利函数所隐含的"不平等厌恶"程度:假定 ζ 可微,我们通常有如下的定义。

定义 9.11

一个社会福利函数的(相对)不平等厌恶如下:

$$\iota(y) := -y\frac{\zeta_{yy}(y)}{\zeta_y(y)} \tag{9.51}$$

然后,借用不确定性下选择理论的结果,我们立刻得到:[2]

---

[1] 迷你问题 28:冯·诺依曼—摩根斯坦情形中所使用的概率在这个应用中对应着什么?

[2] 迷你问题 29:根据第 8 章的结果证明之。

定理 9.13（凹性和不平等厌恶）

令 ζ 和 $\hat{\zeta}$ 是一个变量的两个递增的凹函数，其中 $\hat{\zeta}$ 是 ζ 的一个凹转换。那么，(1) $\hat{\iota} \geqslant \iota$；(2) $\hat{\xi} \leqslant \xi$。

因此，社会福利函数中隐含的不平等厌恶越大，那么任一给定的收入不平等分配所带来的明显损失就越大。这是一个明显的损失，因为在实践中我们没有理由假设把总收入看成给定是合法的。

实践中的微观经济学：“漏桶”实验——不平等厌恶参数的合适的值是多少？

在第 8 章中我们看到一项研究，试图确定个人的风险厌恶程度（Barsky et al.，1997）。这在福利经济学中对应着什么？我们能否找到证据来确定不平等厌恶参数 ι 的合适的值的范围？Amiel 等（1999）基于“漏桶”思想实验提出了一个方法。这个令人信服的漏桶比喻来自 Okun（1975）：我们或许认为从富人 R 向穷人 P 转移一些收入在社会意义上是可取的，但是如果从 R 拿走的收入的一定比例因为行政成本而“从桶中漏出去了”，那么我们是否依然认为这个收入转移是值得的？ι 的值越大，那么人们就越倾向于认为这个转移是合适的，尽管存在泄漏。Amiel 等（1999）基于他们的实验发现，跟 Barsky 等（1997）的研究中提到的风险厌恶的私人值 ρ 相比，ι 的值是非常小的。

9.5.3　社会福利函数方法：评估

这里用到的狭义类型的社会福利函数提供了解释直觉标准（比如国民收入比较）的一个方法，同时提供了分析分配公正问题的一个工具。

非个人主义、非自利的社会福利函数或许很值得考虑。例如，如果家庭把他人的收入或者效用作为自己的效用函数的自变量，那么就可以修改上述分析的形式。它还提供了一个基础，让我们假定 W 对收入是严格凹的：如果家庭对收入不平等“感觉不好”（跟他们受到其他外部性的负面影响相似），并且社会排序尊重个人品位，那么社会福利函数将呈现不平等厌恶。

总　结

从个人偏好和决策转向社会偏好和决策是一个挑战。从我们研究社会福利的三种方法中可以看出这一点：

（1）把社会偏好表达为个人偏好的一般函数有着内在的困难，阿罗不可能定理（定理 9.1）对于理解这一点有着根本的重要性。

（2）在社会判断的原则中，很显然，帕累托效率有着压倒性的重要地位。它在完全确定性下有一个自然的定义，并且可以不困难地扩展到不确定性。在一个纯粹私人物品的经济中，效率的条件是直观的，可以通过竞争性均衡实现效率。但是很难将帕累托优越性

(效率基于这个概念)的概念扩展到允许一般应用的标准。

（3）当一般原则看上去无法决定的时候,社会福利函数似乎是克服这个困难的有用方法。但是它来自哪里呢? 我们在怎样的基础上才可以比较不同人的效用水平或者效用等级?

在研究第 12 章和第 13 章的重要问题时,我们会发现本章提出的问题至关重要。但是在此之前,我们需要通过引入策略行为的思想来大大拓展经济决策的分析。

进一步阅读

关于福利经济学的主要问题的一个很好的回顾,参见 Boadway 和 Bruce(1984)。关于成本收益分析基础上的应用福利经济学的更多内容,参见 Harberger(1978)和 Bruce 和 Harris(1982)。关于"构成"方法,参见 Arrow(1951)、Black(1958)以及一篇优秀的论文 Vickrey(1960);关于定理 9.2 的基础,参见 Black(1948)。

关于公共物品的效率,标准的文献是 Samuelson(1954)和 Samuelson(1955)。

Keenan 和 Snow(1999)总结了潜在优越性的一系列标准以及它们之间的关系;跟潜在优越性有关的"逆转"问题的文献,是由 Kaldor(1939)、Hicks(1946)和 Scitovsky(1941)开创的。有关公平的讨论是基于 Varian(1974)的重要贡献。

以个人的风险态度为基础研究社会福利函数,文献可参见 Vickrey(1945)和 Harsanyi(1955)。关于不平等和收入分配的社会福利解释及其跟风险厌恶的关系,参见 Atkinson(1970)。关于社会福利函数标准的发展在应用经济学中的使用,可参见 Harberger(1971)和 Slesnick(1998)。

实践中人们对不平等的厌恶是否来自他们对风险的厌恶,关于这个问题可参见 Carlsson 等(2005)。驱使人们对平等的偏好或者对不平等的容忍的更多因素,参见 Alesina 和 Giuliano(2009)。

练习题

9.1 在一个没有生产的两商品经济中,存在两类决策者:a 类决策者的效用函数为 $\log(x_1^a)+\dfrac{1}{2}\log(x_2^a)$,$b$ 类决策者的效用函数为 $\dfrac{1}{2}\log(x_1^b)+\log(x_2^b)$,$x_i^h$ 表示 h 类型决策者对商品 i 的消费。每种类型有 N 个决策者。

（1）如果商品的总量为 $(3N,12N)$,这个经济中帕累托效率的配置集合是什么?

（2）下面的哪些配置是有效率的?

$$\left.\begin{array}{l}(x_1^a,\,x_2^a)=\left(\dfrac{4}{3},\,2\right)\\[2mm](x_1^b,\,x_2^b)=\left(\dfrac{5}{3},\,10\right)\end{array}\right\}\tag{9.52}$$

$$(x_1^a, x_2^a)=(2, 4) \atop (x_1^b, x_2^b)=(1, 8) \Bigg\} \tag{9.53}$$

$$(x_1^a, x_2^a)=(2, 2) \atop (x_1^b, x_2^b)=(1, 9) \Bigg\} \tag{9.54}$$

$$(x_1^a, x_2^a)=(1, 3) \atop (x_1^b, x_2^b)=(2, 9) \Bigg\} \tag{9.55}$$

(3) 如果每个类型 a 的决策者拥有的禀赋是 $(1, k)$,每个类型 b 的决策者的禀赋是 $(2, 12-k)$,这里 $0 \leqslant k \leqslant 12$,证明:商品 1 的竞争性均衡价格(以商品 2 来度量)是 $[k+12]/5$。

(4) 对于(3)中的情形,将均衡配置写成 k 的函数。如果 $k=3$,证明均衡配置是上述的式(9.52)。

(5) 对于(4)中的情形,令 $k=3$,假设商品 2 的禀赋可以无成本在决策者之间转移,但是商品 1 的禀赋无法转移。社会计划者想确保式(9.53)而不是式(9.52)是竞争性均衡结果。那么,怎样的禀赋转移能够做到这一点? 相对于(3)中的情形,均衡价格将怎样变?

9.2 在一个两商品的交换经济中,有两个大组人数相等的交易者。a 组中的每个交易者有 300 单位的商品 1 禀赋;b 组中的每个人拥有 200 单位的商品 2 禀赋。类型 a 中的每个人具有如下效用函数给出的偏好:

$$U^a(\mathbf{x}^a)=x_1^a x_2^a$$

类型 b 中的每个人的效用函数如下:

$$U^b(\mathbf{x}^b)=x_1^b x_2^b/x_1^a$$

这里,x_i^h 表示 h 类型的人消费的商品 i 的量。

(1) 找到竞争性均衡配置。

(2) 解释为什么竞争性均衡是无效率的。

(3) 给出一个方法使得一个仁慈的政府可以实现有效率配置。

9.3 考虑一个基于排序投票系统的构成 Σ,最差的选项得 1 分,第二差得 2 分,以此类推,公民评分最高的状态就将被选用。阿尔夫对社会状态的排序在一周之内会发生变化,比尔的排序则不会变化:

星期一		星期二	
阿尔夫	比尔	阿尔夫	比尔
θ	θ'	θ	θ'
θ'	θ	θ''	θ
θ''	θ''	θ'	θ''

周一的社会排序是什么? 周二的呢? 这个构成是如何违反了公理 9.3 的?

9.4 考虑一个经济,包含三个人$\{a,b,c\}$和四个可能的社会状态。每个社会状态由一个货币收益y^h来刻画,因此:

	a	b	c
θ	3	3	3
θ'	1	4	4
θ''	5	1	3
θ'''	2	6	1

假设 h 这个人的效用函数为$U^h = \log(y^h)$。

(1) 证明:如果个人知道他们在每种状态下将得到的收益,那么多数投票方法将产生循环决策规则。

(2) 证明:上述条件将把不平等的状态排在完全平等之上。

(3) 证明:假设在投票之前,人们不知道他们将得到$\{a,b,c\}$中的哪一个,如果他们认为同等喜欢三个选项,而且他们关心的是最大化期望效用,那么多数投票方法将严格按照收益分配的顺序排序社会状态。

(4) 一组完全相同的学童,午饭的时候可以分配一块饼。早上,他们透过餐厅的窗户,可以看到一块块的饼摆在盘子里:唯一的问题是没有一个孩子知道他或她将得到哪个盘子。把所有可能的饼的分配空间看作这些学童的所有可能社会状态的完整描述,并且假定事前每个孩子得到每个盘子的概率是相同的,讨论一个冯·诺依曼—摩根斯坦效用函数如何可被用作一个简单的社会福利函数。

(5) 什么决定了这个社会福利函数的不平等厌恶程度?

(6) 考虑将此作为设定社会福利函数的一般方法可能会出的问题。

9.5 下表表示的是两组投票者对三个社会状态的偏好;标着♯的行给出了每套偏好的投票人数;偏好是按照行的顺序排列的,最优的排在上面。

| | 惯用左手的人 | | | | 惯用右手的人 | |
♯	10	6	6	12	18	17
	θ	θ'	θ'	θ''	θ	θ''
	θ'	θ	θ''	θ	θ''	θ
	θ''	θ''	θ	θ'	θ'	θ'

(1) 只在惯用右手的决策者中找出孔多塞获胜者(参见本章迷你问题3)。

(2) 证明:在惯用左手的投票者中存在决策循环。

(3) 假设惯用左手的投票者中的循环因为忽略最小获胜者的投票而被打破。证明此时获胜者跟在惯用右手的投票者中的结果一样。

(4) 证明:如果两组投票者合并,那么孔多塞获胜者就会跟单独看惯用左手和惯用右手的人时获胜者不同!

(5) 当用波达投票法(Moulin,2003)的时候,上述悖论会出现吗?

9.6 假设社会福利跟个人收入 y^h 有关：

$$W = \sum_{h=1}^{n_h} \zeta(y^h)$$

这里，

$$\zeta(x) = \frac{x^{1-\epsilon}-1}{1-\epsilon}$$

并且 ϵ 是一个非负参数。

(1) 当 $\epsilon=1$ 的时候，ζ 的形式是什么？（提示：应用洛必达法则。）

(2) W 的相对不平等厌恶是多少？

(3) 画出 $\epsilon=1$，$\epsilon\to 0$，$\epsilon\to\infty$ 时的社会福利函数的等值线。

(4) 如果人口不是有限的 $\{1,\cdots,n_h\}$，而是存在一个连续的个体，分布在 $\mathbb{R}$ 上，在收入 y 的密度函数为 $f(y)$，写出一般情形下的社会福利函数 W 的等价形式，以及在(3)的特殊情况下的社会福利函数的等价形式(Atkinson，1970)。

9.7 在一个两商品的交换经济中，存在两组人：类型 a 的效用函数为 $2\log(x_1^a)+\log(x_2^a)$，禀赋为 30 单位的商品 1 和 k 单位的商品 2；类型 b 的效用函数为 $\log(x_1^b)+2\log(x_2^b)$，拥有的禀赋是 60 单位的商品 1 和 $210-k$ 单位的商品 2。

(1) 证明：商品 1 相对于商品 2 的均衡价格 ρ 是 $\dfrac{210+k}{150}$。（提示：根据练习题 7.3 的答案。）

(2) 均衡时的个人收入 (y^a,y^b) 写成 k 的函数是什么？写成 ρ 的函数是什么？

(3) 假设政府可以进行商品 2 的一次性转移，但是不能转移商品 1。根据前面的回答证明收入分配集合可以通过这样的转移来实现。在图上画出。

(4) 如果政府具有如下的社会福利函数：

$$W(y^a,\ y^b) = \log(y^a)+\log(y^b)$$

根据(3)中提到的转移来找到最优的收入分配。（提示：参考前面构建的图形。）

(5) 如果政府的社会福利函数如下：

$$W(y^a,\ y^b) = y^a + y^b$$

根据转移来找到收入的最优分配。对这个结果进行评论。

9.8 这是一个**寻租**(rent seeking)的例子。在一个特定的行业中，人们知道垄断利润 $\overline{\Pi}$ 是存在的。有 N 个企业在游说政府希望得到经营这个垄断行业的权利。企业 f 花在游说上的钱是 c^f；企业 f 游说活动成功的概率是：

$$\pi^f := \frac{c^f}{\sum_{j=1}^{N} c^j}$$

(1) 假设企业 f 对其他企业活动的假设跟练习题 3.3 相同。它选择 c^f 来最大化从游说中可以得到的预期回报（给定其他企业的游说支出）。最大化的一阶条件是什么？

(2) 如果所有的企业都相同，证明：所有企业选择的总游说费用一定是：

$$Nc^* = \overline{\Pi}\left[1 - \frac{1}{N}\right]$$

(3) 如果游说成本对社会无益，那么这对垄断带来的"损失"的度量有什么含义（正如在迷你问题16中所讨论的）(Tullock, 1967)？

9.9 一个经济中有 n 种商品和 n_h 个人，并且存在不确定性：每个人的健康或优或差。对每个人而言，健康状态是一个独立分布的随机变量，而且是在商品配置发生之后才会揭晓。个人 h 在状态 ω 下拥有如下的效用：

$$u^h(\mathbf{x}^h, \omega) := a^h(x_1^h, \omega) + \sum_{i=2}^{n} b^h(x_i^h)$$

这里 $\mathbf{x}^h := (x_1^h, x_2^h, \cdots, x_n^h)$，$x_i^h$ 是 h 消费的商品 i 的量，函数 a^h、b^h 是消费的递增凹函数，对每个人而言，ω 取两个值"健康优"或者"健康差"；商品1是医疗保健服务。

(1) 政府估计，对每个人来说，状态 ω 出现的概率是 π_ω。如果加总的生产可能性由生产约束 $\Phi(\mathbf{x}) = 0$（这里 $\mathbf{x} := (x_1, x_2, \cdots, x_n)$，$x_i$ 是商品 i 的加总消费）来描述，政府有如下的社会福利函数：

$$\sum_{h=1}^{n_h} \sum_{\omega} \pi_\omega u^h(\mathbf{x}^h, \omega)$$

求社会最优的一阶条件。

(2) 政府还有能力对商品征税或者补贴，针对不同的个人以不同的税率或者补贴力度：因此个人 h 看到的商品 i 的价格是 p_i^h。如果这个人的收入是 y^h，并且估计状态 ω 出现的概率是 π_ω^h，如果他最大化期望效用，写出最大化的一阶条件。

(3) 证明：只有当下式成立时，那么上述(1)和(2)的解才会重叠：

$$\frac{p_i^h}{p_j^h} = \frac{\Phi_i(\mathbf{x})}{\Phi_j(\mathbf{x})}, \quad i, j = 2, \cdots, n$$

$$\frac{p_1^h}{p_j^h} = \frac{\Phi_1(\mathbf{x})}{\Phi_j(\mathbf{x})} \times \left[\frac{\sum_\omega \pi_\omega^h a_1^h(x_1^h, \omega)}{\sum_\omega \pi_\omega a_1^h(x_1^h, \omega)}\right], \quad j = 2, \cdots, n$$

存在补贴医疗服务的情形吗？存在补贴任何其他商品的情形吗(Sandmo, 1983)？

9.10 再看 San Serrife 经济（练习题4.14）。练习题4.14忽略了 San Serrife 的居民之间的差异性。然而，现在我们知道，尽管所有的 San Serrife 居民都有练习题4.2中的偏好，但是他们的品位是不同的：San Serrife 南部居民花费预算的34%购买牛奶，2%的预算购买酒，而北部居民只花费4%的预算购买牛奶，32%的预算购买酒。回顾加入欧盟的问题；加入欧盟带来的牛奶和酒的价格变化如练习题4.14所示。

(1) 假设 San Serrife 南部居民的人数是北部居民人数的8倍，但是北部居民的人均收入是南部居民的 4 倍。基于潜在优越性的标准,San Serrife 应该加入欧盟吗?

(2) 假设南部居民和北部居民有相同的收入。San Serrife 应该加入欧盟吗?

(3) 直选决定是否加入欧盟的话,结果将会怎样?

▶ 10

策略行为

你知道我的方法(沃森)。用就是了。

——福尔摩斯(阿瑟・柯南道尔:《四签名》)(Sherlock Holmes,Sir Arthur Conan Doyle:*The Sign of Four*)

10.1　引言

本章我们关注人与人之间的冲突与合作,这是微观经济问题的根本所在。本章探究的经济分析的原则将构成第11章和第12章讨论的基础,并且为微观经济学更广泛的研究提供至关重要的工具。研究方向的转变,目的何在?

我们对经济学中策略行为的分析集中在博弈论上。博弈论本身就是一门重要的学科,我们也不可能在一两章的篇幅内详尽介绍。这里我们把它作为一个更加强有力的分析工具。用本章的方法论来重新审视前面讨论的概念和技术(包括最优化过程的设定和均衡的性质),我们可以得到新的洞见。为了掌握其中的方法,需要对逻辑过程进行一些思维上的调整。但是,一旦掌握了这些方法,我们就可以以福尔摩斯的方式将其应用于更多的模型和问题。

本章探讨的策略行为的主题可以分成如下三个宽泛的领域:

(1) 实质的基础部分。在第10.2节和第10.3节,我们将回顾一些概念和思想(第2—7章),并重新思考均衡的概念,这些概念和思想在完美市场的情形下被看成是想当然的。第10.4节将这些概念用于"产业组织",即市场中企业的互动。

(2) 时间。我们将在第10.5节考察策略互动中决策的顺序将如何影响理性和均衡。第10.6节将在市场结构的背景下考察这些原则。

(3) 不确定性。在第10.7节,我们把第8章提出的问题放在策略互动的背景下去探究。相应的模型很丰富,这里的分析将延续到第11章。

10.2　博弈:基本概念

博弈论中的许多概念和方法是很直观的,但是为了避免模糊,我们来梳理一下基本的构成部分,有些则需要更进一步的处理。

10.2.1 参与人、规则和收益

关于一个博弈的基本要素,文献中给出了一些短小精悍的概括。下面四部分要素的总结可以看成是一种公认的做法。

参与人(players)

"参与人"是博弈论所涉及的经济问题中的个体,它们是经济决策者,比如企业、家庭或者政府。但是我们偶尔需要将博弈论中的参与人集合扩展一下,包含一个外生的不确定因素。为了方便,我们把博弈的随机要素处理为一个额外的参与人的行为,这个额外的参与人叫作"自然",它就是一个在幕后掷骰子的看不见的魔鬼。

博弈规则(rules of play)

博弈规则关注的是参与人的举动或者行动。"行动"这个概念涵盖的范围很大,例如包含着家庭的消费选择、企业的产出决策、税收述评等。

在室内游戏中,明确规定了在游戏的每个阶段,每个参与人可以合法采取的行动。对于微观经济学中良好设定的博弈,也必须是这样的,但更为复杂:不管是在室内游戏,还是在经济问题中,在每个行动的节点上可得的信息,对于博弈的设定而言至关重要。举个例子,有一种叫做 Kriegsspiel 的军棋游戏,在这个游戏中,每个棋手只能看到自己的棋子,看不到对方的棋子;王棋、王后棋、卒等的行动规则是一样的,就是因为信息的差异,这个博弈的规则就跟普通弈棋有着根本的不同。

结果的决定(determination of the outcome)

每一个行动集合(包括"自然"的行动来涵盖不确定性的作用),都会确定一个特定的结果。结果可以被定义为一系列产出、一篮子商品或者其他的经济数量。结果也可能简单到回答"谁赢了?"这个问题的答案。给定一个博弈的特定结果,通过评估参与人得到的收益,就可以赋予这个结果以经济含义。

收益(payoffs)

参与人的目标(效用或利润最大化)正是前面各章所介绍的。在不同类型的博弈中,与结果相联系的收益的性质可能非常不同。跟前面章节的分析一样,我们必须小心区分不同的类型,比如收益只是纯粹的序数概念(第 4 章的效用),或者收益具有基础的含义(第 2 章的利润和第 8 章的"幸福")。

这些基本的要素合起来可以允许我们对博弈作一个描述,但是却无法告诉我们博弈如何展开。要看到还包含了什么东西,我们需要更仔细地考察一下博弈的一些要素:我们特别需要考虑信息的作用。

10.2.2 信息和信念

不确定性和渐次改变的信息可以极大影响一个博弈的可能结果:在简单的双人纸牌游戏或单人纸牌游戏中,只是把牌翻过来就可以让我们确信这一点。然而,远不止于此。再次看一下 Kriegsspiel 军棋和普通棋的例子:一个人不需要是下棋专家,他就可以通过迫使对手透露其手中棋子信息的方式,来发现自己应该怎么走棋。参与人认为自己所知道的信息,将影响他们展开博弈的方式,这反过来又影响了信息随时间展开的方式。

因为信息在博弈的展开方式中起核心作用,所以很重要的一点是,在微观经济模型中对此要有一个精确的表述方式。为了刻画个体决策者在博弈的任意一个节点上所处的情形,我们引入一个关键的概念:决策者的信息集。这是关于决策者在博弈的一个特定节点上的精确状态的完整描述,通常体现了参与人对此前博弈所发生的一切事情的完整记忆。同一个人在博弈的不同阶段通常有不同的信息集。当我们考虑了如何精确表达一个博弈的时候,我们将能够对信息集做一个精确的定义。

在讨论"谁知道了什么"的时候,一个核心的思想是"共同知识"这个概念。共同知识这个概念是分析策略问题进行推理的一个常见特征,本身具有直觉上的吸引力。然而,在博弈和微观经济学的情境中,这个术语有一个精确的解释:一个信息是共同知识,前提是:所有人都知道这个信息,每个人都知道其他人也知道这个信息……,以此类推,无限重复。这个思想是强有力的:如果"所有参与人是理性的"这一点是共同知识,那么这将极大简化分析。然而,尽管这在策略互动的经济建模中是一个标准假定,但是你可以回忆一下你玩室内游戏的情况,这个假定显然是不合适的。

令人安慰的"共同知识"这个准"确定性"涵盖的范围之外,关于博弈的运作方式,我们需要引入一些个体信念的概念。在一些非常特殊的情形下,信念跟博弈的建模几乎是不相关的。但是,通常在信念的建模中,可得信息的使用是对理性概念的重要扩展,而理性是我们在前面章节中用到的。如果个体决策者没有在他所具有的合理的信念下进行一个最大化的选择,我们就可以说这个人是不理性的。这带来的一个问题是,什么构成了"合理的"信念?同时带来了一个开放性的问题,即信念会否或应否随着博弈展开所揭示的硬信息而进行更新? 我们将在第 10.7 节回到这一点。

在策略行为的模型中明确处理不确定性以及随着时间揭示信息,这两点是微观模型的重要特征,将在下面的小节中进一步探讨。

10.2.3 策略

博弈论方法的本质是关注策略,这也是本章标题的缘由。一个参与人的策略需要明确地跟行动这个概念区别开来。想一下你有时候在报纸或杂志上看到的下棋游戏:棋盘上有一些棋子,挑战是"白棋在四步内完成配对"。你代表白棋一方,要思考不同的走棋顺序以及黑棋的应对,然后看你是否在四步之内找到一个方法获胜。你的策略是你头脑中详细的应对计划:"如果我走这一步,黑棋将走这一步或那一步来应对,此时……";具体的走棋就是你的行动。我们可以设想,有些博弈中整个策略只包含一个行动,但这是非常特殊的。

简单说,参与人 h 的策略就是一个完整的相机行动方案,这个方案包含了博弈过程中可以想象到的所有可能情形,可以表述如下。对应着博弈内所有可能到达的点,给定决策者 h 的所有信息集的组合:决策者 h 的策略 s^h 是从这个信息集组合到 h 可行的行动集的映射。

个人的策略是我们用于分析博弈的运作和结果的基本工具。

10.2.4 表示一个博弈

博弈通常是策略互动的一个复杂形式。为了让博弈看上去简洁明了,就需要一个清晰的表达方法。有两个主要的形式:

(1)博弈的扩展式是一种树形图的表达。树的根就是博弈开始的地方,每个树枝的开始点(每个节点)表达的是,参与人在给定的博弈顺序下在某个时刻所到达的情形。在博弈的终点(即博弈结束的地方)有一个收益向量,表示的是每个参与人的收益。目前这些收益可被视为完全序数的,不需要在不同参与人之间进行比较,我们下面将会看到,这些假定在有些情况下不再令人满意。

(2)博弈的策略式(也称为标准式)是一种多维表格的形式。表格的每个维度(行、列等)分别对应着每个参与人的策略集;表格中每个单元格中的数字表示的是特定策略组合所对应的收益。

图 10.1 描述了一个博弈扩展式的例子,两个参与人同时选择行动,然后博弈结束。包含了比尔的两个节点("信息集")的方形阴影,表示在他做出行动之前,他没有观察到阿尔夫的选择;这表示的是博弈的两个参与人同时选择行动的特征。在这个情况下,每个策略正好包含一个行动。图形的上部表示的是阿尔夫在两个策略 s_1^a(选择 LEFT)和 s_2^a(选择 RIGHT)之间的选择:然后他的选择就决定了图形中部左边的节点还是右边的节点会出现。在图形的下部比尔做出他的选择(在 left 和 right 之间):但是因为是同时行动,所以他并不知道左边和右边的节点哪个会出现;这个模糊性是由环绕两个节点的方形阴影部分所描述的,意思是两个节点都在比尔的信息集内。[①]图形的底部是对应着每个策略组合

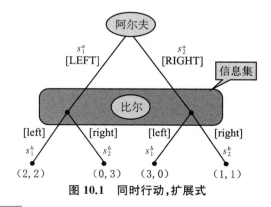

图 10.1 同时行动,扩展式

---

① 迷你问题 1:这个博弈可以是阿尔夫先行动,但是隐藏了他已经做出的行动;简要解释为什么。

(s_i^a, s_j^b) 的(阿尔夫,比尔)的收益。表 10.1 是同一个博弈的策略式。各行对应的是阿尔夫的策略选择;列是比尔的选择;每个单元格里的内容正好对应着图 10.1 最下面一行。

表 10.1　同时行动,策略式

		s_1^b [left]	s_2^b [right]
s_1^a	[LEFT]	2, 2	0, 3
s_2^a	[RIGHT]	3, 0	1, 1

信息集的概念如图 10.1 所示。当一个决策者要选择行动的时候,如果他确切知道博弈到达了哪个节点,那么他在做出选择的时候就有了非常准确的信息可用,他已经知道了跟那个节点的知识相关的一篮子细节。在这种情况下,信息集只包含一个点。如果存在一个可能性,不止一个节点会出现,即信息集包含多个点,那么信息就不是那么准确。更正式地,我们有如下的定义:

定义 10.1

决策者 h 的**信息集**是节点的集合,这个集合内的节点是决策者 h 知道可能会发生但通过直接观察无法确定的节点。

用扩展式还是用策略式,这个问题重要吗? 在跟微观经济模型相关的大多数情形下,两种方式的选择基本上是一个阐述方便的问题,只要两种方式都表达正确。[1]然而,一个特定的策略式表达可能对应着不止一个扩展式表达,但是当博弈实际展开的时候,看上去不同的扩展式表达其实是等价的。[2]

10.3　均衡

参与人(经济决策者)是带着策略来参加博弈的:那么博弈所表达的经济问题的均衡是什么? 要回答这个问题,我们可以借鉴第 2—7 章的多个情境中设定的对均衡的理解。然而,我们会发现有几个新问题,甚至均衡这个概念本身都需要小心处理。我们用一个虚构的简单均衡概念开始讨论。

10.3.1　一个简化的方法

这个简化的方法包括引入一个应该看上去很有说服力的概念,而且很自然引向一些博弈中对均衡的描述;它还使得寻找均衡的方法变得很明显。然而,正如我们将看到的,它有一些局限性。

---

[1]　迷你问题 2:一对夫妇要决定一个晚上的娱乐活动。丈夫想去西边(那里有新的喜剧);妻子想去东边(看赛狗)。如果夫妇一起去看而且看了自己喜欢的活动,那么效用是 2,否则效用是 1。然而,如果两人分开看不同的项目,那么这个夜晚就会毁掉了(效用是 0)。将这个博弈描述为策略式和扩展式两种形式。

[2]　迷你问题 3:对应于表 10.1 中的策略式,画出另一个扩展式的博弈树。

占优(dominance)

占优这个概念及其与均衡的关系可以用一个双人博弈的例子来介绍。假设阿尔夫发现,不管对手做什么,他选择策略 RIGHT 都会对自己更有利。那么,对阿尔夫而言,策略 RIGHT 占优于其他任何策略。不可否认,这对于表 10.1 中的博弈而言,并没有说明问题,因为阿尔夫只有另外的一个策略可供选择。但是占优策略和劣策略(在这个例子中是策略 LEFT)的概念可以很容易推广到存在多个策略的情形。

进一步假设比尔发现了他面对的情况其实是一样的,不管他的对手选择什么,他选择 right 永远对他更有利。这也是一个占优策略。进一步,如果一个理性的参与人 h 有一个占优策略,那么可以合理假定,h 在参加博弈的时候一定会使用他这个策略。从这个想法到博弈的解,只有一步之遥。

应用占优(applying dominance)

得到与之相关的解,根本不费脑子。如果每个参与人 h 都有一个占优策略,那么每个 h 选择他的占优策略,这个情境就可以描述为一个均衡:显然,每个人选择的行动都无法改进了,因此没有人想偏离这个占优策略的结果。

我们可以立刻将此用于表 10.1 中的博弈,详情如下。如果比尔选择 left,阿尔夫选择 RIGHT 对自己更有利(他得到的收益是 3,而不是 2);如果比尔选择 right,阿尔夫选择 RIGHT 依然对自己更有利(他得到的收益是 1,而不是 0);因此,阿尔夫可以很合理地剔除策略 LEFT,不再考虑这个策略。这个博弈的设定是对称的,我们也可以立刻看出比尔也会将策略 left 剔除出考虑范围。剩下的就是策略组合(RIGHT,right),对应的收益是(1,1)。这个找到均衡的方法可以推广到每个参与人有多个策略,以及有多个参与人的情形。[①]

我们可以把这个剔除的逻辑以如下的方式扩展。考虑一个情形:有两个参与人,但是每个参与人有多于两个的策略。假设两个参与人都没有立刻看得出来的占优策略。但是,或许比尔(比如说)考察了一下这个情形,发现有一些我们刚才解释的那种明显的劣策略(即不管阿尔夫选择什么,比尔总是有一些其他的策略可以给自己带来更高的收益)。我们可以考虑,比尔选择这样的一个劣策略是不理性的。因此我们可以从表中剔除劣策略,然后再看在这个删减后的表格中,每个参与人是否存在占优策略。[②]如有必要,这个过

---

① 迷你问题 4:考虑下表中的博弈。假设两个决策者都是理性的,那么博弈的解是什么? 它跟表 10.1 中的博弈的根本不同在哪里?

	s_1^b	s_2^b
s_1^a	3,3	1,2
s_2^a	2,1	0,0

② 迷你问题 5:以这个方式扩展这个方法的时候,关于每个参与人的可得信息,我们做了一个重要的假定。你能看出来是什么吗?

程可以重复进行,剔除更多的劣策略,直到最后剩下唯一一组策略组合(我们希望如此)。这个方法本质上遵循了福尔摩斯的名言:"当你剔除了不可能之后,最后剩下的,不管看上去多么不可思议,那一定是真相。"在我们上面讨论的情形下,当你剔除了不合适的劣策略之后,最后剩下的策略组合一定是均衡。

总而言之,这个占优的方法看上去很有吸引力也很简单,然而却存在两个大难题:

(1) 经常的情况是博弈中不存在占优策略,即便是在上述重复剔除的方法下也不存在。在更丰富的模型中,寻找解的方法远远没有那么直观。

(2) 在有些情况下,我们得到的似乎合理的解,却会产生相当古怪的结果。或许你只是扫一眼表 10.1 就已经发现了问题所在:我们将在第 10.3.4 节研究这个问题。

10.3.2　一般方法

为了在均衡讨论中取得进展,我们需要将讨论建立在更加正式的基础上。

一些更多的符号表示

首先,我们引入一个概念,通过再次使用第 9 章中的一个术语,这个概念将有助于定义更多概念。一个策略组合是一个特定策略的集合,包含着博弈中的每个参与人的一个策略。策略组合可以写成:

$$[s] := [s^1, s^2, \cdots]$$

这里,我们使用跟第 7 章表示配置的符号$[\cdots]$相同的符号。我们还需要一个符号描述参与人 h 之外的其他所有参与人的策略;这是剔除了第 h 个元素的策略组合$[s]$:

$$[s]^{-h} := [s^1, s^2, \cdots, s^{h-1}, s^{h+1}, s^{h+2}, \cdots] \tag{10.1}$$

为了评估博弈的结果,我们将收益写成效用。将效用以一种简约的形式写成策略的函数是有道理的。因此,对给定的策略组合$[s]$,我们把 h 的效用写成:

$$v^h(s^h, [s]^{-h}) \tag{10.2}$$

h 这个人的效用取决于他自己的策略选择s^h,同时取决于博弈中其他每个人的策略$[s]^{-h}$。

将决策者 h 的所有可行的策略集合表示为S^h:这给出了 h 什么可做以及何时可做的完整描述。那么,对于给定的一组决策者(参与人),我们可以只用两个东西就能完整描述一个博弈:收益函数的组合及其对应的策略集,形式如下:

$$[v^1, v^2, \cdots]; [S^1, S^2, \cdots] \tag{10.3}$$

"最佳应对"

有了这些基础的铺垫,我们就可以引入在任何经济策略的考虑中所需掌握的核心概念。这就是一个决策者对其他决策者的策略的"最佳应对"的概念,定义如下:

定义 10.2

如果下列条件满足，那么对所有的 $s^h \in S^h$，策略 $\hat{s}^h$ 是 h 对 $[s]^{-h}$ 的最佳应对：

$$v^h\left(\hat{s}^h, [s]^{-h}\right) \geqslant v^h\left(s^h, [s]^{-h}\right) \tag{10.4}$$

或者，等价地写成：

$$\hat{s}^h \in \underset{s^h}{\arg\max}\, v^h\left(s^h, [s]^{-h}\right) \tag{10.5}$$

式(10.5)使用了"argmax"的符号，表示的是 s^h 的取值集合，执行的是所要求的最大化工作，正式定义参见附录 A 中的 A.7.5 节。我们可以把式(10.4)中的"$\geqslant$"换成"$>$"，将上述定义改成"强最佳"，在这种情况下，式(10.5)的右端只包含一个元素。

最佳应对的理念是我们前面各章对决策者所做的假定的逻辑扩展（前面章节关注的是完美市场）。在那里我们看到的是，每个追求利润最大化的企业对主导的市场价格集合的"最佳应对"，当然这个应对是用投入产出来表达的；追求效用最大化的消费者也是对市场做出了"最佳应对"，当然这个应对是基于家庭的预算以及他自己的偏好。但是现在，单个决策者面对的不是关于市场条件的灵敏信息，他必须清楚自己行动的后果是什么，因为他的行动会被其他决策者观察到，并给予解读。

包含在定义 10.2 的概念之内，有一个非常特殊的情形，我们在第 10.3.1 节介绍了。占优策略就是一个最佳应对策略，不管这个博弈中的其他参与人选择什么行动：如果式(10.5)中的 $\hat{s}^h$ 实际上不依赖于 $[s]^{-h}$，那么决策者 h 就有一个占优策略。在许多有趣的情形下，占优策略并不存在，但是它在某些重要的应用中特别令人感兴趣，我们将在第 12 章看到这一点。

纳什均衡

最佳应对的思想使我们引入博弈均衡的基本概念。

定义 10.3

纳什均衡是策略组合 $[s^*]$，满足对每个决策者 h，$1, \cdots, n_h$：

$$s^{*h} \in \underset{s^h}{\arg\max}\, v^h\left(s^h, [s^*]^{-h}\right) \tag{10.6}$$

用通俗语言来解释的话，就是纳什均衡对应着一个状况，每个人的策略都是对其他人策略的最佳应对。在这样的情况下，给定其他人不会偏离他们的策略，没有一个参与人有积极性单方面偏离自己的策略。

表 10.2　存在唯一纳什均衡的博弈

		s_1^b [left]	s_2^b [right]
s_1^a	[LEFT]	2, 3	0, 2
s_2^a	[RIGHT]	0, 1	1, 0

例证

考虑表 10.2 中的博弈,就可以在一个简单的情形下看到这一点。我们列出最佳应对:

(1) 如果比尔选择 left,阿尔夫的最佳应对是选择 LEFT;

(2) 如果比尔选择 right,阿尔夫的最佳应对是选择 RIGHT;

(3) 如果阿尔夫选择 LEFT,比尔的最佳应对是选择 left;

(4) 如果阿尔夫选择 RIGHT,比尔的最佳应对是选择 left。

因此,唯一的纳什均衡是策略组合(LEFT, left),得到的收益是(2, 3)。显然,阿尔夫没有占优策略,尽管比尔有最优策略。练习题 10.2 提供了更丰富的例子,这些例子中有更多的策略。

一句提醒

尽管纳什均衡是我们研究策略行为所用方法的基石,我们需要注意三个严重的困难,这些困难是我们在把纳什的概念用于微观经济及其他问题时经常遇到的。我们将在第 10.3.3—10.3.5 节处理这些困难。

10.3.3 多个均衡

在许多有趣的经济情形下,纳什均衡不止一个。例如,在表 10.3 中,$[s_1^a, s_1^b]$ 和 $[s_2^a, s_2^b]$ 都是均衡。显然,前一个均衡的结果帕累托占优于后者,但是就纳什的概念而言,两种情况作为博弈的均衡结果,是同等地位的。[1]第二个例子是所谓斗鸡博弈的一种,看上去有更多的问题。在表 10.4 中,策略组合 $[s_2^a, s_1^b]$ 和 $[s_1^a, s_2^b]$[分别对应着收益组合 (3, 1) 和 (1, 3)]都是纳什均衡:跟前面的例子相比,它们是(仅有的)不平等的结果,要么是阿尔夫获得最高收益,比尔近乎绝望,或者反过来。[2]

表 10.3 多个均衡 1		
	s_1^b	s_2^b
s_1^a	3, 3	1, 0
s_2^a	0, 1	2, 2

表 10.4 多个均衡 2		
	s_1^b	s_2^b
s_1^a	2, 2	1, 3
s_2^a	3, 1	0, 0

---

① 迷你问题 6:假设我们改变规则,允许参与人在参与博弈之前相互沟通来表达他们的意愿,这能否可以帮助解决两个均衡之间的选择问题?

② 迷你问题 7:根据如下的信息重新设计一个斗鸡博弈。两个少年都想给对方一种看上去很勇敢的印象。他们站在高速公路上,一辆卡车正在驶来。首先躲开卡车的少年就是"弱鸡",将受到羞辱;另一个少年就被认为是地方上的英雄。如果双方同时跳离路面,那么他们将同时遭受尴尬。如果都不跳开,那么双双惨死。

(1) 为了得到跟表 10.4 相同的结构,"死亡""尴尬""英雄""羞辱"的效用排序是什么?

(2) 在这种情况下,事先的沟通是否有助于解决多个均衡的问题?

(3) 如果"羞辱"比"死亡"更坏,那么这个博弈的结构将发生怎样的变化?

因此,如果博弈存在两个均衡:如何在它们之间做出选择呢? 在有些情况下,经济背景可以给出答案(下面详述);但是纳什概念本身是做不到的。

10.3.4 效率

用于支撑纳什均衡概念的"最佳应对"这个术语需要谨慎对待,是在什么意义上的"最佳"? 如果我们忍不住回答:"最佳指的是理性的决策者,给定他所处的环境,做出选择来最大化他自己的收益",那么我们需要小心,理性在这里需要谨慎的解释。可以参见表 10.3 中的例子,两个均衡中只有一个是有效率,但是两个均衡都可被描述为"最佳应对"。

这一点在下面一个例子中更有说服力。为了设定场景,关于一般的博弈,我们提出一个重要问题:对于一个理性的经济决策者而言,可能发生的最坏的结果是什么? 正式地,我们可以将其写成决策者 h 的最小最大收益:

$$v^h := \min_{[s]^{-h}} \left[\max_{s^h} v^h(s^h, [s]^{-h}) \right] \tag{10.7}$$

回到定义 10.2 我们可以看出,式(10.7)的中括号内的表达式意味着 h 对其他人的策略做了最佳应对;式(10.7)中的"min"运算意味着其他人在博弈的规则内尽力去惩罚他。这个最小最大值起着保留效用的作用,在根据收益评估博弈的结果时提供了一个有用的参照点。

下面就是例子:博弈形式来自图 10.1,被称为囚徒困境。[①]

首先,从囚徒困境博弈相关的表 10.1 可以看出,这个博弈存在唯一的纳什均衡$[s_2^a, s_2^b]$;其次,注意到这个均衡结果是没有效率的:策略组合$[s_1^a, s_1^b]$将给双方带来更高的收益! 如图 10.2 所示,代表博弈收益的效用可能性只包括四个点。[②]纳什均衡带来了最小最大的结果,在图中表示为效用组合(v^a, v^b)。[③]这个均衡是短视的,根据定义,也是个体理性的。然而,可以证明,帕累托效率的结果(2, 2)是集体理性所应该导向的结果。[④]

这并不是刻意选出的一个怪诞例子,以便凸显一个深奥的理论要点。囚徒困境问题居于许多经济问题的核心位置,因为在许多经济问题中,集体利益和狭窄定义的个体利益并不一致:我们将在第 10.4 节中讨论一个产业组织领域中的重要例子;另一个重要的领域

---

① 迷你问题 8:根据如下的描述重新构建囚徒困境。两个坏蛋被逮捕了,关押在不同的地方。当局面临的问题是要证明他们是坏蛋:证据只可能来自他们自己。因此,当局向他们宣布,如果有人坦白交代供出对方,他就可以象征性地服刑 1 年,而对方将蹲 20 年大狱;如果双方都坦白,那么各自判刑 10 年。然而,两个人都清楚,如果他们同时保持沉默,当局也只能以警察追逐的时候他们驾驶不当来惩罚他们:每人判刑 2 年。

以策略式写出这个博弈,并证明每个坏蛋都有一个占优策略。求解纳什均衡收益,并解释为什么从两个坏蛋的角度这个结果是没有效率的。

假设两个坏蛋有机会相互沟通,然后再把他们放回单独的隔间:这个博弈的结果会有不同吗?

② 迷你问题 9:给迷你问题 2("性别大战")和表 10.4("斗鸡博弈")中描述的博弈画出相同的图形。

③ 迷你问题 10:假设把阿尔夫的收益进行一个递增变换;然后把比尔的收益进行另一个递增变换。证明:博弈的结果不受影响。

④ 迷你问题 11:现实的常识可能给我们建议一个解决这个难题的方法,那就是让决策者(囚徒)签署一个具有某种约束力的协议。为什么这个看上去很简洁的"解"有些误导?

将在第 12 章介绍,其结果将在第 13 章中进一步考察。

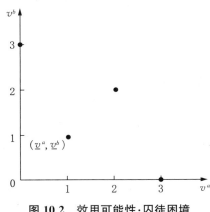

图 10.2　效用可能性:囚徒困境

例 10.1

假设两个人上了一辆公交车,发现有两个相邻的狭窄座位空着。每个人必须决定是去坐下还是站着。一个人坐着比跟其他人紧挨着坐更舒服,前者价值 20 美元,后者价值 10 美元,但是坐着都比站着舒服,站着价值为零。

假设每个人只关心自己的感受。这个情境可以模型化为如下的一个策略式博弈:

	坐着	站着
坐着	10, 10	20, 0
站着	0, 20	0, 0

如果我们只寻找纯策略纳什均衡,那么偏好是序数的。因此,收益可以进行递增变换而不改变问题的本质。

这不是一个囚徒困境问题,因为占优策略是坐下,但是占优策略也是帕累托最优的。纳什均衡是双方都选择坐下。

10.3.5　存在性

博弈可能根本就不存在纳什均衡。要看到这一点,可考虑表 10.5 所描述的策略式问题(更多可参见练习题 10.3)。同样,在这种设定下,策略和行动是重叠的。在这种情形下,如果阿尔夫(决策者 a)选择策略 s_1^a,那么比尔的最佳应对是选择策略 s_2^b;但是如果比尔选择策略 s_2^b,那么阿尔夫的最佳应对是选择 s_2^a;……以此类推,无限循环。不存在策略组合,使得每个决策者同时对对方做出最佳应对。问题的根本在哪里? 能否找到解决方法?[1]

---

[1]　迷你问题 12:"猜硬币博弈"是一个你可以在家玩的游戏。每个参与人都藏一枚硬币在手里,正面朝上或者反面朝上;参与人同时展示他们的硬币;如果双方硬币朝上的面相同,那么参与人 b 将支付给参与人 a 一美元;如果一个人是正面朝上,另一个人是反面朝上,那么 a 支付给 b 一美元。用类似于表 10.1 的表格来给出这个博弈的策略式。在表格上表明最佳应对。这个博弈存在纳什均衡吗?

一个建议的解决方案

考虑决策者 a 的最佳应对是决策者 b 的策略的函数,反过来也一样:显然它们是不连续的,因为在这个模型中选择是离散的。我们可以回忆第 3 章关于决策者在完美市场中的讨论,当反应函数不连续时,严格来讲,就有可能不存在市场均衡;我们还可以回忆,在通常的情形下有一个基于常识的逻辑来"挽救"均衡概念。我们头脑中的疑问是,在如表 10.5 所示的策略模型中是否也存在相似的问题:没有均衡在一定意义上归因于此时反应的不连续性?是否存在一个类似的"挽救"逻辑?在企业和市场的情形下我们诉诸于大数目逻辑,这是有道理的:平均的供给函数是连续的,然后我们知道存在价格接受的均衡。大数目工具在这里并不合适(或许就真的只有两个参与人),但是有一个相似风格的方法。这要明确地引入一个概率工具,从而有效地扩大了参与人可得的策略集。我们将看到这在表 10.5 的博弈中是如何运作的,然后考察下一步的问题,从而显然给我们提供一个解。

表 10.5　不存在纯策略均衡

	s_1^b	s_2^b
s_1^a	2, 2	0, 3
s_2^a	0, 1	1, 0

假设阿尔夫宣布,他将以概率 π^a 采用策略 s_1^a,以概率 $1-\pi^a$ 采用策略 s_2^a。同样地,比尔也宣布,他将分别以概率 $(\pi^b, 1-\pi^b)$ 选择策略 (s_1^b, s_2^b)。此外,我们对每个参与人采用的标准是他们期望的收益(用效用表示)。然后,根据表 10.5,如果阿尔夫把 π^b 看成是给定的,选择概率 π^a,那么他的期望效用是:[①]

$$[3\pi^b - 1]\pi^a + 1 - \pi^b \tag{10.8}$$

如果比尔把 π^a 看成是给定的,选择概率 π^b,那么他的期望效用是:

$$[1 - 2\pi^a]\pi^b + 3\pi^a \tag{10.9}$$

根据式(10.8)来推导阿尔夫的选择(π^a)作为比尔的选择(π^b)的最佳应对。如果 $\pi^b = \dfrac{1}{3}$,那么 π^a 的值对阿尔夫的期望收益没有影响;但是,如果 $\pi^b > \dfrac{1}{3}$,那么式(10.8)是 π^a 的增函数,如果能把 π^a 尽可能推高,则对阿尔夫有利(他将毫无悬念采用策略 s_1^a);如果 $\pi^b < \dfrac{1}{3}$,则正好相反:式(10.8)是 π^a 的减函数,阿尔夫将毫无悬念采用策略 s_2^a。阿尔夫的最佳应对行为可由图 10.3 中的映射 $\chi^a(\cdot)$ 表示(这里我们有些吹毛求疵了:χ^a 是映射而不是函数,因为在点 $\pi^b = \dfrac{1}{3}$,它有多个值)。表达式 $\chi^a(\pi^b)$ 将给出 π^a 的值的集合,构成了阿尔

---

① 迷你问题 13:根据表 10.5 推导式(10.8)和式(10.9)。

夫对已宣布的 π^b 的最佳应对。

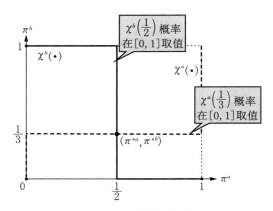

图 10.3　混合策略均衡

现在考虑比尔对阿尔夫选定的概率的最佳应对。从式（10.9）我们可以看出，他的期望收益随着 π^b 分别递增 $\left(\pi^a > \dfrac{1}{2}\right)$ 或递减 $\left(\pi^a > \dfrac{1}{2}\right)$。因此，跟阿尔夫情形下的推理相似，比尔的最佳应对的映射 $\chi^b(\,\cdot\,)$ 如图 10.3 所示：当 π^a 取值较低时，比尔确定使用策略 s_1^b，当 π^a 取值较高时，他确定使用策略 s_2^b。

从图 10.3 中我们已经看到了明显的解。问题为"是否存在概率组合使得 $\pi^a \in \chi^a(\pi^b)$ 和 $\pi^b \in \chi^b(\pi^a)$ 同时成立？"显然，概率组合 $(\pi^{*a}, \pi^{*b}) = \left(\dfrac{1}{2}, \dfrac{1}{3}\right)$ 正好满足这个条件。如果阿尔夫和比尔在随机化两个策略的时候，分别正好选择这些概率，那么每个人都正好对对方做出了最佳应对。我们似乎得到了一个纳什意义上的均衡。

总结一下，我们看到每个决策者：

（1）发明了自己的彩票，并且可以影响其他决策者的收益；

（2）知道且相信其他决策者选用任一特定策略的概率；

（3）基于这个信念通过最大化期望效用来形成一个最佳应对政策。

然而，为了用这个方法来阐明发生的事情，我们需要重新考察基本概念以及它们的含义。

"混合"策略

首先我们改进对策略的描述。我们应该把此前讨论的策略叫做纯策略。如果决策者 a 的纯策略集合 S^a 是有限的，我们可以把其中的每个策略设想为 a 可以去按下的一个个单独的收音机按钮：如果决策者 b 选择的随机化使得 a 在按下哪个按钮之间是无差异的（反之亦然），那么我们就有了均衡。①如果一个特定的博弈中有三个纯策略（三个按钮），那

---

①　迷你问题 14：在表 10.5 的背景下，设想一下阿尔夫和比尔对应于他们的纯策略（行动）来按下收音机按钮。如果比尔随机化他的行动，那么他行动上的哪个分布使得阿尔夫在不同按钮之间是无差异的？如果阿尔夫随机化他的行动，那么他行动上的哪个分布使得比尔在不同按钮之间是无差异的？

么我们可以把这个情形描述为图 10.4(a)：每个决策者的三个"按钮"被标注为策略名字 (s_i^b)，同时标注为按钮的二值密码 (0, 0, 1)，等等。[①]

通过引入随机化，我们一下子改变了策略的整个理念。图 10.4(b) 直接来自图 8.17：它描述了三个纯策略之间的彩票集合——端点为 (0, 0, 1)，(0, 1, 0) 和 (1, 0, 0) 的阴影部分三角形。通常来说，每个彩票就是一个混合策略，三角形内部的那个点表示的是决策者 a 的一个混合策略，他分别以 0.5、0.25 和 0.25 的概率选择策略 s_1^a，s_2^a，s_3^a。这个思想可以立刻扩展到纯策略数目有限的任何情形。

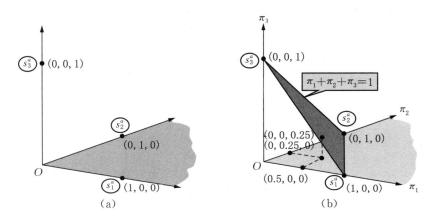

图 10.4　阿尔夫的纯策略和混合策略

例 10.2

一个随机化的例子发生在足球比赛的罚球中。假设踢球员可以选择踢向左边 (L) 或者右边 (R)。守门员可以选择扑向左边或者右边来挡住这个点球。两个人同时做出决策。

Palacios-Huerta(2003) 从职业联盟赛的 1 417 个点球中总结出了如下的矩阵（收益表示为用百分比表示的得分概率）：

踢球员、守门员	L	R
L	58, −58	95, −95
R	93, −93	70, −70

这个博弈没有纯策略纳什均衡。考虑随机化，假设守门员以概率 q 选择 L。

踢球员的收益是，L：$0.58 \times q + 0.95 \times (1-q)$；R：$0.93 \times q + 0.70 \times (1-q)$。根据无差异的原则，这两个收益必须相等。这意味着踢球员在 L 和 R 之间是无差异的，如果 $0.58 \times q + 0.95 \times (1-q) = 0.93 \times q + 0.70 \times (1-q)$，他愿意随机化，这意味着 $q = 0.42$。类似地，如果 p 是踢球员选择 L 的概率，那么 $-0.58 \times p - 0.93 \times (1-p) = -0.95 \times p - 0.70 \times (1-p)$。这意味着 $p = 0.38$。因此，混合策略均衡是 $(p, q) = (0.38, 0.42)$。

[①]　迷你问题 15：考虑迷你问题 12 中的"猜硬币"博弈。这个博弈的混合策略均衡是什么？

定义 10.4

给定决策者 h 的一个有限的纯策略集 S^h,**混合策略**是 S^h 元素上的一个概率分布。

我们可以这样来表达一个混合策略:以向量的形式写出 S^h 的元素 $(s_1^h, s_2^h, \cdots)$,用 $\pi^h := (\pi_1^h, \pi_2^h, \cdots)$ 表示概率分布,其中 π_i^h 是 h 实际选用策略 s_i^h 的概率。①

期望效用

扩展到混合策略均衡也要求我们重新去看收益。在前面的博弈和策略行为的例子中,我们假定收益是纯序数的。然而,如果假定期望效用是合适的标准,那么我们将对个体决策者对结果的评估施加更多的结构限制。基于第 8 章的讨论,我们无法自动假定这样做是合适的。

表 10.6　策略行为:符号表示

s^h	决策者 h 的策略
S^h	决策者 h 的策略集
$[s]^{-h}$	除 h 外的所有其他决策者的策略
v^h	决策者 h 的收益函数
χ	最佳应对映射
π^h	决策者 h 的随机化向量
τ^h	决策者 h 的类型

两个结果

基于表 10.5 的这个扩展例子的优势在于,它很方便地引出了一个强大的结果,这个结果位于博弈论方法研究策略行为的核心位置:

定理 10.1(混合策略纳什均衡)

有限数目纯策略的博弈都有一个混合策略均衡。

混合策略均衡也包括退化情形,即 $\pi^h = (0, 0, \cdots, 1, \cdots)$(这在语言上是个悖论,因为这些混合策略"退化"成了只有纯策略的情形!)。不难看出,定理 10.1 的结论来自第 7 章的竞争均衡的结果。在那里,一个凸紧集到自身的映射被用来证明一般竞争均衡的存在性,用到的是一个"不动点"定理的结果(参见附录 C 的 C.5.2 节的讨论);映射是通过应用超额需求函数进行价格调整得到的;那里的集合指的是所有标准化价格的集合。这里,我们有一个非常类似的故事:这个映射就是最佳应对映射;这里的集合是混合策略集合,跟一般均衡问题中的形式完全一样(比较图 10.4 和图 B.24)。

然而,在回顾为什么这个结果有效的时候,我们可能想知道,不用混合策略的工具,有

---

① 迷你问题 16:在因徒困境博弈的情形下,引入混合策略并不改变结果。基于表 10.1 证明这一点,可以用相同逻辑根据表 10.5 的博弈情形推导式(10.8)和式(10.9)。

没有别的方法可以得到这个存在性的结果,或许可以用相同的不动点逻辑,只不过在一个不同的问题中。确实存在这样的方法,适用于一类贴合微观经济应用的问题。假设跟定理 10.1 和迄今的例子不同的是,纯策略集合是无限的;例如,企业可以在 0 和 $\bar{q}$ 之间的任何地方选择一个产出水平,或者工人可以在 0 和 $\bar{z}$ 之间任意选择一个努力水平。那么在许多情况下,我们可以应用如下的定理:

定理 10.2(无限策略集的纳什均衡)

如果一个博弈满足对所有的决策者 h,策略集 S^h 是 $\mathbb{R}^n$ 的凸紧子集,式(10.2)中的收益函数 v^h 是连续的、准凹的,那么这个博弈具有一个纯策略纳什均衡。

混合策略:评估

混合策略可被看成是一个理论技巧,用于堵住纳什均衡方法研究策略行为的尴尬漏洞。它是否是一个合适的工具,取决于它所用于的微观经济模型的特定背景,以及我们在多大程度上认为经济决策者会遵循并理解随机化,以及将其作为策略工具使用。

随着策略行为的模型有了新的特征和微妙变化,我们不止一次发现,有必要改进均衡这个概念,这次也不会是最后一次。随着博弈的概念变得更加复杂和有趣,我们需要不断地重提均衡这个概念。

实践中的微观经济学:企业随机化价格是否有道理?

Varian(1980)给出了一个论证,认为美国的大型零售连锁可以实行随机定价。这个论证的核心在于,两家大型企业通过拼"销售"(促销、低价让利)各自争抢顾客和利润的情形可以很合适地被视为一个混合策略均衡。它们可以这样做,是因为它们知道顾客是一个混合体:一部分顾客是"消息灵通人士"(他们总是知道最好的便宜货在哪里),另一部分顾客是跟往常一样随便逛逛的人。

		s_1^b [normal]	s_2^b [sale]
s_1^a	[NORMAL]	Π_1 , Π_1	Π_1 , Π_2
s_2^a	[SALE]	Π_2 , Π_1	Π_0 , Π_0

两个零售商 a 和 b 如上表所示,每个零售商可以选择两个定价策略中的一个,与之对应的利润由 Π 值表示,这里 $\Pi_2 > \Pi_1 > \Pi_0$。通过分析每个决策者的最佳应对,我们发现博弈存在两个纯策略均衡,其中一个设定"normal"价格,另一个设定"sale"价格。但是博弈也存在一个对称的混合策略均衡,每个零售商以概率 π 和 $1-\pi$ 设定"normal"价格和"sale"价格,这里 $\pi := [\Pi_1 - \Pi_0]/[\Pi_2 - \Pi_0]$。

10.4　应用:双寡头

是时候将分析用于实践了。第 3 章的讨论有一个重要的缺口,即市场上的每家企业在运作的时候,可能没有一个给定的、确定的需求函数。经典的例子是寡头,也就是少数几家企业之间的竞争。每家企业不得不将其行为建立在设想的竞争行为之上,而不是确定的市场环境参数上。

这是一个简单的策略问题。博弈规则将参与人限制在了两个,双头垄断是寡头垄断的一个特例。这个博弈如何进行取决于企业决策的行动变量是关于价格的决策,还是关于产量的决策,还取决于企业是否同时做决策。

10.4.1　数量竞争

我们先考察经典版本的古诺模型(Cournot model),然后用前面确立的策略行为的原则来解释。古诺模型假定企业要做的决策是产量,市场价格是由市场需求来机械决定,而且它们同时做决策。在这样一个设定下,我们可以把数量决策(行动)看成策略。

模型设定

两个企业同时做决策,生产相同的同质产品。因此,该商品的总产量为:

$$q=q^1+q^2 \tag{10.10}$$

这里,q^f 是企业 $f=1,2$ 的产量。这个单一商品的市场需求曲线是已知的,可以用市场的反需求函数 $p(\cdot)$ 来表示:这等于说对于任意给定的市场产出总量,存在已知的市场价格 $p=p(q)$。每家企业 f 有一个已知的成本函数 C^f,C^f 是它自己的产出的函数。因此,企业 f 的利润为:

$$p(q)q^f-C^f(q^f) \tag{10.11}$$

最优化

企业 1 假定企业 2 的产量是外生给定的。因此,在式(10.11)中,当 $f=1$ 的时候,我们可以看出它试图最大化:

$$\Pi^1(q^1;q^2):=p(q^1+q^2)q^1-C^1(q^1) \tag{10.12}$$

假设 q^2 为常数。这种情况如图 10.5 所示,企业 1 的目标可以用一组等利润线表示:每条等利润线是一个倒 U 形曲线的形式,沿着箭头的方向,企业 1 的利润是递增的。[①]给定企

[①]　迷你问题 17:关于这两个论断,各自给出一句话的口头解释。

业 2 的产出不变(q_0^2)，要找到企业 1 的最优点，在 q_0^2 的产量水平画一条水平线，直到它跟最高的等利润线相切；给定特定的 q^2 的值，对应每一个企业 1 的产量，都可以重复这个操作。这些点的图形就是企业 1 的反应函数（这个有点用词不当）。反应函数可以理解为，当企业知道了对方行动的变化后，它会怎么做；当然，在同时行动的博弈中，这个变化实际上是不会发生的。

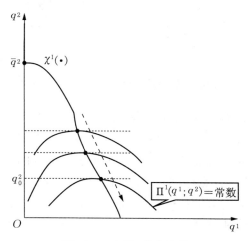

图 10.5　古诺：反应函数

正式地，对式(10.12)求导，我们得到如下的一阶条件：

$$\frac{\partial \Pi^1(q^1;\ q^2)}{\partial q^1} = p_q(q^1+q^2)q^1 + p(q^1+q^2) - C_q^1(q^1) \leqslant 0 \tag{10.13}$$
$$= 0，当 q^1 > 0 \text{ 时}$$

据此，我们得到 q^1 是 q^2 的函数：

$$q^1 = \chi^1(q^2) \tag{10.14}$$

这里，$\chi^1(\cdot)$ 是一个满足式(10.13)的函数；再次参见图 10.5。[1]

类似地，对企业 2 我们也得到一个关系 χ^2，给出了 q^2 作为企业 1 的产量的函数：

$$q^2 = \chi^2(q^1) \tag{10.15}$$

均衡和效率

把 χ^1 和 χ^2 视为两家企业的最佳应对，然后将其合并，那么古诺—纳什解就很明显了：参见图 10.6(a)中的点 (q_C^1, q_C^2)。[2]

---

① 迷你问题 18：简要解释反应函数的直线部分$(q^2 > \bar{q}^2)$。
② 迷你问题 19：根据定理 10.2，解释在什么条件下，我们可以确信古诺—纳什均衡会存在。

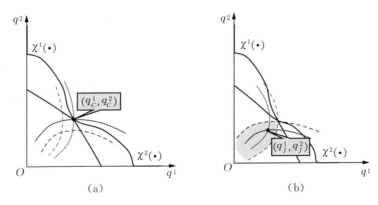

图 10.6　(a)古诺—纳什均衡;(b)串谋解

然而,仔细查看图 10.6(a),可以发现一个问题。查看两家企业的两套等利润线的集合(企业 2 的等利润线在图中是反 C 形状):我们知道,企业 1 的等利润线下面的穿过古诺—纳什均衡的任意点,都会给企业 1 带来更高的利润;同样的逻辑,企业 2 的等利润线左边的穿过古诺—纳什产出的任意点,都会给企业 2 带来更高的利润;因此阴影部分的任意一点都意味着对双方而言更高的利润。如果它们限制产出,离开古诺—纳什点,移动到这个区域里,那么双方都会从中受益。显然,古诺—纳什均衡是被占优的。

串谋

假设两个企业联合起来追求他们共同的利益(利润):它们组成一个卡特尔($cartel$)。在上述模型的背景下,两家企业最大化它们的联合利润,然后以事先约定的方式瓜分利润:实际上我们把这两家企业看成是单一垄断企业的两家不同的工厂。

大体上,两工厂垄断企业的利润为:

$$p(q)q - C^1(q^1) - C^2(q^2) \qquad (10.16)$$

这里,q 由式(10.10)给出。对式(10.16)中的 q^f 求导,我们得到:

$$p_q(q)q + p(q) - C_q^f(q^f) = 0 \qquad (10.17)$$

$f = 1, 2$。所以,联合利润最大化满足:

$$C_q^1(q^1) = p_q(q)q + p(q) \qquad (10.18)$$

$$C_q^1(q^1) = p_q(q)q + p(q) \qquad (10.19)$$

即每个"工厂"(企业)的边际成本等于总体的边际收益。从这个方程组我们可以得到联合利润最大化的产出组合为 (q_J^1, q_J^2),如图 10.6(b)所示。[1]跟 (q_J^1, q_J^2) 相对应的总体利润高于 (q_C^1, q_C^2)。

---

① 迷你问题 20:点 (q_J^1, q_J^2) 位于两条等利润线的切点,这使得切线穿过原点。证明为什么这样。

背叛

然而,要让这个联合利润最大化的解"存活"下来,那么两个企业都需要有钢铁般的决心和敏锐的目光。每家企业都要面临一个诱惑,这一点可以很容易从图 10.6(b)中看出来。从(q_J^1, q_J^2)向右画一条水平线:显然,沿着这条直线向右移,企业 1 的利润将增加。意思是说,如果企业 1 认为企业 2 反应迟钝,以至于观察不到正在发生的事情,那么企业 1 就可以"欺骗":在企业 2 的产出保持不变的情况下,增加自己的产出就可以增加自己的利润。①企业 2 也面临相同的诱惑,只不过角色对调而已(从联合利润最大解向上画一条直线,看一下沿着这条线向上会发生什么)。

现在我们看到了熟悉的囚徒困境出现了。选取一个标准化的双头垄断模型,即两家企业有相同的成本结构,假设它们不能自由选择产量,而是必须在两个产出水平之间二选一(低产量或者高产量)。我们可以把表 10.1 重构为表 10.7。如果两家企业都选择策略 1(低产量),那么都得到联合利润最大化的收益 Π_J,但是如果都选择策略 2(高产量),那么它们只能得到古诺—纳什收益 $\Pi_C < \Pi_J$;如果它们选择不同的策略,那么选择高产量的企业将得到 $\overline{\Pi} > \Pi_J$,而选择低产量的企业得到 0(这样设定只是为了简单:也有可能是一个小于 Π_C 的正数)。类似地,我们可以把图 10.1 重新解释为图 10.7 的古诺博弈的扩展式。②

表 10.7　作为囚徒困境的古诺模型

		s_1^2	s_2^2
		[低产量]	[高产量]
s_1^1	[低产量]	Π_J , Π_J	0 , $\overline{\Pi}$
s_2^1	[高产量]	$\overline{\Pi}$, 0	Π_C , Π_C

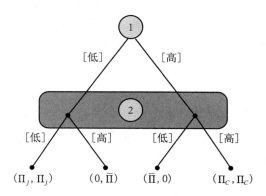

图 10.7　一次性古诺博弈

---

① 迷你问题 21:企业 2 的利润会发生什么? 为什么?

② 迷你问题 22:前面讨论的囚徒困境缺失了一个可能性。收益可以在参与人之间转移,将此与图 10.2 的情况相对照,收益是效用(可以转移,也可能无法转移),或者如迷你问题 8 中,收益是判刑的时间(不可转移)。因此组成卡特尔的企业可以达成一致,任意瓜分总利润或者进行转移支付。在古诺博弈中画出可能的收益集合。证明收益的可转移性对策略结果没有影响。

实践中的微观经济学：拥有私人信息的串谋？

在工业环境下，贸易是买卖双方完成的：价格和企业销售都应该是私人信息。因此，监督是否可能延续串谋？

Harrington 和 Skrzypacz(2011)给出了两个 20 世纪 90 年代这样做的例子：一个是赖氨酸(一种牲畜饲料)，另一个是柠檬酸。在每种情况下，串谋的协议是基于销售分配，而不仅仅是价格协调。企业同意销售配额，每家企业被授予一定的产出水平(见下表)。通过用各自汇报的销售跟配额对比来监督市场的配置，设置了一个补仓机制，如果发现某家企业的销售超过了配额，它就需要从销售低于配额的企业那里买入。

赖氨酸市场配置(1992 年, 吨)

公　　　司	全　球	欧　洲
Ajinomoto	73 500	34 000
Archer Daniels Midland	48 000	5 000
Kyowa	37 000	8 000
Sewon	20 500	13 500
Cheil	6 000	5 000

资料来源：Harrington 和 Skrzypacz(2011, Table 1)。

私人监督的重复博弈的特征就如同这里描述的一样。在均衡的策略下，对于自己销售的每一个单位，一家企业必须支付其他企业。当总体汇报的市场销售较低的时候，卡特尔破裂的概率就会提高。少汇报自己的销售，企业就会因为支付得较少而获益，但是代价就是卡特尔破裂的概率变大。在均衡的时候，卡特尔破裂的代价超过了较低支付的好处，因此企业最优的行为是如实汇报销售额。

10.4.2　价格竞争

现在改变双头垄断的博弈规则：企业通过定价而不是定产量来参与博弈。一旦价格已知，总的市场产出是由市场需求曲线决定的。这就是经典的伯川德模型(Bertrand model)，这里稍稍做了修改，为的是方便跟其他模型对比。

模型设定

某种单一商品的市场存在已知的市场需求曲线。我们假定需求曲线是直线，这样在价格 p 下，这个市场的销售量为：

$$q = \frac{\beta_0 - p}{\beta} \tag{10.20}$$

这里，β 和 β_0 都是正的参数。如果这个市场上只有唯一的企业，其边际成本为常数 c，那么它将宣布如下的垄断价格：①

$$p_M = \frac{\beta_0 + c}{2}$$

然而，假设两家企业在供给市场：每家企业的固定成本为 0，边际成本都是常数 c。它们以如下方式展开价格竞争。企业 1 宣布价格 p^1，企业 2 宣布 p^2；在这种宣布下，有三种可能：

(1) 如果 $p^1 < p^2$，企业 1 售出 $\frac{\beta_0 - p^1}{\beta}$；企业 2 完全无销售。

(2) 如果 $p^1 > p^2$，相反的结果发生——企业 2 售出 $\frac{\beta_0 - p^2}{\beta}$；企业 1 无销售。

(3) 如果 $p^1 = p^2 = p$，那么两家企业平分市场，各自售出 $\frac{\beta_0 - p}{2\beta}$。

均衡

企业将如何定价？考虑如下步骤的推理：

(1) 显然，如果一家企业定价高于垄断价格 p_M，那么另一家企业就可以通过把价格正好定在 p_M 而占有整个市场。

(2) 如果一家企业的定价 p 高于 c 但是小于或等于 p_M，那么另一家企业通过定价 $p - \epsilon$（ϵ 是一个很小的数）依然可以获取整个市场。

(3) 如果一家企业定价为 c，那么另一家企业不可能定价低于 c（因为定价低于 c 意味着亏损）；另一家企业也会定价为 c，此时我们假定市场被两家企业平分。

这样对每家企业的函数 $\chi^f(\cdot)$ 给出了一个完整的刻画，我们可以知道给定每家企业预期的竞争对手的定价，它们如何设定自己的价格。在企业 1 的情形下，我们有：

$$\chi^1(p^2) = \begin{cases} p_M, & \text{如果 } p^2 > p_M \\ p^2 - \epsilon, & \text{如果 } p_M \geqslant p^2 > c \\ c, & \text{如果 } p^2 \leqslant c \end{cases} \tag{10.21}$$

显然，从式（10.21）中可以看出纳什均衡是 (c, c)，参见图 10.8。②

这个结果看上去是非常惹人注意的，因此在只有两家企业的情况下，我们得到了一个竞争性的结果。跟垄断的情况对比（第 3 章的分析）一下，垄断企业的定价是严格高于边际成本的，从而是有效率损失的。然而，这里的博弈规则是有限制性的：边际成本

---

① 迷你问题 23：在这个模型中推导垄断企业的最优价格。

② 迷你问题 24：在这个情况下，严格来讲，χ^f 不是一个"最佳应对"函数：为什么？变换一下这个模型，比如出于行政方面的考虑，价格只能设定为整数值（通过自动售货机用硬币支付）。边际成本是整数 c，$p_M = 4c$。用策略式表述这个博弈；解释为什么在这个变化的模型中，每家企业存在一个良好定义的最佳应对函数，并确认纳什均衡结果如上所述。

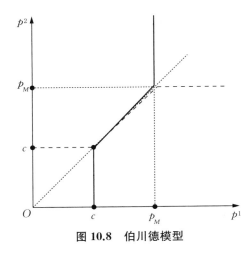

图 10.8　伯川德模型

是常数且不存在生产能力的约束；两家企业的产品被消费者认为是一模一样的；博弈是同时博弈且是一次性的——这里并没有真正意义上的价格战。放松任意一个假定都会带来一个更丰富的模型；但是我们把伯川德模型及模型的解看作一个有启发意义的局限情形。

实践中的微观经济学：美国汽车行业默契串谋的瓦解

　　布雷斯纳罕（Bresnahan，1987）用伯川德价格竞争模型分析了美国 1955 年的汽车工业。这里的"商品"是汽车质量：消费者从汽车的马力、重量、长度等方面获得效用。1955 年是一个有趣的年份，因为价格在宏观经济扩张中下跌，汽车销量有一个显著的"制高点"，产量比上一年以及后一年高出了 45%。这个现象的解释是，汽车厂商之间的默契串谋约定瓦解了，从而导致了价格战。布雷斯纳罕设计了一个精巧的计量经济模型验证了这一点。

10.5　时间

　　至此，我们在策略行为的分析中忽略了一个重要的点：缺失了对时间的明确处理。然而，这里的"时间"跟前面章节中所讲的有一个重要的不同。我们已经看到，时间在经济灵活性的范围上发挥着作用（参见第 2.4 节所讨论的短期），时间也是一个经济物品的特征之一（参见第 5.3.2 节关于储蓄的讨论）。现在我们关注的是时间在排序中的作用，即决策的顺序。在许多经济模型汇中，这个特征是至关重要的。[1]

---

　　① 迷你问题 25：考虑"猜硬币"博弈的一个变形（参见迷你问题 12）：参与人 a 首先选择硬币的一面，然后将其展示出来；然后参与人 b 选择自己的硬币的一面；如果两面匹配，参与人 a 将从参与人 b 那里得到一块钱（如前所述），否则的话参与人 b 从参与人 a 那里得到一块钱（如前所述）。如果你被邀请参加这个博弈，你是愿意当参与人 a，还是参与人 b？

　　考虑到这个层面意味着,在策略性微观经济模型中有更多的东西变得可能。如果不把时间引入模型中的话,那么有些分析博弈的时候很直观的概念就没有意义。如果不把决策的顺序纳入模型,如果不仔细考虑在这个顺序中信息的作用,我们就没有办法阐述反应、均衡路径,甚至无法阐明威胁。时间还意味着,我们必须格外小心处理前面强调的策略和行动的区别。[①]

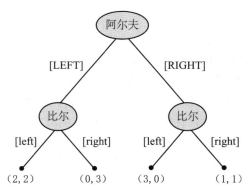

图 10.9　顺序行动,扩展式

表 10.8　顺序行动,策略式

		s_1^b	s_2^b	s_3^b	s_4^b
		[left-left]	[left-right]	[right-left]	[right-right]
s_1^a	[LEFT]	2, 2	2, 2	0, 3	0, 3
s_2^a	[RIGHT]	3, 0	1, 1	3, 0	1, 1

　　有了策略问题的这个临时维度,我们发现有必要扩展第 10.2 和 10.3 节介绍的工具的用法。策略和行动的区别将变得更加清晰,而且我们还需要改进均衡概念。重新考虑图 10.1 介绍的标准博弈可以看到这一点。假设现在两个参与人按顺序行动,阿尔夫先行动,然后是比尔。图 10.9 给出了这个新的情景的扩展式。这个博弈的策略式表达有点复杂,也不那么明显,参见表 10.8。这里的符号表示有些变化;因为比尔是第二个行动的,他必须将他的策略建立在首先行动的阿尔夫的策略之上。例如,我们写[left-right]这个策略,意思是"如果阿尔夫选择 LEFT,我就选择 left;如果阿尔夫选择 RIGHT,我就选择 right"。尽管对于比尔而言,在博弈的每个阶段他只有两个可能的行动可供选择(left 或者 right),但现在他却有四个策略 s_1^b,…,s_4^b,如表 10.8 中的列所示。[②]

　　以这种方式来排序博弈的展开是否会改变博弈的可能结果呢? 在这个特定博弈的情

---

　　① 迷你问题 26:很重要的一点是,要区分"实际"时间(采取行动的时候)和"博弈展开"的时间(决策顺序)。根据古诺竞争的情形(第 10.4.1 节)来解释:一个博弈在实际时间上是"顺序的",但是在展开的时间上是"同时的"。

　　② 迷你问题 27:使用一个类似于表 10.8 的表格来构建迷你问题 25 中修改后的猜硬币博弈的策略式。

形下,结果大致是相同的①,但在其他情形下,结果可能大相径庭。②然而,在我们考察这个博弈的解之前,我们需要考虑明确引入时间可以容纳更加复杂和具有启发意义的博弈结构。在这样做的时候,我们假定存在完美信息,每个人都知道博弈的前面阶段发生了什么(第 10.7 节将放弃这个关于信息的假设)。

10.5.1 博弈和子博弈

我们扩展一下图 10.1 和图 10.9 中的策略式。在图 10.10 中,博弈多了一个阶段;换言之,多了一层决策以及额外的节点:博弈的最终阶段之后的收益组合为$[v_1]$, $\cdots$ $[v_8]$,这里$[v_i]:=(v_i^a, v_i^b)$给出的是阿尔夫和比尔在最终节点 i 处的收益。

这是表述博弈结构中节点位置的自然方法;以图形左下方的四个节点为例,这四个节点都可以从标注为 * 的节点达到:我们可以把这些节点看成 * 节点的后续节点。这可以使我们准确界定一个重要的新概念。看一眼这个图,可以发现,删除这个博弈树的一部分,我们可以另外得到一个始自 * 的博弈。的确,扩展式博弈的一些子集本身可被视为博弈,而这具有特别的经济趣味:

定义 10.5

扩展式博弈的一个子博弈是这个博弈的子集,满足:

(1)它始自一个单节点。

(2)它包含所有的后续节点。

(3)如果一个博弈包含多个节点组成的信息集,那么所有这些节点都在博弈的子集内,或者都不在子集内。

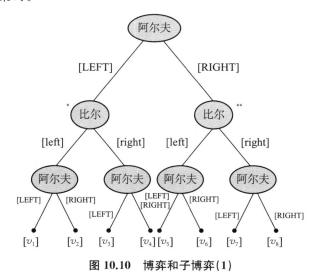

图 10.10 博弈和子博弈(1)

---

① 迷你问题 28:解释为什么。(提示:将你自己置于比尔的位置,问"如果阿尔夫已经选择了 LEFT,我该怎么办? 如果他已经选择了 RIGHT,我该怎么办?"然后把你自己置于阿尔夫的位置,思考一下如果你已经做出了选择,接下来会发生什么。)

② 迷你问题 29:考虑迷你问题 2 中的模型。如果参与人按顺序采取行动,会发生什么? 如果他们必须同时选择行动,又会怎样?

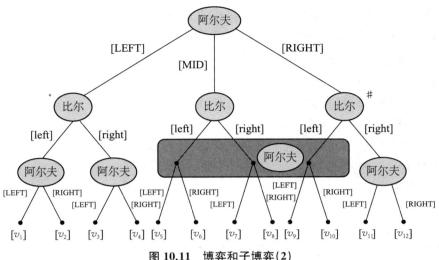

图 10.11　博弈和子博弈（2）

参考图 10.10 可以看出，显然，* 节点的后续节点构成了一个子博弈，** 节点也一样。但是假设我们考虑的是图 10.11 中的博弈：这里在博弈开始的时候阿尔夫的行动选择被扩展了（多了一个［*MID*］的选项）；此外，还有一个包含多个节点的信息集（由阴影部分表示）。这里，* 节点再次表示了一个子博弈的开始；但是 # 节点的后续节点却不能构成一个子博弈。[①]

这个新概念的优势是，它很自然直观地展示了博弈随着时间的展开方式。用象棋做一个类比，设想在双方棋手走了很多步棋之后，你接替一个棋手直至下完这盘棋。给定棋局所处的位置是一系列合规的走棋所到达的，那么这个棋局就是原来博弈的子博弈。

用同样的方式考察策略经济互动中的"残局"也很有趣。通过分析残局，人们可以对整个博弈有一个更好的理解：这很自然引领我们对解的概念做进一步探讨。

10.5.2　均衡：关于概念和方法的更多探讨

在多阶段博弈中，我们不仅需要重新考察得到解的方法，而且还要知道一个满意的解的意思是什么。我们将从直觉开始，然后接着看一个更正式的概念。我们还可以用到福尔摩斯的另一个好的原则［来自《血字的研究》（*A Study in Scarlet*）］："在解决这类问题的时候，最重要的事情是能够逆向推理。这是一个非常有用的能力，也很容易做到，但是人们练习得太少"。这个直觉正是我们所需要的，从博弈的末尾开始依次向前推导博弈的每个阶段，这个过程被称为逆向归纳。这个原则很容易掌握，但是在实践操作中可能的复杂性不应被低估。比如刚刚提到的假设的棋局问题："白棋先走，然后走四个回合"，你不需要是一个象棋专家就能看出，最终的位置（国际象棋将死）数目本身可能非常大；到达这些位置的可能路径的数目也会大得惊人。

---

① 迷你问题 30：解释为什么。

要看到逆向归纳法如何操作,我们用这个方法来解图 10.10 的博弈。假设 $v_1^a > v_2^a$,$v_3^a > v_4^a$,以此类推。那么,如果博弈到达了左下角的节点,此时阿尔夫选择行动,阿尔夫将选择 LEFT;到达这个节点的价值实际上是 $[v_1] = (v_1^a, v_1^b)$;根据同样的推理方法,我们可以看到,在这个图中的同一层级,跟另外三个节点相关的价值分别是 $[v_3]$、$[v_5]$、$[v_7]$。我们实际上把一个三阶段博弈缩减为一个两阶段博弈,收益为 $[v_1]$、$[v_3]$、$[v_5]$、$[v_7]$。然后我们用同样的方法来解这个两阶段博弈,参见迷你问题 28。

跟逆向归纳法有关,我们现在介绍一个改进的多阶段博弈的均衡概念:

定义 10.6

如果下列条件成立,那么一个策略组合就是**子博弈完美均衡**:

(1)它是一个纳什均衡。

(2)它引发的行动跟每个子博弈的纳什均衡相一致。

关于这个概念及相关的逆向归纳算法,有三点值得注意:

(1)所有的子博弈完美均衡都是纳什均衡,但反过来未必成立。有些纳什均衡不是子博弈完美的,因为决策者的威胁是不可置信的。第 10.6.2 节将讨论一个重要的现实例子。

(2)定义 10.6 是非常苛刻的,因为它实际上涵盖了所有的子博弈,哪怕有时候我们认为有些子博弈实际上是无意义的,而且在现实生活中也不太可能会到达。

(3)直观的逆向归纳法也不是对所有的拥有更丰富信息集的博弈都适用。我们在第 10.7.4 节将再次探讨这一点。

这就是为什么当我们把博弈的时间顺序考虑进去之后,就需要用这个方法来改进均衡的概念:有些纳什均衡包含的策略缺乏可信度。要看到这一点,设想博弈到达了最终阶段的某个位置,此时参与人 h 的某个行动可能会伤害到对手,但是也会给参与人 h 自身带来严重的伤害。把从这个点出发的子博弈视为一个独立的博弈,显然,理性的 h 不会选择这个行动。因此,在整个博弈的背景下,当博弈到达这个位置的时候,威胁采取这个行动不会给对方造成真正的威胁。但是,这样的空的不可置信的威胁策略也可能构成整个博弈的纳什均衡:显然我们有足够的理由把这样的策略组合排除到均衡之外,只关注那些满足子博弈完美的均衡(定义 10.6)。

图 10.12 揭示了这一点。阿尔夫先选择行动;比尔知道如果阿尔夫选择了 RIGHT,那

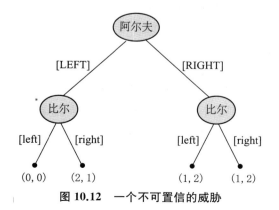

图 10.12 一个不可置信的威胁

么比尔得到的收益是 2；如果他们选择的顺序是 LEFT，right，那么结果对比尔来说将是灾难性的——他能得到的收益不会超过 1。比尔能否劝阻阿尔夫不要选择 LEFT？比如威胁自己也会选择 left，从而使得阿尔夫的收益降到 0？

表 10.9　不可置信的威胁：策略式角度

| | | s_1^b | s_2^b | s_3^b | s_4^b |
		[left-left]	[left-right]	[right-left]	[right-right]
s_1^a	[LEFT]	0, 0	0, 0	**2, 1**	**2, 1**
s_2^a	[RIGHT]	**1, 2**	**1, 2**	1, 2	1, 2

考察表 10.9 中的策略式，我们可以看到博弈存在四个纳什均衡：$[s_2^a, s_1^b]$，$[s_2^a, s_2^b]$，$[s_1^a, s_3^b]$ 和 $[s_1^a, s_4^b]$；前两个均衡在结果上是等价的；同样第三和第四个均衡也是等价的。因此，当阿尔夫的策略是选择 RIGHT，而比尔的策略是：不管阿尔夫选择什么，他都选择 left，$[s_2^a, s_1^b]$ 是博弈的一个可以成立的均衡结果。看上去是这样的。但是有点古怪。比如说，周一的时候阿尔夫选择 LEFT，然后跟比尔说（比尔在周二做出选择）："你会做出怎样的选择呢？"给定这个既成事实，你可以想象一下比尔在周一晚上怎么想，他应该在最坏的情况下做出最好的选择，在周二选择 right；推理是，在周一的晚上我们到了 ∗ 这个节点，从这个点去看，比尔在周二选择 right 更好，因为这样可以保证得到收益 1，而不至于是 0。这是一个理性的对手在周一晚上所能做出的推理，知道了这一点之后，阿尔夫就不太可能在乎比尔在周日的威胁："不管发生什么，我都选择 left。"因此，尽管 $[s_2^a, s_1^b]$ 是纳什均衡，它不是子博弈完美的。[1]

通过把注意力限制在满足子博弈完美的情形，我们其实在坚持经济行为一致性的一个重要方面。这样做的时候，我们必须考虑参与人在一个位置会做什么，哪怕这个位置实际上并不会发生。

实践中的微观经济学：博弈、棋手和实验证据——蜈蚣博弈

　　阿尔夫和比尔在玩一个简单的轮流交替的游戏：他们依次交替选择停止游戏或者继续将手中的钱传给对方。随着游戏向前推进，钱的数量持续增加。收益如下：如果轮到阿尔夫决策，他宁愿停止游戏而不是传给比尔（反过来也一样），如图所示（Rosenthal，1981）。

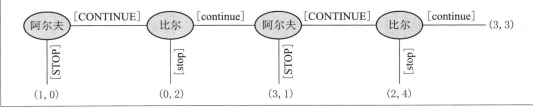

---

① 迷你问题 31：回溯到 20 世纪 60 年代，核战略家严肃讨论了一个"世界末日机器"的思想，就是一个自动触发摧毁世界的核战争的小发明，前提是：核弹落在了本土，或者裁军。这样的一个机制能帮助比尔吗？

根据逆向归纳，我们可以看出博弈存在唯一的子博弈完美均衡：第一个参与人（阿尔夫）在博弈的第一个回合就把钱据为己有（而不是继续传递）。但是，在现实中情况似乎不是这样。在实验室进行实验的时候，参与人更偏好将博弈继续，希望获得更多的收益。这些结果可以看成是子博弈完美均衡有时候不能推测人类行为的证据；但是它们也跟理性人的复杂行为相一致，因为理性人在实践中也会把其他参与人可能会犯错误这一点考虑进去（McKelvey and Palfrey，1992；Fey et al.，1996）。然而，如果这个实验是用**象棋专家**来做，那么子博弈完美均衡确实会被选择（Palacios-Huerta and Volij，2009）。

这个实验看上去违背了子博弈完美理性的规则，我们可以换一个角度来思考这个结果，实际上，人们会受到互惠主义的驱动，而不单纯是考虑私利。Dufwenberg 和 Kirchsteiger(2004)给出另一个分析。

（词源学注释：传统的蜈蚣博弈有一个 100 回合的极限，这就是博弈名字的由来。）

10.5.3 重复互动

让我们从博弈阶段比较少的情形跳跃到博弈阶段无穷多的情形。这个设想有些随意，但是从中学到的原理有一些深刻的含义：它阐明了长期合作结果出现的可能性，这是从策略互动模型的短视分析中所看不到的。它可以帮助我们理解，在经济冲突的情形下，构建和维持声誉的重要性。前面接受的均衡概念的改进可以让我们简化多阶段博弈的分析：通过关注子博弈完美，我们可以排除不可置信的威胁和许诺，这些空的威胁和许诺可能在博弈的路径出现，但实际上不会在均衡的时候被选用。

重复博弈的基本思想很简单。一个人加入一个非时间博弈的多个情形：在明显相同的经济冲突的情形下，这个分析模型化两个参与人之间的重复相遇。图 10.13 表示的是囚徒困境博弈的设定概要：相同的参与人，面对在阶段 1，2，…，t，…所选择的行动中得到的相同的结果。鉴于囚徒困境在微观经济学中的重要性，以及前述单独执行这个博弈所得到的有些悲观的结果，这个例子特别具有启发意义。

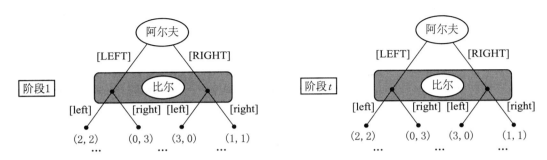

图 10.13　重复的囚徒困境博弈

跟一组无关的相同参与人开展的相同结构的博弈相比，重复博弈有何不同？关键点是历史。人们通常假定，在博弈的每个特定阶段，每个人都知道累积起来的实际行动的所有信息——这就是完美信息的假定。个体的策略就可以建立在这个信息之上,从而有可能得到不同的均衡结果,这样的结果是理性的经济决策者在单独的博弈中所不可能出现的。

阶段博弈

重复互动分析的基石是阶段博弈。这是第 10.3 节考虑的同时开展的非时间博弈的一种情形;特别地,我们可以看到图 10.13 中的每个阶段都是图 10.1 的复制。很重要的一点是要区分阶段博弈的一个单一行动和整个博弈的策略。如果阶段博弈单独开展,我们可以把策略等同于行动;但是如果把阶段博弈看成是重复博弈的一部分,那么个体策略指的是在整个博弈序列上的行动计划:在阶段 $t+1$ 的行动将建立在前面 t 个阶段的行为序列上。

同样重要的是,区分从单独的阶段博弈中获得的收益和从重复博弈中可能得到的收益,重复博弈中的策略是建立在历史记录之上的。在图 10.14(基于图 10.12)中,我们引入了所有可能实现的收益的集合,通过混合来自基本囚徒困境博弈中的纯策略组合所对应的收益来实现:如图中的菱形阴影部分表示。例如,这些混合可以通过达成一致的随机化计划来实现,或者通过轮流使用不同的策略组合来实现。注意如下要点:

(1)阴影集合的"西南"角表示的两个参与人的最小最大结果——在阶段博弈的某个特定情形下参与人 h 可能发生的最坏结果;我们知道,这个也是阶段博弈的纳什均衡的结果。

(2)这个点的东北角浅色阴影部分所表示的集合,包含了从纳什均衡结果可以实现帕累托改进的所有收益。

(3)集合 $\mathbb{U}^*$ 是上述两个集合的交集,包含了纳什结果的改进的收益,可以用一次性阶段博弈的收益组合来表示。

(4)$\mathbb{U}^*$ 的东北边界的点对应的是帕累托效率的结果。

问题是,能否在 $\mathbb{U}^*$ 内实现帕累托效率的结果,或者在 $(\underline{v}^a,\underline{v}^b)$ 的最小最大值之外的地方?在一个单独的囚徒困境博弈中,混合策略的使用并不能改变单个纳什均衡在 $(\underline{v}^a,\underline{v}^b)$ 的结果(参见迷你问题 16);然而,也有可能发生的是,通过重复博弈的结构,$\mathbb{U}^*$ 内的其他点也会呈现为均衡结果。

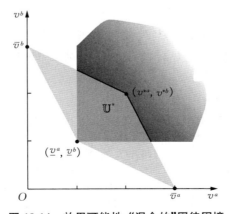

图 10.14 效用可能性:"混合的"囚徒困境

重复博弈

要研究这个可能性,我们需要一个无限世界中的收益模型。这建立在一个典型的阶段博弈的收益模型之上;但是我们还需要一个加总不同阶段收益的方法。加总方法是式(5.14)的跨期效用函数的一般化——参见练习题5.6。特别地,令 $v^h(t)$ 表示决策者 h 在阶段 t 的收益,以贴现因子的形式引入单纯时间偏好的可能性(贴现因子 δ 大于等于 0 且小于 1)。那么,阶段 t 的收益得到了一个权重 $\alpha\delta^*$,$t=1, 2, \cdots, \infty$,这里 α 是一个比例常数;如果权重之和等于 1,那么 α 一定取值为 $[1-\delta]/\delta$。因此,收益流的值 $(v^h(1), v^h(2), \cdots, v^h(t)\cdots)$ 给定如下:

$$[1-\delta]\sum_{t=1}^{\infty}\delta^{t-1}v^h(t) \tag{10.22}$$

如果我们允许 δ 接近 1,那么式(10.22)中的总体收益接近一个简单的平均,当前的收益获得的权重等于无限的将来的权重。

为什么有一个无限的时期? 简短的回答是,这样保证了永远有明天。在许多情况下,如果大家知道了末日,那么博弈就会"破裂":你只需要设想自己到了末日,然后应用福尔摩斯的逆推法(第 10.5.2 节概括的方法)。[1]

在一个重复博弈中,理性的参与人如何运用历史信息? 我们基于图 10.14 的例子来阐明论证方法。假设阿尔夫和比尔共同认识到,如果他们在每个阶段都维持一个行动组合以便保证它们得到帕累托效率的收益 (v^{*a}, v^{*b}),那么这样做符合他们的共同利益;为此,他们需要在每个时期都选择 LEFT 和 left。问题在于,他们不信任彼此,也不相信他们自己:阿尔夫面临违约的诱惑,因为如果他是反社会的,选择了 RIGHT,那么他可以得到收益 $\bar{v}^a$;比尔也面临着相似的诱惑。为了阻止这种情况发生,假设他们每人都采取一种策略:(1)用行动 left 来回报对方的合作行为;(2)用行动 right 来惩罚对方的反社会行为,从而得到最小最大收益 $(\underline{v}^a, \underline{v}^b)$。这个策略的要害在于,惩罚行动适用于反社会行动发生之后的每一个阶段:一旦触发了惩罚,这个冒犯者也就被抛入无边的黑暗之中了,永远得到最小最大值了。这被称为触发策略。

考虑比尔的触发策略 s_T^b(详细如表 10.10 所示):这会说服阿尔夫选择合作吗? 阿尔夫在第 t 期选择反社会行为的好处是 $\bar{v}^a - v^{*a}$。阿尔夫这样做的后果是,从第 $t+1$ 期开始,每一期的效用的差异是 $v^{*a} - \underline{v}^a$;所以如果下式满足,那么阿尔夫将发现反社会行为是值得的:[2]

---

[1] 迷你问题 32:(1)今天是周四早上。世界末日是在周五下午。表 10.1 中的阶段博弈将在这两天的午饭时间进行。每天的贴现率是 0.01。子博弈完美纳什均衡是什么? (2)今天是周日早上。(1)中的信息保持不变,此时开始到世界末日,阶段博弈在每天的午饭时间进行。子博弈纳什均衡是什么? (3)考虑(2)中的重复博弈。考虑一个策略组合,其中阿尔夫在周二和周三选择 LEFT,其他各天选择 RIGHT,比尔在周四和周五选择 left(比尔在周日,……,周三的行动未设定)。证明这在重复博弈中不是一个纳什均衡。因此,在这个有限重复的博弈中,关于纳什均衡我们能得出什么结论呢? (4)如果利率是(1)—(3)中的两倍,情况将怎么变?

[2] 迷你问题 33:解释为什么。

$$\bar{v}^a - v^{*a} \leqslant \frac{\delta}{1-\delta}\left[v^{*a} - \underline{v}^a\right] \tag{10.23}$$

阿尔夫的触发策略遵循同样的逻辑——只需要改变 a 和 b 的标注。

现在我们考察一下策略组合 $[s_T^a, s_T^b]$ 是否构成均衡,使得帕累托效率的收益得以实现。首先注意到,如果在第 t 期出现反社会行为,那么表 10.10 所描画的行动顺序及 s_T^a 所对应的行动顺序,共同构成了这个从第 $t+1$ 期开始的子博弈的纳什均衡:给定比尔选择 left,阿尔夫从 RIGHT 转向 LEFT 并不会增加自己的收益;对比尔而言也是如此。同样的结论适用于所有第 $t+1$ 期之后的子博弈。其次注意到,如果 δ 足够大[1],如果 LEFT 和 left 在第 t 期之前的每期都被选择了,那么从式(10.23)可以清楚看到,阿尔夫不会转向 RIGHT;同样地,对比尔而言可以得到相似的论断。因此,$[s_T^a, s_T^b]$ 就是一个子博弈完美均衡,可以实现 (v^{*a}, v^{*b})。[2]

表 10.10 比尔的触发策略 s_T^b

阿尔夫在 0,$\cdots$,t 的行动	比尔在 $t+1$ 的行动
[LEFT][LEFT]$\cdots$[LEFT]	[left]
其他	[right]

很重要的一点是要认识到,这个逻辑推理并不只是适用于某个特例,参见如下的关键结论:

定理 10.3(无名氏定理)

在两人无限重复博弈中,如果贴现因子足够接近 1,那么在任何有限个阶段中观察到的行动组合都可以是子博弈完美均衡的结果。

定理 10.3 被称为无名氏定理,是因为在它被正式提出和证明之前,它的非正式版本已经开始流传了。它告诉我们,给定式(10.22)中效用函数的一个条件,$\mathbb{U}^*$ 内的任何一点都可以成为子博弈完美均衡。然而,这并不意味着这个结果只是取决于个人跨期偏好的一种怪癖。我们可以把贴现因子理解为从一个人的不耐中得到的一个因子或者产品,一个单纯的偏好参数,是这个人能够享受下期效用的可能性。(验证练习题 8.11 中的逻辑来说服这一点。)因此,在这种情况下,我们可以设想,尽管原则上这个博弈可以无限开展下去,但是它可能会在一个有限的时间内结束。因此,定理 10.3 要求的是,这个博弈在有限期内结束的概率要"足够低",并且个体决策者要"足够耐心"。

尽管定理 10.3 被称为无名氏定理,实际上在重复博弈的领域内,存在一组处理这类问题得到的结果:这里陈述的版本有些保守。有些结果只关注纳什均衡,有些处理的是超过两个决策者的情形(但是要保证子博弈完美就有些棘手),有些讨论的是有限期的重复博弈。然而,在评估无名氏定理的贡献的时候,很重要的一点是要清楚一个结果所传递的主

---

[1] 迷你问题 34:我们需要 $\underline{\delta} \leqslant \delta \leqslant 1$。$\delta$ 的值是多少?

[2] 迷你问题 35:在回答迷你问题 10 的时候,可以看出,效用函数的单调变换并不改变一次性囚徒困境的结果。这样的变换是否会影响到重复博弈?

要信息。

定理 10.3 意味着,在无限重复博弈中,存在着很大范围的可能均衡:它无法推断,理性的行为一定可以得到某个具体结果。重复博弈中,如果存在多个均衡结果,这是不是看上去很麻烦? 未必:我们可以把定理 10.3 看成一种可能的结果,这个结果显示,短期内部存在"合理的"解的策略问题,长期有可能得到合理的解,因为长期可以诱发合作。

实践中的微观经济学:企业之间的串谋安排如何保证执行?

企业之间的串谋协定,其实已经包含了自我毁灭的种子,因为每个公司都有违约的积极性。在国际卡特尔的情况下,因为超出了一国政府的范围,合作还是违约,就是一个核心问题。石油输出国组织(OPEC)是一个有趣的例子,OPEC 的经验也提供了一个机会,让我们在实践中考察阻止欺骗的可能性。下表揭示了谁可能从欺骗中获益,这个数据是根据 Griffin 和 Xiong(1997)的仿真模型对 1994 年之后的石油市场所做的推断。

	古诺收益*	合作收益*	合作超出古诺的收益(%)	欺骗的收益*	欺骗超出合作的收益(%)
加蓬	37.6	41.5	10.4	46.9	11.5
卡塔尔	36.6	47.8	30.6	49.8	4.0
阿尔及利亚	133.1	159.9	20.1	176.2	9.3
印度尼西亚	242.8	294.9	21.5	327.3	9.9
尼日利亚	303.3	368.3	21.4	411.4	10.5
利比亚	326.6	351.6	7.7	420.1	16.3
科威特	717.5	638.1	−11.1	863.6	26.1
阿联酋	732.2	645.3	−11.9	878.8	26.6
委内瑞拉	915.8	842.6	−8.0	1 114.4	24.4
伊朗	922.8	1 061.6	15.0	1 208.8	12.2
伊拉克	1 194.5	1 252.6	4.9	1 477.2	15.2
沙特阿拉伯	1 960.9	2 382.6	21.5		

注:* 为净现值(6%的折现率,单位:十亿美元)。

一些要点值得注意:
- 不是所有的国家都可以从合作中获得比古诺均衡更多的收益;
- 大的成员和小成员之间从欺骗中获得收益还是有着明显的区别的;
- 沙特阿拉伯被模型化为合作结果的潜在执行者。

要看到欺骗和执行的动态过程,以及利率在决定欺骗是否在长期是值得的时候的作用,参见 Griffin 和 Xiong(1997)。

10.6 应用：市场结构

在产业组织的分析中,时间顺序发挥着重要的作用。我们通过三个应用来阐明它的贡献。

10.6.1 市场领导

首先,重温一下数量竞争版本的双寡头模型。在博弈的结构中明确考虑时间顺序,可以让我们策略模型化一个重要的经济现象:市场领导。

假设社会习俗或者制度规则使得企业 1 获得了首先行动(选择产量)的机会,它就是领导者。追随者(企业 2)观察到了领导者的产出选择 q^1,然后宣布自己的产出 q^2。那么我们预期博弈的解是什么?

纳什概念并没有给我们多少力量。根据式(10.15)给出的反应函数,满足 $q^2 = \chi^2(q^1)$ 的非负产出组合 (q^1, q^2) 可被视为上述顺序博弈的纳什均衡的结果;但是给定决策的顺序,我们知道这些均衡中有许多不是子博弈完美的,因为它们中包含不可置信的威胁。[①]要找到子博弈均衡,首先考虑企业 1 的产出决策之后的子博弈;显然,这包含着企业 2 选择 $\chi^2(q^1)$ 作为对企业 1 已经选择的 q^1(不管是多少)的最佳应对;逆向推理,企业 1 将基于企业 2 的最佳应对选择一个产出来最大化自己的利润。

这个逻辑的要点在于,领导者会通过合适选择自己的产出来有效操纵追随者。给定式(10.15)的反应函数,领导者的利润表达式变成了:

$$p\big(q^1 + \chi^2(q^1)\big)q^1 - C^1(q^1) \tag{10.24}$$

领导者的特权是,根据对手的反应构建自己的机会集:如图 10.15 所示,这里企业 2 的反应函数 χ^2 规划了企业 1 的机会集的边界。这是双头斯塔克伯格(Stackelberg)模型的本质。

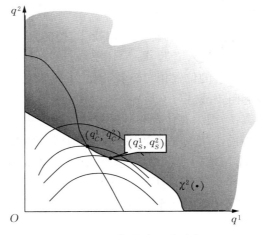

图 10.15 领导者—追随者

---

① 迷你问题 36:令 q_M 为企业 2 的利润最大化产出(如果它是垄断企业的话),假设同时博弈的情况下 $\chi^1(q_M) = 0$,参见式(10.14)。证明:在顺序博弈中,带来产出组合 $(0, q_M)$ 的策略组合是一个纳什均衡,但不是子博弈完美解。

表 10.11　产业组织中策略行为的简单模型

	同时行动		顺序行动
	数量	价格	数量
非合作	古诺	伯川德	斯塔克伯格
合作	串谋	串谋	串谋

斯塔克伯格双头问题式（10.24）的解由图 10.15 中的点(q_S^1, q_S^2)所描述：领导者的等利润线在这一点跟追随者的反应函数相切。领导者具有先动优势（first-mover advantage），因为企业 1 的利润将比古诺—纳什均衡的解(q_C^1, q_C^2)更高，相应地，企业 2 的利润就比古诺—纳什解的时候更低。

斯塔克伯格模型完成了产业组织经典模型的一个小集合，可以看成是非合作和合作行为的一个应用（参见第 10.4.1 和 10.4.2 的讨论）。表 10.11 提供了这些模型类型的一个总结。

然而，斯塔克伯格分析并未触及一个根本的、重要的问题：如何构成一个可置信的领导者？领导者的位置如何维持？这里有两个回应。首先，这个特殊的双头模型确立了一些跟其他经济应用有关的重要原则（参见第 12 章）。其次，我们可以稍微深耕一下这个模型提出的产业组织问题；我们将在市场准入主题中讨论这个问题。

10.6.2　市场准入

第 3 章我们考虑了一个关于新企业进入市场的简单的经济过程；但是那个过程基本上是机械的，没有考虑"在位者企业和挑战它们的潜在进入者企业之间的关系"这样的策略问题。这里我们用博弈中的时间分析作为构建准入策略模型的基础。

故事的出发点如图 10.12 和表 10.9 所示。把参与人阿尔夫替换为一个潜在的进入者企业（这里[LEFT]指的是"进入这个行业"，[RIGHT]指的是"不进入"），比尔是在位者（因此[left]指的是"阻止潜在的进入者"，[right]指的是"容忍潜在的进入者"）。这个例子中的数字描述的情形是，在位者的位置相对较弱，因此子博弈完美均衡是在位者会立刻容忍潜在的进入者，不会发起阻击战。[1]

然而，这个模型太天真了，因为在位者和挑战者的相对力量对比已经呈现在收益数字中了，从而并没有提供太多的经济洞见。如果博弈规则稍微修改一下会怎样？在位者会做出可置信的威胁吗？在市场结构的模型中允许这个可能性的主要方法是引入"承诺工具"（参见迷你问题 31）。一个例子就是让企业投入"沉没成本"（sunk costs）：意思是让企业花钱投资，而这个投资并没有转售的价值。[2]这个思想如图 10.16 所示。

---

　　[1]　迷你问题 37：假设图 10.12 中的两个收益组合从(0，0)(2，1)改为(0，1)(2，0)。这将如何改变博弈的均衡？对这个竞争进入的模型可以做出怎样的解释？均衡是什么？
　　[2]　迷你问题 38：你成立一家清洁玻璃的企业。你购买了梯子、玻璃清洁液，打印了 1 000 份传单，在你的社区发广告。确认你的：(1)可变成本；(2)固定成本；(3)沉没成本。

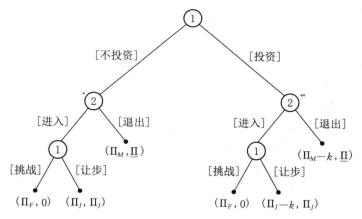

图 10.16 进入阻挠

图 10.16 基于图 10.12,但是现在博弈有三个阶段。阶段 2 和 3 对应着我们刚刚叙述的故事;从左边标注着 * 的节点开始的子博弈实际上就是我们前面讨论的博弈,这里在位者立刻让步;右边(从标注着 ** 开始的节点)对应的子博弈,在位者的收益改变了,使得在这种情况下,对挑战者让步不再有利可图。[①]在第一阶段,在位者要做一个决策,是否要投资,投资的话要耗费一个给定的金额 k;这个决策可被公众观察到。

这个投资决策对于博弈后面的开展至关重要。下面的事情就是共同知识了:

(1) 如果挑战者选择不进入,那么它得到一个保留利润水平 $\underline{\Pi}$,在位者获得垄断利润 Π_M(减掉了第一阶段的任何投资成本)。

(2) 如果在位者向挑战者让步,那么它们平分市场,各自得到 Π_J。

(3) 如果没有进行投资,那么如果阻挠战发生,收益为 Π_F。

(4) 如果阻挠战发生,且进行了第一阶段的投资,那么投资将完全收回。因此,如果在位者阻挠,那么获得的利润正好是 Π_F,已经扣除了投资成本。

现在考虑均衡。首先关注从"在位者决定投资"开始的子博弈(关于在位者不投资的情形,参见练习题 10.13)。在位者投资之后,挑战者决定进入,那么只要如下的条件满足,则在位者发起阻挠战对自己更有利:

$$\Pi_F > \Pi_J - k \tag{10.25}$$

接下来考虑博弈的第一阶段:在位者进行投资比允许没有承诺行动的子博弈发生更有利吗?答案是肯定的,前提是从成功的进入阻挠中获得的净利润超过了在位者不投资所能得到的最大利润:

$$\Pi_M - k > \Pi_J \tag{10.26}$$

把式(10.25)和式(10.26)结合起来,我们可以得到一个结果:只要 k 满足如下条件,那么在位者阻挠进入就是有效的(在子博弈完美均衡的意义上):

① 迷你问题 39:证明图 10.16 中标注着 2 的节点的左边开始的子博弈,对收益进行序数变化之后,本质上跟图 10.12 是同一个博弈。

$$\Pi_J - \Pi_F < k < \Pi_M - \Pi_J \tag{10.27}$$

从式(10.27)中可以看出,显然,对于 Π_F、Π_J 和 Π_M 的一些取值,在位者用这个事先采取承诺行动的方法阻挠进入或许是不可能的。

这跟斯塔克伯格双头模型有一个天然的关系。将这个投资看成是先期的生产成本:企业以产出存货的形式在筹措一个"战争基金",以便到时候投放到市场上去。如果威慑是成功的,那么这些堆积的产出将被扔掉。然而,如果挑战者选择进入,那么在位者就可以无须增加成本地从它的仓库中调取存货。进入者的最优产出将由在位者的存货以及投放到市场上的量来决定。整个博弈跟第 10.6.1 节讨论的领导者—追随者模型非常接近,但是有一个重要的区别,这里领导者的作用是通过对时间的常识解释并用一种自然的方式来决定的。

实践中的微观经济学:进入阻挠——软件

微软主导了操作系统的市场,很大程度上归因于它作为一个软件平台的成功。软件的开发者主要为 Windows 操作系统开发应用程序,由此创造了一个"应用软件进入壁垒":其他操作系统重写应用程序成本很高。为了维持它的地位,微软采取了如下的措施:

(1) 在浏览器技术上加大投资。

(2) 网络浏览器(IE)免费。

(3) 跟互联网提供商签署排他性的配送合同。

(4) 将 IE 和 Windows 绑定来增加 IE(而不是其他浏览器)的使用。

这些举措是滥用权力吗? 美国地区法院认为行动(1)和行动(2)并不是反竞争的:它们改进了消费者的福利。但是行动(3)和行动(4)让微软控制了浏览器软件的两个"最有效"的分配渠道:互联网提供商和个人电脑制造商。反竞争行为的一个条件是:主导企业用它的市场能力挤垮或者排除了更有效率的竞争对手,从而消费者并没有得到企业竞争主导权所带来的全部利益。微观在技术上将 IE 整合到 Windows 上这种特别的方式,在效率上并没有根据。为了促销 IE,微软给 PC 制造商提供的价格折扣,涉及对其市场能力的非竞争性滥用。这就将其他的浏览器厂商置于非常不利的竞争地位,从而消费者并没有充分从这个竞争过程中获益。

更多内容,请参见 Gilbert 和 Katz(2001)及 Klein(2001)。

10.6.3 再看双头

在重复博弈的讨论中(第 10.5.3 节),我们有必要再次考虑第 10.4.1 节的双头模型。根据无名氏定理,我们可以考察默契卡特尔的习俗和做法当中的逻辑。我们很熟悉这个故事,就是企业之间通过串谋来减产,从而维持高利润;如果串谋失败,那么出现的结果就是古诺—纳什均衡。

首先,我们将问题简化,假设两家企业在每个阶段博弈中都有一个二选一的选择,它们可以在"高产"和"低产"之间做选择,这跟以前的讨论是一样的。为了阐述的方便,我们再次采用特例,即两家企业是相同的,我们采用表 10.7 中给出的数字作为阶段博弈的收益:

（1）如果它们都选择"低产",那么每家企业得到的是联合利润最大化的收益 Π_J;

（2）如果它们都选择"高产",那么每家企业得到的是古诺—纳什均衡的收益 Π_C;

（3）如果一家企业违约,那么它将得到收益 $\overline{\Pi}$。

根据式(10.23)的逻辑(还可参见迷你问题 34 的答案),贴现因子的临界值是:

$$\underline{\delta} := \frac{\overline{\Pi} - \Pi_J}{\overline{\Pi} - \Pi_C}$$

这样,我们可以把无名氏定理的逻辑用在双头博弈的合作行为问题中。卡特尔得到的联合利润最大化的收益,可以作为子博弈完美均衡的结果出现,只不过策略要涉及对违约行为(偏离合作的行为)的惩罚,就是一旦发现对方违约,从此之后永久转向古诺—纳什产出水平。但是,我们有必要做两个定性的论断。

首先,假设市场随着时间在扩张。令 $\tilde{\Pi}(t)$ 是一个可以取值 $\overline{\Pi}$、Π_J 或 Π_C 的变量。那么企业 f 在时间 t 的阶段博弈中的收益可以写成 $\Pi^f(t) = \tilde{\Pi}(t)[1+g]^{t-1}$,这里,$g$ 是增长率,$\tilde{\Pi}(t)$ 的特定值将取决于阶段博弈中每个参与人的行动。整个重复博弈中企业 f 的收益是如下现值:

$$[1-\delta] \sum_{t=1}^{\infty} \delta^{t-1} \Pi^f(t) = [1-\delta] \sum_{t=1}^{\infty} \tilde{\delta}^{t-1} \tilde{\Pi}(t) \tag{10.28}$$

这里,$\tilde{\delta} := \delta[1+g]$。因此,我们可以重新解释贴现因子,它是单纯的时间偏好和博弈继续下去的概率以及市场的潜在增长的乘积。如果市场根据预期会继续增长,那么实际的贴现因子将升高,因此根据定理 10.3,继续合作成为子博弈完美均衡的可能性会提升。

其次,很关键的一点是要记住,这个逻辑是基于简单的囚徒困境,而且阶段博弈的行动空间只是两个产出水平。标准的古诺模型有一个连续的可能行动,这就比我们考虑的囚徒困境有了更多的可能性。特别地,我们可以看到在古诺寡头市场中,企业 f 的最小化最大利润水平不是纳什均衡的结果 Π_C。最小化最大利润水平是零,也就是说,其他企业可以设定一个产出水平使得企业 f 无利润可赚(比如,参见图 10.5 中的点 $\bar{q}_2$)。然而,如果企业设定的产出水平使得这个结果出现在从 $t+1$ 到 ∞ 的每个时期,那么这将不是其他任何一家企业对企业 f 的行动的最佳应对[显然,从图 10.6 中的两企业情形中可以看出,$(0, \bar{q}_2)$ 不在企业 2 的反应函数的图形上];因此它不可能对应着企业 f 违约之后的一个子博弈的纳什均衡。在这种情况下,永久性的最小化最大惩罚是不可置信的。①

10.7　不确定性

正如我们看到的,关于博弈开展细节的准确信息,在塑造理性参与人策略的时候至关

---

①　迷你问题 40:画一个类似于附录 B 中的图 B.37 的图,来表明跟无限重复博弈中的纳什均衡一致的可能收益组合。在伯川德竞争(而不是古诺竞争)的阶段博弈中,永久性的最小化最大惩罚是可置信的吗?

重要。关于对手特征的清晰判断，也是很有价值：一个棋手或许想知道他的对手是"强悍型的"还是"软弱型的"，他喜欢的下棋方式等。

这些一般化的论断引领我们思考不确定性的本质。原则上，我们可以设想，博弈参与人所得到的信息是不完美的，也就是说，关于博弈历史的某些细节是不知道的（谁在哪个阶段走了哪一步？），或者说，信息是不完备的，即参与人并不完全清楚其他人的结果和收益，因为他不知道他面临的对手是何种类型（风险厌恶或者风险喜好的个人？高成本还是低成本的企业？）。这个谨慎的区分可以立刻被泯灭，因为就博弈的结构而言，这两个版本的不确定性其实是等价的。我们可以把另一个参与人引入博弈，叫做"自然"。自然做出行动来决定参与人的类型；如果自然先行动（通常是这样），他（她或它）的行动是未知的，也是不可观察的，那么我们可以看到，不完备信息的问题（缺失了关于参与人类型的细节）一下子变成了不完美信息的问题（缺失了关于历史的细节）。

10.7.1 基本模型

我们假定每个经济决策者 h 都有一个类型 τ^h，可以看成是一个数字参数；例如，类型可以是风险厌恶的指数，健康状况的指标，或者是成本的一部分。类型指标对于不确定性模型是很关键的：τ^h 是一个随机变量；每个决策者的类型在博弈开始就被决定了，但是 τ^h 的实现只能被决策者 h 观察到。

收益

一个决策者的类型可能影响他的收益（如果我生病了，那么我从给定的消费组合中获得的效用水平就低于健康的时候），因此我们需要修改式（10.2）中的符号表示来包含这一点。因此，把决策者 h 的效用写成：

$$V^h(s^h, [s]^{-h}; \tau^h) \tag{10.29}$$

这里，括号内的前两个变量包含了策略列表[式（10.2）所示的 h 的策略，以及其他的每个人的策略]；最后一个变量是跟决策者 h 相关的类型。

条件策略

给定策略选择包含着最大化收益（效用），我们需要关注的另外一点是，每个决策者的策略一定建立在他的类型之上。因此，一个策略不再是前面讨论的一个单一的"按钮"，而是一个"按钮规则"，对类型 τ^h 的每个可能值规定一个按钮。把决策者 h 的这个规则写成一个从类型集到纯策略集 S^h 的一个函数 $s^h(\cdot)$。例如，如果决策者 h 只有两个类型{[健康],[生病]}，那么，根据博弈开始实现的 τ^h 的值，决策者 h 的按钮规则 $s^h(\cdot)$ 就只产生两个纯策略：

$$s_0^h = s^h([健康]) \text{ 或者 } s_1^h = s^h([生病])$$

信念、概率和期望收益

然而,决策者 h 不知道参加博弈的其他决策者的类型。因此,h 选择策略的时候,是基于一种信念,关于其他参与人类型的信念。这些信念被纳入概率模型之中。假设每个人的类型是 $[0,1]$ 之间的一个数字,F 是所有参与人类型的一个联合概率分布,这些都是共同知识。[①]

图 10.17 概括了这个思想。阿尔夫已经知道了类型 τ_0^a,他将在 [LEFT] 和 [RIGHT] 之间进行选择,在决策的时候,他并不知道比尔的类型。有三种可能性,分别由信息集中的三个点来表示。然而,因为阿尔夫知道比尔所属类型的分布,给定阿尔夫已经实现的类型,他至少可以理性地给信息集中的三个成员赋予条件概率:$Pr(\tau_1^b|\tau_0^a)$, $Pr(\tau_2^b|\tau_0^a)$ 及 $Pr(\tau_3^b|\tau_0^a)$。这些概率是在阿尔夫自己类型已知的条件下,从联合概率 F 中得到的:这些就是阿尔夫的信念(因为类型的概率分布是共同知识,如果他相信的是其他的,那么他一定是疯了)。

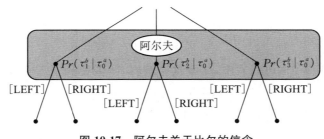

图 10.17 阿尔夫关于比尔的信念

考虑这个不确定性影响 h 的收益的方式。其他决策者的策略取决于"自然"赋予他们的类型,在评估式(10.29)的时候,我们有:

$$s^h = (s^h, (\tau^h)) \tag{10.30}$$

$$[s]^{-h} = [s^1, (\tau^1), \cdots, s^{h-1}, (\tau^{h-1}), s^{h+1}, (\tau^{h+1}), \cdots] \tag{10.31}$$

式(10.30)和式(10.31)等号右端的括号中的各项都是随机变量,因此等号左端的也是随机的。用这些随机变量来评估式(10.29),决策者 h 的收益是:

$$V^h = (s^1, (\tau^1), s^2, (\tau^2), \cdots; \tau^h) \tag{10.32}$$

把式(10.30)—式(10.32)中的随机变量纳入决策者 h 的一个连贯的目标函数,还需要一步。我们采用冯·诺依曼—摩根斯坦效用函数(第 8 章介绍),这样收益可以写成期望的形式:

---

① 迷你问题 41:这个关于类型的假定可以适用于宽广范围的个人特征的模型。证明:这里用到的两种情形的例子(个人的类型要么是[健康],要么是[生病]),可以用常用的方式去表达,即决策者 h 的类型 $\tau^h \in [0,1]$,h 健康的概率是 π。

$$\varepsilon V^h(s^h, [s]^{-h}; \tau^h) \tag{10.33}$$

这里,s^h 由式(10.30)给出,$[s]^{-h}$ 由式(10.31)给出,ε 是期望运算符,期望是在所有决策者的类型的联合分布上取的。

均衡

我们需要进一步修正均衡的定义,以便包含这里模型化的不确定性类型。为此,注意到博弈可用三个部分完全描述:效用函数组合、相应的策略集的列表以及类型的联合概率分布:

$$[V^1, V^2, \cdots]; [S^1, S^2, \cdots]; F \tag{10.34}$$

然而,我们可以用一个跟第 10.3 节的讨论相似的方式来改进这个博弈。我们可以把每个参与人的"按钮规则"$s^h(\cdot)$ 看成是它本身的一个重新定义的策略;决策者 h 得到的效用 $v^h(s^h, [s]^{-h})$,这正好等于式(10.33),这里的 v^h 和式(10.2)中的一样。如果我们用符号 $\mathcal{S}^h$ 表示参与人 h 的这些重新定义的策略集或者"按钮规则",那么式(10.34)等价于如下博弈:

$$[v^1, v^2, \cdots]; [\mathcal{S}^1, \mathcal{S}^2, \cdots] \tag{10.35}$$

将其与式(10.3)对比,我们可以看出,关于这个解释,我们得到了一个标准的博弈,只不过是每个参与人有了一个重新定义的策略集。

有了这个贝叶斯博弈的等价表示,我们可以引入均衡的定义:

定义 10.7

式(10.34)的一个纯策略贝叶斯—纳什均衡是规则$[s^*]$的组合,同时也是博弈(10.35)的纳什均衡。

这个定义意味着我们可以修改式(10.6),把纳什均衡中的普通策略("按钮")替换为"按钮规则"$s^{*h}(\cdot)$,这里:

$$s^{*h}(\cdot) \in \max_{s^h(\cdot)} v^h(s^h(\cdot), [s^*(\cdot)]^{-h}) \tag{10.36}$$

身份

乍看的话,这个不完全信息模型的描述让人畏惧,但是这里看这些问题的时候,也有一种自然的、符合直觉的方式。回忆一下,第 8 章在竞争市场中模型化不确定性的时候,我们实际上是把 n 种物理商品的空间扩展为 $n\varpi$ 个状态依存商品,这里 ϖ 是可能的状态的数目。这里可以做一个相似的思想实验。考虑一个不完全信息的情形,参与人都是超级英雄,同一个决策者可以有几个身份。然后我们可以把一个贝叶斯均衡设想成一个拥有大量参与人的纳什均衡:如果只有两个参与人和两个类型,我们可以把这个设定等价于一个拥有四个参与人的博弈(蝙蝠侠、超人、布鲁斯·韦恩和克拉克·肯特)。用一个特定身份参加博弈的每个决策者都最大化自己在那个身份的期望效用;期望效用的计算,用到的是跟对手的每个可能身份相关的概率;这些概率都跟每个决策者自己的身份有关。因此,蝙蝠侠最大化他自己的期望效用的时候,已经赋予了他面对超人或者克拉克·肯特的特定概率;布鲁斯·韦恩用他自己的效用函数做相同的事,当然他赋予(超人、克拉克·肯特)的概率可能会有不同。

可以用如下的方式来表达这个思想。用符号 $\varepsilon(\cdot \mid \tau_0^h)$ 表示条件期望——在这种情况下期望是取在 h 以外的其他所有决策者的分布之上,条件是已知了决策者 h 的特定类型值 τ_0^h,把式(10.31)中的最优解处($s^j = s^{*j}$,$j \neq h$)的随机变量组合写成 $[s^*]^{-h}$。然后,我们有:

定理 10.4

决策规则组合 $[s^*]$ 是式(10.34)的贝叶斯纳什均衡,当且仅当:对所有的 h 以及任意以正概率发生的 τ_0^h,对于所有的 $s^h \in S^h$:

$$\varepsilon\left(V^h\left(s^{*h}(\tau_0^h), [s^*]^{-h} \mid \tau_0^h\right)\right) \geqslant \varepsilon\left(V^h\left(s^h, [s^*]^{-h} \mid \tau_0^h\right)\right)$$

因此,式(10.36)中给出的规则将最大化每个决策者的期望收益,前提是给定他关于其他决策者的信念。

10.7.2 一个应用:再看市场准入

通过先前讨论的产业组织中的策略问题的例子,我们阐释贝叶斯均衡的概念,并概括一个解的方法。

图 10.18 把第 10.6.2 中的故事又向前推进了一步。新的情况是,垄断企业的特征并没有被试图进入这个行业的企业所完全知晓。已知的是,企业 1 作为在位者,有可能做出承诺行动来投资,从而策略性地遏制进入:这个投资可以提升在位者的市场地位。然而,企业 1 在进行投资的时候,会面临高成本或者低成本:这个信息是企业 2 无法知道的。因此这个博弈首先是一个准确性的行动,"自然"(参与人 0)决定成本的类型,然后企业 1 和企业 2 同时行动,企业 1 选择是否投资,企业 2 选择是否进入。关于企业 1 的环境和行为,考虑如下的三种情形:

(1)企业 1 不投资。如果企业 2 进入,那么双方得到利润 Π_J。但是,如果企业 2 选择不进入,那么它只是得到一个保留利润水平 $\underline{\Pi}$,企业 1 获得垄断利润 Π_M。

(2)企业 1 投资且是低成本类型。如果企业 2 进入,那么企业 1 获得利润 $\Pi_J^* < \Pi_J$,但是企业 2 就血本无归。如果企业 2 不进入,那么它依然得到保留利润 $\underline{\Pi}$,但是企业 1 得到更高的垄断利润 $\Pi_M^* > \Pi_M$。

(3)企业 1 投资且是高成本类型。结论如上,但是企业 1 的利润减少了一个量 k,也就是成本差异。

为了让这个模型有趣,假设 k 相当大:

$$k > \max\{\Pi_J^* - \Pi_J, \ \Pi_M^* - \Pi_M\}$$

在这种情况下,如果企业 1 是高成本类型,那么它投资就永远不会是最优的(要看到这一点,参见图 10.18 的右下部分)。

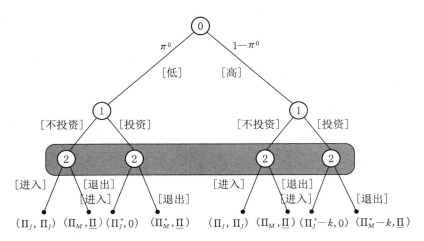

图 10.18　不完全信息的市场进入

要找到这个模型的均衡,我们引入前面第 10.3.5 节用到的一个工具。尽管我们关注的是纯策略(即非随机化的),但我们可以假定企业 1 和企业 2 各自考虑它们可以选择的两个行动的随机化。为此,定义如下事项:[1]

(1) π^0 是"自然"赋予企业 1 低成本类型的概率。这个概率是共同知识。

(2) π^1 是给定企业 1 是低成本类型时企业 1 选择"投资"的概率。

(3) π^2 是企业 2 选择"进入"的概率。

然后,写出企业 1 的期望收益 $\varepsilon\Pi^1$,我们发现:

$$\frac{\partial\varepsilon\Pi^1}{\partial\pi^1}>0\Leftrightarrow\pi^2<\frac{1}{1+\gamma} \tag{10.37}$$

这里

$$\gamma:=\frac{\Pi_J-\Pi_J^*}{\Pi_M^*-\Pi_M}>0 \tag{10.38}$$

此外,估算企业 2 的期望收益 $\varepsilon\Pi^2$:

$$\frac{\partial\varepsilon\Pi^2}{\partial\pi^2}>0\Leftrightarrow\pi^1<\frac{\Pi_J-\underline{\Pi}}{\pi^0\Pi_J} \tag{10.39}$$

只有当低成本类型的概率足够小的时候,式(10.39)的右端才有意义,即:

$$\pi^0\geqslant 1-\frac{\underline{\Pi}}{\Pi_J} \tag{10.40}$$

要找到(条件)纯策略均衡[2],只需要验证概率组合 (π^1,π^2) 等于 $(0,0)$、$(0,1)$ 或者 $(1,1)$ 能否满足条件式(10.37)—条件式(10.39)。显然,条件(10.37)排除了 $(0,0)$ 和 $(1,1)$。然而,概率组合 $(0,1)$ 永远满足这些条件,意味着 $([\text{NOT INVEST}],[\text{In}])$(不投

---

[1]　迷你问题 42:写出企业 1 和企业 2 的期望收益的表达式,并验证式(10.37)和式(10.39)。

[2]　迷你问题 43:这个博弈也存在一个混合策略均衡吗?

资,进入)永远是一个纯策略纳什均衡。同样地,如果低成本类型的概率足够低使得条件(10.40)成立,那么([INVEST],[Out])(投资,不进入)也是纯策略纳什均衡。

10.7.3 再看混合策略

从贝叶斯纳什均衡和第 10.7.2 节的例子可以看出,这个分析的一个特征是用概率来计算收益。在贝叶斯博弈中,关于对手类型的不确定性的处理,跟不存在纯策略均衡的基本博弈中出现的问题的解法很相似。假定类型的分布是共同知识,使得我们关注的纳什均衡的解跟第 10.3.5 节关于混合策略的讨论很相似。

我们还可以证明,给定参与人阿尔夫、比尔、查理等随机化他们的行动的混合策略均衡,等价于贝叶斯均衡,其中存在类型 a 的连续统,跟阿尔夫的偏好略有不同,存在类型 b 的连续统,跟比尔的偏好略有不同,以此类推,所有人都选择纯策略。

上述逻辑可以看成是对一些人的一个回应。这些人认为,依赖于混合策略的策略论证不真实、不能令人满意。然而,类型的数量和种类很大就可以"挽救"这个局面,因为存在一个等价的或者足够近似的纯策略贝叶斯纳什均衡。

10.7.4 一个"动态"方法

就博弈的顺序而言,迄今关于不确定性的讨论基本上是静态的。但是,可以讨论的是,这样就漏掉了大多数不完全信息博弈和经济冲突情境的一个重要方面。随着时间的流逝,每个参与人通过观察对手在前面阶段中的行动,就可以了解关于对手特征的信息;参与人在后面的博弈计划和展开中就会用到这些信息。

还有两个重要的问题:

(1) 可信度。在完全信息多阶段博弈的纳什均衡中,我们已经讨论了可信度的问题。如果我们要讨论不完全信息多阶段博弈,那么同样的问题也会出现。

(2) 更新。参与人的行动不断揭示信息,参与人就可以用这些信息来更新概率,这些概率用于计算期望效用。这通常是用贝叶斯规则来完成(参见附录 A 中 A.8.2 节)。因此,为了修正不确定性模型的局限,我们要把子博弈分析中的"完美化"和处理不确定性的贝叶斯方法结合起来。这正是我们接下来要做的进一步对均衡的修正。

定义 10.8

多阶段博弈中的完美贝叶斯均衡是策略和在博弈的每个节点上信念的组合,满足:

(1) 给定信念,这些策略构成了子博弈完美均衡。

(2) 在博弈的每个节点上,用贝叶斯规则对前面的信念进行更新,这些节点是用均衡策略以正的概率到达的。

定义的这两个部分表现了一种优美的共生关系:在每一个"相关的"节点,子博弈完美策略用到了信念集,在博弈的这个点上,用这个信念集也是自然的;信念也随着博弈策略的展开所显示的信息而得到修改。

然而,这个定义没有说明,均衡之外信念会发生什么变化。也有可能发生的是,信息的更新简单且强烈,以至于不完全信息的问题在博弈展开一阶段后就解决了。然而,尽管存在这些特质,但是包含学习过程的策略互动太重要,太多层面,因此我们将用完整的第11章来探讨这个问题。

总　结

策略行为不仅仅是一个新的微观经济专题,而且是观察经济分析的一个新的方法和新的视角。博弈论构建了一个抽象的框架,使我们可以思考经济模型在一些情况下运作的方式,因为在这些情况下价格接受的范式不再适用或者说不合适。

我们应该从博弈论中期望获得什么? 它提供了一组重要的微观经济学的一般原理。它也给出了一些确实让人感到震撼的结论,比如,通过设计可置信的策略,如将来惩罚"反社会"行为(无名氏定理),那么从自私的决策者可以诱致合作的结果。然而,实用性的考虑削弱了博弈论所激发的热情。博弈论的方法并不总能给出清晰的答案,可能会指向解的多样性,即使原则上可以给出清晰的回答,这些回答在现实中或许基本不可能。比如,找出一局棋的所有结果是一个计算问题,但是哪里去找可以做这个工作的电脑呢?

总结一下,本章阐释了博弈论方法对经济原理的贡献,为了给后面章节的专题提供一个指引,我们关注三个关键问题:

(1) 均衡的性质。为了转向策略问题至关重要的经济环境,我们引入了均衡的几个新的定义。这些不同定义之间的微妙区别重要吗? 每一个定义都可被认为是模型化决策者在精心设定的策略环境中行为一致性的正确方法。每一个都包含了跟环境相一致的理性概念。然而,随着模型结构的进一步丰富,相应的信念结构和连锁行为就变得无比复杂。经济建模者的困难之处,是在从完全幼稚到超级理性(第12章)之间的谱系上找到合适的位置。

(2) 时间。决策和行动的顺序是许多潜在经济冲突情境的关键特征,因为它通常会影响博弈展开的方式,甚至影响解的概念的可行性。将简单博弈稍微扩展一个时期,就可以让我们构建包含权力和诱致合作的模型。

(3) 不确定性。在第8章,经济决策中面临的不确定性和风险是一种机械式的概率。这里,机械的概率可以是博弈的一个参与人,清晰的结论可以直接传递到完全信息的情形,尽管这需要很强的假设,关于个人信念的假设,以及关于对不确定的宇宙的理解的假设。我们可以更进一步:贝叶斯模型开启了策略应用可得信息的可能性,也启发了信息经济学的建模。这将在第11章展开。

进一步阅读

一个很好的入门级的介绍,参见 Dixit 和 Skeath(2004)、Gardner(2003)、Osborne(2004)或者 Rasmusen(2001);较早的 Gibbons(1992)依然提供了一个优秀的、详尽的关于主要问题的回顾;更高级的处理,参见 Vega-Redondo(2003)。纳什均衡的概念首先出现在 Nash(1951);将其作为一个解的概念的合适性,参见 Kreps(1990)。Schelling(1960)包含了很多关于策略行为的基本思想。关于混合策略均衡的逻辑,参见 Harsanyi(1973),关于将"自然"作为博弈的参与人,参见 Harsanyi(1967)。关于纳什均衡这个概念的历史和前身,参见 Myerson(1999);关于纳什均衡和行为,参见 Mailath(1988)和 Samuelson(2002)。子博弈完美作为一个均衡概念,要归功于 Selten(1965,1975)。

无名氏定理和重复博弈的各个版本,构成了海量的文献。在寡头背景下的一个较早的阐述,参见 Friedman(1971)。确立重复博弈中的子博弈完美的一个核心结果,参见 Fudenberg 和 Maskin(1986)。关于声誉的讨论,参见 Mailath 和 Samuelson(2006)。

人们在策略环境下实际上会如何行为?这是大量的实验博弈论文献关注的问题。一个很好的介绍,参见 Crawford(2002)。关于行为经济学方法研究博弈的介绍,再次参见 Crawford(2002)。

关于产业组织的详尽处理,标准的参考书是 Tirole(1988)。关于更多的寡头模型和分析工具的新进处理,参见 Vives(1999)和 Shy(1995,Section II)。奠定许多现在文献逻辑的原始经典贡献,参见 Bertrand(1883)、Cournot(1838)和 von Stackelberg(1934)。

练习题

10.1　图 10.12 是一个同时行动博弈的策略式表述,其中策略就是行动。

表 10.12　剔除和均衡

	s_1^b	s_2^b	s_3^b
s_1^a	0, 2	3, 1	4, 3
s_2^a	2, 4	0, 3	3, 2
s_3^a	1, 1	2, 0	2, 1

(1) 两个决策者有占优策略吗?

(2) 哪些策略会因为是劣策略而总是会被剔除掉?

(3) 如果双方参与人都是理性的这一点是共同知识,哪些策略可以被剔除掉?

(4) 纯策略纳什均衡是什么?

10.2　表 10.13 表示的也是一个同时行动博弈,其中策略就是行动。

(1) 确认参与人 a 和 b 的最佳应对。

(2) 存在纯策略纳什均衡吗?

表 10.13　纯策略纳什均衡

	s_1^b	s_2^b	s_3^b
s_1^a	0, 2	2, 0	3, 1
s_2^a	2, 0	0, 2	3, 1
s_3^a	1, 3	1, 3	4, 4

10.3 纳税人的收入为 y,他应该真实完整地将收入汇报给税务机关。所得税率 γ 是水平的(等比例的)。汇报技术意味着,纳税人要么汇报完整的收入,要么汇报的收入为零。税务机关可以选择是否对纳税人的收入进行审计。每次审计的成本是 φ,如果审计发现了低报的情况,那么纳税人除了缴纳完整的税之外,还需要支付一个罚款 F。

(1) 将这个问题构建为一个策略式博弈,每个决策者(纳税人、税务机关)都有两个纯策略。

(2) 解释为什么不存在同时行动的纯策略均衡。

(3) 求解混合策略均衡。这个均衡对参数 γ、φ 和 F 的变化作何反应?

10.4 参考迷你问题 2 中的"性别大战"博弈(表 B.1 给出了策略式)。

(1) 证明:除了纯策略纳什均衡,还有一个混合策略均衡。

(2) 构建一个类似于图 B.37 的收益可能性前沿。跟古诺寡头情形相比,为什么在性别大战博弈中对这个前沿的解释极不寻常?

(3) 证明:混合策略均衡严格位于前沿之内。

(4) 假设两个参与人采取了相同的随机化工具,双方都可以观察到:他们知道,指定的随机变量取值为 1 的概率是 π,取值为 2 的概率是 $1-\pi$;他们同意,选择 $[s_1^a, s_1^b]$ 的概率是 π,选择 $[s_2^a, s_2^b]$ 的概率是 $1-\pi$。证明:这个相关混合策略产生的收益永远在前沿上。

10.5 针对表 10.4 中的斗鸡博弈情形,重新回答练习题 10.4 中的问题。

10.6 考虑图 10.19 中描述的策略即行动的三人博弈。对每个策略组合,括号中的一列数字分别表示阿尔夫、比尔和查理的收益(Fudenberg and Tirole, 1991, p.55)。

(1) 证明:图 10.19 所示的同时行动博弈只有一个纯策略纳什均衡。

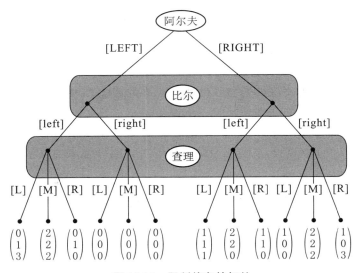

图 10.19 限制信息的好处

(2) 假设博弈改变。阿尔夫和比尔同意通过抛硬币的方法来协调他们的行动,如果硬币正面出现,那么选择[LEFT]和[left];如果反面出现,那么选择[RIGHT]和[right]。查理在做决策之前不知道抛硬币的结果。查理的最佳应对是什么?将你的回答跟问题(1)的回答对比一下。

(3) 回到问题(2),假设查理在做决策之前已经知道了抛硬币的结果。那么他的最佳应对是什么?将你的回答跟问题(1)和问题(2)的回答对比一下。这是否意味着限制信息可能是符合社会利益的?

10.7 考虑具有相同企业的双寡头市场。企业 f 的成本函数是:

$$C_0 + cq^f, \quad f=1, 2$$

反需求函数是:

$$\beta_0 - \beta q$$

这里,C_0、c、β_0 和 β 都是正数,总产出给出如下:$q = q^1 + q^2$。

(1) 求解企业 2 的等利润线和反应函数。

(2) 求解行业的古诺—纳什均衡,并在 (q^1, q^2) 空间中展示。

(3) 找出行业联合利润最大化的解,在同一图上展示。

(4) 如果企业 1 是领导者,企业 2 是追随者,找出斯塔克伯格解。

(5) 画出收益可能性集,对情形(2)—(4)和垄断的情形画出收益。

10.8 一个寡头市场有 N 个相同的企业。成本函数是产出的凸函数。证明:如果企业作为古诺竞争者行动,那么随着 N 的增加,市场价格越来越接近竞争价格。

10.9 两家相同的企业考虑进入一个新市场;进入新市场意味着付出一次性的成本 $K>0$;生产的边际成本是常数 c。如果双方都进入市场,那么伯川德竞争就会随后发生。如果两家企业顺序做出进入决策,那么均衡是什么?

10.10 两家企业从过去继承了生产能力,因此生产受制于:

$$q^f \leqslant \bar{q}^f, \quad f=1, 2$$

边际成本为零。令 $\chi(\cdot)$ 为每家企业的古诺(数量竞争)反应函数。如果企业竞争价格(如第 10.4.2 节所示),那么证明,在纯策略均衡中,下面一定是成立的:

(1) 两家企业的定价 p 相同。

(2) $p = p(\bar{q}^1 + \bar{q}^2)$。

(3) $p \geqslant p(\chi(\bar{q}^2) + \bar{q}^2)$。

(4) $\bar{q}^1 \leqslant \chi(\bar{q}^2)$。

10.11 两家相同的冰淇淋企业必须在冬天决定来年夏天的生产能力。要安装 $\bar{q}$ 的生产能力则需要付出 $k\bar{q}$ 的成本,这里 k 是正常数。夏天的生产受制于:

$$q^f \leqslant \bar{q}^f, \quad f=1, 2$$

这里 $\bar{q}^f$ 是去年冬天选择的生产能力。一旦产能确定,那么生产的边际成本为零。市场对冰淇淋的需求由反需求函数 $p(q^1 + q^2)$ 刻画。因此有两个看法:产能还没有确定的时候,有一个"事前"的问题;产能一旦确定之后的"事后"问题(夏天)。

(1) 令 $\chi(\cdot)$ 为"事后"问题中的反应函数(如练习题 10.10)。在如图 10.5 所示的情况中,解释为什么这个"事后"问题中的反应函数一定严格位于"事前"问题的古诺反应函数的上面。

(2) 令 q_c 为"事前"问题中的古诺均衡数量。在当前模型中写出这个古诺均衡数量的定义。

(3) 假设夏天的时候两家企业之间开展的是价格竞争(如练习题 10.10)。证明:整个问题中的纯策略伯川德均衡是两家企业都生产 q_c(Kreps and Sheinkman, 1983)。

10.12 有一个尺寸为 1 的蛋糕,要在阿尔夫和比尔之间分。在阶段 $t=1$,阿尔夫向参与人比尔提议了一个瓜分蛋糕的份额:比尔可以现在接受(这样的话博弈结束),或者拒绝。如果比尔拒绝了,那么在阶段 $t=2$,阿尔夫再次提议一个份额,比尔可以接受(博弈结束)或者拒绝。如果比尔拒绝,那么博弈在一个阶段后结束,阿尔夫和比尔分别得到外生固定的收益 γ 和 $1-\gamma$。假设阿尔夫和比尔来自蛋糕的收益是线性的,两人拥有相同的、不随时间改变的贴现因子 $\delta<1$。

(1) 在这个两阶段模型中,逆推法得到的结果是什么?

(2) 如果时间维度延长但是依然有限,你的回答会如何变?

(3) 如果时间维度无穷大(Rubinstein, 1982; Stahl, 1972; Sutton, 1986),那么会发生什么?

10.13 参照图 10.16 中标着 * 的节点,考虑从这个节点开始的博弈。

(1) 证明:如果 $\Pi_M>\Pi_J>\Pi_F$,那么在位者企业将永远向挑战者屈服。

(2) 现在假设在位者经营一个拥有 N 家店铺的连锁企业,每家店铺在不同的位置。每家店铺都面临挑战:每家店铺都面临一个企业要进入这个地方市场。这个挑战是顺序发生的,一个位置接着一个位置;在每一点上,潜在进入者都知道所有先前挑战的结果。每个位置的收益如(1)所示,在位者的总收益是所有位置收益的非折现加总。证明:不管 N 有多大,所有的挑战者将进入市场,在位者永远不会发起阻击战(Selten, 1978)。

10.14 在一个垄断行业中,企业 1 是在位者,它在考虑是否安装一个额外的生产能力来阻止企业 2 的潜在进入。边际的生产能力安装成本和边际生产成本(超过产能的生产)相等且是常数。超额生产能力无法出售。在进入的情况下潜在进入者付出的固定成本是 k(Dixit, 1980; Spence, 1977)。

(1) 令 q^1 为在位者的一个产出水平,这个产出水平使得现在进入者的最佳应对给进入者带来的利润为零。假设 $q^1 \neq q_M$,这里 q_M 是企业 1 的产出,前提是它的垄断地位坚不可破(即进入遏制不可避免)。证明:这意味着市场需求一定是非线性的。

(2) 在进入遏制是有可能的但并非不可避免的情况下,证明:如果 $q_S^1>q^1$,那么企业 1 发动进入遏制比接纳挑战者更有利,这里 q_S^1 是企业 1 在斯塔克伯格解的产出水平。

10.15 在双寡头市场中,两家企业的边际成本都是 c,且面对的市场需求曲线为 $p=k-q$,这里,$k>c$,q 是总产出。

(1) 伯川德定价博弈的解是什么？

(2) 求解这个行业的联合利润最大化的解。

(3) 基于伯川德阶段博弈考虑一个无限重复的博弈，假设两家企业的贴现因子为 $\delta < 1$。怎样的基于惩罚水平 $p = c$ 的触发机制才能产生(2)的结果？怎样的 δ 值才能使得这些触发机制构成一个子博弈完美纳什均衡？

10.16 考虑一个有大量消费者的市场，其中企业面对一个固定的进入成本 F。在时期 0，N 家企业进入。在时期 1，每家企业选择自己产品的质量。如果选择高质量，那么成本为 $c > 0$；如果选择低质量，那么成本为零。消费者选择从哪个企业购买，如果企业无差异，消费者的选择是随机的。只要购买了商品之后，消费者才观察到质量。在随后的时期中，上述的阶段博弈无限重复。市场需求函数给出为：

$$q = \begin{cases} \varphi(p) & \text{如果消费者认为商品是高质量} \\ 0 & \text{其他} \end{cases}$$

这里，$\varphi(p)$ 是严格递减函数，p 是商品价格。贴现率严格介于 0 和 1 之间。

(1) 设定消费者的一个触发机制来诱导企业永远选择高质量，进而确定子博弈完美均衡。均衡的价格是多少？

(2) 均衡的企业数量是多少？在自由进出的情况下，长期均衡下每家企业产出水平是多少？

(3) 如果 $F = 0$，那么会发生什么？

10.17 在双头市场中两家企业的边际成本是常数。企业 1 的边际成本是 1，企业 2 的边际成本是 $\frac{3}{4}$ 或者 $1\frac{1}{4}$，这是共同知识。企业 1 相信企业 2 是低成本的概率是 $\frac{1}{2}$，这也是共同知识。反需求函数为 $2 - q$，这里 q 是总产出。两家企业同时选择产量。纯策略均衡是什么？

▶ 11

信　息

我们知道，

存在已知的已知。

有些事我们知道我们知道。

我们还知道，

存在已知的未知。

也就是说，

我们知道有些事，

我们确实不知道。

但是也存在未知的未知，

也就是我们不知道

我们不知道。

——唐纳德·拉姆斯菲尔德（Donald Rumsfeld），2002 年 2 月 12 日，美国国防部新闻发布会

11.1　引言

我们已经看到，经济学所能做的，远远超过讨论一些"已知的已知"。信息经济学构建在"已知的未知"的基本推理之上，它既包含外生的不确定性（盲目的偶然性），也包括内生的不确定性（他人的行动和反应）。它跟前面讨论的不确定性和风险（第 8 章）有关系，也跟策略行为经济学（第 10 章）有关系。

原则上，不确定性可以用几种方式被纳入策略行为的模型中，第 10 章已经探究了其中的一些方法。这里，我们关注一类重要的问题，这些问题可以按照贝叶斯博弈分类，我们关注的是完美贝叶斯均衡：但这是一大类问题，其均衡行为可以很容易用微观经济学的直觉来解释。

这类问题的结构跟策略行为模型的时间问题密切相关。我们设想两个经济决策者或参与者之间的经济关系，其中一方拥有了对方所没有的信息，而此信息对这个经济关系至关重要：这就是不对称信息的情形。核心问题涉及：（1）隐藏信息的本质；（2）哪个参与人首先行动，拥有信息的一方，还是另一方。

278

表 11.1 凸显了三个主要的范式:本章的三个主要小节第 11.2—11.4 节专门来分别讨论这些范式。然而,在此之前,有两点需要说明。首先,右下角的单元格依然是空白的,因为这个情况本身也没那么有趣:未获信息的一方不能观察到起草合同的参与人的行动。其次,"未获信息"这个术语也有点用词不当。在这些模型中,大量的信息是共同知识:为了获得并分析清晰的原理以便用于经济决策者的行为,我们需要清楚地知道相关随机变量分布的确切形式。这些随机变量用来表示特定信息的缺乏,这刻画了许多经济问题。用拉姆斯菲尔德的话来说,我们需要对"已知的未知"施加一个严格的结构。

表 11.1 激励问题的类型

	隐藏特征	隐藏行动
信息少的一方先行动	筛选	道德风险
信息多的一方先行动	发送信号	—

11.2 隐藏特征:筛选

首先从这个问题开始:在一个经济交易中,关于某些关键参数的信息,比如个人品位或者个体能力,交易的一方知道,另一方不知道。我们将首先在垄断的情景下考虑这个问题:垄断企业面对的消费者是异质的,在这个情况下我们就很容易看清楚这个经济机制的运作方式和机理,从而归纳出解决方案背后的基本原则。尽管我们是在一个简化的模型中得出了结论,但是可以将其推广到更复杂的情形。后面我们将从垄断转移到其他的情形,比如众多掌握部分信息的企业竞争顾客的案例,参见第 11.2.5 节和第 11.2.6 节。

11.2.1 信息和垄断能力

在两商品模型中,假设垄断企业用商品 2 来生产商品 1,边际成本是常数 c。垄断企业对商品 1 自由设定费用;商品 1 的性质有可能阻止它再售。

分析垄断企业的问题,要求设定一个收费模式 F,这个收费给出了消费者在消费数量为 x_1 的商品 1 时需要支付的总量 $F(x_1)$。例如,图 11.1 描述了收费模式可能呈现出来的三种不同形式:

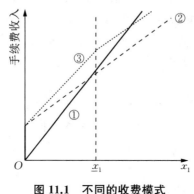

图 11.1 不同的收费模式

(1) 最简单的情形是统一价格 p:

$$F(x_1) = px_1$$

(2) 两部收费法包括进入费用 F_0(进入市场所必须支付的)和规定的商品 1 的边际单位的价格:

$$F(x_1) = F_0 + px_1 \quad 如果 x_1 > 0$$

(3) 多部收费法可以采取很多形式。一个例子如下:

$$F(x_1) = F_0 + p'x_1 \qquad\qquad 如果 0 < x_1 < \underline{x}_1$$
$$= F_0 + p'\underline{x}_1 + p''[x_1 - \underline{x}_1] \quad 如果 x_1 > \underline{x}_1$$

为了追求利润最大化,企业需要确定哪种收费模式是合适的,而不仅仅是确定参数(比如 p 和 F_0)应该取何值。但是还有另一个需要考虑的问题:为了实现利润最大化,企业在设定收费的时候,是否希望区分不同组别的顾客群体? 如果是的话,企业在确定收费结构的时候,应该如何考虑这个潜在的困难?

我们首先在特例中设定这个问题,此时信息问题并没有出现(第 11.2.2 节和第 11.2.3 节);然后我们考虑出现信息问题的情况,并考察如何解决问题(第 11.2.4 节)。为了便于讨论,我们以两种重要的方式来限制分析。首先,我们只考虑一种简化形式的信息问题;但是此时得到的原理适用于更一般的结构。其次,我们将考察收费模型选择的一个简化版本;更一般的设计问题将留到第 12 章进行讨论。

11.2.2 一种顾客类型

我们重温第 3.6 节的模型,但是现在要明确分析消费者的福利;关于将要采用的收费模式,我们不做假定,也就是说,它将从企业的最优化问题中出现。一个典型的顾客有收入 y(用商品 2 来度量),以及如下效用函数表示的偏好:

$$U(x_1, x_2) = \psi(x_1) + x_2 \tag{11.1}$$

这里,$\psi(0) = 0$,$\psi_x(x) > 0$,$\psi_{xx}(x) < 0$(根据惯例,ψ 的下标表示一阶和二阶导数);这个效用函数对应的无差异曲线如图 11.2 所示。注意,式(11.1)的形式意味着,商品 1 的需求曲线没有收入效应:[①]这样的效用函数有一个方便的特征,即对于商品 1 收费模式的变化,存在消费者福利的唯一度量:消费者剩余等于补偿变动,也等于等价变动,参见第 4.6 节。

企业设定了一个收费模式 $F(\cdot)$:从消费者的角度看,这决定了他的预算约束。从图 11.1 中选择一个特定的 $F(\cdot)$图形,将其倒置插入到商品空间中消费者选择的标准图中(参见图 11.2)。因此,对商品 2 的个人消费是:

---

① 迷你问题 1:解释为什么是这样。

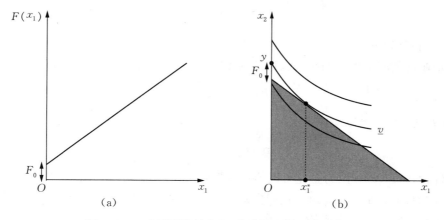

图 11.2 一个剥削性的合同:收费模式和消费可能性

$$x_2 = \begin{cases} y - F(x_1) & \text{如果 } x_1 > 0 \\ y & \text{如果 } x_1 = 0 \end{cases}$$

效用为:

$$U(x_1, x_2) = \begin{cases} y + \psi(x_1) - F(x_1) & \text{如果 } x_1 > 0 \\ y & \text{如果 } x_1 = 0 \end{cases} \tag{11.2}$$

如果一个消费者在给定的收费模式 $F(\cdot)$ 下有机会购买商品 1,那么当且仅当式(11.2)中的上一行至少与下一行一样大时,他所选择的数量 x_1 是正的;换言之,只要满足以下参与约束:

$$U(x_1, x_2) \geqslant U(0, y) \tag{11.3}$$

式(11.3)的约束等价于如下条件:

$$\psi(x_1) - F(x_1) \geqslant 0 \tag{11.4}$$

当式(11.4)中的">"成立的情况下,如果图 11.1 中的收费模式 $F(\cdot)$ 上移,那么消费者的效用将减少。增加收费将把一部分消费者剩余转移为垄断者的利润。

当消费者可以选择任一数量 x_1 的时候,消费者最优化问题内点解的一阶条件为:

$$\psi_x(x_1) = p(x_1) \tag{11.5}$$

这里,$p(\cdot)$ 是 $F(\cdot)$ 的一阶导数,即商品 1 的边际数量的单位价格。这有一个解释:"边际支付意愿=边际上的价格"。式(11.5)的解,x_1^* 可被隐含写成:

$$x_1^*(F) = \begin{cases} \varphi(p(x_1^*)) & \text{如果 } F(x_1^*) \leqslant \psi(x_1^*) \\ 0 & \text{否则} \end{cases} \tag{11.6}$$

这里,$\varphi(\cdot)$ 是 $\psi_x(\cdot)$ 的反函数。

根据式(11.6)中设定的消费者反应,企业有自由来选择任何它喜欢的收费模式。因此它的最优化问题是选择 $F(\cdot)$ 来最大化下式:

281

$$F(x_1^*)-cx_1^* \tag{11.7}$$

这里, x_1^* 由式(11.6)给出。

在企业的利润最大化的解,式(11.4)中的"="一定成立:[①]

$$F(x_1^*)-\phi(x_1^*) \tag{11.8}$$

因此,问题式(11.7)可以写成:

$$\max \phi(x_1)-cx_1 \tag{11.9}$$

约束条件为式(11.6)。因为企业可以任意操控收费模式,它可以在满足参与约束下有效选择消费者购买的数量 x_1。因此,我们把式(11.9)视为一个"要么买,要么走"的问题:企业提供一个包含两个要素组成的一揽子方案:

(1) 商品的数量 x_1;

(2) 得到这个数量需要支付的总金额。

企业的问题就是确定这个数量 x_1 应该是多少。[②]

表 11.2 筛选:问题的要素

a	高估值顾客类型
b	低估值顾客类型
τ	品位参数
$\phi(\cdot)$	商品 1 的效用
y	个人收入
c	商品 1 的边际成本
π	高估值类型的比例
$F(\cdot)$	收费模式

因此,企业问题的一阶条件是:

$$\phi_x(x_1)-c=0 \tag{11.10}$$

或者等价地:

$$p(x_1)=c \tag{11.11}$$

边际单位的价格处处等于边际成本,在这个特例下是一个常数。

利润最大化的配置可以通过提供给个人一份合同来实现,这份合同包含如下的收费模式:

$$F(x_1)=F_0+px_1 \tag{11.12}$$

这里, $p=c$, F_0 是选定的一个固定的费用或者"入场费",满足式(11.8)。给定式(11.5)刻画了单个顾客对企业提供的收费模式的反应,根据式(11.6)、式(11.8)和式(11.12),我们发现:

---

① 迷你问题 2:解释为什么式(11.4)中"<"的情况不可能是利润最大化的。

② 迷你问题 3:支付金额怎么样? 企业如何确定这个?

$$F_0 = \psi(\varphi(c)) - c\varphi(c) \tag{11.13}$$

由此产生的收费模式是两部收费法,由组合(p, F_0)来总结,最早在第3.6.3节提出。我们现在看到,这意味着对消费者的完全剥削(没有消费者剩余了):单个消费者被迫降到了保留效用的水平$\underline{v} := U(0, y)$。如图11.2所示:图11.2(a)显示了企业设定的收费模式,这里纵截距是F_0,斜率是边际成本;图11.2(b)显示了收费模式对消费者(收入为y)的影响;图中对保留无差异曲线稍作强调,可得集(上部有尖的三角形)由阴影部分表示;可得集的边界就是图11.2(a)的收费模式(垂直翻转)。然而,尽管这是有剥削性的,但是这个收费模式是有效率的:不像简单的垄断价格策略(比如第3.6.1节和3.6.2节概括的),式(11.12)和式(11.13)给出的收费结构并不会迫使价格高于边际成本。

最后注意:我们已经看到,两部收费法(p, F_0)不是实现利润最大化结果的唯一方法。企业确实可以提供一份"要么买,要么走"的合同:这就引入了一个组合$(\bar{x}_1, \bar{F})$,数量是$\bar{x}_1 := \varphi(c)$(两部收费法下的均衡结果)和支付$\bar{F} := \psi(\bar{x}_1)$。

11.2.3　多种类型:充分信息

更有趣的是假设不同个人对商品1有不同的品味。此时的效用函数不是式(11.1),而是:

$$U(x_1, x_2) = x_2 + \tau\psi(x_1) \tag{11.14}$$

这里,τ是品位参数。这个特殊的结构保证了不同品味类型的无差异曲线,满足一个叫做单一交叉条件的要求。如图11.3所示,类型a的无差异曲线和类型b的无差异曲线只相交一次,从左上到右下;类型a的曲线毫无疑问更陡,因为τ的值高于类型b的曲线。[1]

如果类型τ的消费者面对一个收费模式$F(\cdot; \tau)$,那么最大化问题存在内点解的一阶条件是:

$$p(x_1) = \tau\psi_x(x_1) \tag{11.15}$$

这刻画了消费者的解,前提是下式成立:

$$\tau\psi(x_1) - F(x_1; \tau) \geqslant 0 \tag{11.16}$$

这其实就是参与约束。因此,商品1的消费是:

$$x_1^*(F; \tau) = \begin{cases} \varphi\left(\dfrac{p(x_1^*)}{\tau}\right) & \text{如果}(11.16)\text{成立} \\ 0 & \text{否则} \end{cases} \tag{11.17}$$

效用是:

$$U(\mathbf{x}^*) = \begin{cases} y + \tau\psi(x_1^*) - F(x_1^*; \tau) & \text{如果}(11.16)\text{成立} \\ y & \text{否则} \end{cases} \tag{11.18}$$

---

① 迷你问题4:解释为什么对任意式(11.14)形式的效用函数,单一交叉条件一定成立。

注意到效用随着品位类型在增加。[1]

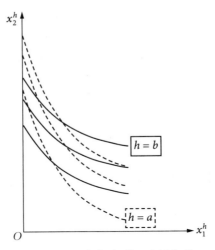

图 11.3　两种类型:单一交叉条件

如果企业可以正确地确认每个人的品位类型,那么它就可以根据类型 $F(\cdot;\tau)$ 设定单独的收费模式。假设有许多类型,用 h 来表示;品位类型为 τ^h 的消费者比例为 π^h。企业的最优化问题就是选择一个收费模式来最大化下式:

$$\sum_h \pi^h\big[F(x_1^h;\tau^h)-cx_1^h\big] \tag{11.19}$$

这里,x_1^h 满足式(11.17)。企业知道每种顾客类型的反应,也认识到收费模式的设定要满足每种类型 h 的参与约束。企业可以把问题分开,选择 $F(\cdot;\tau)$ 来最大化式(11.19)中括号内的 h 部分:它可以把每个特定群组 h 设定为一个单独的细分市场。

显然,解就是第 11.2.2 节的内容,稍微修改了一下来考虑每组独特的品位参数。特别地,我们发现最优政策可以通过设定价格等于边际成本来实现:

$$p(x_1^h)=c \tag{11.20}$$

(适用于所有的消费者类型和商品的所有单位),给类型 h 的消费者提供如下的收费模式:

$$F(x_1^h;\tau^h)=F_0^h+px_1 \tag{11.21}$$

这里,$p=c$,F_0^h 是每个群组不同的入场费,由下式给定:

$$F_0^h=\tau^h\psi\Big(\varphi\Big(\frac{c}{\tau^h}\Big)\Big)-c\varphi\Big(\frac{c}{\tau^h}\Big) \tag{11.22}$$

这个充分信息的解(也叫做最优解)如图 11.4 所示:跟比尔代表的类型 b 相比,阿尔夫代表的类型 a 的消费者有更高的品位参数 τ。考察式(11.20)—式(11.22)的解和图 11.4,如下几点值得强调:

---

① 迷你问题 5:根据式(11.18)证明之。

（1）每个人的效用都降到了保留的水平 υ^h；

（2）每个人面临相同的商品价格（等于边际成本），即图 11.4 每部分预算约束的斜率；[①]

（3）品位参数值 τ 较高的消费者类型，支付更高的入场费，消费更多的商品 1；[②]

（4）企业通过歧视性固定费用 F_0^h 来最大化销售收入。

（5）结果是高效率的。

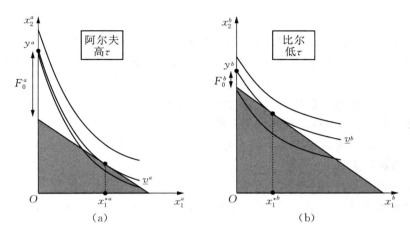

图 11.4　充分信息合同：每种类型的消费可能性

　　换言之，在这些情形下的利润最大化行为的结果，是通过设定一个收费模式（p，F_0^h）实现的，这个收费模式处处显示敲诈性但是并不扭曲。[③]同样地，企业要实现这个配置，可以通过给每种 h 类型的顾客提供一个"量身定做"的"要么买，要么走"的合同（$\bar{x}_1^h$，$\bar{F}^h$），指定了一个数量 $\bar{x}_1^h := \varphi(c/\tau^h)$ 来交换给定的支付 $\bar{F}^h := \tau^h \psi(\bar{x}_1^h)$。[④]

11.2.4　不完美信息

　　第 11.2.2 节探讨问题的结果是很清楚的，其中的原理也很容易掌握。但是模型的主要特征及其清晰的结论却很不现实，这一点令人绝望。在许多情形下，关于品味类型的确切信息是不可得的；即使在一些理论上信息可得的情形下，法律可能也会禁止企业实施该

---

①　迷你问题 6：画一个跟图 11.2(a) 相似的图，来表明这种情况下企业的收费模式。

②　迷你问题 7：根据式（11.22）和式（11.17）来证明之。

③　迷你问题 8：最优合同没有考虑顾客的收入，为什么？

④　迷你问题 9：检查第 5 章迷你问题 3 的答案。现在假设休闲是商品 1，其他所有消费是商品 2。阿尔夫和比尔被赋予了相同量的时间和分别为 y_0^a、y_0^b 的货币收入（用商品 2 的单位来度量）。阿尔夫和比尔的效用函数为式（11.14），$\tau^a > \tau^b$（阿尔夫更看重休闲）。阿尔夫和比尔在考虑把他们的劳动力出售给一个垄断企业；它们有相同的边际生产率 w。因为企业是一个买方垄断，它可以预付给工人 h 一个金额 F^h，作为同意雇佣 h 的条件，可以支付给每个工人 h 一个不同的工资 w^h。（1）给定总的货币收入 y^h（用商品 2 来衡量），写出工人 h 的预算约束为 h 的劳动供给量 ℓ^h 的函数。（2）在 (ℓ,y) 空间画一个类似于图 11.4 的图，阐释企业将提供的充分信息合同。简要描述解决方案。

模型暗示的这种歧视性的权力。企业或许不能获得或者使用第11.2.3节所假定的私人信息,考虑这个可能性是有道理的。因此,我们现在从企业设定的明确人际歧视模型,转移到顾客的自我选择模型,面对企业设定的明显中性的收费模型。

尽管我们现在关注的是缺乏信息的问题,但我们继续假设式(11.14)中的效用函数形式和类型 τ 是众所周知的。考虑品位分布的一个简化版本。假设只有两类顾客 a 和 b,品位参数分别为 τ^a 和 τ^b,使得:

$$\tau^a > \tau^b \tag{11.23}$$

这跟以前一样,然后类型 a 和类型 b 的比例分别是 π 和 $1-\pi$。τ^a、τ^b 和 π 的值都是企业和现在顾客知道的。具有品位 τ^h 的人的收入为 y^h,根据式(11.18),这也是他选择不消费商品1可得到的效用。

我们可以把论证的核心看成贝叶斯博弈的均衡。这里的情景是,企业进入了一个筛选过程,可用图11.5来概括。博弈的展开阶段如下:

0."自然"选择行动来决定某个顾客的类型是"高"还是"低"(对商品的需求而言)。是高需求类型的概率是 π。

1.企业决定是否提供一个收费模式。

2.知道自己类型(a 或者 b)的顾客决定是否接受这个收费模式所隐含的合同。

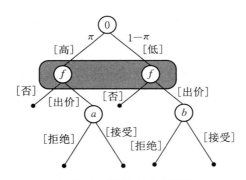

图 11.5　筛选:扩展式博弈

还有一个微妙的地方,跟不对称信息的一些情形有关。接受了这个合同之后,顾客的行为可以揭示关于品位或其他个人特征的信息,而这些信息本来是私人的。这个信息揭示很重要吗?这取决于跟我们正在分析的特定经济问题有关的合同情形。我们设想这一情形的两个版本:

版本1:顾客和提供者之间有一个连续的关系,就像保险公司和投保人之间一样。在这种情况下,合同可能会被随后出现的实质信息推翻:比如,我们标注为"品位"的东西实际上是一个无法验证的特征(健康状况?),但这对企业具有特殊的重要性。

版本2:还有一种可能,经济问题或许只是顾客和供给者之间的一次性会面(超市结账)。在这种情况下,交易所揭示的信息没有进一步的用途。

不管我们采用哪个版本,大多数的分析遵循相同的路径,只是解释略有不同。

问题

根据上述分析,垄断企业想提供的收费方案为(p, F_0^a)和(p, F_0^b),$F_0^a > F_0^b$。但是,如果一个高需求的类型 a 顾客有可能伪装成类型 b,即要求一个类型 b 的合同,尽管他"应该"适用于类型 a 的合同,那么他一定会这样做,因为效用是 F_0 的递减函数:得到一个固定收费较低的合同总是有利可图的,这就是一个"逆向选择"的例子。如果这样的话,不同类型的顾客最后接受的相同的合同,这种情况被称作混同。跟充分信息的解相比,在混同的情况下垄断企业的利润较低。但是它可以避免这种情况发生吗? 它应该这样做吗?

答案肯定的。要知道为什么,参见图 11.6。假设关于私人信息的情形对应于上述的版本 1。[1]每种情况下每条预算线的斜率 p 都等于边际成本 c。在充分信息解的情况下,企业提供给类型 a 的顾客一个合同,由两部收费(p, F_0^a)来刻画,此时迫使顾客的效用降到保留水平 v^a,顾客勉强接受:类型 a 的顾客在点 $\mathbf{x}^{*a}$ 消费,位于底部的预算约束。但是如果类型 a 顾客可以伪装成类型 b,那么他消费 x_1^{*b} 显然更好,为此支付 $F_0^b + p x_1^{*b}$(点 $\hat{\mathbf{x}}^a$ 位于最上面的预算约束)。[2]但是,假设企业将类型 a 顾客的合同改为两部收费(p, F_{00}^a),如中间的预算约束所示。那么类型 a 顾客将正好愿意接受这个修改后的合同,得到的消费是 $\bar{\mathbf{x}}^a$,他将没有积极性伪装成类型 b:点 $\hat{\mathbf{x}}^a$ 和点 $\bar{\mathbf{x}}^a$ 位于同一条无差异曲线上。这意味着通过说服类型 a 的顾客从 $\hat{\mathbf{x}}^a$ 移动到 $\bar{\mathbf{x}}^a$,跟伪装的结果相比,企业可以获得更高的利润(类型 a 固定支付的固定金额是 F_{00}^a,而不是 F_0^b),而没有损害任何顾客的利益。[3]

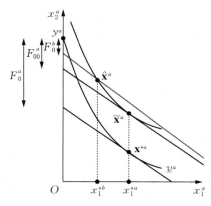

图 11.6　伪装的可能性

还有一个逻辑来论证,还是从混同情况出发,此时类型 a 的顾客发现冒充类型 b 有利可图。但是现在假设企业改变了收费结构,把类型 b 的合同从(p, F_0^b)变成$(p + \mathrm{d}p,$

---

① 迷你问题 10:证明:如果企业提供给顾客在两个数量和支付的组合中进行选择,(x_1^{*a}, z^a) 和 (x_1^{*b}, z^b),这里 zs 是两个特定的总的支付金额,那么在版本 2 中也可以得到同样的结论。在这个版本的故事中,z^a 和 z^b 的合适的值是什么?

② 迷你问题 11:为什么类型 a 的顾客不去选择 b 合同从而消费 x_1^{*b} 的商品 1 呢?

③ 迷你问题 12:考虑迷你问题 9 中的劳动力买方垄断的例子。谁有积极性伪装自己?

$F_0^b - \mathrm{d}F_0^b$),这里 $\mathrm{d}p$ 是小的正数,$\mathrm{d}F_0^b$ 是计算出来的一个数值,使得估值较低的类型 b 的顾客在新的更高的价格下,正好实现他的保留效用水平 v^b;我们有:[1]

$$\frac{\mathrm{d}F_0^b}{\mathrm{d}p} = x_1^b \tag{11.24}$$

此外,因为这个变化分离出一个纯粹的替代效应,显然:

$$\left.\frac{\mathrm{d}x_1^b}{\mathrm{d}p}\right|_{U^b(\mathbf{x}^b)=v^b} < 0 \tag{11.25}$$

考虑合同的这个变化对两种类型顾客的效用的影响:根据设定,类型 b 顾客的效用变化等于 0,如果类型 a 的顾客通过降低消费试图继续冒充类型 b,那么类型 a 顾客的效用变化如下:[2]

$$\frac{\mathrm{d}U^a(\hat{\mathbf{x}}^a)}{\mathrm{d}p} = \left[\tau^a - \tau^b\right]\psi_x(x_1^b)\left.\frac{\mathrm{d}x_1^b}{\mathrm{d}p}\right|_{U^b(\mathbf{x}^b)=v^b}$$

根据式(11.23)和式(11.25),上式一定是负的。这意味着,类型 b 合同的微小变化没有伤害到真正的类型 b 顾客的利益,但是会让冒充类型 b 的类型 a 顾客严格受损。因此,通过在 b 合同中选择一个足够大的单位价格增加的补偿,企业就可以区分两种类型的顾客,使得类型 a 的顾客选择合同 a 对自己更有利。如此一来,跟混同情形相比,企业可以增加自己的利润,尽管回不到充分信息时候可以达到的利润水平。

不管从哪个逻辑来看,我们都可以得到如下定理:

定理 11.1(非混同)

如果企业提出的支付方案将使得消费者选择混同,那么这对企业而言一定不是最优的。

一个方法

然而,如果企业不能观察到不同顾客的效用和行为的品位参数,我们就不能够回答这个问题,此时企业的最优政策是什么。让我们看看如何处理这个问题。

首先,我们认识到企业面临的限制条件。我们知道,企业无法将收费模式建立在品位参数 τ 上,但是它可以根据每种顾客的需求所揭示的信息来改进其计划。所有的类型 a 顾客将消费相同数量的 x_1^a,所有的类型 b 顾客将消费相同数量 x_1^b;通过收费模式的合适选择,数量 x_1^a 和 x_1^b 可以不同。

因此,企业的目标函数现在可以写成:

$$\pi[F(x_1^a) - cx_1^a] + [1-\pi][F(x_1^b) - cx_1^b] \tag{11.26}$$

这里,我们还可以用概率来解释这个表达式:企业为顾客设计合同,但是它不知道这个顾

---

① 迷你问题 13:根据式(11.15)和式(11.18)来证明为什么是这样。
② 迷你问题 14:根据式(11.15)和式(11.24)来证明之。

客的品位参数是什么。这个顾客的品位为 τ^a 的概率是 π（另外的可能就是 τ^b），那么式（11.26）就可以表示企业的期望利润。企业的问题就是找到一个收费模式 $F(\,\cdot\,)$ 来最大化式（11.26），当然要满足每个顾客类型的参与约束；此外，企业还要受制于一个约束，那就是要保证没有人有动机披露虚假信息。这个问题跟第 11.2.3 节的问题不同，因为有这些额外的激励相容约束，我们把这个版本的称之为信息约束或次优合同问题。

方便起见，令 $F^a = F(x_1^a)$，$F^b = F(x_1^b)$，即分别为类推 a 和类型 b 合同的顾客所支付的总费用。为了求解垄断企业的次优优化问题，我们把销售给每个顾客的量 x_1^h 和总支付 F^h 控制住，然后把问题看成一个"要么购买，要么离开"的选择问题。

因此，现在问题可以写成：

$$\max_{\{x_1^a,\, x_1^b,\, F^a,\, F^b\}} \pi[F^a - cx_1^a] + [1-\pi][F^b - cx_1^b] \tag{11.27}$$

约束条件为：

$$\tau^a \psi(x_1^a) - F^a \geq 0 \tag{11.28}$$

$$\tau^b \psi(x_1^b) - F^b \geq 0 \tag{11.29}$$

$$\tau^a \psi(x_1^a) - F^a \geq \tau^a \psi(x_1^b) - F^b \tag{11.30}$$

$$\tau^b \psi(x_1^b) - F^b \geq \tau^b \psi(x_1^a) - F^a \tag{11.31}$$

约束式（11.28）和式（11.29）是参与约束；这些条件是要保证类型 a 和类型 b 的顾客会留在市场上购买商品 1，而不是只消费他们的组合中的其他商品。约束式（11.30）和式（11.31）是激励相容约束，目的是阻止个人虚报关于自己的信息：式（11.31）保证了类型 a 的顾客偏好为他设计的合同而不是类型 b 的合同；式（11.31）保证了类型 b 的顾客不会伪装成类型 a 的顾客。

式（11.26）—式（11.31）设定的问题可以简化。为此，可以验证一下是否每个约束条件在最优点都是相关的：

第一，如果式（11.29）中的">"成立，那么我们同样有 $\tau^a \psi(x_1^a) - F^a > 0$；[1] 如此，同时增加 F^a 和 F^b，企业就有可能增加利润。这意味着企业还没有实现利润最大化，因此，最优解为：

$$\tau^b \psi(x_1^b) - F^b = 0 \tag{11.32}$$

第二，如果式（11.30）中的">"成立，那么 $\tau^a \psi(x_1^a) - F^a > 0$；[2] 但是这将意味着通过增加 F^a，在不违反激励相容约束的情况下，企业可以增加利润。这也意味着企业还没有实现利润最大化，因此最优解为：

$$\tau^a \psi(x_1^a) - F^a = \tau^a \psi(x_1^b) - F^b \tag{11.33}$$

---

① 迷你问题 15：根据式（11.23）和式（11.30）证明之。

② 迷你问题 16：根据式（11.23）和式（11.32）证明之。

第三,给定式(11.33),我们一定有:①$\tau^a \psi(x_1^a) - F^a > 0$。

第四,如果式(11.31)中的"="成立,那么这将意味着 $x_1^a = x_1^b$。②但是定理11.1排除了这种情况,因此最优解一定有 $\tau^b \psi(x_1^b) - F^b > \tau^b \psi(x_1^a) - F^a$。

因此,在实践中,两个约束条件可以被放弃,因为它们在最优解的时候不起作用:一个是高估值顾客 a 的参与约束,二是低估值顾客 b 的激励相容约束。这意味着问题式(11.26)—式(11.32)的确可以被简化,因此我们只需要担心约束式(11.32)和式(11.33)。

解

基于这个推理逻辑,企业的最优化问题可以写成一个只包含两个约束条件的拉格朗日函数:

$$\max_{\{x_1^a, x_1^b, F^a, F^b\}} \pi[F^a - c x_1^a] + [1-\pi][F^b - c x_1^b] \tag{11.34}$$

$$+\lambda[\tau^b \psi(x_1^b) - F^b] + \mu[\tau^a \psi(x_1^a) - F^a - \tau^a \psi(x_1^b) + F^b]$$

这里,λ 是低估值类型 b 的参与约束式(11.32)的拉格朗日乘数,μ 是高估值类型 a 的激励相容约束式(11.33)的拉格朗日乘数。

式(11.34)的一阶条件是:

$$-\pi c + \mu \tau^a \psi_x(\tilde{x}_1^a) = 0$$

$$-[1-\pi]c + \lambda \tau^b \psi_x(\tilde{x}_1^b) - \mu \tau^a \psi_x(\tilde{x}_1^b) = 0$$

$$\pi - \mu = 0$$

$$1 - \pi - \lambda + \mu = 0$$

这里,$\tilde{x}_1^a$ 和 $\tilde{x}_1^b$ 分别表示类型 a 和类型 b 消费的商品1的次优值。据此我们可以立刻看到 $\mu = \pi$ 以及 $\lambda = 1$;③代入,我们得到:

$$\tau^a \psi_x(\tilde{x}_1^a) = c \tag{11.35}$$

$$\tau^b \psi(\tilde{x}_1^b) = \frac{c}{1 - \dfrac{\pi}{1-\pi}\left[\dfrac{\tau^a}{\tau^b} - 1\right]} \tag{11.36}$$

这两个表达式的等号左端是两类顾客的边际替代率。因此,最优解情况下有:

$$MRS_{21}^a = MRT_{21}$$

$$MRS_{21}^b > MRT_{21}$$

这就确立了一个重要的原理:

定理 11.2(高端非扭曲)

在企业的次优优化收费设定中,高估值类型顾客得到的是一个非扭曲(有效率)的合同。

---

① 迷你问题17:根据式(11.33)和式(11.32)证明之。

② 迷你问题18:根据式(11.33)证明之。

③ 迷你问题19:口头简要解释一下这些拉格朗日乘数的值。

这个原理可以推广到更丰富的模型,包含更多的品味类型:这个模型包含一个激励相容约束,确保每个估值类型的人都没有动机伪装成更低的估值类型的他人;对于最高估值类型的人而言,合同保证了 $MRS=MRT$。

对式(11.35)、式(11.36)求解意味着:[1]

$$\tilde{x}_1^a > \tilde{x}_1^b \tag{11.37}$$

当我们比较次优合同和充分信息合同的时候,我们发现:

$$\tilde{x}_1^a = x_1^{*a} \tag{11.38}$$

$$\tilde{x}_1^b < x_1^{*b} \tag{11.39}$$

这些事实如图 11.7 所示。图 11.7(b)表示的收入 y^b 和比尔的偏好,比尔是典型的类型 b 顾客。点 $\mathbf{x}^{*b}$ 位于保留无差异曲线 $\underline{v}^b$ 上,表示的是比尔在充分信息合同下所能得到的消费组合:这里 $MRS_{21}^b = MRT_{21}$,即图 11.7(b)中浅色的线的斜率。次优合同下比尔的消费组合是 $\tilde{\mathbf{x}}^b$,也在保留无差异曲线上,但是在这个点 $MRS_{21}^b > MRT_{21}$;次优合同下的总费用为 $\tilde{F}^b$。跟高估值类型 a 的处理相比,次优下的优化政策要求企业在类型 b 面对的价格中引入"扭曲"。图 11.7(a)表示的是对应的阿尔夫情形,典型的类型 a 顾客。点 $\mathbf{x}^{*a}$ 位于保留无差异曲线上,表示的是阿尔夫在充分信息合同中所能得到的消费组合。坐标为 $(\tilde{x}_1^b, y^a - \tilde{F}^b)$ 的点表示的是阿尔夫选择类型 b 合同所能得到的消费,穿过这个点的无差异曲线表示的类型 a 的激励相容约束。次优合同给阿尔夫的消费组合为 $\tilde{\mathbf{x}}^a$,位于这条无差异曲线上;这个合同要求一个总的支付金额为 $\tilde{F}^a$;不管是充分信息合同还是次优合同,都满足 $MRS_{21}^a = MRT_{21}$。

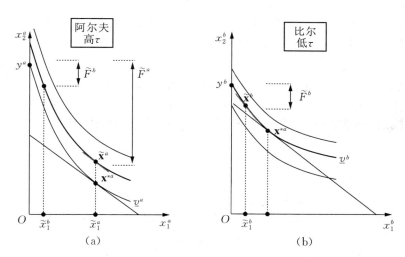

图 11.7　次优合同:两种类型顾客的消费

两种类型顾客的最优合同集,可以通过给每种类型提供一个"要么购买,要么离开"的选择来实现。收费模式会是什么形状? 两部收费法不起作用(两种类型一定有不同的边际替代

---

①　迷你问题 20:证明:只要低估值类型的比例不是零,那么式(11.37)就永远成立。解释模型的神秘特征得出了式(11.38)和式(11.39)的结果。

率),多部收费法可以。如图 11.8 所示:图 11.8(a)表示的收费模式有一个折点 x_1;图 11.8(b)表示的是给定这个收费模式,[1]每种类型的顾客所面对的隐含可得集;正如在图 11.2 中垂直翻转收费模式就可以得到图 11.8(b)中的可得集的边界一样。多部收费并不是唯一可以设定合适收费模式的方法,比如我们可以通过"数量折扣"系统来实现这一目的。[2]

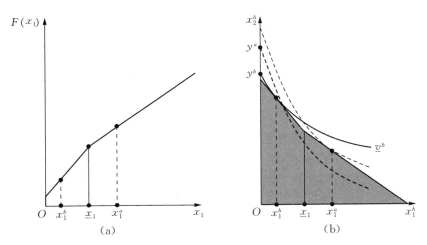

图 11.8　次优合同:收费模式和可得集

这里用到的垄断范式是一种方便的工具,用于传递关于隐藏特征的模型的一些基本要点。但是问题不限于刚刚讨论的特例:

首先,从本质上讲,垄断框架可以适用于不同的经济问题。例如,这个分析可以很容易地扩展到劳动力市场上的买方垄断,如迷你问题 9 和迷你问题 12;[3]本章后面的练习题 11.2 和练习题 11.3 进一步阐明了同一范式的应用方式。第 12 章在此基础上进一步考虑经济设计原理。

其次,我们可以放松垄断的假设,来考察竞争市场的筛选模型。

实践中的微观经济学:为什么热狗 10 个一盒,而小面包却是 8 个或 12 个一盒呢?

我们已经注意到,在思考企业提供给顾客的合同类型的时候,可以理解为一个简单"套餐"的选择:这可以是字面上的意思。为了回答《华尔街日报》的头条问题:"为什么热狗 10 个一盒,而小面包却是 8 个或 12 个一盒?"Gerstner 和 Hess(1987)认为,这里的模型类型可以用来满意地解释包装尺寸的规律和价格结构。这个现象就是在面对消费者异质性和不对称信息时细分市场的方法。

---

① 迷你问题 21:企业如何理性选择点 $\underline{x}_1$?

② 迷你问题 22:画一个类似的图来证明,通过使用数量折扣系统,企业也可以实现这个结果。(提示:考察第 4 章迷你问题 17 的答案。)

③ 迷你问题 23:考虑迷你问题 9 和 12 中的劳动买方垄断的例子。(1)类比图 11.7,最优劳动合同是如何被决定的。(2)跟图 11.8(b)类似的是什么? 证明这意味着一种"加班"支付。

11.2.5　筛选：竞争

如果第 11.2.1 节—第 11.2.4 节中的企业的垄断能力被削弱,那么会发生什么? 要回答这个问题,我们可以使用第 3.5 节的推理。

给定收费模式 $F(\cdot)$,企业从销售给类型 h 的顾客所得到的利润是:

$$\Pi^h = F(x_1^h) - cx_1^h \tag{11.40}$$

图 11.9 可以解释这一点:分段线性函数 $F(\cdot)$ 就是从图 11.8 复制过来的收费模式,图 11.8 描述的是次优合同。标注 $C(\cdot)$ 的直线是成本函数,这个也是来自第 11.2.1 节—第 11.2.4 节的模型。因此,图 11.9 中标注为 Π^a 的垂直距离就是企业从接受类型 a 合同的每个顾客那里赚到的利润;同样的解释适用于 Π^b。如果这个情况是某个特定企业的情形,那么一个潜在的进入者就可以抓住机会,通过引入一个介于 $C(\cdot)$ 和 $F(\cdot)$ 的收费模式,从而获得利润。这样修改后的收费模式就可以增加至少一个顾客类型的效用。

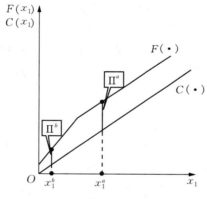

图 11.9　基于合同的利润

如果不存在进入壁垒(根据假定固定成本为零),那么这个过程就会持续,直到式 (11.40) 中的 Π^h 等于零,这里对每个顾客类型 $p(x_1^h) = c$。这个结果将是一个有效率的配置,对每个类型 h,满足 $MRS_{21}^h = MRT_{21}$。

11.2.6　应用：保险

来自隐藏特征模型的洞见,在保险市场上有着重要的应用;它凸显了逆向选择问题的一个特别困难的方面。我们假定保险市场是自由进入的,这样第 11.2.5 节中的模型可以作为一个合适的出发点。

模型的概括

异质群组的人们实际上有着随机的禀赋:所有的个人有着相同的初始财富 y_0,如果

RED状态出现,那么他们所有的财富仍可以用于消费;但是如果BLUE状态出现,他们将损失L(用货币度量)。遭受损失的概率在不同群组是不同的:群组h的每个成员知道他或她面临损失的概率等于π^h。

为了了解单个人面对的情况,我们使用图11.10,此图是我们在图8.23中已经看到的图的一个变形。这个图被分成了两半,目的是更容易地看清楚每个类型的个人所发生的事情。P_0点的坐标为(y_0,y_0-L),对应的是每个人在没有保险的时候所面对的前景。存在一个高风险的类型a群组[图11.10(a)],每个人的偏好由稍微倾斜的无差异曲线表示,每条线跟45°线的交点的斜率是$(-)\dfrac{1-\pi^a}{\pi^a}$;还存在一个低风险的类型$b$的群组[图11.10(b)],每个人的偏好由很陡峭的无差异曲线表示,这些无差异曲线跟45°线的交点的斜率$(-)\dfrac{1-\pi^b}{\pi^b}$;[1]显然$\pi^a>\pi^b$,可以跟图8.13对比一下。每组无差异曲线都是如下的形式:

$$\pi^h u(x^h_{BLUE})+[1-\pi^h]u(x^h_{RED})=常数 \tag{11.41}$$

式(11.41)的形式保证了单一交叉条件是满足的。[2]

考虑个人最优化问题的一个简单版本。假设一个人可以购买一个保险赔偿z^h,每单位赔偿的价格是p^h,这里$0\leqslant z^h\leqslant L$。这意味着如果BLUE状态出现(个人损失$L$),那么令人感到安慰的是,保险公司将赔付$z^h$;享受这个保险服务的总费用是:

$$\kappa^h=p^h z^h \tag{11.42}$$

那么式(11.41)中的表达式$(x^h_{RED},x^h_{BLUE})=(y_0-\kappa^h,y_0-L-\kappa^h+z^h)$给出了在两个可能的状态下的消费。显然,如果$z^h>L$,那么,$x^h_{BLUE}>x^h_{RED}$(等于号和小于号也成立)。我们可以把一个保险合同刻画为组合(π^h,z^h);类型h的客户,基于价格p^h和损失的风险π^h来选择赔付额度。给定式(11.41)形式的效用,最大化问题的一阶条件是:

$$[1-p^h]\pi^h u_x(x^h_{BLUE})-p^h[1-\pi^h]u_x(x^h_{RED})=0 \tag{11.43}$$

如果$0<z^h<L$,且$z^h=L$是最优解,那么式(11.43)中的"$=$"被替换为"$\geqslant$"。条件式(11.43)意味着:

$$\frac{u_x(x^h_{BLUE})}{u_x(x^h_{RED})}=\frac{p^h}{1-p^h}\frac{1-\pi^h}{\pi^h} \tag{11.44}$$

可以得到内部解。如果$p^h>\pi^h(=或<)$,那么等号右端$>1(=1或<1)$。因此:

如果$p^h=\pi^h$,那么个人将购买全额险($z^h=L$);

如果$p^h<\pi^h$,那么个人将购买超额保险;

如果$p^h>\pi^h$,那么个人将投保不足。

---

[1] 迷你问题24:在它们跟45°线的交点,为什么无差异曲线的斜率是$-\dfrac{1-\pi^h}{\pi^h}$,$h=a,b$?

[2] 迷你问题25:根据迷你问题4中的逻辑证明之。如果个人的风险厌恶不同(正如风险特征不同),那么将会发生什么?

在第一种情况下(公平价格下的全额保险),类型 a 顾客的可得集是图 11.10(a)中边界为 P_0P^{*a} 的阴影区域;类型 b 的可得集是凸 11.10(b)中的边界为 P_0P^{*b} 的阴影区域。

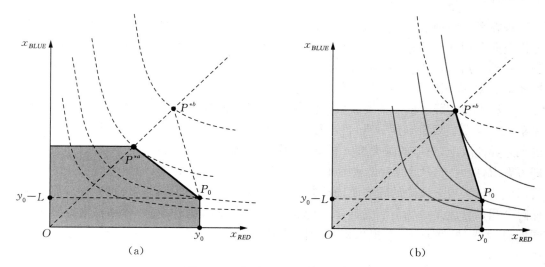

图 11.10 保险:有效率的风险配置

现在从保险公司的角度来考虑这个模型。用表达式(11.42)表示保险费,保险公司从提供给类型 h 顾客的合同中获得的利润是:

$$\Pi^h = \kappa^h - z^h\pi^h = [p^h - z^h]z^h \tag{11.45}$$

据此我们可以看到,只要企业设定保险价格满足 $p^h \geqslant \pi^h$,它就可以避免亏损。这在图 11.10 中也有一个良好的解释。我们知道 P_0P^{*a} 线的斜率是 $\frac{1-\pi^a}{\pi^a}$[图 11.10(a)];位于这条线上的保险合同将满足 $p^a = \pi^a$,因此利润为零;位于这条线的左下方的合同将满足 $p^a > \pi^a$,获取正的利润;同样地,位于这条线上方的合同满足 $p^a < \pi^a$,企业将亏损。同样的解释适用于[图 11.10(b)]的 P_0P^{*b} 线。

然而,在典型企业利润表达式(11.45)中,跟第 11.2.5 节相比有一个微妙的区别。在服务市场的企业的标准模型中,尽管顾客的特征会影响需求,它们并不直接进入企业利润的表达式;但是这里每个顾客的特征明确输入了利润表达式,因为概率 π^h 将决定企业给类型 h 顾客的期望支付。

充分信息

如果保险市场存在充分信息,那么基于这些观察,距离看到结果不过一步之遥。在图 11.10 中的情形下,决定个人风险类型的特征可以无成本地被观察到。因为个人的特征可以被观察到,保险公司可以基于每个人的损失概率设定保险价格。保险的竞争价格是 $p^h = \pi^h$,因此高风险的类型 a 顾客在 P^{*a} 获得保险全覆盖,低风险的类型 b 顾客在 P^{*b} 获得保险全覆盖。

逆向选择：混同

　　现在考虑一种情形：保险公司无法容易地鉴别不同风险类型之间的差别，或者法律不允许企业利用这个信息来设计合同。为了说明这一点，我们假设它们对个人客户的风险类型一无所知，但是它们确实知道风险类型在人群中的分布。为了具体，我们假设只有两种风险类型，高风险的类型 a 和低风险的类型 b。

　　一种类型的顾客试图伪装成另一种类型，这种逆向选择问题的出现是不可避免的，参见第 11.2.4 节。要看到这一点，再次看图 11.10：跟 P^{*a} 相比，前景 P^{*b} 位于更高的类型 a 的无差异曲线上，对应的是类型 a 的顾客"应该"选取的合同。这一点从图 11.10(a) 部分即可看出，此时 P_0P^{*b} 线就是从图 11.10(b) 部分复制过来的。但是如果高风险的类型 a 可以成功伪装成低风险的顾客而选择类型 b 的合同（如果他们可以实现点 P^{*b}），那么这对保险公司而言就是一场金融灾难：因为 $p^b < \pi^a$，保险公司预计从每一份销售给类型 a 的合同那里亏钱，根据假定，在提供保险合同的时候，保险公司不知道每个顾客的真实风险类型。

　　假设保险公司没有去试图区分顾客类型；它们只是按照一个价格出售保险给所有人，这个价格可以让它们盈亏平衡。如果类型 a 的比例是 γ，那么在包含两种类型顾客的混同群组中，保险公司亏损的概率是：

$$\bar{\pi} := \gamma\pi^a + [1-\gamma]\pi^b \tag{11.46}$$

这里，$\pi^a > \bar{\pi} > \pi^b$，我们假设 π^a、π^b 和 γ 是常识。如果保险公司提供一个单一的保险价格 $p = \bar{\pi}$，那么低风险人群会出现保险不足，而高风险人群则会保险过度。

　　这样的一个"混同"方法可行吗？假设版本 1 的私人信息问题出现（第 11.2.4 节），虚假信息的证据可以让合同无效。[①] 在图 11.11 中，两种类型的无差异曲线以及最初的禀赋点 P_0 跟图 11.10 相同。该图复制了图 11.10 中的充分信息合同，如黑色虚线所示；图中把混合合同表示为线段 $P_0\bar{P}$，斜率为 $\dfrac{1-\bar{\pi}}{\bar{\pi}}$。正如我们刚才论证的，因为保险价格 $p = \bar{\pi}$ 对类型 b 的顾客而言过高，他们不想充分保险，而是选择部分保险，这样他们得到的是点 P_1 表示的前景，此时预算线跟类型 b 的无差曲线相切。如果类型 a 的顾客只是看保险合同的条款，忽略市场上其他顾客可能会做的事情，那么他们将选择 $\bar{P}$（实际上他们想沿着 $P_0\bar{P}$ 移动到更远的点，但是我们假设过度保险被排除掉了）。但是，因为关于风险类型分布的信息是常识，所以类型 b 顾客理性地所做的决策也是共同知识；因此类型 a 顾客会利用他们的这个常识，并且意识到，如果他们真得选择了 $\bar{P}$，那么他们就把自己的真实类型泄露给了保险公司，后果很清楚。对他们而言更好的做法是，像类型 b 那样行动也去向点 P_1。

　　但是，每个人都选择点 P_1 所代表的部分覆盖的保险合同，这种情形并不是一个均衡。原因在于像 P_2 这样的合同存在的可能性：如果这样的合同存在，那么类型 b 的顾客会认为此合同优于 P_1，而类型 a 则不这样认为（考察"优于 P_1"的集合所表示的阴影部分）；此

---

　　① 迷你问题 26：假设版本 2 出现：关于混合合同的论证将如何开展？

外,如果企业提供了 P_2,那么它就可以盈利,因为斜率 P_0P_2 小于 $(-)\dfrac{1-\pi^b}{\pi^b}$(穿过 P_0 点且跟 b 无差异曲线相切虚线的斜率),因此它提供这个合同的价格高于 π^b。显然,合同 P_2 占优于 P_1,因此我们证明了:

定理 11.3

保险市场上没有混同均衡。

从定理 11.1 垄断供给的情况来看,这个结果并不奇怪。

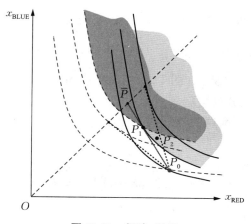

图 11.11 保险:混同

逆向选择:分离

因此,我们回到企业给不同风险类型的顾客提供不同合同的想法。我们知道,要成功实现分离,就必须让高风险的类型 a 顾客没有动机去伪装(伪装无利可图)。图 11.12 描述了无差异曲线和禀赋点,跟图 11.10 和图 11.11 一样;图中也显示了两种风险类型的充分信息预算线。画出穿过充分覆盖点 P^{*a} 的类型 a 的无差异曲线;点 $\widetilde{P}^b$ 是这条线和类型 b

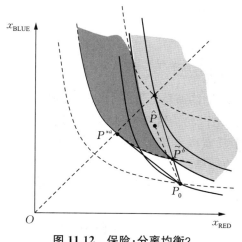

图 11.12 保险:分离均衡?

的充分信息预算线的交点$\left(P_0\tilde{P}^b\text{ 的斜率是}\dfrac{1-\pi^b}{\pi^b}\right)$。如果保险公司允许类型$b$有完全的自由来选择保险赔偿,他们将选择完全保险($z^b=L$);但是,这样一来,正如我们已经看到的,类型$a$顾客伪装成类型$b$顾客的问题将出现。因此,假设保险公司限制低风险的类型b顾客的选择为$\tilde{z}<L$,使得他们可以到达点$\tilde{P}^b$。显然在这个点(或者接近这个点),提供的合同就可以把两个群组分开:类型a将自愿去向P^{*a}[合同(L,π^a)],类型b将选择$\tilde{P}^b$[合同$(\tilde{z}^b,\pi^b)$]。穿过P^{*a}和$\tilde{P}^b$的类型a无差异曲线构成了激励相容约束。因此,我们能找到均衡吗?

可能找得到,也可能找不到。答案取决于风险类型在人口中的准确分布。[①]假设有许多低风险类型的人(γ相当小),斜率$\dfrac{1-\bar{\pi}}{\bar{\pi}}$[这里$\bar{\pi}$由式(11.46)给出]由线$P_0\hat{P}$来表示。因为$\hat{P}$位于两种类型的"更优"集内(图11.12中的阴影部分),显然这个混合合同将主导我们刚刚提到的两个合同的分离均衡。

因此,除了没有混同均衡这个强烈的负面结论之外,我们还不得不接受一个可能性,即可能也没有分离均衡。

实践中的微观经济学:个人健康保险和逆向选择——基于哈佛大学员工的案例研究

个人健康保险市场是这里讨论的问题的一个经典例子。基于美国国家医疗服务支出调查数据库,Browne(1992)发现,保险市场上的低风险顾客在补贴高风险顾客,这是逆向选择的典型特征。但是逆向选择所带来的消费者福利的明显损失,能否被竞争带来的成本下降的好处所抵消呢? Cutler和Reber(1998)回答了这个问题,根据的是基于哈佛大学员工的案例研究。

这个困难为什么出现在保险模型? 为什么在第11.2.4节和第11.2.5节没有任何提示呢? 主要的问题就是我们已经标出的:保险问题有点特殊,因为从每个顾客身上所能获取的利润直接依赖于该顾客的隐藏特征,即风险类型π^h。

11.3　隐藏特征:信号发送

现在考虑一个不同类型的"隐藏特征"问题,这也会带来逆向选择的现象,但是在这个博弈中,拥有信息的一方首先行动。这个行动需要发送一个信号,取决于模型的经济环境,信号的发送可能是一个耗费成本的行动,比如物质投资、做广告、获取一个学历证书,或者也可能是一个无成本的信息。

为了引出这个模型,假设个人的不同之处在于一些隐藏的能力τ。这个能力在市场上

---

① 迷你问题27:假设γ的值跟图11.11的构建中用到的值相同。位于线$P_0\bar{P}$上的一个混合合同可否占优于图11.12中的分离合同?

是有价值的,但是困难在于,除非提供一个信号,否则才能的所有者无法说服市场上的买者,让买者相信他拥有这个才能。如果无法提供一个信号,那么市场均衡就可能无法实现。

11.3.1 昂贵的信号

我们从这样一种情形出发,即"信号"有成本,可以用过去的收入来度量。设想我们在考虑劳动力市场,市场上有高能力的人("超过平均"),类型为 τ^a,也有"低于平均"的人,类型为 τ^b,这里 $\tau^a > \tau^b$。工作类型是单一的,潜在的雇主在提供工作机会的时候,如果他能够甄别工人的类型,那么他就可以知道 τ^a 或 τ^b 类型工人的真实产出。

这个故事可以用图 11.13 描述的扩展式博弈(基于图 10.18)来概括。这个图被简化了,因为它假设工人只能做一个关于教育的二项选择(投资或不投资),企业也只能做一个关于工资的二项选择(高工资或者低工资)。这个博弈有如下的阶段:

0."自然"做出选择,决定每个工人的类型,"低能力"或者"高能力"。低能力类型的概率是 π。

1. 每个工人做决策,是否花费时间和金钱来获得一个学历证书。

2. 企业 f_1 和 f_2 给出工资合约。工资合约是同时给出的,因为这个阶段的博弈实际上是一个伯川德竞争(参见第 10.4.2 节)。

3. 每个工人决定是否接受某个工资合约。

教育"投资"

首先关注阶段 1,决策是否接受教育。如果人们普遍认为,工作所需的才能和获取教育学历所需的才能是一样的,那么"投资"获取这样的证书可能是值得的。这跟练习题

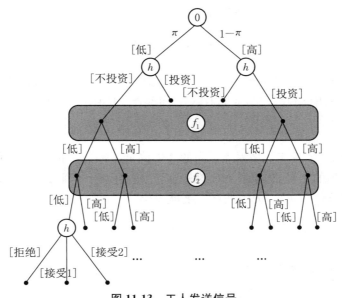

图 11.13 工人发送信号

6.6 讨论的模型大相径庭，当时讨论的是，教育作为人力资本的投资，实际上提升了一个人的生产率。这里，个人的教育对提升生产能力完全没有作用：它只是揭示了一个人内在的才能，这就是为什么我们把"投资"加上引号。

获得教育需要学生花费时间和金钱。假设完成的教育可以用 $z \geq 0$ 来连续度量。能力为 τ 的人获取教育 z 的成本是 $C(z, \tau) \geq 0$，这里，C 是一个可微函数，满足：

$$C(0, \tau) = 0 \tag{11.47a}$$

$$\frac{\partial C(z, \tau)}{\partial z} > 0 \tag{11.47b}$$

$$\frac{\partial^2 C(z, \tau)}{\partial z^2} > 0 \tag{11.47c}$$

$$\frac{\partial^2 C(z, \tau)}{\partial z \partial \tau} < 0 \tag{11.47d}$$

这个成本结构如图 11.14 所示。要获取教育，任何类型的个人面临的都是正的且递增的边际成本；给定获取一定的教育，高能力的人付出的成本较低[左边的坐标 $C(z_0, \tau^a) <$ $C(z_0, \tau^b)$]，边际成本也更低（两条线在 z_0 的斜率）。

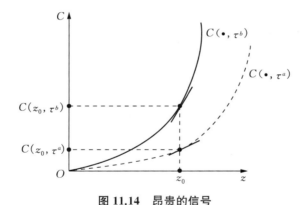

图 11.14　昂贵的信号

假设能力指标并没有直接进入工人的效用函数，因此我们可以直接用收入来度量效用。如果我们把效用（净收入）写成总收入 y 和教育 z 的函数，我们有：

$$v(y, z; \tau) := y - C(z, \tau) \tag{11.48}$$

这里，y 是总收入；v 依赖于 τ 是因为更高的才能降低了净收入的成本。①假设工人的总收入 y 完全取决于他的工资：如果所有人都知道，工资是基于他通过获取学历证书来发送的"信号"，那么一个类型 τ 的工人会选择 z 来最大化：

$$w(z) - C(z, \tau) \tag{11.49}$$

---

①　迷你问题 28：证明条件式（11.47d）意味着效用函数式（11.48）所表示的无差异曲线满足单一交叉条件。针对教育成本函数为 $C(z, \tau) = \frac{1}{\tau} z^2$ 的情形，阐明这个结论。

这里 $w(\cdot)$ 是工人预期企业会提供的工资合约。

企业的决策

企业提供工资合约的时候,根据的是它们所知道的关于工人生产率的信息。它们知道,能力为 τ 的人具有边际生产率 $\phi(\tau)$。因此,如果存在关于能力的完全信息,那么企业就可以设定每个人的工资合约,使得每个人的工资正好等于 $\phi(\tau)$。在缺乏充分信息的情况下,企业会形成关于每个应聘工人能力的信念。在博弈的开始,它们所能知道的是,从总体中随机抽取到低于平均能力的工人的概率是 π。工人在作出教育决策之后,企业基于这个新信息更新它们的信念:它们设定如式(11.49)形式的函数。信念构成了模型均衡的一个组成部分。我们依然需要刻画这个均衡是什么。

我们需要区分两种类型的均衡,分离均衡和混同均衡,分别对应着我们前面在筛选模型中区分的情形。

表 11.3 信号发送:问题的要素

a	高能力的工人类型("高于平均")
b	"低于平均能力"的工人类型
$C(\cdot)$	教育成本
τ	能力参数(才能)
z	教育的量
$\phi(\cdot)$	生产率
$w(\cdot)$	工资合约
π	低能力类型的比例
$\tilde{\pi}(\cdot)$	企业的信念函数

分离均衡

首先,考虑这个情形:教育证书完全履行了它被赋予的职能。更高的能力由合适的资格来证明,每个类型的工人得到的工资正好等于他们的边际产出 $\phi(\tau^a)$ 和 $\phi(\tau^b)$。

如果每个类型的工人都在最大化他们的效用,那么没有人有积极性去冒用别人的信号。因此对于高能力的类型 a 工人,我们有:

$$\phi(\tau^a)-C(z^a,\tau^a)\geqslant\phi(\tau^b)-C(z^b,\tau^a) \tag{11.50}$$

准确地被确认为类型 a 所得到的净收益,至少跟被误认为类型 b 一样好。类似地,对于类型 b,我们有:

$$\phi(\tau^a)-C(z^a,\tau^b)\leqslant\phi(\tau^b)-C(z^b,\tau^b) \tag{11.51}$$

据此我们可以看到,跟低于平均能力的人相比,高能力的个人将选择接受更高的教育。[①]此

---

① 迷你问题 29:证明条件式(11.51)意味着 $z^a>z^b$。

外,在两种类型的模型中,在最优解的时候:

$$z^b = 0 \qquad (11.52)$$

原因在于,每个人都知道只有两种生产率类型,教育本身不具有生产率提升的功能,因此类型 b 的工人获取教育没有好处。条件式(11.50)和式(11.51)变成了:[1]

$$C(z^a, \tau^a) \leqslant \phi(\tau^a) - \phi(\tau^b) \qquad (11.53)$$

$$C(z^a, \tau^b) \geqslant \phi(\tau^a) - \phi(\tau^b) \qquad (11.54)$$

这意味着 z^a 变成类型 a 工人的一个可置信的信号,就需要限制 z^a 的值。具体而言,z^a 必须在区间 $[z_0, z_1]$ 内,z_0 使得条件式(11.54)是等式,而 z_1 使得条件式(11.53)是等式。

如果企业面对的是两组工人,一组接受了教育,另一组没有,因为企业知道人群中只有两个层次的才能,它就可以合理地形成信念,认为受过教育的人就是高能力的人。因此,如果 $\tilde{\pi}(z)$ 是企业的主观概率,即认为接受了教育 z 的人是低能力的概率,那么信念体系是:

$$\left. \begin{aligned} \tilde{\pi}(0) &= 1 \\ \tilde{\pi}(z^a) &= 0 \end{aligned} \right\} \qquad (11.55)$$

鉴于此,企业可以自信地把它的工资合约 $w(\cdot)$ 设定在员工的教育水平上,使得:

$$\left. \begin{aligned} w(0) &= \phi(\tau^b) \\ w(z^a) &= \phi(\tau^a) \end{aligned} \right\} \qquad (11.56)$$

存在一组分离均衡,使得式(11.55)和式(11.56)同时成立,此时低能力工人的最优教育由式(11.52)给出,高能力工人的最优教育位于区间 $[z_0, z_1]$ 之内。[2]图 11.15 展示了这个情形。

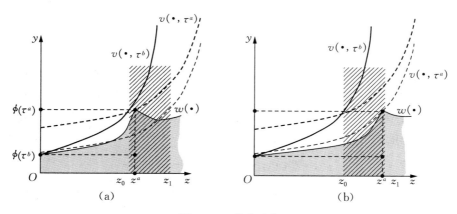

图 11.15　分离均衡

首先看图 11.15(a)。企业提供一个工资合约,如曲线 $w(\cdot)$ 所示:这为每个工人设定

---

① 迷你问题 30:证明之。

② 迷你问题 31:用一个类似图 11.15 的图来阐明 z_0 和 z_1 是如何被决定的。

了一个可得集,如图中的实心阴影部分所示。类型 a 工人的典型无差异曲线标示为 $v(\cdot, \tau^a)$(沿着"西北"方向,效用是递增的),这样一个人在可得集上最大化效用的点就是坐标 $(z^a, \phi(\tau^a))$。类似地,类型 b 工人[无差异曲线标示为 $v(\cdot, \tau^b)$]的效用最大化的点在 $(0, \phi(\tau^b))$。

我们预期还有其他的分离均衡,其中的一个如图 11.15(b)所示。上述的逻辑也适用于这种情形,只是 z^a 的值更高,类型 a 的工人在更低的无差异曲线上。两个图中画有交叉阴影线的区域界定了区间 $[z_0, z_1]$,令 z^a 在区间内其他地方,我们可以构建其他的分离均衡。

注意,在两个图形中,我们都可以重新画 $w(\cdot)$ 线,只要使得工人的可得集能诱导他们分别选择点 $(z^a, \phi(\tau^a))$ 和 $(0, \phi(\tau^b))$ 即可。对应 z 的其他值的 $w(\cdot)$ 线的形状,反映了企业关于工人类型的信念,当然是在均衡之外的其他情形中。因此,完美贝叶斯均衡的刻画,意味着均衡之外的信念可以采取多种形式。①

最后,在实践中哪些均衡"应该"出现呢? 完美贝叶斯均衡的要求无法帮助我们在分离均衡中进行选择,但是可以根据常识选择。因为在整个区间 $[z_0, z_1]$,类型 a 工人的收益随着 z^a 严格递减,显然,满足 $z^a > z_0$ 的任何一个均衡都是帕累托劣于 z_0 点的均衡:教育水平 z_0 是高能力(类型 a)工人成本最低的信号。如果我们可以排除掉帕累托最劣的均衡(因为它们无趣),那么结果将会非常美好。但是,根据第 10 章的分析我们知道,存在一些策略互动的重要情形,不可避免地带来帕累托最劣的结果。基于这样一个均衡的合理性,我们需要一个逻辑论证。

满足 $z^a > z_0$ 的均衡"合理"吗? 根据图 11.15,这样的一个均衡要求工资合约设定为 $w(z') < \phi(\tau^a)$,只要 z' 大于 z_0 小于 z^a。这意味着企业必须具有信念 $\tilde{\pi}(z') > 0$。但是设想我们观察到一个人,他偏离了均衡,选择了 z'。这个人可能是谁? 在这个区域内,即使是一个类型 b 的工人也不会自信地向企业展示为类型 a,显然,穿过 $(z', \phi(\tau^a))$ 的类型 b 的无差异曲线,严格低于穿过 $(0, \phi(\tau^b))$ 的类型 b 的无差异曲线(z' 位于交叉阴影线划定的区间内部)。因此,就算他无比乐观,类型 b 工人也知道,他也会比在分离均衡中更差,因为永远不会选择 $(z', \phi(\tau^a))$。因此,如果有人在均衡之外的 z',那么他一定是类型 a。因此,关于均衡之外的信念设定,直观的标准是 $\tilde{\pi}(z') = 0$,对于任何满足上述条件的 z'。这个直观标准的含义是:唯一值得考虑的分离均衡就是把类型 a 置于 $(z_0, \phi(\tau^a))$,类型 b 为 $(0, \phi(\tau^b))$。

混同均衡

有没有一些均衡使得教育信号不起作用? 如果有的话,那可能是人才的分布以及边

---

① 迷你问题 32:令 $z' \in [z_0, z_1]$。画出对应如下信念的 $w(\cdot)$ 线:$z < z'$ 的工人一定是类型 b,其他的都是类型 a。在这种情况下表示分离均衡。

际生产率和人才的关系,使得没有人认为购买教育是有利可图的,或者所有的工人都被迫接受相同的教育水平 z^* 。

此时企业没有可用的信息来更新它们的信念:所有的工人都具有相同的学历证书,企业无法区分他们。因此企业的信念只是来自关于人群中能力分布的常识。期望的边际生产率是:[①]

$$\varepsilon\phi(\tau):=[1-\pi]\phi(\tau^a)+\pi\phi(\tau^b)$$

这正是提供给任何一个求职者的工资。

图 11.16(a)展示了一个典型的混同均衡。跟图 11.15 一样,工资合约构成了所有工人可得集的边界(深色阴影部分)。然而,两种类型的工人都在点$(z^*,\varepsilon\phi(\tau))$实现效用最大化。给定提供的工资合约,类型 a 的人发现获取额外的教育以使自己有别于其他人的成本是不存在的。然而,类型 b 的人也不敢以低于 z^* 的教育水平进入市场,因为担心被确认为低于平均能力的人,从而获得一个比现在还低的净收入。如此,则一定满足 $z^* < z_2$,这里 z_2 来自下式:[②]

$$C(z_2,\tau^b)=[1-\pi][\phi(\tau^a)-\phi(\tau^b)] \tag{11.57}$$

然而,均衡并不唯一。图 11.6(b)展示了另一个混同均衡,满足上一段所描述的条件,只是有一个更高的 z^* 均衡值。在区间$[0,z_2]$内的 z^* 的其他值,我们可以找到其他的均衡,这里 z_2 由式(11.57)给出。可行的混同均衡教育的取值范围如图 11.16 中的斜线阴影部分所示。[③]

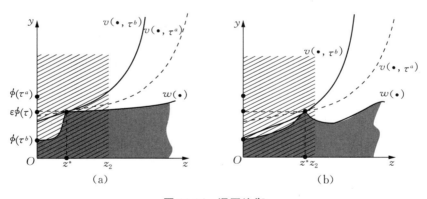

图 11.16 混同均衡

11.3.2 无成本信号

实际上,无成本信号充斥在我们的身边,比如制造商关于质量的保证,服务提供商的

---

① 迷你问题 33:如果教育制度被取消,那么在什么情况下对所有工人都有利?

② 迷你问题 34:证明之。使用跟图 11.16 类似的图来解释 z_2 是如何被决定的。

③ 迷你问题 35:然而,这个直觉标准表明,所有的这些混同均衡都应该被拒绝,倾向于选择分离均衡,即类型 a 在$(z_0,\phi(\tau^a))$,类型 b 在$(0,\phi(\tau^b))$。证明为什么是这样。

承诺等等。这是一个困难的领域,因此我们用一个简化的例子来凸显问题。

N 个风险中性的人有一个共同的项目。每个人可以选择要不要参与,用一个努力指标 z^h 来表示,可以取值为 1 或者 0。产出为 $q=\alpha[z^1 \times z^2 \times z^3 \times \cdots]$,这里 $0<\alpha<1$。产出是公共物品,因此对所有的 h,消费为 $x^h=q$。代理人 h 的参与成本是 c^h,这是他的私人信息,别人不知道;众所周知,这些成本在区间 $[0,1]$ 上均匀分布[即 $Pr(c^h \leqslant c)=c$]。每个参与人的净收益是 x^h-c^h。将此视为一个同时行动博弈,行动就是每个代理人的参与决策。那么,博弈的纳什均衡是:只要 α 严格小于 1,那么对所有的 h,$z^h=0$。[1]问题是,每个人都面临这样一个风险:付出了成本 c^h,却得到了消费 $x^h=0$。

假设我们引入一个博弈的准备阶段,每个人都有机会发送一个关于自身意愿的信号,如下:

(1) 每个人向其他人宣布"是"或者"否";

(2) 然后每个人决定是否参与。

那么存在均衡,下面事情会发生:

(1) 当且仅当 $c^h<\alpha$,每个人宣布"是"。

(2) 每个人选择 $z^h=1$,当且仅当所有参与人先前宣布了"是"。

在这个均衡中,代理人不再面临着浪费精力的风险,因为如果有真正高风险的个人出现,阻止了项目的完成,那么他在博弈的信号发送阶段就宣布了。

有些均衡可能包含无价值的信息,例如每个人在没有首先考虑自己成本的情况下宣布参与的决策。但是,从这个例子可以清楚地看到,信号发送的均衡可以传递有用的信息,尽管这个信号发送是免费的。

实践中的微观经济学:区分筛选过的和未被筛选的部门

这种由个人发出的经济信号和企业筛选的经济信号适合于哪些类型的职业? Riley(1979)基于"美国当前人口普查数据"(US Current Population Survey)中个人收入、教育背景及职业提供了一种具有独创性的统计检验方法。他认为,区分被筛选和未被筛选的部门是可能的。

被筛选的部门包括档案管理员、图书管理员、教师以及学校管理者;未被筛选的职业包括作家、设计师、宣传作家、电脑程序员以及数据处理整理者;这大致上跟直觉是一致的。但是这个分类也把银行职员和政府官员列为未被筛选的职业,而这就很不明显了。

11.4 隐藏行为

我们现在转向信息问题的不同版本,即微观经济学中的"隐藏行为"范式。这个问题会以不同的名称出现,比如"委托人—代理人"问题或者(在保险行业)"道德风险"问题。

---

[1] 迷你问题 36:证明之。(提示:找到 h 参与的概率,假设每个其他人以给定的概率 π 参与。)

11.4.1　问题

要点可以用如下的描述来概括。设想两个决策者之间开展了一项交易,交易的结果严重依赖于运气和交易双方中某一方的努力。这个运气和努力的"混合"意味着无法区分每一项对结果的单独贡献;因此,这意味着不可能根据努力设定一个可验证的支付系统;这还意味着关于状态的信息部分不可见。

在这个极其简短的概述中,我们已经有了基本的合同理论的重要部分。合同作为支付合约,需要考虑上述的信息问题。

然而,关于这个故事中的两个经济决策者,有一个小的术语困难。我们将要讨论的这类问题本质上是一个"主人—仆人"的关系,仆人在履行他的职责的时候,有动机假装做了比他实际履行职责更多的事。这类问题通常被称作委托人—代理人问题(这个叫法更加中性一点);但是这里"代理人"这个术语的定义是很狭义的。我们前面用到这个一般术语的时候,本质上指的是"决策者",即在我们的经济模型中采取行动的个人、企业或者其他组织。遵循其他作者的用法,当我想特指委托人—代理人模型中的"委托人"的时候,我会用大写字母 A,写成"Agent";小写字母开始的"agent"表示本书其他地方讨论的经济故事中的"剧中人"。

11.4.2　问题概述

阿尔夫受雇于比尔做一份工作。有一个单一产出 q,老板比尔(即委托人)给阿尔夫(代理人)发工资,总的工资支付 w 用该产出来度量。双方都知道,中心问题是,产出水平取决于两个因素:

(1) 阿尔夫决定投入到工作中去的努力水平 z;

(2) 状态 ω,比如天气。

问题在于,努力是生产过程中一项看不见的投入。双方都知道,即使状态 ω 出现了,也无法确定这个随机影响因素对产出的精确贡献。

委托人(比)支付给代理人(阿尔夫)工资 w。原则上,阿尔夫和比尔同意将工资 w 与(依存于)q,z 或者 ω 相关联:如何捆绑将依赖于问题的信息结构,即 z 或者 ω 实际上能否被观察到? 遵循第 11.2 节中的用法,我们把 w 称为一个工资合约,在我们考察了模型的其他部分之后,我们将讨论这个合约的设定。

时间顺序如图 11.17 所示。自然决定一个特定的状态(RED 或者 BLUE)。委托人比尔在设定工资合约的时候,是看不到这个状态的。基于这个工资合约,阿尔夫决定是否努力工作(他也看不到状态)。关于博弈最后阶段的收益,我们将在模型细节设定完成之后再讨论。

然而,在设定模型细节之前,直觉上就很清晰,信息的缺乏会削弱比尔对阿尔夫的控制。如果比尔对阿尔夫的行动有充分信息的话,那么他就不会像现在这些轻易的获取利润。代理成本就是委托人在充分信息的情形下所得到的期望净收益减去次优情形下的净收益。

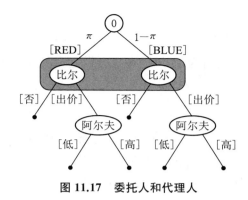

图 11.17　委托人和代理人

11.4.3　一个简化的模型

为了考察这个经济问题的基本要点,我们先从一个简化的版本开始,然后转向更加丰富和有趣的情形(第 11.4.4 节)。简单版本就是一个"双进双出"设定:

- 有两个可能实现的产出水平("成功"或者"失败"),$q=\bar{q}$ 或 $\underline{q}$,这里 $\bar{q}>\underline{q}$。
- 代理人也有两个可能的努力水平("工作"或者"偷懒"),$z=\bar{z}$ 或 $\underline{z}$,这里 $\bar{z}>\underline{z}$。

$\bar{q}$(成功)的概率是 $\pi(\cdot)$,$\pi(\cdot)$ 是努力水平的增函数,因此:

$$\pi(\bar{z})>\pi(\underline{z}) \tag{11.58}$$

失败还是成功既取决于努力,也取决于一个随机因素;努力工作会使分布倾向于好的结果。所有这些都是常识。

代理人阿尔夫的偏好表示如下:

$$\varepsilon u^a(x^a,\ z) \tag{11.59}$$

u^a 是第一个自变量(消费)的增函数,是第二个自变量(努力)的减函数。如果代理人没有其他来源的收入,那么:

$$x^a=w \tag{11.60}$$

假设比尔作为委托人是风险中性的,给阿尔夫支付工资之后的产出都归比尔所有。因此,比尔的效用就是他的消费的期望值 εx^b,这里 $x^b=q-w$。

跟第 11.2 节的讨论一样,双方如何互动取决于可得的信息。

充分信息

如果比尔可以准确观察到阿尔夫的努力水平,那么我们可以根据前面章节的原理推导出一切结论。

假设老板比尔首先行动。因此他可以设计一个"要么接受、要么离开"的合同提供给代理人阿尔夫。因为比尔可以观察到阿尔夫实际付出的努力,他就可以让阿尔夫的工资取决于努力水平,这样阿尔夫的效用就被逼到保留水平 $\underline{v}^a$,即阿尔夫从事其他活动可以得到的效用水平。

因此，这个问题的参与约束是 $u^a(x^a, z) \geqslant \underline{v}^a$，这里 z 是一个给定的努力水平。因为比尔可以充分观察到阿尔夫的行为，所以他有机会设定交易的条款，把阿尔夫的工资设定在这个约束起作用的水平：

$$u^a(w, z) = \underline{v}^a \tag{11.61}$$

据此我们可以得到 $w = w(z)$，这个工资刚刚可以诱使阿尔夫参与且提供努力水平 z。

委托人的目标是选择工资支付来最大化他的期望收益 εx^b，当然要满足约束条件式 (11.61)。形式上，我们将其表示为一个拉格朗日问题：

$$\max_{\{w\}} \varepsilon q - w + \lambda[u^a(w, z) - \underline{v}^a] \tag{11.62}$$

在这个双进双出的情形下我们可以更简单地说明这个问题。知道代理人阿尔夫只能提供两个努力水平，那么作为委托人的比尔就可以相应地提供两个工资合约：$w(\underline{z})$ 或者 $w(\bar{z})$。这两个工资合约将会给比尔带来如下的期望收益：

$$\bar{\varepsilon}q - w(\bar{z}) \tag{11.63}$$

$$\underline{\varepsilon}q - w(\underline{z}) \tag{11.64}$$

这里，$\bar{\varepsilon}$ 表示高努力带来成功的概率期望，$\pi(\bar{z})$，$\underline{\varepsilon}$ 表示低努力带来成功的概率期望，$\pi(\underline{z})$。

因为比尔可以观察并监督阿尔夫，因此他可以选择阿尔夫会投入的努力水平。显然，比尔将比较式 (11.63) 和式 (11.64) 哪个值更大来作出选择。比尔将迫使阿尔夫选择较高的努力水平，当且仅当期望产出的所得 $(\bar{\varepsilon}q - \underline{\varepsilon}q)$ 超过 $[w(\bar{z}) - w(\underline{z})]$，后者是诱使阿尔夫付出更多努力所必需的工资增加。这个故事的本质如图 11.18 所示，基于图 8.20 的埃奇沃思方框图。穿过 O^a 的 45°线是阿尔夫的确定线；图中画出了两组 a 无差异曲线，浅色的是低努力水平 $\underline{z}$[带来概率 $\pi(\underline{z})$]，陡峭的表示高努力水平 $\bar{z}$；同样地，有两个阴影部分，表示低努力和高努力情形下的保留效用。类似地，穿过 O^b 的 45°线是比尔的确定性线；风险中性的比尔有直线的无差异曲线；同样地，对应着两个概率 $\pi(\underline{z})$ 和 $\pi(\bar{z})$ 画出两个集合。

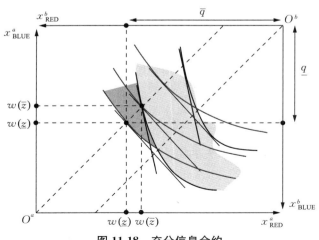

图 11.18　充分信息合约

考虑到这种努力可以被观察到,比尔提供给阿尔夫的工资可以根据 z 来设定如下所示:这种情况下,比尔希望阿尔夫投入高努力水平,提供相应的工资 $w(\bar{z})$(跟练习题 8.18 对比)。

尽管我们不需要它来描述这个问题的解决方案,但它对于将来验证式(11.62)的拉格朗日函数的一阶条件是有用的。给定努力水平 z,对式(11.62)的 w 求导。我们得到:

$$\frac{1}{u_x^a(w,z)}=\lambda \tag{11.65}$$

式(11.65)的解释符合常识:增加阿尔夫效用的边际成本(用消费来度量)正好等于参与约束的隐含价格 λ。

隐藏信息

现在假设比尔无法观察到努力 z,但是可以观察到 q,q 是努力和随机状态共同作用的结果。信息是隐藏的这个事实意味着,比尔不可能把工资合约建立在实际的努力水平上,这个局限削弱了比尔对阿尔夫的控制力。

比尔可以做的是把工资建立在观察到的产出上:不再是基于努力的工资合约,取而代之的是基于结果的工资合约,尽管这个结果并不完全是代理人决定的。现在的工资设计是,失败的时候工资为 $w(\underline{q})$,成功的时候工资为 $w(\bar{q})$。

如果比尔希望阿尔夫选择高努力水平 $\bar{z}$,他必须保证阿尔夫在 $\bar{z}$ 的期望效用不少于效用水平 v^a,后者是他另谋高就所得到的最高效用。在这种情况下,参与约束现在变成了:

$$\pi(\bar{z})u^a(\overline{w},\bar{z})+[1-\pi(\bar{z})]u^a(\underline{w},\bar{z})\geqslant v^a \tag{11.66}$$

为了确保阿尔夫不偷懒,工资结构必须使得阿尔夫努力工作的期望效用高于偷懒的期望效用。这要求如下的激励相容约束必须成立:

$$\begin{aligned}&\pi(\bar{z})u^a(\overline{w},\bar{z})+[1-\pi(\bar{z})]u^a(\underline{w},\bar{z})\\&\geqslant\pi(\underline{z})u^a(\overline{w},\underline{z})+[1-\pi(\underline{z})]u^a(\underline{w},\underline{z})\end{aligned} \tag{11.67}$$

或者,等价地写成 $\bar{\varepsilon}u^a(w,\bar{z})\geqslant\underline{\varepsilon}u^a(w,\underline{z})$。

作为委托人的比尔面临的问题是,在满足代理人的参与约束式(11.66)和激励相容约束式(11.67)的前提下最大化他的期望利润:

$$\max_{\langle\underline{w},\overline{w}\rangle}\pi(z)[\bar{q}-\overline{w}]+[1-\pi(z)][\underline{q}-\underline{w}]$$

假设比尔希望阿尔夫投入真正的努力($z=\bar{z}$);那么,为了解这个问题,构建拉格朗日函数:

$$\begin{aligned}\max_{\langle\underline{w},\overline{w}\rangle}&\pi(\bar{z})[\bar{q}-\overline{w}]+[1-\pi(\bar{z})][\underline{q}-\underline{w}]+\lambda[\pi(\bar{z})u^a(\overline{w},\bar{z})+[1-\pi(\bar{z})]u^a(\underline{w},\bar{z})-v^a]\\&+\mu[\pi(\bar{z})u^a(\overline{w},\bar{z})+[1-\pi(\bar{z})]u^a(\underline{w},\bar{z})-\pi(\underline{z})u^a(\overline{w},\underline{z})\\&-[1-\pi(\underline{z})]u^a(\underline{w},\underline{z})]\end{aligned}$$

这里,λ 是参与约束式(11.66)的拉格朗日乘数,μ 是激励相容约束式(11.67)的拉格朗日乘数。对拉格朗日函数求导：

$$-[1-\pi(\bar{z})]+\lambda[1-\pi(\bar{z})]u_x^a(\underline{w},\bar{z})$$
$$+\mu\big[[1-\pi(\bar{z})]u_x^a(\underline{w},\bar{z})-[1-\pi(\underline{z})]u_x^a(\underline{w},\underline{z})\big]=0 \tag{11.68}$$

$$-\pi(\bar{z})+\lambda\pi(\bar{z})u_x^a(\overline{w},\bar{z})+\mu\big[\pi(\bar{z})u_x^a(\overline{w},\bar{z})-\pi(\underline{z})u_x^a(\overline{w},\underline{z})\big]=0 \tag{11.69}$$

这里，u_x^a 是代理人消费的边际效用。

如果函数 u^a 是加性可分的，那么消费的边际效用 $u_x^a(\overline{w},\cdot)$ 独立于 z，因此，从一阶条件式(11.68)和式(11.69)，我们得到：[1]

$$\frac{\pi(\bar{z})}{u_x^a(\overline{w},\bar{z})}+\frac{1-\pi(\bar{z})}{u_x^a(\underline{w},\bar{z})}=\lambda \tag{11.70}$$

$$\frac{1}{u_x^a(\overline{w},\bar{z})}=\lambda+\mu\left[1-\frac{\pi(\underline{z})}{\pi(\bar{z})}\right] \tag{11.71}$$

式(11.70)的解释可以看成是完全信息情形式(11.65)的一个扩展。式(11.70)的左端可以表示为 $\bar{\varepsilon}(1/u_x^a(w,\bar{z}))$；因此，参与约束的价格等于增加阿尔夫效用的边际成本。从式(11.70)和式(11.71)解出 μ，我们可以看到在最优解处 $\mu>0$，即在隐藏信息情形下，激励相容约束的价格严格为正。[2]从式(11.71)我们可以看出，在"成功"发生的状态下，效用的边际成本等于"参与约束的价格 λ 加上激励相容约束的价格 μ 乘以一个可能性比值的表达式 $\dfrac{\pi(\underline{z})}{\pi(\bar{z})}$"。

在图 11.18 的基础上，结果如图 11.19 所示。假设比尔希望阿尔夫投入高努力，那么参与约束如图中的阴影部分 PC 所示；边界由阿尔夫的高努力保留无差异曲线围成。在穿过 O^a 的 $45°$ 线处，这个边界的斜率等于比尔的无差异曲线的斜率 $-\pi(\bar{z})/[1-\pi(\bar{z})]$；但

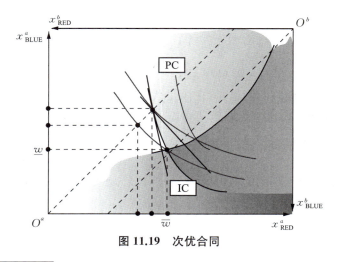

图 11.19 次优合同

---

[1] 迷你问题37：证明式(11.70)和式(11.71)是如何推导出来的。

[2] 迷你问题38：证明之。

是,这里工资不依赖于产出,如果问题的解在 PC 的切点处,那么就容易违反激励相容约束了。激励相容约束如图中阴影部分 IC 所示:这个区域的边界包含阿尔夫的低努力保留无差异曲线和高努力无差异曲线的交点。因此它穿过点 $(\overline{w}, \underline{w})$,即阿尔夫的低努力保留无差异曲线和高努力保留无差异曲线的交点。

PC 和 IC(深色阴影部分)这两个区域的交集是比尔在次优情形下面临的约束。他通过提供点 $(\overline{w}, \underline{w})$ 表示的合同而在这个区域获得最高无差异曲线。如此,比尔提供给阿尔夫的是部分保险,以应对状态 BLUE 出现的后果。[①]

11.4.4　委托人和代理人:一个更丰富的模型

我们现在用三种方式来一般化第 11.4.3 节中的委托人—代理人模型:

(1) 我们放弃"只有两个可能的努力水平"的虚拟假设,允许一些类似于传统的劳动供给模型(第 5.3.1 节)的设定。

(2) 我们允许存在大量状态 ω 的可能性。

(3) 我们允许委托人有更普遍的偏好结构。

我们将发现,第 11.4.3 节中的模型的许多原理依然适用。在这个一般化的故事中,我们需要模型化产出对努力和看不见的随机要素的依赖。这种依赖可用如下的生产函数来表示:

$$q = \o(z, \omega) \tag{11.72}$$

这里,我们令 z 位于区间 $[0, 1]$ 内,$\omega \in \Omega$,即一些可能状态的区间值。

表 11.4　委托人和代理人:问题的要素

ω	状态
z	努力
q	产出
$\o(\cdot)$	生产函数
$w(\cdot)$	工资合约
$u^a(\cdot)$	代理人的基数效用
$u^b(\cdot)$	老板的基数效用

作为老板的比尔具有冯·诺依曼—摩根斯坦效用函数,他的效用只取决于他自己的消费。跟简化模型中也一样,一旦他支付了阿尔夫的工资,剩下的产出就可用于他自己的消费,因此他的效用是:

$$\varepsilon u^b(x^b) = \varepsilon u^b(q - w) \tag{11.73}$$

这里 ε 表示的是在状态 ω 的概率分布上取的期望。阿尔夫作为代理人,他的效用函数取决于他自己的消费和努力 z,这里 $0 \leqslant z \leqslant 1$。同样,他的效用由式 (11.59) 和式 (11.60) 给出。

---

① 迷你问题 39:证明如果阿尔夫是风险中性的,那么将发生什么。

现在考虑双方的最优化问题。阿尔夫给定他面对的工资合约(并非一个特定的工作水平),选择他的努力水平以最大化他的效用式(11.59)。这个最优化的发生,要满足类比于式(11.66)的参与约束:

$$\varepsilon u^a(w, z) \geqslant \underline{v}^a \tag{11.74}$$

按照斯塔克伯格领导者的方式,委托人(比尔)会考虑到代理人(阿尔夫)对工资合约的反应。逆推到他作决策的阶段,委托人可以把代理人的反应构建到他设定工资合约的问题中去。他会在两个不同的信息体系下追求最优化问题,这两个信息体系对应着我们在第11.4.3节的模型中回顾的:在哪些情况阿尔夫的努力是不可被观察到的。

可观察到的努力

假设比尔可以监督到阿尔夫投入的努力水平 z。这等价于双方都能够明确无误地判定 w 对产出的贡献。他们就可以达成一致,将工资跟随机因素挂钩订立工资合约 $w(\cdot)$,$w(w)$ 是状态 w 出现的时候代理人得到的工资支付。

作为委托人的比尔可以选择 $w(\cdot)$ 来最大化他自己的效用。他可以为每一个可能的状态(每个 $\alpha \in \Omega$)设定一个工资水平。因为比尔有充分的自由来设定工资合约,又因为他可以观察到阿尔夫的努力水平 z,他可以把阿尔夫的努力看成是他自己的控制变量。然而,必须强调,比尔在这样做的时候,他很清楚,如果他过于苛刻,阿尔夫可以卷铺盖走人,到别处另谋高就得到 $\underline{v}^a$。比尔的问题可以表述为:在满足式(11.72)和参与约束式(11.74)的前提下,选择 $w(\cdot)$ 来最大化式(11.73)。这可以用如下的拉格朗日函数来表示:

$$\max_{\{w(\cdot), z\}} \varepsilon u^b(\phi(z, w) - w(w)) + \lambda[\varepsilon u^a(w(w), z) - \underline{v}^a] \tag{11.75}$$

因为 $w(w)$ 可以根据 $w \in \Omega$ 单独设定,式(11.75)内点解的一阶条件可以用通常的方式求解。我们令式(11.75)对每个 $w(w)$ 求导等于零,因此,对于所有的 $w \in \Omega$:

$$-u_x^b(q - w(w)) + \lambda u_x^a(w(w), z) = 0 \tag{11.76}$$

同样地,我们令式(11.75)对 z 求导等于零:

$$\varepsilon\left(u_x^b(\phi(z, w)) - w(w)\phi_z(z, w)\right) - \lambda\varepsilon u_z^a(w(w), z) = 0 \tag{11.77}$$

这里,下标表示相应的偏导数。这两个条件立刻可以得出:

$$\frac{u_x^b(q - w(w))}{u_z^a(w(w), z)} = \lambda \tag{11.78}$$

$$\frac{\left(u_x^b(\phi(z, w)) - w(w)\phi_z(z, w)\right)}{\varepsilon u_z^a(w(w), z)} = \lambda \tag{11.79}$$

联立式(11.78)和式(11.79),我们得到:

$$\varepsilon\left(u_x^b(\varnothing(z,\omega))-w(\omega)\varnothing_z(z,\omega)\right)-\varepsilon\left[\frac{u_x^a(w(\omega),z)}{u_x^a(w(\omega),z)}u_x^b(q-w(\omega))\right]=0 \quad (11.80)$$

因为式(11.78)中的边际效用是正的,我们可以看到拉格朗日乘数 λ 也是正的,因此约束式(11.74)起作用。这意味着,如果作为老板的比尔拥有完全信息,他就可以把代理人阿尔夫的效用压低到他的保留效用 v^a。

我们可以观察到,如果委托人是风险中性的(此时效用是一个常数,独立于 ω),式(11.80)这个关键方程可被用来得到如下结果:

$$\varepsilon\varnothing_z(z,\omega)=\varepsilon\left[\frac{u_x^a(w(\omega),z)}{u_z^a(w(\omega),z)}\right] \quad (11.81)$$

或者,通俗地讲:期望 MRT＝期望 MRS。

因此,在努力可被观察到的情形下,委托人(作为老板的比尔)的最优化可以保证代理人(阿尔夫)的行为方式跟我们熟悉的第 7 章和第 9 章一样。期望的努力供给的边际意愿(MRS),正好等于期望的努力边际产出(MRT)。这个情况显然是事前帕累托效率,尽管作为代理人的阿尔夫的效用被压低到了保留效用的水平。我们再次得到了剥削下的效率这个有趣的情形。

看不见的努力

现在假设不可能观察到努力:外部观察者无法区分 z 和 ω 在生产产出的过程中发挥的单独的作用。这相当于说,我们无法直接、无成本地验证哪个状态发生了:所能看到的只是产出 q 的一个概率分布。即使这个概率分布是由天气驱动的,我们也没有办法把天气纳入模型。然而,工人的努力 z 可以改变这个分布,这一点是常识。为了刻画这一点,我们把 q 的密度函数写成 $f(q;z)$,这里 z 作为一个移动参数:这个参数对产出分布的影响如图 11.20 所示(这个影响是我们假设的)。我们假设:

(1)产出分布的支持是上下有界的;

(2)支持的边界$[\underline{q},\bar{q}]$是众所周知的;

(3)$\underline{q},\bar{q}$ 的值是无法由 z 移动的。

我们在这个概率分布中引入 z 的小幅增加所导致的"等比例移动":

$$\beta_z:=\frac{f_z(q;z)}{f(q;z)} \quad (11.82)$$

我们看到,当 q 的值较低时,β_z 是负的;当 q 的值较高时,β_z 是正的,并且满足:[①]

$$\varepsilon\beta_z=0 \quad (11.83)$$

---

①　迷你问题 40:根据概率密度函数的标准特征来解释为什么这个可以成立。

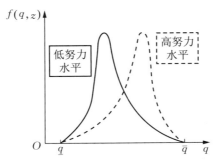

图 11.20　努力水平会移动频率分布

作为代理人的阿尔夫的最大化式(11.59)可以写成:

$$\varepsilon u^a\left(w(q), z\right) = \int_{\underline{q}}^{\overline{q}} u^a\left(w(q), z\right) f(q; z) \mathrm{d}q \tag{11.84}$$

用 z 来最大化上式,得到一阶条件:

$$\frac{\partial \varepsilon u^a\left(w(q), z\right)}{\partial z} = \varepsilon\left(u^a\left(w(q), z\right)\beta_z\right) + \varepsilon u_z^a\left(w, z\right) = 0 \tag{11.85}$$

式(11.85)等号右边的式子中第一项表示的是,当概率密度沿着更有利的 q 的方向移动时,期望效用的边际变化;第二项是休闲的期望边际效用。对于任意给定的支付合约 $w(\cdot)$,等式(11.85)隐含决定了 z 的特定值:这个行为条件是委托人选择 $w(\cdot)$ 来求解的选择问题的一个约束。

作为老板的比尔选择工资合约 $w(\cdot)$[对每个实现的 q 设定一个值 $w(q)$],并且操纵了阿尔夫的努力 z。比尔这样做的目的,是在满足如下的两个约束条件下,最大化他自己的效用式(11.73):

阿尔夫的参与约束式(11.74):比尔必须考虑到,阿尔夫可以另谋高就,拒绝接受他提供的任何工资合约;

阿尔夫的一阶条件式(11.85):比尔认识到,阿尔夫可以私下调整努力 z 来适应自己。

在图 11.21 中:比尔在 (w, z) 空间内的偏好可以用无差异曲线来描述[这个偏好是从

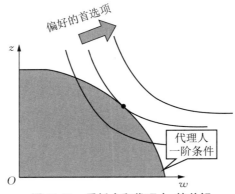

图 11.21　委托人和代理人:简单解

式(11.72)和式(11.73)中推导出来的];比尔的机会集合的边界由满足阿尔夫的一阶条件式(11.85)的(w,z)值给出。[①]

我们看到,比尔现在试图解决如下问题:

$$\max_{\{w(\cdot),z\}} \varepsilon u^b(q-w(q))+\lambda[\varepsilon u^a(w(q),z)-\underline{v}^a]+\mu\left[\frac{\partial \varepsilon u^a(w(q),z)}{\partial z}\right] \quad (11.86)$$

这里,λ 和 μ 分别是参与约束式(11.74)和行为约束式(11.85)的拉格朗日乘数。进一步简化问题,假设阿尔夫休闲的边际效用独立于收入,即 $u^a_{zx}=0$。要得到一阶条件,根据式(11.84)和式(11.85),式(11.86)对 $w(q)$ 和 z 求导。首先,对每一个产出水平 q:[②]

$$-u^b_x(q-w(q))+\lambda u^a_x(w(q),z)+\mu u^a_x(w(q),z)\beta_z=0 \quad (11.87)$$

其次,对 z 求导,我们一定有:

$$\varepsilon\left(u^b(q-w(q))\beta_z\right)+\mu\left[\frac{\partial^2 \varepsilon u^a(w(q),z)}{\partial z^2}\right]=0 \quad (11.88)$$

将上述两个等式与式(11.76)和式(11.77)对比,在充分信息情况下,z 可以被观察到。

式(11.88)的第一项是正的,因为 u^b 是 q 的增函数;由于代理人最优化问题的二阶条件,所以中括号内的这一项一定是负的:μ 是正的。因此,行为约束式(11.85)在最优解处是起作用的。另外,式(11.87)意味着:

$$\frac{u^b_x(q-w(q))}{u^a_x(w(q),z)}=\lambda+\mu\beta_z \quad (11.89)$$

[参见式(11.78)]。因此现在我们发现,对于较高的 q 值($\beta_z>0$),边际效用的比值在 λ 之上:跟完全信息的解相比,作为代理人的阿尔夫从老板比尔那里得到的收入相对较高;反过来,如果 q 的值较低($\beta_z<0$),那么阿尔夫从比尔那里得到的工资低于充分信息解的工资。跟在筛选问题中一样,不完全信息的存在再次引出了存在内在"扭曲"的激励机制。用来抵消由于信息缺乏而造成的误导引入的经济机制本身就会带来明显的扭曲。

委托人和代理人模型的一个含义是:跟努力可被观察到的结果相比,即使比尔是风险中性的,他也不再为阿尔夫提供完美的保险来对抗天气的影响。[③]从式(11.89)可以看到这一点:令 u^b_x 等于一个常数,我们发现,最优支付解依然是,当 q 较高的时候给阿尔夫支付较高工资,q 较低的时候支付较低的工资。

---

① 迷你问题41:我们通过假设可得到的集有一个规则的形状来简化了解。绘制此图的一个版本,其中代理人在给定的工资率下提供的努力不是唯一的,那么,在寻找委托人问题的解决方案时,会出现什么问题呢?

② 迷你问题42:推导式(11.87)和式(11.88)。

③ 迷你问题43:然而,如果阿尔夫是风险中性的,而比尔是风险厌恶的,那么式(11.87)和式(11.88)中的解就等价于风险中性情形下的解。证明之。

实践中的微观经济学:经理人报酬和企业绩效

　　企业高管薪酬背后的经济逻辑是什么？发现这种关系和公司股价或者销售之间存在很强的关系毫不奇怪。但是其中的关联可能相当微妙。基于《财富》500强制造业企业的501个高管样本,Murphy(1985)研究了高管薪酬的各个组成部分(包括工资、奖金、递延薪酬、股票期权的价值)和企业绩效指标之间的关系。用总的财务回报(各部分的加总)为这种关系建立天真的模型是有误导性的:它低估了绩效对报酬的影响。Murphy(1985)发现,奖金和递延薪酬部分受到行业之间相对收益率的强烈影响。

总　结

　　信息经济学是第10章的理论发展的一个逻辑延伸。对于我们已经讨论过的基本问题,博弈论的推理可被用来整理每个不同问题的结构。特别地,完美贝叶斯均衡的概念,构成了本章用到的所有模型的解的理论基础。然而,解的方法经常用到我们熟悉的技术,因为前面章节中在完全信息条件下刻画最优化问题的时候用到这样的技术:拉格朗日方法通常提供了所需的工具,因为当代理人的行为无法被充分控制的时候,新的约束条件的隐含价格就把代理人的行为纳入了模型。

　　图11.5、图11.13和图11.17总结了我们这里考虑的三个主要范式的工作原理。所有这些范式的一个共同特征是:"已知的未知"必须被压缩成一种适合经济分析的形式。或许,最重要的一个例子(尽管也可能是最具争议性的)是,诉诸常识来使潜在概率分布的某些特征清晰化,并且让所有的经济决策者知道。在此之上,要使模型运作良好,关于偏好和技术的结构,基本上永远需要引入相当强的假定。实际上在每一个情形下,关于不同组的无差异曲线,我们都用到"单一交叉条件",目的是找到可驾驭的解,并且能够从分析中得到可解释的结论。

　　最后,我们提醒自己,从不完全信息模型中可以衍生出一些共同感兴趣的问题。

　　(1) 多重均衡的可能性,比如信号发送模型(第11.3节)。我们还不清楚,用于减少多重均衡的理论工具是否完全令人信服。

　　(2) 更加令人不安的是,某些情形下可能没有均衡:参见保险市场的模型(第11.2.6节)和一些信号发送模型(练习题11.5)。

　　(3) 当不完全信息意味着"最优"无法实现的时候,使用配给和价格扭曲来得到次优解。

　　我们将看到,上述某些特征在第12章的经济设计问题中尤其重要。

进一步阅读

　　Macho-Stadler 和 Pérez-Castrillo(1997)以及 Salanié(1997)提供了对信息经济学和契

约理论的良好介绍。Arrow(1986)提供了有关这些问题的一个综述。关于逆向选择、筛选和保险市场经济学的经典文献,参见 Rothchild 和 Stiglitz(1976)。

关于筛选和信号发送的一个很好的回顾性的综述,参见 Riley(2001)。关于信号发送经济学的经典论文,参见 Akerlof(1970) 和 Spence(1973)。关于直观标准,参见 Cho 和 Kreps(1987)。关于无成本信号的情形(所谓的"廉价谈话"模型),参见 Crawford 和 Sobel (1982)。Salanie(1997)中有一个很好的介绍,本书第 11.3.2 节的例子就来自该文献的第 95ff 页。

关于委托人—代理人模型的一个介绍,参见 Ross(1973);详尽处理参见 Laffont 和 Martimort(2002)。经典论文是 Holmstrom(1979) 和 Mirrlees(1999);关于应用委托人—代理人方法来探讨激励机制的详细分析,参见 Grossman 和 Hart(1983)以及 Holmstrom 和 Milgrom(1987),Haubrich(1994)用数字模拟了这些文献中发展的模型。关于用埃奇沃思方框图的一个入门的图形处理,参见 Ricketts(1986)。

关于上述某些模型的经验方法的回顾,参见 Chiappori 和 Salanié(2003)。

练 习 题

11.1　一家企业出售单一商品给一组顾客。每个顾客要么不买,要么正好买一个单位的该种商品;商品不可分,也不可再售。然而,它可能是高质量商品,也可能是低质量的。质量的特征是一个非负数 q;生产一单位质量为 q 的该商品的成本是 $C(q)$,这里 C 是一个严格凸的增函数。顾客 h 的品位是 τ^h;即对质量的边际支付意愿。h 的效用是 $U^h(q, x) = \tau^h q + x$,这里 τ^h 是一个正的品位参数,x 是消费的其他所有商品的量。

(1) 如果 F 是购买商品所需的费用,写出单个顾客的预算约束。

(2) 如果有两类顾客,证明单一交叉条件是满足的,并确立充分信息解的条件。

(3) 证明:次优解一定满足"上层无扭曲"原则。

(4) 推导次优解(Mussa and Rosen, 1978)。

11.2　一个员工的类型可以取值为 τ_1 或 τ_2,这里 $\tau_2 > \tau_1$。员工的服务给他的雇主带来的收益跟 z 成比例,z 是员工接受的教育水平。对于类型为 τ 的员工而言,获取 z 年教育的成本是 $C(z, \tau) = ze^{-\tau}$。员工的效用函数是 $U(y, z) = -e^{-y} - C(z, \tau)$,这里 y 是从雇主那里收到的报酬。风险中性的雇主设计合同的时候,依据的是观察到的总收益,目的是最大化他的预期利润。

(1) 如果雇主知道员工的类型,那么他将提供什么样的合同? 如果他不知道员工的类型,那么哪种类型的员工将自我选择"错误的"合同?

(2) 证明如何决定次优合同。哪些约束条件起作用? 次优问题的解跟第(1)小题的解有何不同?

11.3　一家大型的风险中性企业雇用了一些律师。对于类型 τ 的律师,提供 x 量的法律服务所需的时间为 $z = x/\tau$。律师可能是高生产率的类型 a 律师,也可能是低生产率

的类型 b 律师:$\tau^a > \tau^b > 0$。令 y 表示律师的收入。律师的效用函数是 $\sqrt{y} - z$,他的保留效用水平为 0。律师知道自己的类型,企业无法观察他的行为 z。法律服务的价格是 1。

(1) 如果企业知道律师的类型,那么它将提供怎样的合同? 这个合同是有效率的吗?

(2) 假设企业相信,律师为低生产率类型的概率是 π。假设 $\tau^b \geqslant [1 - \pi]\tau^a$。如果企业无法观察到律师的类型和行动,那么它将如何修正合同?

11.4 第 11.2.6 节的分析基于一个假定:保险市场是竞争的。第 11.2.4 节关于垄断企业的原理如何适用于保险市场:

(1) 关于个人风险类型的充分信息可得;

(2) 垄断企业不知道个人的风险类型。

11.5 好的二手车对买者而言的价值是 v_1^a,对卖者而言的价值是 v_0^a,这里 $v_1^a > v_0^a$。差的二手车对买者而言的价值是 v_1^b,对卖者而言的价值是 v_0^b,这里 $v_1^b > v_0^b$。差的二手车所占的比例是 π,这一点是常识。车的存量是固定的,潜在顾客实际上是无穷多的。

(1) 如果关于质量存在完全信息,车为什么可以在均衡处交易? 好的二手车的价格 p^a 和差的二手车的价格 p^b 分别是多少?

(2) 如果买卖双方对某辆车的质量都一无所知,那么车的均衡价格 $\bar{p}$ 是多少?

(3) 如果卖者对于车的质量了如指掌,而买者却一无所知,证明:只有当均衡价格高于 v_0^a 的时候,好的二手车才会在市场上出售。

(4) 证明:在(3)所描述的不对称信息情形下,只有两个可能的均衡:

- $p^b < v_0^a$ 的情形:均衡价格是 p^b。
- $\bar{p} \geqslant v_0^a$ 的情形:均衡价格是 $\bar{p}$。

[这是"柠檬模型"(Akerlof, 1970)的一个版本。]

11.6 一个经济体中有两种类型的工人:类型 a 的生产率是 2,类型 b 的生产率是 1。企业无法观察到工人的生产率,但是工人可以花费自己的资源来获取一个教育证书,目的是传递关于自己生产率的信号。众所周知,类型 b 的工人获取教育水平 z 的成本等于 z,而类型 a 的工人获取同样的教育成本为 $0.5z$。

(1) 求解成本最低的分离均衡。

(2) 假设类型 b 工人所占的比例是 π。π 取何值的时候,没有信号传递的结构优于任何的分离均衡?

(3) 假设 $\pi = 0.25$。z 取怎样的值才会跟混同均衡相一致?

11.7 工人的生产率由一个能力参数 $\tau > 0$ 表示。企业支付给工人工资的时候,依据的是工人所接受的教育 z:所受教育为 z 的工人得到的工资是 $w(z)$,工人获取教育 z 的成本是 $ze^{-\tau}$。

(1) 求解类型 τ 的工人的一阶条件,证明它一定满足 $\tau = -\log\left(\dfrac{\mathrm{d}}{\mathrm{d}z}w(z^*)\right)$。

(2) 如果进入劳动力市场的人具有雇主基于他们的教育所预期他们的生产率,证明:最优工资合约一定满足 $w(z) = \log(z + k)$,这里 k 是常数。

(3) 比较扣除教育成本之后的收入和 τ 可被直接观察时的收入。

11.8 企业的经理可以选择高努力水平 $\bar{z}=2$ 或低努力水平 $\underline{z}=1$。企业的毛利润为 $\Pi_1=16$ 或者 $\Pi_2=2$。经理的选择会影响特定利润结果出现的概率。如果他选择 $\bar{z}$，那么 Π_1 出现的概率是 $\bar{\pi}=3/4$，但是如果他选择 $\underline{z}$，那么这个概率就是 $\underline{\pi}=1/4$。风险中性的企业所有者设计工资合同，根据毛利润 Π_i 给经理支付 y_i。经理的效用函数是 $u(y,z)=y^{1/2}-z$，他的保留效用是 $\underline{v}=0$。

(1) 求解充分信息的合同。

(2) 确认老板将诱导经理选择行动 $\bar{z}$。

(3) 在老板无法观察到经理的行动时，求解次优合同。

(4) 评论一下风险分担的含义。

11.9 企业的经理可以选择努力水平 $\bar{z}=4/3$ 或者 $\underline{z}=1$，毛利润为 $\Pi_1=3$ 或者 $\Pi_2=3z$。如果经理选择了 $\bar{z}$，那么 Π_1 这个结果出现的概率是 $\bar{\pi}=2/3$，反之概率是 $\underline{\pi}=1/3$。经理的效用函数是 $u(y,z)=\log y-z$，他的保留效用是 $\underline{v}=0$。风险中性的企业所有者设计工资合同，根据毛利润 Π_i 给经理支付 y_i。

(1) 求解充分信息的合同。老板希望经理采取怎样的行动？

(2) 求解次优合同。不对称信息的代理成本是什么？

(3) 如果(1)中经理的行为可被观察到。充分信息合同是否等价于根据努力设定工资的合同？

11.10 一家风险中性的企业可以实施两个项目中的一个，每个项目都需要投资 z。项目 i 的结果是 x_i 的概率是 π_i，否则概率为 0，这里：

$$\pi_1 x_1 > \pi_2 x_2 > z$$
$$x_2 > x_1 > 0$$
$$\pi_1 > \pi_2 > 0$$

项目需要从一家垄断的、风险中性的银行获取信贷。由于是有限责任，如果项目失败，银行将血本无归。

(1) 只要项目成功，银行要求的偿还金额是 y。那么如果企业选择项目 i，企业和银行的期望收益是多少？

(2) 如果存在完全信息，那么结果将会怎样？

(3) 现在假设银行无法监督到企业选择的项目。证明：如果 $y \leqslant \bar{y}$，那么企业将选择项目 1，这里：

$$\bar{y} := \frac{\pi_1 x_1 - \pi_2 x_2}{\pi_1 - \pi_2}$$

(4) 绘制银行对 y 的期望利润线。证明：如果 $\pi_1 \bar{y} > \pi_2 x_2$，银行将设定 $y=\bar{y}$；否则银行设定 $y=x_2$。

(5) 假设有 N 家此类企业，银行用于给这些企业发放的总的信贷额度为固定的 M，这里 $z < M < Nz$。证明：如果 $\pi_1 \bar{y} > \pi_2 x_2$，那么存在信贷配给；否则，则无信贷配给(Macho-Stadler and Pérez-Castrillo, 1997)。

11.11 税务主管部门雇用了一个检查员来审计税收收入。审计揭示的偷税漏税金额为 $x \in \{x_1, x_2\}$。这取决于检查员的努力水平 z 和征收的随机复杂性。给定努力水平 z,$x = x_i$ 的概率是 $\pi_i(z) > 0$,$i = 1, 2$。税务主管部门支付给检查员的工资为 $w_i = w(x)$,即取决于审计的结果,税务部门得到的收益为 $B(x-w)$。检查员的效用函数是 $U(w, z) = u(w) - v(z)$,他的保留效用水平是 $\underline{v}$。假设:

$$B'(\,\cdot\,) > 0, B''(\,\cdot\,) \leqslant 0, u'(\,\cdot\,) > 0, u''(\,\cdot\,) \leqslant 0, v'(\,\cdot\,) > 0, v''(\,\cdot\,) \geqslant 0$$

不做特别说明,则信息是不对称的。

(1) 对应每一个可能的努力水平,求解刻画最优合同的一阶条件 w_i,$i = 1, \cdots, n$。

(2) 当税务主管部门是风险中性的,检查员是风险厌恶的时候,最优合同的形式是什么?评论你的解并在一个方盒图形中给出阐释。

(3) 如果检查员是风险中性的而税收机关是风险厌恶的,那么最优合同将怎样变化?刻画税收机关将会诱导的努力水平。清晰陈述你希望作出的额外假设。

(4) 跟(2)一样,假设税收机关是风险中性的,检查员是风险厌恶的。努力水平只能取两个可能的值 $\bar{z}$ 或者 $\underline{z}$,$\bar{z} > \underline{z}$。努力水平将无法验证。因为实施 $\bar{z}$ 的代理成本太高,税务机关满足于诱致 $\underline{z}$。最优合同是什么?

▶ 12

设　计

面对不好的设计，最痛苦的是设计师。

——赫西奥德（Hesiod），《歌剧和死亡》（*Opera et dies*）

12.1　引言

对于我们讨论的微观经济学原理和分析而言，设计并不是一个新话题。从第 11 章的设计例子中我们已经看到了这一点，比如参与约束和激励相容约束在设定收费结构和工资合约的时候所发挥的作用。在第 9 章，当我们提到了跟效率和其他福利标准相关的实施问题时，我们已经提到了设计问题。本章我们将更加精确地探讨前面章节简要提到的这些问题。

本章讨论的目的是理解系统设计的原理，这些系统是要用于实施特定的配置或者社会状态。设计问题可以精确地关注非常狭窄的情形（比如单一市场），或者在整个经济体的层面上实施。"设计师"就是执行设计问题的经济决策者，可以是一个企业，也可以是一个被赋予了特定权力的人，或者是作为一个经济体中所有人的代理人的"政府"。重新应用第 9 章—第 11 章中的概念和方法，我们依然可以取得进展。的确，有些分析可被视为前面讨论的委托人—代理人思想的扩展和一般化。

关键问题可以这样概括。以前，我们假设存在一个经济制度来设定和管理经济交易的规则：通常这个制度就是某种形式的市场。偶尔，我们会注意到，在有些情形下，制度的缺点是显而易见的，例如，"非竞争性"商品的配置或者外部性存在的情形。现在我们把这个思想实验倒转过来：我们能否确立良好运作的经济体系背后的原则，进而为设计这样一个体系提供指导？

12.2　社会选择

如果我们从零开始考虑经济设计的问题，我们最好清楚这样做的目标是什么。经济体系应该实现怎样的目标？我们需要一个经济运作的表示方法，它足够灵活，以便使得我们可以对各种个人和社会目标进行一般性的建模。

为此，我们需要重温第 9 章讨论的社会福利概念背后的思想。首先，我们需要重新使用社会状态 θ 的一般描述，以及定义在 Θ 上的偏好"组合"的概念，Θ 是所有可能社会状态的集合;需要记住的是,偏好组合是一个有序偏好关系列表,这包括了经济中要考虑的每个家庭。然而,我们发现,跟第 9 章的弱偏好符合 $\geqslant^h$ 相比,使用效用函数的表示更加方便,尽管二者之间的区别只是表面上的;我们使用效用函数的"简化表达",把家庭 h(代理人)的效用表示为社会状态 $v^h(\theta)$ 的一个直接函数。因此,按照这个符号表示法,一个偏好组合就是一组排序的效用函数:

$$[v^1, v^2, v^3, \cdots] \tag{12.1}$$

总体中的每个成员各有一个效用函数;对于特定的一个组合式(12.1),我们用 $[v]$ 来进行简写;对于所有的可能组合 $[v]$ 的集合,我们用 $\mathbb{V}$ 来简写。①

还有两个第 9 章的关键概念在这里也很重要:构成和社会福利函数。除此之外,我们需要增加一个新的概念,它既完美契合社会选择的语言,又有更广泛的应用性。

定义 12.1

一个**社会选择函数**(social choice function)是从偏好组合集 $\mathbb{V}$ 到社会状态集 Θ 的一个映射。

因此,根据决策者 h 的偏好的效用表达 $v^h(\cdot)$,定义 12.1 中的社会选择函数可以写成:

$$\theta^* = \Gamma(v^1, v^2, \cdots) \tag{12.2}$$

关于社会选择函数 Γ,有几点需要注意:

(1) 一旦插入一个给定的偏好组合,它就选择 Θ 中的一个成员。

(2) Γ 中的元素是效用函数,不是效用水平;这类似于第 9 章定义的构成 Σ。

(3) Γ 包含了技术、市场和财产的分配,并把这些要素总结在一个过程中,即把偏好组合转变为社会状态的过程。因此,表达式(12.2)说的是:"如果你告诉我人们的偏好是什么,即他们的无差异曲线图的集合,那么我将告诉你社会状态应该是什么。"

(4) 因为 Γ 的设定在精神上类似于构成,所以它继承了跟构成有关的一些困难。

在较大的层面上,我们可以把社会选择函数看成一种黑箱,它把偏好组合转化成一个社会状态。它只是一个思想上的工具,把关注点放在消费者主权上,作为管理经济运作的一个原则:好比说,社会选择函数随时准备让众多消费者表达他们的意愿,然后根据这些意愿产生一种结果。在较小的层面上,我们可以把这个工具作为一个方便的抽象,用来描述一组影响企业和其他代理人的设计问题。

表 12.1　社会选择函数:符号表示

θ	社会状态
Θ	所有状态的集合
$v^h(\cdot)$	代理人 h 的"简化形式"的效用函数
$[v]=[v^1, v^2, v^3, \cdots]$	效用函数组合
$\mathbb{V}$	所有可能组合的集合
Γ	社会选择函数

---

① 迷你问题 1:假设社会状态完全由消费组合 $\theta := [\mathbf{x}^1, \mathbf{x}^2, \mathbf{x}^3, \cdots]$ 来描述。当个人偏好由组合 $[v^1(\cdot), v^2(\cdot), v^3(\cdot), \cdots]$ 给出的时候,在 (x_1^h, x_2^h) 空间内画出"更优"(实际上是"至少一样好")集合 $B(\theta^*; v)$。

我们考虑 Γ 的一些可能特征。首先我们从社会福利分析的基本加总问题中回顾一些本质的概念（有必要将其与第 9.2.1 节中的四个公理对比）。

定义 12.2

假设存在 θ^* 使得，对于所有的 h 和所有的 $\theta \in \Theta$：$v^h(\theta^*) \geqslant v^h(\theta)$。那么，如果 $\theta^* = \Gamma(v^1, v^2, \cdots)$，则社会选择函数 Γ 是**帕累托式的**（Paretian）。

定义 12.3

假设存在两个组合 $[v]$ 和 $[\tilde{v}]$，使得 $\theta^* = \Gamma(v^1, v^2, \cdots)$，并且对所有的 h：

$$v^h(\theta^*) \geqslant v^h(\theta) \Rightarrow \tilde{v}^h(\theta^*) \geqslant \tilde{v}^h(\theta) \tag{12.3}$$

那么，如果 $\theta^* = \Gamma(\tilde{v}^1, \tilde{v}^2, \cdots)$，那么社会选择函数 Γ 是**单调的**（monotonic）。

定义 12.4

如果存在一个决策者，他的偏好完全决定 θ，那么社会选择函数是**独裁的**（dictatorial）。

定义 12.2 意味着，如果存在一个社会状态 θ^*，使得每个人都把这个状态排在最高，如果 Γ 总是从社会状态集 Θ 选择 θ^*，那么 Γ 就是帕累托式的。解释单调性的通俗语言（定义 12.3）就是，被选中的社会状态永远不会被放弃，除非对某个决策者 h 而言它变得不再有吸引力。[①]定义 12.4 是符合直觉的：例如，如果第 1 个人是独裁者，那么当我们把式 (12.2) 中的函数 $v^2, v^3, \cdots, v^h$ 换成任意其他的函数，而令函数 v^1 保持不变的时候，我们将发现 θ 保持不变。跟在构成的上下文中一样，独裁者特征在社会选择函数的背景下也缺少吸引力。

将定义 12.1—式 12.4 和构成的讨论相比较，可以看出，关于社会福利函数，似乎也存在一个类似的阿罗不可能定理（定理 9.1）。的确如此：

定理 12.1（独裁社会选择函数）

假设社会状态的数量超过 2，且社会选择函数 Γ 定义为所有逻辑上可能的效用函数。那么，如果 Γ 是帕累托式的且是单调的，那么它一定是独裁的。

定理 12.1 的韵味跟定理 9.1 类似，证明也类似（参考本章的进一步阅读和附录 C）。但是它的含义未必能够一眼看出。为了更充分地理解这一点，我们引入一个至关重要的特征，它可以把构成的福利经济讨论和信息经济学讨论中的行为分析联系起来：

定义 12.5

社会选择函数 Γ 是**可操纵的**，如果存在偏好组合 $[v]$，使得对某个家庭 h 和某个效用函数 $\hat{v}^h(\cdot) \neq v^h(\cdot)$：

$$v^h(\hat{\theta}) > v^h(\theta) \tag{12.4}$$

这里，

$$\theta := \Gamma(v^1, v^2, \cdots, v^h, \cdots) \tag{12.5}$$

且

$$\hat{\theta} := \Gamma(v^1, v^2, \cdots, \hat{v}^h, \cdots) \tag{12.6}$$

社会选择函数是可操纵的，并非意味着某个家庭或者个人实际上处在可操作的位置，而是说在某些情形下，有人可以操控它。这跟我们在逆向选择的背景下讨论的"伪装"思

---

① 迷你问题 2：重温迷你问题 1。假设决策者 h 的偏好从 $v^h(\cdot)$ 变化到 $\tilde{v}^h(\cdot)$：根据 $B(\theta^*; v)$ 和 $B(\theta^*; \tilde{v})$ 来解释条件式 (12.3)。从图形来陈述单调性条件。

想(第 11.2.4 节)有密切的联系。对于一个可操纵的社会选择函数而言，经济体中的某些决策者传递虚假信息或许对自己有利：效用函数的形式就是典型的私人信息。如果 h 有办法显示虚假的效用函数 $\hat{v}^h$，那么经济体系的反应方式会让 h 真得变得更好，注意到表达式(12.4)中的不等号使用的是真实的效用函数 v^h。

然而，单调性意味着社会选择函数是不可操纵的。[①]这就引出了一个关键的结论，实际上就是定理 12.1 的推论：

定理 12.2

如果存在至少三个社会状态，并且对于每个家庭而言，这些状态之间的严格排序是允许的，那么唯一的帕累托式的、不可操纵的社会选择函数是独裁的。

定理 12.2 是第一次尝试获取一个来自我们在第 11 章中对信息的基本概念的考虑。它对于非完全信息情况下经济体系的设计方式，有着深远的影响。

12.3　市场和操纵

为了说明在熟悉的环境中虚假阐释和操纵的力量，让我们设计交换经济中的标准模型。

12.3.1　市场：回顾

以第 7 章特别有趣的社会选择函数为例子。设定如下细节：

(1) 企业的技术；

(2) 资源禀赋；

(3) 所有家庭的所有权。

这样我们似乎拥有了构建经济体的超额需求函数式(7.15)的全部要素；唯一缺失的是效用函数列表 7.1 所表示的偏好组合。一旦嵌入偏好组合，我们就可以完整设定一般均衡体系：超额需求函数决定均衡价格；价格决定配置的数量；配置就是社会状态。因此，一般均衡模型的装备可被视为一个社会选择函数 Γ，Γ 把偏好集转换成消费组合和净产出水平的列表，而消费组合和净产出水平列表构成了 θ。注意两件事：

(1) 在特定情况下，函数 Γ 能带来具有明显合意效率特征的结果。[②]

(2) 它不需要明确的设计。

然而，这个市场体系包含一个可能毫无根据的假定：每个个体决策者实际上太小了，以至于不重要。我们在两商品交换经济的基本模型的背景下更密切考察一下这个市场体系：图 12.1 中的埃奇沃思方框说明了这一点。

---

① 迷你问题 3：根据定义 12.3 在表达式(12.4)—式(12.6)中找到矛盾。

② 迷你问题 4：假设 Γ 是上面描述的社会选择函数。如果个体决策者的效用 v^h 进行一个单调变换，那么这将如何影响 Γ？

表 12.2　贸易博弈

$h=a, b$	家庭
$i=1, 2$	商品
x_i^h	h 消费的 i 的量
R_i^h	h 拥有的 i 的禀赋

最初的财产分布是 $\mathbf{R}^a=(0, R_2)$，$\mathbf{R}^b=(R_1, 0)$：阿尔夫拥有全部的商品 2，比尔拥有全部的商品 1。每个人凭各自的禀赋都可以生存，但是都可以从相互贸易中获益。阿尔夫的无差异曲线由虚线的图形所示（原点在 O^a）；比尔的无差异曲线是原点在 O^b 的那些线。所有的帕累托效率配置的集合，即两人无差异曲线切点的连线，如图中连接 O^a 和 O^b 的不规则线所示。两人博弈的核是上述集合的子集，边界为点 $[\underline{\mathbf{x}}^a]$ 和 $[\underline{\mathbf{x}}^b]$；在两人情形下，这可以看成是完全信息均衡的配置集（两个人都说实话）。①

12.3.2　简单贸易

正如我们从第 7 章所知道的（第 7.3.3 节），两人情形是 2N 人情形的一个范式，这里 N＞1 是一个复制乘数。如果 N 足够大，那么唯一剩下的核心一定是竞争均衡，在这种情况下，即对应着价格 $\mathbf{p}^*$，在 $[\mathbf{x}^*]$ 的唯一均衡配置。在这样的竞争模型中，谎报自己的偏好是没有意义的：如果一个人错误地汇报了他的边际替代率，那么结果就是，跟他选择预算集边界上的点（边际替代率等于价格比）相比，他实现的效用水平反而较低。然而，如果一个人认为他的影响力"足够大"以至于可以影响市场出清的价格，那么这个结论将不再成立。

12.3.3　操纵：权力和谎报

假设阿尔夫知道比尔在每个价格下会做的贸易，并且阿尔夫有权力决定价格。我们可以设想一个操作，在比尔身上试验不同价格和他的期望消费。基于这个信息，阿尔夫可以利用他作为商品 2 的垄断者的位置，强制抬高价格。这样，结果就不再是图 12.1 中的竞争均衡 $[\mathbf{x}^*]$，而是别的点，比如价格为 $\hat{\mathbf{p}}$ 的点 $[\hat{\mathbf{x}}]$，此时的贸易条件已经沿着有利于阿尔夫的方向移动了。②

或者我们可以将其看成一个谎报的故事，阿尔夫谎报了他的边际支付意愿，他向贸易伙伴显示了一个虚假的无差异曲线。故事进展如下。一周的每一天，每个贸易者携带禀赋来到市场（禀赋由点 $[\mathbf{R}]$ 表示）。但是一周之内，品位有了明显的变化：

周一：偏好被公开展示给每个人（偏好如图 12.1 的无差异曲线来描述）。双方进

---

①　迷你问题 5：找出这两个代理人的保留无差异曲线。

②　迷你问题 6：基于图 12.1 用一个图表来描绘比尔的提供曲线。阐明阿尔夫如何利用这条提供曲线作为他的机会集的边界来最大化他的效用，进而在 $[\hat{\mathbf{x}}]$ 得到一个垄断解。

行讨价还价,每个人都说真话,如实向对方展示自己的需求函数。双方会达成竞争均衡,可能是双方同意遵守公正无私的仲裁拍卖人的裁定。因此,每个贸易者都好像是作为一个价格接受者在价格 **p*** 行动,均衡发生在点[**x***]。

周二:交易者再次携带禀赋存量[**R**]来到市场,但是阿尔夫现在决定撒谎,撒谎纯粹是为了物质利益。他意识到,跟点[**x***]相比,在点[**x̂**]交易对他更有利:他说他真实的偏好发生了变化,从而诱致诚实的、信任他的比尔接受点[**x̂**],这样可以再次保证得到一个竞争均衡的解。阿尔夫谎报的无差异曲线,如图中穿过点[**x̂**]的深色曲线所示。这条线是阿尔夫刻意选择的,因为正好可以和比尔的无差异曲线相切于点[**x̂**]。

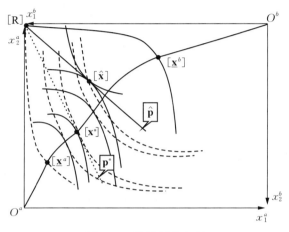

图 12.1　被操纵的贸易

实践中的微观经济学:伦敦银行同业拆借利率的操作

伦敦银行同业拆借利率(London inter-bank offered rate, Libor)被称为"世界上最重要的数字"。它度量的是大型银行从其他银行借入无担保短期资金的利率,反映了银行之间对彼此的财务健康状况的信心。Libor 是根据 16 家参与银行每日向英国银行家协会提交的密封报价中计算的,是去掉了 4 个最高报价和 4 个最低报价的中间 8 个报价的平均值。从 2006 年 8 月初到 2007 年 8 月初,一个月的 Libor 基本保持不变(作为参照的美联储资金实际利率和一个月的美国短期国债的利率都没有表现出如此惊人的稳定性。同期,中间的 8 个报价也没有变化)。2008 年 5 月 29 日,《华尔街日报》发表了一篇文章,声称几家全球银行汇报的 Libor 报价明显低于当前信贷违约掉期所揭示的水平。

Abrantes-Metz 等(2012)猜测,银行可能低报了它们的借款利率,这样使得它们看上去并不急缺现金。他们给出了统计上的证据,Libor 汇报的模式跟特定期间市场竞争条件下预期发生的并不一致。同时,经验证据并不支持《华尔街日报》声称的 Libor 被操纵刻意低报的假说。还可参见 Abrantes-Metz 和 Metz(2012)。

12.3.4 设计问题？

从上述例子中可以明显看出，谎报会带来没有效率的结果。同时很清楚的是，上述例子可被看成是坏的设计的一个教训。设想一个管制贸易的公共机构或者代理机构，如果贸易的规则允许模拟垄断企业行为的行动发生，那么结果就不是最优的。我们需要进一步探究这个问题。

12.4 机制

至此我们已经阐释了一个要点，即个体经济代理人可以操纵社会选择，从而导致明显没有效率的结果，从而有可能被合理的社会价值体系认为是不可取的。为了把经济代理人的谎报纳入到模型，我们需要一个牢牢植根于信息经济学的讨论语言和分析方法。

我们下一步是要探讨驱动这一大类经济问题的引擎是什么。为此，我们有必要重新考察第 10 章讨论的博弈的要素（第 10.2.1 节），以便用于设计问题中。我们可以把这些要素描述为：

（1）决策者 S^1、S^2、S^3，…的策略集。我们可以方便地用笛卡尔乘积 S 来统一表示它们：S 中的每个元素都是一个策略组合 $[s^1, s^2, s^3, \cdots]$。

（2）一个方便的方法来描述"任意给定的策略组合下博弈结果是如何决定的"。称之为结果函数。每个经济决策者选定了一个策略，社会状态就被决定为 $\theta = \gamma(s)$，这里 s：$[s^1, s^2, s^3, \cdots]$。

（3）参与人目标的设定。这包括了偏好组合 $[v^1, v^2, v^3, \cdots]$。一旦结果（社会状态）θ 被决定了，就导出了效用收益 $v^1(\theta)$，$v^2(\theta)$，$v^3(\theta)$，…。

表 12.3　机制：符号表示

θ	社会状态
Θ	所有社会状态的集合
$[v^1, v^2, v^3, \cdots]$	效用函数组合
$\mathbb{V}$	所有可能组合的集合
s^h	决策者 h 的策略
$[s^1, s^2, s^3, \cdots]$	策略组合
S	所有策略组合的集合
γ	结果函数
Γ	社会选择函数

如果上述三个项目都被详细设定了，那么博弈就被完全描述了。现在，如果前两个要素正好给了我们所需要的，让我们对处于本章核心的这个"引擎"进行一个一般的描述：

定义 12.6

机制包含策略组合集 S 以及从 S 到社会状态集 Θ 的一个结果函数 γ。

机制几乎是一个完整设定的博弈。缺失的关键要素是效用函数的组合，因为效用函数充分设定了每个参与的经济决策者的效用最大值和实际收益。因此，一旦参与人的目标已知，或者说一旦我们嵌入了效用函数的特定组合，那么我们就可以知道博弈决定的社会状态，以及所有经济决策者的福利含义。

12.4.1 实施

机制的思想可以让我们精确地描述设计问题。通过一个经济博弈作为媒介，机制在"所有可能偏好组合的空间"和"社会状态"之间建立了联系。社会选择函数可否在实践中发挥作用？答案是肯定的，只要它能被描述为一个博弈的均衡。"实施"这个理念可以用如下的几步来表达：

（1）把机制设定为一个（策略集、结果函数）的组合(S, γ)。

（2）考虑到他们实际的偏好$[v^1, v^2, v^3, \cdots]$，把机制用为博弈规则，参与人决定他们的最优策略为组合$[s^{*1}, s^{*2}, s^{*3}, \cdots]$。

（3）结果函数按照如下的策略组合决定社会状态：

$$\theta^* = \gamma(s^{*1}, s^{*2}, s^{*3}, \cdots) \tag{12.7}$$

（4）这个θ^*是设计者从式(12.2)中的社会选择函数Γ中所希望得到的吗？

这就引出了一些重要的问题，涉及这个过程完成的方式。首先，参与人是谁？n_h个决策者的作用是清楚的：他们的偏好构成了机制的逻辑；但是还有另外的一个主体，那就是隐藏在背景中鲜为人知的设计者：下面将给出一些设计者的具体例子。其次，我们谈及均衡：但是什么类型的均衡？正如我们在第10章讨论的，合适的均衡概念有一个范围，具体哪个最合适取决于时间和构建到模型中的信息结构，以及我们对可容许的策略施加的任何限制。标准的范式是不完全信息贝叶斯博弈（第10.7.1节），它构成了第11章的大部分内容，我们需要用到传统的纳什均衡以及更有局限性的占优策略均衡。第三，博弈可能有几个均衡：它们都将导致式(12.7)中所期望的θ^*吗？如果答案是肯定的，那么我们说这个机制完全实现了社会选择函数Γ。否则，如果有些均衡带来了θ^*，但是至少一个均衡导致了θ^*以外其他的社会状态，那么这个机制只是弱实现了Γ。[1]

定义 12.7

如果存在机制的占优策略均衡$[s^{*1}(\cdot), s^{*2}(\cdot), s^{*3}(\cdot), \cdots]$，使得$\gamma(s^{*1}(\cdot), s^{*2}(\cdot), s^{*3}(\cdot), \cdots) = \Gamma(v^1, v^2, v^3, \cdots)$，那么机制$(S, \gamma(\cdot))$**弱实现占优策略的社会选择函数$\Gamma$**。

---

[1]　迷你问题7：根据这里的讨论，显然，"社会选择函数是可实现的"这个论断揭示了一些事情。考虑如下的四种说法，它们的区别在于"可实现性"要求的强度不同。存在一个机制……

（1）……所有的纳什均衡都可导致θ^*。

（2）……存在唯一的可导致θ^*的纳什均衡。

（3）……存在一个占优策略均衡可导致θ^*。

（4）……存在一个可导致θ^*的纳什均衡。

按照递增强度的顺序，重新排列这些关于实现的描述。

12.4.2 直接机制

可以设想,有大量的机制可被设计来实施某个特定的目标。出于有效设计和清晰阐述的目的,我们可以合理论证,最好是关注那些基于相对简单的博弈的机制。因此,我们考虑一个非常简单的博弈。

这个博弈包含宣布个人偏好:这意味着宣布任何可以显示个人参与博弈动机的信息。这是一个类似于第 11 章的第 11.3 节讨论的显示信息的博弈。在这个博弈中,策略空间 S 正好就是所有可能效用组合 $\mathbb{V}$ 的空间;①结果函数把已宣布的偏好直接映射到社会状态,使得对于 $\mathbb{V}$ 内的所有组合,$\gamma(v^1, v^2, v^3, \cdots)=\Gamma(v^1, v^2, v^3, \cdots)$。换言之,这个机制是如此简单,以至于结果函数就是社会选择函数本身;毫不奇怪,这个工具通常被称为直接机制。设计这样一个机制的诀窍是要确保说实话。但是,确保说实话意味着什么?

为了阐明清楚这一点,我们使用第 10 章(第 10.3.1 节)介绍的占优策略的概念。如果 $s^{*h}(v^h)=v^h$, $h=1, 2, \cdots, n_h$ 是直接机制的一个占优策略均衡,那么我们说社会选择函数 Γ 在占优策略上是真实可实施的。通过设定占优策略均衡,我们要求的是,每个人发现"诚实是最好的策略",不管其他人是不是遵循同样的规则,甚至不管其他人是不是理性的。

12.4.3 显示原则

直接机制(或者直接显示机制)本身是很有趣的,而且在实现的一般问题中有着根本意义。在下面的分析中,组合 (S, γ) 表示你可以想到的任何机制,而 $(\mathbb{V}, \Gamma)$ 表示第 12.4.2 节刚刚讨论的直接机制:

定理 12.3(显示原则)

如果社会选择函数 Γ 可被机制 (S, γ) 在占优策略上弱实施,那么 Γ 就是用直接机制 $(\mathbb{V}, \Gamma)$ 在占优策略上真实可实施的。

这个思想如图 12.2 所示。实施的故事可以用如下的两个方式来讲述:

机制 (S, γ)。给定 $\mathbb{V}$ 的偏好组合的某个特定选择,决策者选择 S 的一个子集,策略组合 $[s^{*1}(v^1), s^{*2}(v^2), s^{*3}(v^3), \cdots]$ 可以构成一个或多个均衡:如图形中的左支所示。结果函数把均衡策略映射到社会状态集 Θ(如图中的右支所示)。对某些均衡而言(完全可实施情形下的全部均衡),这最后一步导致了 θ^*(图 12.2 给出的)。

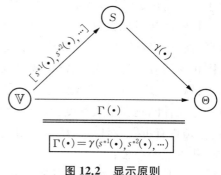

图 12.2 显示原则

①　迷你问题 8:假设每个决策者 h 的品味参数 τ^h 是 $[0, 1]$ 内的一个数字。写出合并策略空间的精确表达。

直接机制($\mathbb{V}$,Γ)。社会选择函数被用作一个机制,使得对于从$\mathbb{V}$中选择的一个特定$[v]$,带来θ^*(图形中的底部路径)。

显示原则意味着,复杂的实施问题可以用特别简单的方式来分析。你可以关注涉及尽可能简单信息的情形:陈述你的个人偏好。如果你想确认社会选择函数是占优策略可实施的,那么你经历图 12.2 中从$\mathbb{V}$到Θ的迂回路径就没有意义了。然而,直接显示机制未必在实践中被用来解决一个设计问题,定理 12.3 也没有阐明清楚是否存在用来实施Γ的机制的多个均衡,甚至都没有澄清是否一定存在均衡。

12.5　设计问题

有了机制的概念作为一个基本工具,我们可以继续讨论第 12.2 节遗留的问题:设计一个经济制度来实现特定社会目标集的问题。通过应用第 12.4 节的真实实施概念,我们可以把分析建立在关于社会选择函数的结果上面。

特别地,把独裁社会选择函数的结果和显示原则(定理 12.1 和定理 12.3)合并起来,我们可以得到如下定理:

定理 12.4(Gibbard-Satterthwaite)

如果:(1)社会状态集Θ包含至少三个要素;(2)社会选择函数Γ定义在所有逻辑上可能的效用函数集合$\mathbb{V}$上;(3)Γ在占优策略上真实可实施,那么Γ一定是独裁的。

应用可操纵性这个概念,我们可以更好地理解这个结果的力量。引申而言,如果一个机制不是确保占优策略真实可实施的,那么我们可以认为这个机制是可操纵的。当我们试图设计一个方法来实现社会目标的时候,如果我们有一个不被操纵或者有与策略无关的机制,那么这将是特别有吸引力的。但是定理 12.4 已经阐明清楚了,如果所有类型的品味是可接受的,并且社会选择集足够大以至于有趣,那么实现这个目标的唯一方法是,允许某个决策者作为独裁者行动。

对这个结果还有一个通俗的解释,可以从欺骗的角度去看。我们在第 11 章已经遇到了一些特定的情形,就是个人有动机谎报关于自己的信息:高估价的顾客可能想伪装成低估价的顾客,目的是得到一个对自己更有利的收费结构;代理人可能试图逃脱低努力的惩罚,而把不良的结果归咎于天气。定理 12.4 意味着,如果社会状态集足够大,并且机制试图包含所有类型的决策者(不允许任何人作为独裁者),那么它就不再能够执行实话实说了:欺骗就成了这个系统的地方病了。

设计问题在很大程度上归结为找到合理的方法来规避定理 12.4 的严苛。一般意义上,是否有可能设计一个机制来阻止欺骗或者谎报?重新阅读定理的条件,我们可以找到一些可能的路径:

(1)考察两个社会状态之间选择的情形;

(2)考虑只有一组受限制的个体效用函数可被接受的情形;

(3)放松占优策略均衡的实话实说的严苛要求。

我们首先简要考虑最后一条涉及的问题,然后再详细探讨其他两个。

回忆一下,我们对机制的真实实现的解释是有局限性的:关于自己的隐藏信息,实话实说必须是每个决策者 h 的最优选择,而不管别人怎么选。跟通常在策略环境中用到的均衡相比(比如第 10 章所讨论的例子),这是一个严格得多的均衡概念。考虑一个更接近讨论经济博弈时用到的均衡概念:如果我们要求实话实说只是一个纳什均衡,而不是一个占优策略均衡,将会怎样?①

如果我们保留社会选择函数仅仅弱实现的要求,那么纳什均衡的方法会带来令人非常不满意的结果:困难在于,决策者可能相互协调形成一个均衡,其中每个人都对其他人的策略作出一个最佳应对,但是结果却毫无吸引力。相应地,我们应该考虑纳什均衡可以完全实施的可能性。这里,每个人知道他自己的偏好,也知道所有其他人的偏好;但是设计者不知道这些信息。对于这种情形,一个明显有吸引力的结果是:

定理 12.5(纳什实施)

如果一个社会选择函数是纳什可实施的,那么它是单调的。

然而,这个纳什实施的结果本身是非常局限的。首先,它可能再次意味着,在具有经济含义的情形下,社会选择函数必须是独裁的。其次,单调性可能给分配带来不可取的结果(参见迷你问题 26)。最后,存在一个时间的一致性问题:有可能发生的情形是,个体决策者选择对机制产生的结果 θ 进行重新谈判。

12.6　设计:应用

关于应对定理 12.4 的挑战的其他方法,可以用一些关键的经济应用来阐明。这些都是第 11 章模型化的不完全信息贝叶斯博弈类型:特别地,所有的这些应用都可以看成涉及隐藏特征的"逆向选择"类问题的不同版本。

回忆一下,应对定理 12.4 的结果的三个可能方法中的第二个,说的是限制可接受效用函数的类别。因此,我们将使用跟逆向选择模型中相同的一般形式的效用函数来简化个体偏好的表达。我们假定,博弈中所有的经济决策者具有相同效用函数的一般形状,但是他们具有不同的"类型"或"品位"参数 τ(τ 是实数)。不同个体的不同的参数 τ 值充分描述了决策者的不同目标。

12.6.1　拍卖

拍卖可以看成是回答一个问题:"告诉我你的估价是多少?"有人确立一个事件或者机构来获取一个或多个潜在购买者的付款,潜在购买者希望买到的是一个标的物、一组商品或者所有权。这个机制如何运作? 有关设计的原理如何帮助我们理解规则以及可能的结果呢?

拍卖分析在经济上之所以有趣,是因为问题涉及隐藏信息的本质:卖者通常不知道单个潜在买者的特征,尤其是不知道买者的支付意愿。鉴于此,我们需要用贝叶斯博弈来阐述这个问题,并且用显示原则来简化分析。拍卖的类型非常多,比如,参与者的信息获得、

---

① 迷你问题 9:我们描述占优策略版本的实话实说为"诚实永远是最好的策略"。纳什均衡版本的实话实说,用通俗的语言如何表达?

时间以及拍卖规则等都不同。我们先讨论信息问题,然后再看规则。

信息设定

我们可以考虑用不同的方法来表示拍卖模型背后的未知信息。下面是两个主要的例子:

共同价值问题。有一罐黄金,一旦揭开盖子,那么它对每个人而言都有相同的价值。在拍卖发生的时候,个体决策者对宝贝的价值有不完全信息,有些人知道的信息较多。

独立私人价值问题。每个人对标的物都有自己私人的估值,可能每个投标人都不一样,即使他知道了其他投标人的估值,也不会改变自己的估值:有人可能更看重某个艺术家的作品,因此赋予它更高的货币价值;其他人则未必。

一些有趣的情形可能合并了两种类型未知信息的要素。[①]然而,为了阐述的方便,我们关注纯粹的私人价值情形。我们假设,有一个不可分割的标的物,特征已知,用拍卖的方式出售,每个潜在的投标人对这个标的物有私人估值 τ。这里,τ 可以被看成是决策者的品位或者类型参数,它跟决策者对标的物的估值有关:它度量了决策者的支付意愿。

实践中的微观经济学:拍卖几坛子硬币

拍卖高度相同价值的物品,可能会产生一些很奇怪的结果。Bazerman 和 Samuelson(1983)做了几轮实验,他们把几坛子硬币拍卖给学生。每坛硬币的价值是 8 美元。平均投标价格是 5.13 美元。但是平均的竞标成功的价格是 10.01 美元。发生了什么? 参见练习题 12.9。

拍卖的类型

首先简要回顾一些术语,参见表 12.4 的总结:

英式拍卖(English auction):公开竞标,递增报价,直到最后的竞标者赢得拍卖,支付最后的竞价。

荷式拍卖(Dutch auction):按照相反的方向进行,从一个高价开始,逐渐下调,直到有人愿意以某个价格购买。

密封一价拍卖(sealed-bid first-price auction):每个决策者秘密提交自己的竞价,出价最高的竞标者赢得标的物;中标者支付的价格是他的报价。

密封二价拍卖(sealed-bid second-price auction):报价最高的竞标者赢得标的物,但是获胜者只需要支付"亚军"的报价,即次高价格。

---

① 迷你问题 10:油画的拍卖就是这种类型,给出一个简要的论证。

表 12.4　拍卖的类型

公开竞标	密封竞标
荷式递减价格竞标	一价
英式递增价格竞标	二价

表 12.5　拍卖：符号表示

τ^h	决策者 h 的私人价值
p^h	决策者 h 的报价
P^h	拍卖规则要求的决策者 h 支付的价格
π^h	h 赢得拍卖的概率
$\beta(\cdot)$	竞标函数

在一些情况下，这四种可能性实际上可归结为两种，对应着表中的两行。荷式公开拍卖和一价密封拍卖本质上是相同的机制；从我们的信息模型角度看，英式公开拍卖和二价密封拍卖的结果是一样的。在探讨拍卖机制的更一般方法之前，我们在下面的两小节中证明这个论断。

一价

用策略的术语来说，荷式拍卖等价于密封一价拍卖：当价格递减的时候，每个竞标人选择一个获得标的物的临界值，或者在密封的信封中提交，他们都知道，如果投标成功，他将需要支付这个价格。

为了考虑密封投标、不可分割标的物的独立私人价值拍卖，我们举一个例子。阿尔夫和比尔是两个风险中性的决策者，他们参加一个密封一价拍卖。标的物在他们心目中的私人价值分别为 τ^a 和 τ^b，来自支持 $[0,1]$ 上的分布 F；也就是说，两人赋予标的物的最低价值是 0，最高是 1。这个问题是对称的，因为尽管阿尔夫和比尔具有品味参数 τ 的不同实现，但是他们面对相同的分布且具有相同的目标函数：这大大简化了问题的解。假设阿尔夫认为比尔的竞价根据函数 $\beta(\cdot)$ 决定于他的类型 τ^b：如果阿尔夫的竞价为 p^a 且 $p^a \geqslant \beta(\tau^b)$，那么他将得到这个拍卖物品。阿尔夫赢得标的物的概率是：

$$\pi(p^a) := Pr(\tau^b \leqslant \beta^{-1}(p^a)) = F(\beta^{-1}(p^a)) \tag{12.8}$$

这里 β^{-1} 表示反函数。因为这是一价拍卖，如果你赢了的话，你的报价就是你要支付的价格。因此，如果阿尔夫成功赢得标的物，那么他的收益是 $\tau^a - p^a$；否则，他的净收益为 0。因此，鉴于他是风险中性的，他寻求的是最大化期望净收益 $\pi(p^a)[\tau^a - p^a]$。定义最大化的期望净收益为：

$$v(\tau^a) := \max_{p^a} \pi(p^a)[\tau^a - p^a] \tag{12.9}$$

我们立刻得到私人价值 τ^a 增加的效果：①

———————————————

① 迷你问题 11：为什么是这样？

$$\frac{\partial v(\tau^a)}{\partial \tau^a} = \pi(p^{a*}) \qquad (12.10)$$

这里,p^{a*} 是 p^a 的最优值。因为这个问题是对称的,所以在纳什均衡,每个人有相同的函数 β;因此:

$$p^{a*} = \beta(\tau^a) \qquad (12.11)$$

根据式(12.8)—式(12.10),阿尔夫的期望净收益是:[1]

$$v(\tau^a) = \int_0^{\tau^a} F(\tau) \mathrm{d}\tau \qquad (12.12)$$

在最优解处,阿尔夫的期望净收益还可以写成:

$$v(\tau^a) = \pi(p^{a*})(\tau^a - \beta(\tau^a)) \qquad (12.13)$$

据此我们可以推出一价拍卖中阿尔夫的最优报价是:[2]

$$\beta(\tau^a) = \tau^a - \frac{\int_0^{\tau^a} F(\tau) \mathrm{d}\tau}{F(\tau^a)} \qquad (12.14)$$

这正是阿尔夫赢得拍卖物品的时候将支付的价格。

因为这个问题是对称的,所有的上述推理也适用于比尔,只需要把上标 a 和 b 调换一下即可。[3]为了说明这一点,假设品味遵循的是参数为 $[2, 7]$ 的 Beta 分布(如果 x 遵循这样的分布,那么密度函数跟 $x^2[1-x]^7$ 成比例,如图 12.3 所示)。式(12.14)中的竞标函数 $\beta(\cdot)$ 以及作为个人价值函数的获胜概率式(12.8),都如图 12.4 所示。

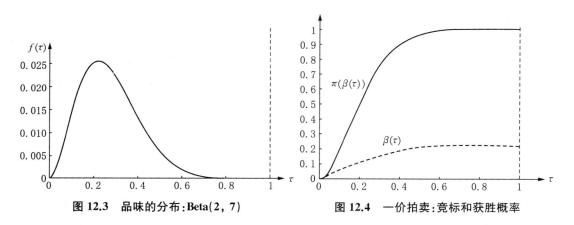

图 12.3　品味的分布:Beta(2, 7)　　　　图 12.4　一价拍卖:竞标和获胜概率

二价拍卖:一个让人说实话的机制吗?

现在考察英式公开竞价拍卖。在私人价值信息模型的情况下,在这样的拍卖下,占优

---

① 迷你问题 12:填写缺失的两行来证明这一点。

② 迷你问题 13:根据式(12.9)证明为什么是这样。

③ 迷你问题 14:选择一个 $N>2$ 的总体。在这种情况下,上述推理将如何变化?

策略是持续竞标,直到报价达到标的物在个人心目中的价值,然后,如果报价持续升高,退出竞标;成功的竞标只需要报价略微高于最后一个投标者即可。因此,实际上获胜的投标人只需要支付"亚军"的报价即可。如果参加密封竞拍,竞标人知道如果他获胜后只需要支付次高报价即可,那么他的占优策略是以真实估值报价。① 因此,在私人价值的情形下,英式公开竞标拍卖的运作机制实际上跟二价拍卖一样。②

出乎意外地,我们似乎找到了一个简单的机制来诱致实话实说。然而,在这个情形下,这个机制只是弱实施这个实话实说的结果:其他的均衡可能会带来拍卖中的谎报,也可能会导致合谋的结果。③

我们看一个二价规则下的二人竞标的例子。如果阿尔夫竞标成功获得标的物,那么他的收益是 $\tau^a - \beta(\tau^b)$。风险中性的阿尔夫再次寻求最大化他的期望净收益 $\pi(p^{a*})(\tau^a - p^b)$,这里 $p^b = \beta(\tau^b)$。④ 二价拍卖中的最优报价函数一定是⑤:

$$\beta(\tau^a) = \tau^a \tag{12.15}$$

均衡下阿尔夫获得拍卖物品的概率是 $F(\tau^a)$。最后,如果阿尔夫竞标成功他需要支付的价格是:

$$\tau^a - \frac{\int_0^{\tau^a} F(\tau)\mathrm{d}\tau}{F(\tau^a)} \tag{12.16}$$

人们很自然会问,两种类型的拍卖哪个更优。然而,我们并不急于直接回答这个问题,更有价值的是,考察这两种拍卖以及其他类型拍卖背后的基本设计问题。

设计问题

到目前为止,我们一直把主导拍卖的规则视为固定的。现在,我们放弃这个假定,为的是更广泛地思考一些基本问题。在设计一个拍卖的时候,应该考虑哪些原则? 为了回答这个问题,我们需要首先想明白,设计问题的目标是什么:谁扮演设计者的角色? 大多数情况下,可以合理地假定,拍卖者维护的是卖家的利益:我们是否应该把拍卖所得最大化看成设计问题的唯一目标呢?

考虑写出一个拍卖模型的方式。我们不假定存在特定的拍卖机构和规则,而是用相

---

① 迷你问题 15:假设你对标的物的真实估值是 τ。为什么提交一个低于 τ 的报价 p 是无意义的? 为什么提交一个大于 τ 的报价可能会伤害你的利益?

② 迷你问题 16:如果一个人出售的是一块地的采矿权,为什么说英式公开拍卖和二价密封拍卖可能不是等价的?

③ 迷你问题 17:在独立私人价值模型中,假设存在固定数量的投标人,投标人对标的物的私人估值分布在区间 $[0,1]$ 之上。考虑二价拍卖中如下的策略组合:投标人 1 提交价格 1;其他人投标价格为 0。(1)证明:这是拍卖机制的一个均衡。(2)证明:在这样一个均衡中,投标人之间的串谋可以是自我实施的。(3)为了让这样的串谋发挥作用,需要哪些实际的安排?

④ 迷你问题 18:阿尔夫的期望净收益可能是负的吗?

⑤ 迷你问题 19:遵循类似于一价拍卖情形下的逻辑,验证这些结论。

当广义的术语把它描述为一个机制。一般意思上,我们可以用两个规则来描述拍卖,这两个规则是基于投标人提供的信号。令决策者 h 的竞价(信号)为 p^h。那么,刻画这个机制的两个规则如下:

(1) 配置规则:

$$\pi^h(p^1, p^2, \cdots), h=1, 2, 3, \cdots \tag{12.17}$$

给出了某个特定决策者 h 获得标的物的概率。

(2) 支付规则:

$$p^h(p^1, p^2, \cdots), h=1, 2, 3, \cdots \tag{12.18}$$

规定了拍卖落下帷幕之后谁支付什么。它包含了一种可能性,即并不是只有获胜者才需要支付。

有了这些之后,我们差不多就可以引入一个基本的概念了。我们唯一需要在事先施加的限制是,拍卖的组织一定要保证拍卖物品最终落入出价最高的竞标者手中。那么我们有:

定理 12.6(收益等价)

如果竞标人是风险中性的,并且每个人的品位类型 τ 都是独立地从一个共同的分布中抽取的,这个分布有着严格为正的密度,那么满足如下条件的任何拍卖机制,都会导致相同的预期收益和结果,其中每个竞标者的预期支付也相同,都是自己类型的函数:(1)拍卖物品永远落入出价最高的竞标者手中;(2)对标的物估值尽可能低的竞标者的净收益为零。

证明参见附录 C,但是论证的主要步骤如下:

(1) 根据披露原则,我们可以把拍卖刻画成一个宣布估值的操作。

(2) 要使得提出的机制成为一个贝叶斯纳什均衡,函数 $\pi^h(\cdot)$ 和 $P^h(\cdot)$ 必须满足每个决策者的参与约束和激励相容约束。

(3) 考虑到每个人都在最大化期望净收益,拍卖物品落入出价最高的竞标者手中这个要求,保证了均衡的时候,你的预期净收益、你的报价以及你赢得拍卖物品的概率都是你对标的物真实估值的增函数。

(4) 获胜者的预期支付和卖方预期收入可以用这些解的函数来表达,但解是独立于拍卖博弈的特定形式。

尽管定理 12.6 是用私人信息情形陈述的,但是它可以建立一个广泛的类模型,只要竞标人和卖家只对期望收益感兴趣,标的物落入出价最高的竞标者手中,并且对估值最低的竞标者有合适的约束。乍一看,由于其明显的一般性,收益等价定理看起来很不寻常。然而,我们有必要凸显一些要点,只要细读这个结果,这些要点就是显而易见的。

首先,注意定理 12.6 成立的特殊条件,这很重要。如果(比如说)只有两个可能的品位类型,每个竞标者类型为 τ° 或者 τ'(但是没有其他了),那么密度条件的要求就被违反了,就有可能找到一个违背收益等价的贝叶斯纳什均衡。[1]

---

[1]　迷你问题 20:验证练习题 12.1;解释为什么这个例子违背了收益等价。

其次,结果只是用预期收益来表达。如果卖家是风险厌恶的,那么他或她将会关心拍卖价格的整个概率分布,而不仅仅是它的期望值。我们可以从品味 τ 背后的分布中推导价格 P 的分布,根据:(1)决定支付价格 P 的规则(一价或二价);(2)关于顺序统计的结果。举一个例子,考虑前面讨论的两人拍卖,价值分布如图 12.5 所示:

实线表示的是一价拍卖的分布函数。这是根据式(12.14)中两个随机变量(τ^a,τ^b)中较高的那个的竞标函数得到的。

虚线表示的是二价情形下的分布函数。这是根据将价格设定为两个随机变量(τ^a,τ^b)中较低的那个得到的。

显然,两条曲线只相交一次:跟二价拍卖相比,一价拍卖下价格取极端值(趋于 0 或者 1)的概率较小。

因为定理 12.6,两个分布的均值相等:因此,两相比较,风险厌恶的卖方显然偏好价格波动范围小的一价拍卖。

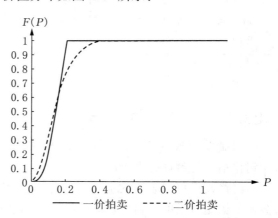

图 12.5 支付的价格的分布

例 12.1(参见 Klemperer,2004)

假设正好有两种类型,分别取值为 $\tau=0$;$\tau=1$。潜在买家阿尔夫和比尔各自有 0.5 的概率取上述两个类型的值。拍卖者喊出了一个价格 P;如果只有一个买家接受这个价格,那么他将以价格 P 得到这个拍卖物品。否则,拍卖物品的配置将由抛硬币来决定,支付的价格为 P(如果双方接受)或者 0(如果双方都不接受)。如果双方接受,那么只有这个赌局的获胜者才需要支付。

(1)假设宣布的价格是 $P=0.5$。阿尔夫假设比尔将接受 P,当且仅当 $\tau^b=1$。因此,如果阿尔夫接受这个价格并且比尔的 $\tau^b=0$,那么阿尔夫一定可以赢得拍卖物品。如果阿尔夫接受这个价格并且比尔的 $\tau^b=1$,那么阿尔夫和比尔获胜的概率相同。因此,阿尔夫赢得拍卖物品(如果他接受 P)的概率是:$0.5\times1+0.5\times0.5\times1=0.75$。

(2)假设 $\tau^a=1$。如果阿尔夫接受价格 0.5,那么他获得标的物的概率是 0.75,此时他的净收益是 $\tau^a-P=1-0.5=0.5$;否则,净收益为 0。如果阿尔夫不接受,那么他获得标的物的概率是 0.25(如果 $\tau^b=0$,那么阿尔夫将根据赌局结果来获得标的物)。因此,阿尔夫接受价格 $P=0.5$ 的期望净收益是 $0.75\times0.5=0.375$,拒绝这个价格的期望净收益是 0.25,因此他会接受。令 $v(\tau)$ 是类型 τ 的均衡的净收益,令 $\pi^*(\tau)$ 是类型 τ 的人获得拍卖物品的概率,我们有:

$$v(0)=0;\ \pi^*(0)=0.25$$
$$v(1)=0.375;\ \pi^*(1)=0.75$$

(3)根据同样的逻辑,对于其他价格 P,类型 $\tau^h=1(h=a,b)$ 的人接受支付标的物价格 P 的条件是 $0.75*[1-P]>0.25$,即只要 $P<2/3$。在均衡的时候,在价格 P 我们有:

$$v(0)=0;\ \pi^*(0)=0.25$$
$$v(1)=0.75[1-P];\ \pi^*(1)=0.75$$

实践中的微观经济学：英国 3G 移动电话牌照——拍卖设计中的问题

2000 年英国第三代移动电话牌照的拍卖筹得 225 亿英镑（合 340 亿美元）。"自从公元 193 年整个罗马帝国被禁卫军拍卖给尤利安努斯以来，尚无那么大的拍卖。"Binmore 和 Klemperer（2002）考察了这个拍卖设计中所涉及的问题以及可以吸取的教训。

12.6.2　一个公共项目

机制设计的第二个应用是关于一类特别的公共物品，这类物品特别适合第 9.3.6 节用于讨论潜在优越性的例子。

经济模型可以表达的主要问题是，决策者消费一定数量的两种物品。商品 1 是不可分割的固定规模的项目：机场、桥梁；商品 2 是一篮子其他物品。假设商品 1 的数量只有两个值，$x_1 = 1$（当该商品提供的时候）以及 $x_1 = 0$（当该商品没有被提供的时候），这个假定是合理的。为了获得这个项目兴建所需的资源，决策者需要放弃一些商品 2 的消费。

表 12.6　一个公共项目：问题的要素

τ^h	决策者 h 的品位参数
$\phi(\cdot)$	来自商品 1 的效用
y^h	决策者 h 的收入
z^h	决策者 h 所需要做的贡献
ϑ°	"没有项目"的状态
ϑ'	"有项目"的状态

考虑到这个问题的局限性，所有的社会状态的集合可被表示为 $\Theta = \{\theta^\circ, \theta'\}$，这里 θ° 和 θ' 分别表示"没有项目"和"有项目"。生产条件如下：

$$\left.\begin{array}{l} \theta^\circ : \phi(0) = 0 \\ \theta' : \phi(\bar{z}) = 1 \end{array}\right\} \tag{12.19}$$

这里，ϕ 是生产函数，$\bar{z}$ 是生产一单位公共物品所必须的最低数量的私人物品。问题的设定需要另外两个要素：

（1）偏好。家庭的偏好由函数 $U^h(\cdot)$ 给出，函数 $U^h(\cdot)$ 定义在 (x_1, x_2^h) 空间上，这里 x_1 对所有家庭是一样的，x_2^h 是家庭 h 私人消费的商品 2 的数量。我们令效用函数为第 11 章介绍的特殊的"零收入效应"的形式，参见式（11.1）和式（11.14）。因此，这种情况下，我们有：

$$U^h(x_1, x_2^h) = \tau^h \psi(x_1) + x_2^h \tag{12.20}$$

这里，ψ 是递增的凹函数，对所有决策者是一样的，τ^h 是一个品位参数，度量的是家庭 h 渴望得到公共物品的程度。通过标准化 ψ，我们可以进一步简化这个问题，使得：

$$\psi(0)=0,\ \psi(1)=1 \tag{12.21}$$

（2）一个分配规则。所需贡献的总量 $\bar{z}$ 需要在家庭之间分配。个体的贡献或者征收 $[z^1,\ z^2,\ z^3,\ \cdots]$ 必须满足：

$$\bar{z}\leqslant\sum_{h=1}^{n_h}z^h \tag{12.22}$$

如果家庭 h 被赋予一个收入 y^h（用商品 2 的数量来度量），那么家庭 h 所需要贡献的公共物品额度 z^h，决定了这个家庭私人物品的消费 $x_2^h=y^h-z^h$。

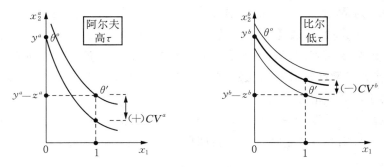

图 12.6　一个固定规模的项目

状态 θ' 的充分设定需要所有家庭贡献额度的列表，这是公开信息。给定单个家庭贡献额度的列表和效用函数，我们可以算出每个决策者对转变 $\theta^\circ\rightarrow\theta'$ 的补偿变动，我们可以写成 CV^h。存在获胜者（补偿变动是正的），也有失败者（相反的情况），图 12.6 展示了一种特例的情形，即所有人的禀赋和要求的贡献额度都相同；个人之间的区别只在品味上，即式（12.20）中的函数 ψ。阿尔夫和比尔都会受到大型项目实施的影响，因为项目会带来一个给定规模的公共物品。在没有项目的情况下，他们所处的点在 θ°，坐标为 $(0,\ y^a)$ 和 $(0,\ y^b)$；有项目的情况下，他们所处的点在 θ'，坐标为 $(1,\ y^a-z^a)$ 和 $(1,\ y^b-z^b)$。图 12.6 的画图方式可以清楚显示，阿尔夫对社会状态变化 $\theta^\circ\rightarrow\theta'$ 的补偿变动是正的，比尔的 CV 是负的。

如果下式成立：

$$\sum_{h=1}^{n_h}CV^h>0 \tag{12.23}$$

那么，从 θ° 到 θ'，得到一个潜在的帕累托改进（定义 9.7）似乎是可能的。的确，如果人群只包括阿尔夫和比尔，那么给定图 12.6 的情形，从 θ° 到 θ' 的转换将产生一个潜在的改进。①给定效用函数式（12.20）的结构，条件式（12.23）等价于：②

$$\sum_{h=1}^{n_h}\tau^h>\bar{z} \tag{12.24}$$

---

①　迷你问题 21：基于相同的偏好，但是给定不同的成本，绘制一个类似于图 12.6 的图来阐释一个情形，使得相反的结论成立。

②　迷你问题 22：从式（12.20）计算 CV，证明式（12.24）等价于式（12.23）。

设计问题

我们有跟前面拍卖的应用程序相同的问题,并且有些方法也是通用的。

首先是设计者和目标。在当前的背景下,我们可以合理假定,政府在这个问题中是委托人,政府决定合适的实施程序,从而影响到全体公民,但是政府依赖这些公民作为代理人的信息。跟拍卖问题中的卖家不一样,政府不是为自己赚钱,而是去最大化社会福利:假设使用的福利标准是定义 9.7 中的"潜在优越性"标准。

现在考虑实施问题。为了从集合 Θ 中做一个跟福利标准一致的选择,政府需要知道补偿变动 CV 有多大;换句话说,代理人真实的 τ^h 是多少;但是政府如何得到偏好的准确信息? 调查人们的支付意愿是没有用的,先不谈成本的实际负担问题如何解决:政府知道,它不能信赖公民的良好道德,它必须假定每个公民都会谎报自己的真实价值,目的是避免承担过大份额的成本。

政府可以依赖的是设计一个机制,使得撒谎毫无意义。代理人受邀对项目的真实品味 τ^h 发送信号,采用的方式是宣布 p^h 值:如果 h 说的是实话,那么我们有:

$$p^h = \tau^h \tag{12.25}$$

用拍卖类比的话,就好比投标人对项目"报价"。对应于用来定义拍卖机制的表达式 (12.17)和式(12.18),这里我们有:

(1) 决策规则:

$$\pi(p^1, p^2, \cdots) \tag{12.26}$$

根据宣布的报价决定是否实施这个项目。π 取两个值:0(表示"不实施项目")或 1(表示"实施项目")。

(2) 支付规则:

$$p^h(p^1, p^2, \cdots), h = 1, 2, 3, \cdots \tag{12.27}$$

规定了当作出决策时谁支付什么:这个量可能包括惩罚以及项目所需的成本配额。

基于个体决策者宣布的报价 p^h,考虑一个状态依存的惩罚体系。如果谎报不是"决定性的",那么它也就不重要。在二选一的情形下,假设我们处于一个乌托邦的情形,所有的决策者都真实报告他们的支付意愿,并且补偿变动之和严格为正。此时,一两个人略微谎报并不重要,因为我们可能依然发现,报价总和超过了所需的 $\bar{z}$ 量(宣布的补偿变动 CV 之和是正的),这样,项目依然会获得实施:所发生的事情不过是,撒谎者多得到一些商品 2 的消费。但是,永远存在一个危险,即报价总和低于 $\bar{z}$(宣布的 CV 之和是负的)。关键是要惩罚那些轻率打翻平衡的人。

为了让"打翻平衡"的思想更加准确,考虑如下的表达式:

$$\sum_{k=1}^{n_h} [p^k - z^k] \tag{12.28}$$

$$\Delta^h := \sum_{\substack{k=1 \\ k \neq h}}^{n_h} [p^k - z^k] \tag{12.29}$$

这两个表达式只包含可被直接观察到的东西:

表达式(12.28)给出了等价 CV 之和条件的表达式,这里,实际值 τ^h 被替换成了宣布的 p^h:如果它是非负的,类似于式(12.23),我们可以解释为"所有决策者宣布的支付意愿足以超过公共物品的建设成本"。

表达式(12.29)表示的是决策者 h 被剔除后的情形:如果它是非负的,那么我们可以解释为"h 之外其他决策者宣布的支付意愿足以超过他们所需承担的公共物品成本份额"。

一个简单的公共项目机制只依赖于两个数量,它可以被描述为一个枢纽机制或翻倒机制。令式(12.28)作为项目开展的标准:如果是负的,就"不实施"("no-go");否则,就"实施"("go")。如此,决策标准可以被表示为:

$$\pi(p^1, p^2, \cdots) = \begin{cases} 1 & \text{如果} \sum_{k=1}^{n_k} p^k \geqslant \bar{z} \\ 0 & \text{否则} \end{cases} \tag{12.30}$$

假设我们发现式(12.28)的确是负的,但是式(12.29)是正的或者为零:那么,在一定意义上,决策者 h 打翻了平衡,或者说他是决定性的;不需要宣布他的补偿变动 CV,看上去就知道这个决策应该用别的方式进行。在这些情形下,政府施加给 h 的惩罚,就是所有其他家庭失去的明显收益,因为这个公共物品项目无法获得实施;换言之,这个惩罚等于式(12.29)中的 Δ^h。因此,在这个机制中,支付体系式(12.27)如下。每个决策者 h 需要支付:①

$$p^h(p^1, p^2, \cdots) = \begin{cases} z^h & \text{如果} \pi = 1 \text{ 且 } h \text{ 不具决定性} \\ z^h - \Delta^h & \text{如果} \pi = 1 \text{ 且 } h \text{ 具决定性} \\ 0 & \text{如果} \pi = 0 \text{ 且 } h \text{ 不具决定性} \\ \Delta^h & \text{如果} \pi = 0 \text{ 且 } h \text{ 具决定性} \end{cases} \tag{12.31}$$

这里,π 决定于式(12.30)。Δ^h 扮演了对某个关键决策者施加惩罚的角色。②鉴于零收入效应的假定,那么这个机制变得可逆:在图 12.6 中,我们可以把 θ' 视为现状,然后应用镜像标准,转换回 θ°,给任何具有决定性的家庭施以镜像惩罚。

表 12.7 总结了完整的状态依存惩罚体系,它带来了如下的重要结果。(证明参见附录 C。)

表 12.7 公共项目的惩罚表

决 策	其他所有人说……	
	"是"	"否"
"实施"	无	其他所有人承担的成本之和
"不实施"	所有其他人放弃的收益之和	无

---

① 迷你问题 23:证明式(12.31)中的惩罚项绝不可能是负的。这对项目的总支付意味着什么? 证明:这意味着这个机制可能是低效率的。

② 迷你问题 24:如果关键决策者说真话,他能够支付得起这个惩罚吗?

定理 12.7(Clarke-Groves)

如果一个机制满足:(1)当且仅当式(12.28)是非负的,项目才会得到批准;(2)如果式(12.28)和式(12.29)符号相反,那么家庭 h 受到一个式(12.28)大小的惩罚,那么,这个机制可以保证,真实显示补偿变动 CV 是一个占优策略。

这个结果可以一般化[1],属于典型的一类机制,它依赖于对效用函数形式以及可选状态集的限制,目的就是为了让机制满足不可操纵性或者"防欺骗"。[2]这个机制本质上就是我们前面讨论的二价拍卖。

12.6.3 重温签约问题

正如本章引言中提到的,我们已经在第 11 章看到了设计问题的一个方面。企业利用它的市场能力设计了一个实话实说的机制:它调整收费结构,以便确保在决策者特征是私人信息的情况下,不同的顾客类型(高估值或低估值)通过他们的需求量来显示自己的特征。基本的思想是清晰的:在市场能力存在的情形下,垄断企业或者买方垄断者可以作为确立贸易规则的设计者;设计者的目标是贸易带来的利润。

表 12.8 隐藏信息的签约:问题的要素

τ	代理人的能力
z	付出的努力
$\phi(\cdot)$	努力的效用(或负效用)
q	代理人的产出
y	代理人得到的收入
a	高能力类型
b	低能力类型
π	高能力类型的概率

现在用这个方法来考虑委托—代理问题的另一种不同解释。这个解释关注的是代理人的隐藏特征,而不是隐藏行为。我们不再构建委托人雇佣工人,工人付出看不见的努力的模型(如第 11.4 节),我们修改第 11 章确立的逆向选择模型。我们在这里而不是在第 11 章处理这个问题,原因之一是它跟我们下面的一个应用(第 12.6.4 节)有着密切而强烈的关系,下面这个应用可被看成是最佳设计问题。

我们将采用第 11.2 节的模型,并对其进行调整,目的是得到关于设计的一些相似的结果。我们考虑单个利润最大化企业生产一种产出的情形:企业作为委托人,从一群人中雇佣一个代理人,他们的生产率不同(按照惯例,大写字母开始的 Agent 表示的委托人—代理人双边行为的一半,即代理人)。受雇的代理人的行为,将基于第 5 章关于劳动供给的

---

① 迷你问题 25:在支付表格中,你可以在每个支付上增加一个数量,这个数量是其他决策者宣布的 p 的任意函数。为什么?

② 迷你问题 26:假设阿尔夫对这个公共项目的品味增加。那么关于项目是否实施的决策以及谁为项目出资的决策,将发生怎样的变化?

基本模型:他可以供给一定量的"努力"z,这里 $0 \leqslant z \leqslant 1$(代理人可以提供的努力的总量被标准化为 1)。众所周知,人群中每个潜在的雇员有恒定的边际生产率,即由参数 τ 给出的"才能",才能为 τ、付出能力 z 的代理人生产的产出为:

$$q = \tau z \tag{12.32}$$

代理人的偏好是什么? 我们可以借用第 11 章引入的模型,效用为:

$$v = \phi(z) + y \tag{12.33}$$

这里,y 是代理人得到的收入,$\phi(\cdot)$ 是一个递减凹函数,表示的是努力带来的负效用:给定货币收入,z 越高,代理人的效用越低,但是随着 z 的增加,努力的边际负效用下降;$-\phi_z(z)$ 是货币收入和闲暇之间的边际替代率。图 12.7(a)表示的是(休闲—收入)空间上的无差异曲线。根据式(12.32)和式(12.33),我们可以把类型为 τ 的代理人的效用在 (q, y) 空间表示为 $\phi(q/\tau) + y$。[①] 考虑两个人 a 和 b,他们的才能满足 $\tau^a > \tau^b$。如图 12.7(b)所示,高才能代理人($h = a$)的无差异曲线毫无疑问比低才能代理人($h = b$)的更平缓;这个图形还显示了这类效用函数一定满足的"单一交叉条件"。结果并不局限于这类效用函数,但是的确要求单一交叉条件,参见练习题 12.10。

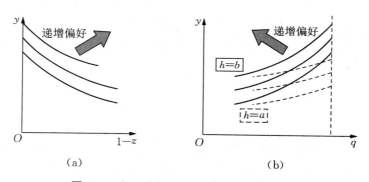

图 12.7　(z, y) 和 (q, y) 空间的无差异曲线

在这个模型中,需要注意的关键点是,所有潜在可被委托人雇佣的代理人具有相同的偏好,但是他们在给定的努力中所能产生的产量不同。

完全信息

设定企业的最优化问题是很直观的,因为它本质上跟第 11 章的问题具有相同的构造。假设委托人雇佣 h 这个人为代理人,代理人的能力 τ^h 是已知的(记住,在完全信息情形下,所有的东西都是可被观察到的),按照合同,给定努力水平 z^h,代理人从委托人那里得到的收入为 y^h。如果产出的价格是 p,给定式(12.32)隐含的简化的生产函数,利润为:

$$p\tau^h z^h - y^h \tag{12.34}$$

---

① 迷你问题 27:这个图中无差异曲线的斜率是多少?

这正是给定合同(q^h, y^h)时委托人的收益。式(12.34)的利润最大化要受制于一个约束:代理人得到的效用水平跟他从别的职业中得到的一样多。代理人 h 的保留效用为 $\underline{v}^h$,这是常识。因此,参与约束是:

$$y^h + \psi(z^h) \geqslant \underline{v}^h \tag{12.35}$$

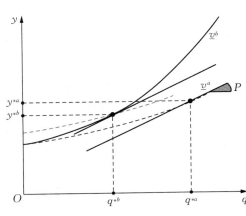

我们前面已经看到过这类问题,所以我们直接跳到完全信息解。[①]对于具有才能 τ^h 的任何个人 h,我们一定有:

$$-\psi_z(z^{*h}) = p \tag{12.36}$$

$$y^{*h} + \psi(z^{*h}) = \underline{v}^h \tag{12.37}$$

这个解如图 12.8 所示。标注为 $\underline{v}^a$ 的虚线和 $\underline{v}^b$ 的实线分别表示才能为 τ^a 和 τ^b 的代理人的保留无差异曲线,这里 $\tau^a > \tau^b$。[②]具有才能 τ^h 的代理人的解一定在保留无差异曲线 $\underline{v}^h$ 上,参见等式(12.37),也正好是无差异曲线和斜率为 p 的线相切的点,参见等式

图 12.8　两种类型的代理人:完全信息解

(12.36)和迷你问题 27。解释是,企业在有效率地运作,调整其对任何代理人 h 的劳动合同,使得 $MRS^h = MRT^h$,并且因为对代理人的选择有充分知识,企业可以剥削代理人,把代理人逼到其保留效用的水平 $\underline{v}^h$。

不完全信息

假设工人的生产率不能被独立观察到,或者无法免费去验证。那么应该如何设计合同? 在这种情形下,生产率不再"可签约",我们面对的是第 11 章次优问题的一个变形。对应于第 11 章描述的情形,即垄断企业不知道顾客是高估值还是低估值的人,这里我们模型化的情形是,在签订工作合同的时候,企业不知道每个潜在雇员的生产率。为了提取问题的本质,我们考虑正好只有两种类型的情形:优秀工人(才能为 τ^a)和普通工人(才能为 τ^b),这里,再次满足 $\tau^a > \tau^b$。

这个问题可以描述为设计一个直接机制,这个机制作为一个诱致真相的工具。我们可以设想如下的情形:合同可以写成(q, y)组合(产出是可被观察的);当一个潜在代理人申请工作的时候,委托人给出对应每个才能水平的合同,然后问申请者的能力水平:τ^a 还是 τ^b? 代理人会被诱致吐真言吗? 我们不惜考虑两个约束:[③]

(1) 参与约束。这种情况下有意义的是类型 b 的代理人,条件为式(12.35)($h=b$)。

---

① 迷你问题 28:正式地确认这一点。为了构建一个合适的拉格朗日函数,用一阶条件得到式(12.36)和式(12.37)。

② 迷你问题 29:为什么两条无差异曲线正好相交在纵轴?

③ 迷你问题 30:严格地讲,这里有四个约束,而不是两个,但是另外两个是多余的。遵循第 11.2.4 节的推理,应用图 12.8 描述的无差异曲线来解释为什么是这样。

（2）激励相容约束。再次考察图 12.8。优秀工人会严格偏好提供给普通工人的完全信息合同,而不会偏好提供给优秀工人的完全信息合同:如果我们穿过 b 合同点 (q^{*h}, y^{*h}) 画出类型 a 的无差异曲线,即图中的浅色虚线,我们可以看到,它严格位于类型 a 的保留无差异曲线之上:优秀工人宁愿少劳少得,然后去打高尔夫球。为了防止类型 a 的代理人伪装成类型 b 的代理人,如下的条件是需要的:

$$y^a + \psi\left(\frac{q^a}{\tau^a}\right) \geqslant y^b + \psi\left(\frac{q^b}{\tau^a}\right) \tag{12.38}$$

这个条件的含义是,在均衡的时候,类型 a 的代理人一定比类型 b 的代理人有更高的 (q, y) 组合。①

如果候选人群中高才能的人的比例是 π,那么委托人就假定一个潜在申请者为类型 a 的概率是 π,是类型 b 的概率是 $1-\pi$。因此,企业在约束条件式（12.35）和式（12.38）下最大化 $\pi[pq^a - y^a] + [1-\pi][pq^b - y^b]$。拉格朗日函数表达为:

$$\max_{\{q^a, q^b, y^a, y^b\}} \pi[pq^a - y^a] + [1-\pi][pq^b - y^b] + \lambda\left[y^b + \psi\left(\frac{q^b}{\tau^b}\right) - \underline{v}^b\right]$$
$$+ \mu\left[y^a + \psi\left(\frac{q^a}{\tau^a}\right) - y^b - \psi\left(\frac{q^b}{\tau^a}\right)\right] \tag{12.39}$$

这里,λ 和 μ 分别是普通工人的参与约束和优秀工人的激励相容约束的拉格朗日乘数。从式（12.39）问题的一阶条件,我们可以推出如下的内点解的条件:②

$$-\psi_z\left(\frac{q^a}{\tau^a}\right) = p\tau^a \tag{12.40}$$

$$-\psi_z\left(\frac{q^b}{\tau^b}\right) = p\tau^b + \frac{\pi}{1-\pi}\left[\psi_z\left(\frac{q^b}{\tau^b}\right) - \frac{\tau^b}{\tau^a}\psi_z\left(\frac{q^b}{\tau^a}\right)\right] \tag{12.41}$$

然而,如果 ψ 是凹函数,那么对 $0<\alpha<1$, $\alpha\psi_z(\alpha z) > \psi_z(z)$;③因此式（12.40）和式（12.41）意味着:

$$MRS^a = MRT^a$$
$$MRS^b < MRT^b$$

我们再次得到了高层无扭曲原则（定理 11.2）。

合同设计

条件式（12.40）和式（12.41）的结果是,企业作为委托人可以设计一对合同 $(\tilde{q}^a, \tilde{y}^a)$ 和 $(\tilde{q}^b, \tilde{y}^b)$（图 12.9）作为显示真相的直接机制。向潜在的申请者提供这两个合同,可以确保如下内容:④

---

① 迷你问题 31:根据迷你问题 30 的答案和 (q, y) 空间的无差异曲线图来阐明这一点。

② 迷你问题 32:写出一阶条件,推导式（12.40）和式（12.41）。

③ 迷你问题 33:证明之。

④ 迷你问题 34:用一个类似于图 12.8 的图来阐释次优合同。（提示:考察图 12.7。）跟完全信息合同下的情形相比,优秀类型工人的收入和效用如何?

优秀才能申请者将(只是)偏好$(\tilde{q}^a, \tilde{y}^a)$,他们按照边际产出获得报酬。跟他们在完全信息解的情况下相比,他们付出了相同的努力,但是获得了更高的收入。[1]

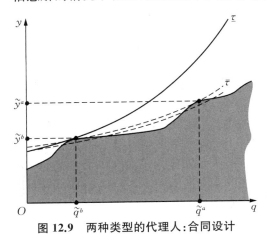

图 12.9 两种类型的代理人:合同设计

普通才能申请者将维持在他们的保留效用水平(跟他们的完全信息解的情形下一样)。然而,这类申请者努力的边际回报低于他们的边际产出,目的是防止优秀才能申请者冒充。因此,跟完全信息下的结果相比,类型 b 的工人,生产得少,赚得也少。

作为一个替代方案,企业可以向所有的潜在申请者提供完整的(产出、收入)菜单组合,企业知道,类型 a 的申请者将选择$(\tilde{q}^a, \tilde{y}^a)$,类型 b 将选择$(\tilde{q}^b, \tilde{y}^b)$,潜在申请者面对的可得集看上去类似于图 12.9 中的那样。[2]

12.6.4 税收

我们可以用一个特别有用的方式来开发委托人—代理人故事版本中的"隐藏特征"问题。在第 7 章和第 9 章,我们提出了一种可能性:政府作为一个虚拟的精神,可以调节财产的分配,以便实现消费组合和效用水平的特定配置。通过关注家庭或个人的财产所有权,我们似乎回避了有时候被称为"激励问题"的问题。问题是这样的:如果你想通过对人们的劳动收入征税的方式来实现理想的配置,那么,你将改变有效的工资率,进而改变劳动供给(练习题 5.9 有一个例子);你也将带来一个无效率的价格扭曲。然而,通过关注财产来回避激励问题是一个幻觉,因为它掩盖了一个基本问题,即适当地确认谁是上天眷顾的家庭或个人,以便从他们那里征用资源。要完整地完成这样的操作,政府通常需要实质上了解个体经济决策者的私人信息。显示私人信息的问题将这个话题牢牢置于本章讨论的机制设计的一般方法之中。

设计问题

为了让问题可操作且相对容易跟其他应用进行比较,我们把讨论限定在一个狭义的税收示例中。这个例子背后的动因是政府需要获取收入:目的是转移支付给低收入的家庭,支付公共物品的建设,或者履行一些外生的义务。然而,通过税收获得收入不应该是随意任性的,应该遵循福利经济的原理。

我们的方法是,从一个版本的模型开始,这个模型跟第 12.6.3 节有明显的关联,然后

---

① 迷你问题 35:p 和 π 的增加将如何影响类型 a 和类型 b 申请人的收益?同时考虑完全信息均衡和次优均衡。

② 迷你问题 36:假设有三种潜在的代理人类型,这里,$\tau^a > \tau^b > \tau^c$,这是共同知识。那么,跟次优问题相关的约束是什么?拉格朗日函数是什么?证明:高层无扭曲原则依然成立。

证明,从这个模型中得到的结论基本上可以推广到更有趣的情形。如下是主要模型的一个总结,它可以方便地与刚刚讨论的签约模型进行比较:

这个分析的核心是两种商品的模型,商品是闲暇和所有其他商品。人们工作(放弃闲暇)是为了给自己提供获取其他商品的手段。他们的偏好由效用函数表示,这里,z 是努力,y 是收入(这里以及后面,"收入"指的是"可支配收入")。这就非常接近前面的签约模型的应用。

有一组个体,他们具有不同的生产能力或者才能 τ。高才能的人生产得更多,因此也赚得更多(用其他商品来度量):才能为 τ 的人,投入努力 z 生产产量 q,如式(12.32)所示。这跟签约模型很相似:签约模型中是单个的代理人,其才能的事前概率分布是已知的,这里,我们是有一组工人,他们具有已知的才能分布。

存在一个外生约束,要求社会筹集一个固定数量的收入 $K \geqslant 0$:这是由政府征税,驱动楔形市场收入产生单个工人的市场收入和可支配收入可用于消费其他商品。

在税收模型的每一个变体中,设计者是政府,而不是作为委托人的私人企业。这跟第12.6.2 节的公共项目应用相一致。

目标函数基于第 9 章的福利分析。社会福利是个体效用的可加可分函数。

表 12.9　最优税收:问题的要素

τ	工人的生产率	a	高生产率类型
z	投入的努力	b	低生产率类型
$\phi(\cdot)$	努力的负效用	π	高生产率类型所占比例
q	工人的产出(赚取的毛收入)	v	个体效用
y	工人得到的可支配收入	$\zeta(\cdot)$	个体效用的社会估值

一个简单模型

首先考虑决策者面对的经济机会。跟前面的应用一样,我们假定每个决策者 h 有一个其他的机会,这个机会给他带来的效用水平为 $\underline{v}^h$。税收模型的第一步,我们假定经济中只有两类决策者(家庭):优秀才能的工人(生产率为 τ^a)和具有基本才能的其他人(生产率为 τ^b);类型 a 工人的所占的比例是 π,这是常识。社会中生产的产出(收入)如下:

$$q^a = \tau^a z^a \quad 比例为 \pi$$

$$q^b = \tau^b z^b \quad 比例为 1-\pi$$

遵循标准的操作,我们对社会福利进行一个简单的解释:目标是个体效用转换 $\pi\zeta(v^a) + [1-\pi]\zeta(v^b)$ 的一个加总,这里,ζ 是递增的凹函数,包含了对不平等的可能关注。[①]根据式(12.33),我们有:

$$\pi\zeta(\phi(z^a) + y^a) + [1-\pi]\zeta(\phi(z^b) + y^b) \tag{12.42}$$

在没有税收的情况下,式(12.42)中的收入由产出决定:$y^j = q^j$,$j=a,b$。在有税收

---

　①　迷你问题 37:这跟第 9 章[等式(9.49)]的可加 SWF 中函数 ζ 的使用有何关系?

的情况下,政府将决定每个类型的收入 y^j 是多少;通过选择合适的所得税,政府还可以决定每个类型的产出 q^j,或者等价地,决定努力 z^j。这是所得税情境下的设计问题的核心。如何操作取决于政府所得的信息。

完全信息情形下,要求每个代理人被说服参加产出的生产[因此条件式(12.35)成立],并且政府的预算约束得到满足。这个预算约束只是说,从纳税人那里得到的税收,不低于外生的收入要求:

$$\pi[q^a - y^a] + [1-\pi][q^b - y^b] \geqslant K \tag{12.43}$$

两种类型模型中,充分信息情形的解是:[①]

$$-\psi_z\left(\frac{q^j}{\tau^j}\right) = \tau^i, \; j = a, \; b \tag{12.44}$$

这意味着每个类型满足 $MRS = MRT$。

然而,充分信息解的要求是很苛刻的:我们应该假设政府知道每个决策者的潜在收入能力 τ,然后根据这个潜力去征税?毫无疑问,合理的情形是,τ 的值是每个个体的私人信息,换言之,考虑次优解更为现实。跟签约模型对比,意味着我们只需要引入合适的激励相容约束即可。在设计税收制度的时候,政府必须保证,类型 a 的居民没有积极性伪装成类型 b。这意味着,类型 a 从 (q^a, y^a) 得到的效用,不低于从 (q^b, y^b) 得到的效用;换言之,我们再次需要约束式(12.38)。同样(出于跟迷你问题 13 相同的理由),激励相容约束要求:

$$(q^b, y^b) < (q^a, y^a) \tag{12.45}$$

把所有的要素合并,那么这个版本的最优税收问题的拉格朗日函数为:

$$\begin{aligned}
\max_{\{q^a, q^b, y^a, y^b\}} \; & \pi\zeta\left(y^a + \phi\left(\frac{q^a}{\tau^a}\right)\right) + [1-\pi]\left(y^b + \phi\left(\frac{q^b}{\tau^b}\right)\right) \\
& + \kappa\left[\pi[q^a - y^a] + [1-\pi][q^b - y^b] - K\right] \\
& + \lambda\left[y^b + \phi\left(\frac{q^b}{\tau^b}\right) - \underline{v}^b\right] \\
& + \mu\left[y^a + \phi\left(\frac{q^a}{\tau^a}\right) - y^b - \phi\left(\frac{q^b}{\tau^a}\right)\right]
\end{aligned} \tag{12.46}$$

这里,κ 是政府预算约束式(12.43)的拉格朗日乘数,λ 和 μ 是约束条件式(12.35)和式(12.38)的常用拉格朗日乘数。比较式(12.42)和式(12.39),我们可以看到,当前问题的结构跟未知才能的次优签约模型非常相似。因此,次优均衡包含如下的条件:[②]

$$-\psi_z\left(\frac{q^a}{\tau^a}\right) = \tau^a \tag{12.47}$$

$$-\psi_z\left(\frac{q^b}{\tau^b}\right) = \tau^a - \frac{\mu}{[1-\pi]\zeta_v(v^b) + \lambda}\left[\tau^b + \frac{\tau^b}{\tau^a}\psi_z\left(\frac{q^b}{\tau^a}\right)\right] \tag{12.48}$$

---

① 迷你问题 38:构建拉格朗日函数并应用一阶条件证明之。

② 迷你问题 39:证明之。(提示:遵循迷你问题 32 的解答中用到的步骤。)

$$\pi[q^a - y^a] + [1-\pi][q^b - y^b] - K = 0 \tag{12.49}$$

将式(12.47)和式(12.48)与签约模型中的式(12.40)和式(12.41)相比较。如果激励相容约束起作用的话,那么式(12.48)的等号右边一定严格小于 τ^b。[①]因此,从式(12.47)和式(12.48),我们再次推导出:

$$MRS^a = MRT^a$$

$$MRS^b < MRT^b$$

跟第 12.6.3 的签约模型一样,我们又得到了高层无扭曲的结果。[②]

一个更现实的模型

为了确信这个结果不是上述简化模型的一个假象,我们现在考虑一个更接近现实的模型,但并非巨大的跳跃。假设有大量的才能类型($N+1$)的人,满足 $\tau^0 < \tau^1 < \tau^2 \cdots < \tau^N$,类型 j 所占比例为 π^j(已知),满足 $\sum\limits_{j=0}^{N} \pi^j$。 用这个方式来丰富模型的一个优势是,税收的再分配方面就会更加有趣:比如,如果式(12.43)中的 $K=0$,这个税收操作就是纯粹的再分配,那么就可以完全合理地假设,有些类型的 $y^j > q^j$("负税收"),问题就变成,在最优设计中,哪个群体应该支付这个收入补贴。

完全信息的故事跟前面一样,式(12.44)($j=0$,1,$\cdots$,N)可以实现最佳的结果。对于次优情形,假定才能 τ^j 是私人信息;这里我们可以利用迷你问题 36 的解答中所确立的一个要点:两种类型的签约模型可以很容易地扩展到三种类型的签约模型,乃至任意多的类型。关键的问题在于,对相邻的一组类型,激励相容约束必须成立:没有人有积极性把自己伪装成"更低的"类型。因此,对于每一个 $j=1, 2, \cdots, N$,现在我们需要将式(12.38)替换为下式:

$$y^j + \phi\left(\frac{q^j}{\tau^j}\right) \geq y^{j-1} + \phi\left(\frac{q^{j-1}}{\tau^j}\right) \tag{12.50}$$

遵循两种类型模型的推理[参见条件式(12.45)],这意味着 (q^j, y^j) 随着 j 的增加而增加。

跟拉格朗日函数式(12.46)不同的是,我们现在的函数是:

$$\max_{\langle q^j, y^j \rangle} \sum_{j=0}^{N} \pi^j \zeta\left(y^j + \phi\left(\frac{q^j}{\tau^j}\right)\right) + \kappa\left[\sum_{j=0}^{N} \pi^j [q^j - y^j] - K\right]$$
$$+ \lambda\left[y^0 + \phi\left(\frac{q^0}{\tau^0}\right) - \underline{v}^0\right] \tag{12.51}$$
$$+ \sum_{j=1}^{N} \mu_j\left[y^j + \left(\frac{q^j}{\tau^j}\right) - y^{j-1} - \left(\frac{q^{j-1}}{\tau^j}\right)\right]$$

---

① 迷你问题 40:证明之。

② 迷你问题 41:如果式(12.48)中的 $\zeta_v(\cdot)$ 是常数,那么将发生什么;也可参见练习题 12.13。

这里,唯一增加的复杂性在于,对应着拉格朗日乘数 μ_1,…,μ_N,我们这里有 N 个激励相容约束。

尽管看上去复杂了很多,但好消息是这个结论的形状并没有改变。回顾我们前面用过几次的推理(参见迷你问题 32、36、39 和 40 的答案),显然

$$MRS^N = MRT^N$$
$$MRS^{N-1} < MRT^{N-1}$$
$$\cdots$$
$$MRS^1 < MRT^1$$
$$MRS^0 < MRT^0$$

我们可以更进一步。假设我们不是面对一个有限数量的特定类型,而是面对这样一个情形:类型在区间 $[\underline{\tau},\bar{\tau}]$ 上连续分布,这里 τ 是密度为 $f(\tau)$。目标函数和约束条件可以被立刻"翻译"为这个连续分布模型的表示符号:

$$\int_{\underline{\tau}}^{\bar{\tau}} \zeta(v(\tau)) f(\tau) \mathrm{d}\tau \tag{12.52}$$

且

$$v(\underline{\tau}) \geqslant \underline{v} \tag{12.53}$$

这里

$$v(\tau) \geqslant y(\tau) + \psi\left(\frac{q(\tau)}{\tau}\right) \tag{12.54}$$

这里,$(q(\tau),y(\tau))$ 是类型 τ 的个人的产出收入组合。激励相容约束式(12.50)是:[①]

$$\frac{\mathrm{d}v(\tau)}{\mathrm{d}\tau} \geqslant 0 \tag{12.55}$$

约束条件式(12.55)有一个简单的解释:政府在设计税收制度的时候,它必须保证,可得的效用水平随着才能递增;它还意味着,边际税率绝不可以大于 1。[②]

现在,拉格朗日函数式(12.51)变成:

$$\max_{\langle q(\tau), y(\tau)\rangle} \int_{\underline{\tau}}^{\bar{\tau}} \zeta(v(\tau)) f(\tau)\mathrm{d}\tau + \kappa\left[\int_{\underline{\tau}}^{\bar{\tau}} [q(\tau) - y(\tau)] f(\tau)\mathrm{d}\tau - K\right]$$
$$+ \lambda[v(\underline{\tau}) - \underline{v}] + \int_{\underline{\tau}}^{\bar{\tau}}\left[\mu(\tau)\frac{\mathrm{d}v(\tau)}{\mathrm{d}\tau}\right] f(\tau)\mathrm{d}\tau \tag{12.56}$$

这里,$\mu(\tau)$ 是才能水平 τ 的拉格朗日乘数。尽管找到式(12.56)的完全解需要更复杂的技术,但是我们根据其与式(12.51)的类比可以直接推断出一点:

$$-\psi_z\left(\frac{q(\bar{\tau})}{\bar{\tau}}\right) = \bar{\tau} \tag{12.57}$$

在 $\tau = \bar{\tau}$,我们也一定有 $MRS = MRT$。我们再次看到了"顶部无扭曲"原则的应用。

---

① 迷你问题 42:根据导数的线性近似,证明式(12.55)可以通过式(12.50)推出。
② 迷你问题 43:证明这跟模型前面版本所确立的 $(q(\tau),y(\tau))$ 模型一致。

图 12.10 显示了最优税收制度所隐含的产出和收入之间的关系;图中的三条无差异曲线对应的是三个不同的才能水平。阴影部分表示的是税收制度给代理人提供的机会集;这个不同才能水平的均衡在无差异曲线和机会集相切的地方。式(12.57)的含义是,在最高的(q, y)组合,无差异曲线的斜率和机会集的边界的斜率(dy/dq)一定正好等于 1(参见标注为 45°的角)。

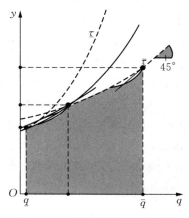

顶部无扭曲原则有一个含义,乍看起来,让人感到奇怪。才能水平为 τ 的人缴纳的税收为:

$$T(\tau) := q(\tau) - y(\tau) \qquad (12.58)$$

在顶部的机会集的边界的斜率结果意味着,不管目标函数式(12.52)显示的人们对不平等的态度是什么,在最高的产出水平上,边际税率 dT/dq 一定等于零!

图 12.10 最优税收下的产出和可支配收入

总   结

设计问题探讨的是构建一个经济机制,来实施政府的意愿或者实现某个经济决策者的利益。在社会的层面上,它是对第 9 章讨论的一般福利考虑的一般补充;在单个企业的层面上,它是对前面章节分析的一个补充。设计问题的核心是信息的谎报问题。自私的个人会试图撒谎。考虑到机制设计跟信息经济学的密切关系,设计问题也是用相似的分析工具来分析的:基本的均衡概念是贝叶斯—纳什均衡。认识到信息虚假的可能性,设计者在确立设计问题的时候,明确地把信息虚假问题作为一个约束条件纳入模型,以此来中和这个问题,从而实现自己的利益。

通过考虑第 12.6 节探讨的各个应用的解,我们发现,贯穿各类设计问题的共同线索是明显的:不可分私人物品的拍卖和不可分公共项目的决策方法,具有相似的揭示真相机制;委托人—代理人问题(个人特征为私人信息)和最优税收问题具有相同的激励相容条件。关于这个方法共性的其他例子,参见练习题(特别是练习题 12.11)。

这里学到的设计原理对于处理第 13 章的问题很关键。

进一步阅读

定理 12.1—定理 12.4 所汇报结果的最初来源是 Gibbard(1973)和 Satterthwaite(1975);Benoit(2000)和 Reny(2001)给出了一个易于理解的证明,这极大地阐明了它与阿罗定理(定理 9.1)的关系。关于定理 12.5,参见 Maskin(1999)和 Repullo(1987)。关于策略投票的相关问题,参见 Bowen(1945)和 Vickrey(1960)。关于模型中偏好谎报的例子,参见 Hurwicz(1972,1986)。

显示原理的关键论断，归功于 Myerson(1979) 和 Dasgupta 等(1979) 及 Harris 和 Townsend(1981)。

关于拍卖，参见 Klemperer(1999，2002) 和 Vickrey(1961)。

关于枢纽机制及其实施占优策略公共项目有效性的关键文献，参见 Clarke(1971)，Groves(1977)，Groves 和 Loeb(1975) 及 Green 和 Laffont(1997)。

关于合同设计基础问题的优秀综述，请参阅 Tirole(1999)。关于标准的最优所得税模型的阐释，参见 Salanié(2003)。关于两个才能（能力）水平最优税收问题的良好阐释，参见 Bolton 和 Dewatripont(2005，pp.62—68)。经典参考文献是 Mirrlees(1971)，但是该文献比较艰深。顶部零边际税率的结论来自有限上限才能的假定。有关替代处理方法，请见 Diamond(1988)。

练习题

12.1 阿尔夫、比尔和查理分别在 11:00、11:20 和 12:00 有个约会。每个人都因来得太早而恼怒（阿尔夫比约定时间到得越早，就越恼怒，比尔和查理也一样）；每个人都因迟到而尴尬（迟到的越久，就越尴尬，每个人都一样）。当他们打电话叫出租车的时候，被告知只剩下一辆出租车了（他们不得不一起打车！），而且出租车可以提供服务的时间是从 10:00 到 13:00。因此，他们应该定几点的车？

(1) 画一个类似于图 9.1 的图，展示他们对出租车到来时间的偏好。

(2) 假设他们同意取每个人都说要去赴约的时间的简单平均数。证明：这个安排可被操纵，即至少一个人有动机谎报自己关于出租车时间的偏好。

(3) 假设正当他们在作决策的时候，出租车公司回电表示，只能在 12:10 去接他们，其他时间则无车。解释为什么问题的这个解是不可操纵的，但没有效率。

(4) 假设他们同意在各自汇报的时间中取一个中位数值。这个规则可被操纵吗？

12.2 在一个两商品的交换经济中，有两个人 a 和 b，分别具有如下的效用函数：

$$\tau^a\left[1-e^{-x_1^a}\right]+x_2^a$$

$$\tau^b x_1^b + x_2^b$$

这里，x_i^h 是 h 消费的商品 i 的量，$\tau^h>0$ 是 $h(h=a,b)$ 这个人的品位参数，且满足 $\tau^b<\tau^a$。b 这个人拥有全部商品 1 的存量（R_1）；a 和 b 各自拥有一半的商品 2 的存量（R_2）。

(1) 假设两人都是作为价格接受者在行动：

(a) 求解 a 这个人的提供曲线。

(b) 描述竞争均衡配置。如果 $\tau^b>\tau^a$，将会发生什么？

(2) 现在假设 b 这个人是商品 1 供给的简单垄断者，而 a 这个人继续作为一个价格接受者。证明：b 设定的价格将严格大于 τ^b；从效率的角度评价这个结果。

(3) 现在假设 b 这个人对商品 1 的购买权收费（固定的费用），并且他设定商品 1 的单位价格。给定一个商品 1 的价格，b 这个人最大可以收取的费用是多少，a 才愿意交易？求解 b 的最优收费和商品 1 的价格；从效率的角度评价这个结果。

12.3 考虑一个集体选择问题，选项集合由区间 $\Theta:=[\underline{\theta},\overline{\theta}]$ 给出。三个决策者，阿尔夫、比尔和查理，要选择一个特定的 $\theta\in\Theta$。他们在 Θ 上都有单峰偏好(参见定义 C.2 的正式表述或者图 9.1 中的图形表示)，θ^h 是 Θ 的元素，且对此代理人 $h(h=a,b,c)$ 有单峰偏好。机制设计者不知道代理人的偏好，于是计算设计一个直接的显示机制。证明：如下的机制是可操纵的：

(1) 设计者选择 θ'，满足 $\underline{\theta}<\theta'<\overline{\theta}$；

(2) 如果 θ' 是有效率的，给定三个代理人宣布的偏好，那么它将被选择；

(3) 否则的话，被选择的将是 $\min\{\theta^a,\theta^b,\theta^c\}$。

12.4 两个投票人要从 $\{\theta',\theta'',\theta'''\}$ 中选择一个要素。每个投票人对这些选项都有严格的偏好。证明如下的规则是可操纵的：如果 θ' 是有效率的，那么它将被选择；如果 θ' 不是有效率的，但是 θ'' 是，那么 θ'' 将被选择；如果 θ' 和 θ'' 都是没有效率的，那么 θ''' 将被选择。

12.5 两家企业在考虑是否实施一个联合项目。对企业 1 而言，项目的价格是 200 或 700；对企业 2 而言，项目的价格是 400 或者 700。这些都是共同知识。然而，关于确切价值的信息是企业的私人信息。如果项目实施给双方带来的价值之和超过项目的成本(众所周知成本是 1 000)，那么它们就愿意实施这个项目。企业使用式(12.31)中的枢纽机制。

(1) 求解每家企业必须支付的金额。

(2) 证明这个机制是无法被操纵的。

(3) 如果它们决定实施这个项目，检查是否会有足够的资金。

12.6 考虑表 10.3 表示的策略式博弈，有两个参与人阿尔夫和比尔，各自都正好有两个策略。假设收益 (3, 3) 是一个社会状态，即我们想实施的社会选择函数的结果。令 s_1^h 和 s_2^h 表示 $h(h=a,b)$ 的实话实说和撒谎的策略。

(1) 解释为什么 (s_2^a, s_2^b) 是一个均衡，但不令人满意。

(2) 现在稍微改变博弈的收益结构如下：

	s_1^b	s_2^b
s_1^a	3, 3	0, 0
s_1^a	0, 0	0, 0

找到纳什均衡。

(3) 假设每个参与人现在有 $N-1$ 种(而不是只有一种)方法说谎，这里 $N>2$，但是说谎永远可以带来收益 (0, 0)：将上述表格调整为 N 种策略的情形，并且据此论证，这个博弈可能有无穷多的不令人满意的纳什均衡。

12.7 在一价(荷式)拍卖中，有固定数量 N 的投标人。

(1) 假设价值是从均匀分布中抽取(均匀分布的支持为 $[\underline{\tau},\overline{\tau}]$)。那么，$\tau$ 的密度函数和分布函数是什么？

(2) 代理人 h 假设，所有其他决策者的竞价由他们的类型决定；因此值为 τ 的竞争对手的竞价为 $\beta(\tau)$，这里 β 是严格增函数。基于这个假定，证明：如果决策者 h

报价为 p,那么他赢得拍卖的概率是:

$$\left[\frac{\varphi(p)-\underline{\tau}}{\overline{\tau}-\underline{\tau}}\right]^{N-1}$$

这里,$\varphi(\cdot)$ 是 $\beta(\cdot)$ 的反函数。

(3) 假设代理人是风险中性的,且 $\underline{\tau}=0$,$\overline{\tau}=1$。再次假定其他代理人的报价由相同的竞价函数 $\beta(\cdot)$ 决定,证明:代理人的最佳应对由如下方程决定:

$$[p-\varphi(p)][N-1]\frac{\mathrm{d}\varphi(p)}{\mathrm{d}p}+\varphi(p)=0 \tag{12.59}$$

(4) 证明:条件式(12.59)意味着:

$$\varphi(p)=\frac{N}{N-1}p \tag{12.60}$$

并且均衡的竞价函数形式为:

$$\beta(\tau)=\frac{N}{N-1}\tau \tag{12.61}$$

(5) 从 $[0,1]$ 均匀分布上容量为 N 的样本中抽取的第 k 个最小值的期望值是:

$$\frac{k}{N+1} \tag{12.62}$$

根据这个结果证明:在特殊情形 $\underline{\tau}=0$,$\overline{\tau}=1$ 下卖者收到的预期价格是:

$$\beta(\tau)=\frac{N-1}{N+1}$$

(6) 据此求解最优竞标函数,以及支持为 $[\underline{\tau},\overline{\tau}]$ 的均匀分布上卖者收到的预期价格。

12.8 假设在练习题 12.7 中的模型中采用的是二价(英式)拍卖,而不是一价拍卖。

(1) 最优竞标函数是什么?

(2) 根据式(12.62)的结果确定获胜者支付的预期价格。

(3) 在一价和二价拍卖的情形下,根据序数统计学的结论[参见附录 A 的式(A.67)—(A.69)],画出支付给卖家的价格分布。

12.9 阿尔夫和比尔在一场通常的英式拍卖中竞标一件拍卖物品,其市场价值未知:阿尔夫对标的物的估价是 τ^a,比尔的估价是 τ^b,真实的价值预期为 $\tau^a+\tau^b$,但是在拍卖的时候,没有一个竞标人知道对方的估值。然而,τ^a 和 τ^b 是从支持为 $[\underline{\tau},\overline{\tau}]$ 的均匀分布上抽取的,这一点是众所周知。

(1) 标的物的期望价值是多少?

(2) 如果阿尔夫赢得了拍卖物,那么从他的角度看,标的物的预期价值是多少?

(3) 证明:价格 $2\min\{\tau^a,\tau^b\}$ 是一个均衡。

(4) 假设阿尔夫遵循一个竞标政策 $\tau^a+\varepsilon\tau^b$,并且他相信比尔也遵循同样类型的政策。为什么这个竞标政策会给获胜者带来不利的结果呢(这个现象被称为"赢者诅咒")(Klemperer, 1998)?

12.10 一个委托人雇佣一个代理人管理企业。代理人带来的结果是 q，由 $q = \phi(z, \tau)$ 表示，这里 z 是努力，τ 是代理人的能力，τ 可被委托人观察到，也可能观察不到；函数 ϕ 对两个自变量都是二阶可导的增函数，是 z 的凹函数，且交叉导数是正的。委托人按照合同要支付给代理人一个收入 y，作为带来产出 q 的回报。委托人的效用是 $q - y$，代理人的效用是 $\vartheta(y) - z$，这里 ϑ 是递增的严格凹函数，满足 $\vartheta(0) = 0$。

(1) 根据生产函数 ϕ，证明：不同类型的代理人在 (q, y) 空间上的无差异曲线一定满足单一交叉条件。

(2) 如果委托人在雇佣代理人的时候，可以无成本地观察到任一潜在代理人的才能，并且知道任一代理人从其他雇佣机会中所得到的效用是 0，求解描述完全信息解的条件。

(3) 众所周知，代理人的类型正好只有两种，高才能的代理人所占的比重是 π。写出次优问题的激励相容约束。

(4) 求解描述次优均衡的条件，证明顶部无扭曲原则成立。

12.11 考虑如下情况：一家垄断企业生产一种商品，企业具有不变的边际成本 c 和固定成本 C_0；边际成本如下：

$$c = \frac{1}{\tau} \tag{12.63}$$

这里，τ 是一个表征企业效率的参数。如果垄断企业在市场上出售数量为 q 的产出，那么它能收取的价格为 $p(q)$，这里 $p(\cdot)$ 是已知的递减函数。政府机构想管制该垄断企业的行为。监管机构设定了一个产出水平 q 和一个补贴费 F，目的是保证企业不亏损。政府部门还被告知，要兼顾消费者和企业所有者的利益。假定消费者的利益由消费者剩余给出；企业的利益由利润度量，包括补贴 F。

(1) 如果政府机构给消费者剩余赋予的权重是 1，给企业利润赋予的权重是 β（这里，$0 < \beta \leqslant 1$），证明：政府机构的目标函数可以表示为：

$$V(q, R) := \int_0^q p(x)x - [1 - \beta]R - \beta C_0 - \beta \tau q \tag{12.64}$$

这里，R 是企业的总收入。

(2) 如果成本函数的两个参数 C_0 和 τ 是众所周知的：

① 相关的参与约束和问题的拉格朗日函数是什么？

② 政府机构如何设定 q 和 F？

③ 解释这个充分信息结果。（提示：在求解这个问题和下一部分问题的答案的时候，利用这个模型跟第 12.6.3 节签约模型的高度相似性。）

(3) 假设 C_0 是已知的，但是边际成本未知；然而，众所周知的是，企业的效率是 τ^a 或 τ^b，这里：

$$\tau^a > \tau^b \tag{12.65}$$

边际成本由式(12.63)给出。政府机构想用同样的管制机制，但是它不确认企业的类型是低成本的(即 τ^a 高效率),还是高成本的(即 τ^b 低效率)。

① 政府需要考虑的激励相容约束是什么?

② 现在参与约束采取的形式是什么?

③ 如果政府面临低成本类型企业的概率是 π,而且它希望最大期望福利,那么这个问题的拉格朗日函数是什么?

④ 求解并解释次优解(Baron and Myerson,1983)。

12.12 一个经济体包含两组相同数量的人。一组是有天赋的,他们的能力参数为 $\tau=2$;另一组是缺乏教育的,能力参数为 $\tau=2$。所有人的效用函数为 $U(x,z)=\log x+\log(1-z)$,这里,x 是消费,z 是劳动力市场上的努力($0 \leq z \leq 1$)。消费由 $x=w+T$ 给出,这里,w 是市场工资 $[w(z,\tau)=\tau z]$,T 是政府的转移支付(如果是正的)或者税收(如果是负的)。对于缺乏教育的人,政府希望设定的 $T=\triangle>0$;对于有天赋的人,$T=-\triangle$。

(1) 如果效用是可观察的,并且每个人选择 z 来最大化效用,给定 $\triangle$ 的值,绘制一个有天赋的人和一个缺乏教育的人的效用(横坐标为收入)。每一类人的最优收入值是多少?

(2) 假设效用是不可观察的。政府希望安排如下的转移支付:

$$T=\begin{cases} \triangle & \text{如果 } w \leq w^* \\ -\triangle & \text{如果 } w>w^* \end{cases} \tag{12.66}$$

这里,w^* 是第(1)部分中缺乏教育的人的收入。证明:有天赋的人会发现,伪装成缺乏教育的人有利可图。在第(1)部分的图形中,绘制这个伪装的人的效用。

(3) 根据上面的图来表示一种情形,在这个例子中,一个有天赋的人在"假设效用是可观察的"和"伪装自己是缺乏教育的"二者之间是无差异的。

(4) 证明:通过限制缺乏教育的人所能获得的收入,他们的效用可能会增加。

12.13 政府必须通过征收所得税来筹集一个固定的资金 K。众所周知,经济中存在两类工人 a 和 b,两类工人的产出(毛收入)为 $q^j=\tau^j z^j$,$j=a,b$,这里 z^j 是类型 j 的人所付出的努力,并且 $\tau^a>\tau^b$。工人的偏好也是众所周知的,由函数 $v^j=q^j-T^j+\psi(z^j)$,这里,T^j 是类型 j 的工人缴纳的税收,ψ 是一个递减的凹函数。政府对效用结果之间的不平等不感兴趣,它只是寻求最大化 $\pi v^a+[1-\pi]v^b$,这里,π 是类型 a 工人所占的比例。

(1) 政府的预算约束是什么?

(2) 写出政府的目标函数(自变量为 q^a,q^b,π 和 K)。

(3) 如果每个工人的 τ^j 值是私人的,政府不知道,写出政府最优化问题的拉格朗日函数。

(4) 证明:这种情形下的次优解跟充分信息解完全相同。

(5) 用另外一种等价的方式来设定这个问题,即把政府的预算约束模型化为拉格朗日函数中的一个单独约束。在最优解的时候,这个约束条件的拉格朗日乘数的值一定是多少?

▶ 13

政府和个人

"坦率地说，我希望看到政府完全退出战争，把整个国土留给私人产业。"[米洛·明德宾德(Milo Minderbinder)]

——约瑟夫·海勒(Joseph Heller)，《第二十二条军规》(*Catch-22*)

13.1　引言

微观经济学分析和原理的讨论，基本上都围绕着个人：决策应该是在个人层面作出的；个人或家庭的利益被认为是最重要的；松散的个人是市场上的决策者。但没有令人信服的经济理由可以解释为什么应该是这样？有几个问题并非适合那些完全关注个人的方法，但我们也有必要去研究它们。在本章中，我们将把第9章的福利概念放在一些领域中去考察，之前我们已经注意到了这些领域的困难；现在我们可以受益于第10章—第12章的策略和信息分析。这里有两大主题。

首先，市场失灵的问题(第13.2节—第13.6节)。理想的社会状态可以通过市场机制来实现吗？或者说，我们需要明确的干预吗？如果第一个问题的回答是肯定的，那么或许所有的事情都可以留给米洛·明德宾德和不受管制的私人企业；一个本质上关注个人的方法确实是合适的。否则，纠正市场失灵的问题，就需要应用第12章的经济机制设计的洞见。

其次，资源(代理人的收入)的分配。第13.7节讨论这个问题。为了找到一个塑造经济的方法，以便同时实现效率和公平的目标，我们需要再次用到设计这一章的分析。

13.2　市场失灵？

我们从支撑本书前半部分主要内容的经济机制开始：我们重新思考市场的局限性，也就是说，人们希望经济可以实现的目标，通过市场未必能够实现。简单粗暴地问，就是，市场为什么会"失灵"？市场是如何"失灵"的？

为了确切地回答这个问题，我们需要用到本书前面介绍的福利经济分析。特别地，我们的分析将基于消费组合和净产出配置的效率这个理念之上：在经济政策处方的设计上，这个概念是一个强有力的工具。本章要回答的关键问题是在第9章提出的(第9.3.2节)。它们是：

描述问题。什么样的商品组合才能带来帕累托效率的配置？我们已经知道了这个问题的答案，但是为了确切回答第二个问题，我们还需要回到这个问题。

实现问题。用什么机制来支持问题 1 中描述的有效率配置？

在一些情况下，第二个问题的答案几乎自然而然来自第一个问题。在第 9 章我们证明了，在特定条件下，市场的运作可以保证有效率的配置。描述一个有效率配置（$[\mathbf{x}^*]$，$[\mathbf{q}^*]$）的关键要求，将式（9.11）—式（9.15）归纳后，可以写成：

$$\frac{U_j^h(\mathbf{x}^{*h})}{U_i^h(\mathbf{x}^{*h})}=\frac{\kappa_j}{\kappa_i} \tag{13.1}$$

$$\frac{\Phi_j^f(\mathbf{q}^{*f})}{\Phi_i^f(\mathbf{q}^{*f})}=\frac{\kappa_j}{\kappa_i} \tag{13.2}$$

这里：

（1）式（13.1）的等号左端是，当家庭 h 消费 $\mathbf{x}^{*h}$ 的时候，商品 i 对商品 j 的边际替代率（定义 4.3）。

（2）式（13.2）的等号左端是，当企业 f 的行动由净产出 $\mathbf{q}^{*f}$ 给出的时候，商品 i 对商品 j 的边际转换率（定义 2.10）。

（3）上述两个式子的等号右端都是阴影价格比，反映了两种商品的相对稀缺性，它是在推导效率条件的时候，通过考虑物资平衡条件而出现的。

从这个效率的刻画中可以看出，只需一步，就可以将式（13.1）和式（13.2）中的阴影价格比替换为市场价格，然后我们就可以看到实施问题。对任意两个商品 i 和 j，我们得到：

$$\frac{U_j^h(\mathbf{x}^{*h})}{U_i^h(\mathbf{x}^{*h})}=\frac{p_j}{p_i} \tag{13.3}$$

$$\frac{\Phi_j^f(\mathbf{q}^{*f})}{\Phi_i^f(\mathbf{q}^{*f})}=\frac{p_j}{p_i} \tag{13.4}$$

式（13.3）是家庭 h 在给定价格 $\mathbf{p}$ 下效用最大化的必要一阶条件；式（13.4）是企业 f 在给定价格 $\mathbf{p}$ 下利润最大化的必要一阶条件。如果必要条件同时也是充分条件，那么允许企业和家庭在给定价格 $\mathbf{p}$ 下最大化，这样足以实施一个配置。实际上，我们再次看到了分权化逻辑的运作，这个逻辑我们在鲁滨逊·克鲁索经济中首次遇到（第 6 章）；它也是支持定理背后的逻辑（第 9 章）。这个配置如图 13.1 所示，将其与图 6.8 和图 7.14 对照一下。

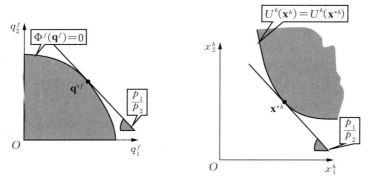

图 13.1　通过市场实施

但是,除了这个结果的条件可以适用的情形之外,实施是如何实现的呢? 我们应该指望市场干预吗? 市场干预可是价格体系的一种扭曲。我们应该考虑管制吗? 也就是说,允许利润和效用最大化在次要的一些约束下发生。我们将在如下的四种情形下考察这些问题:

(1) 递增报酬或"非凸性":第 13.3 节;

(2) "外部性"或"外溢":第 13.4 节;

(3) 非竞争性物品:第 13.5 节;

(4) 公共物品:第 13.6 节。

13.3 非凸性

我们从克鲁索荒岛上阻止分权化的问题(第 6 章)开始,这个问题在第 7 章和第 9 章又重新出现:生产中的递增报酬。这是一个典型的大型基础设施项目和公用事业项目的问题。这纯粹是一个技术集的问题,不应该将其与"公共物品"混淆;(公共物品的问题将在第 13.6 节单独处理)。

我们需要在微观和宏观层面上考虑非凸性,微观层面就是个体企业的层面,宏观层面就是整体的技术集,它描述了作为一个整体的经济的生产可能性。一个经济体的技术集可能是非凸的,原因不外乎两个:

(1) 个体企业之间的互动(正的外部性);

(2) 个体企业的技术集是非凸的,换言之,对于单个的企业来说,生产可能性呈现了规模回报递增。

如果上述现象都没有出现,那么我们可以确信,总体的技术集一定是凸的,参见定理 6.1。

定理 9.5(支持定理)预先假定了严格的凸性要求,不仅对于总体的生产可能性,还包括个体企业和单个家庭的"优于"集的层面。给定固定成本或者其他不可分的例子,随意的观察告诉我们(这些例子在我们周围的世界是司空见惯的),更深入地考察在非凸性存在的情况下描述经济效率的问题,应该是一个好主意。

我们将用三个阶段去做这件事:首先我们考虑这样的可能性,即如果存在大量的小企业,每个企业都呈现规模回报递增的特点;然后我们将考察如何处理外部性带来的互动;最后我们去看"大型"非凸性的一般问题(第 13.3.3 节)以及它们带来的管制问题(第 13.3.4 节)。

13.3.1 大数和凸性

我们从考虑企业层面的非凸性开始,在一定意义上,这些企业是"足够小的"。根据定理 9.5 的讨论,我们知道,如果个体企业的技术集存在非凸性,那么任意一个有效率的配置 $([[\hat{x}], [\hat{q}]])$ 可能无法得到竞争均衡的支持,参见图 9.5 所示的情形。然而,如果存在很多企业,每家企业都呈现规模回报递增,我们可能不需要担心价格机制的实施作用。原因

有二:

首先,个体企业的生产可能性(技术集 Q^f)加总之后,整体的效应可能会带来一个凸的加总技术集 Q:一家企业技术的非凸性可能被另一家企业技术的凸性所抵消(参见第 6 章的迷你问题 2)。生产可能性在整体上具有合适的特征,就可以允许分离价格的存在,如图 7.14 所示。

其次,即使在有限数量企业上的加总程序没有带来一个凸的整体技术集,我们还可以诉诸第 7 章用的"大数"逻辑:在极限情况下,无限数量的无穷小企业的加总将产生一个凸的 Q,即使每家企业都呈现规模回报递增的技术特点。显然,在模型化一个特定经济体的时候,这个极限逻辑是否合适,是一个判断问题。

对于上述的逻辑推理,即使价格机制不能支持任意一个选择的配置(如图 9.5 中的例子所示),它的作用已经足够大了。竞争均衡的配置是有效率的,它带来的个体效用已经足够接近在([[$\hat{x}$],[$\hat{q}$]])下可以得到的。

13.3.2 互动和凸性

现在考虑非凸性来自企业之间的正外部性这一情形。在某些方面我们知道如何解决这个问题。如果企业真的以这种方式互动,那么竞争均衡依然是可能的。作为价格接受者的企业在均衡状态下赚取非负利润,尽管如此,正如我们在第 3 章看到的,每家企业的整体供给和需求曲线之间的关系,跟没有互动的情形是不一样的。然而,尽管存在竞争均衡,市场机制一般而言不会带来有效率的结果,因为存在生产的外部性。[①]这些问题及其相关的问题,参见第 13.4 节。

实践中的微观经济学:正的外部性——意大利的制鞋工业

意大利马奇(Marche)地区的制鞋工业提供了一个互利外部性的有趣例子(Rabellotti and Schmitz, 1999)。通常而言,相对小型的生产者高度集中在一个小的区域内,经济决策者之间有很强的社会纽带,也会形成共同的行为模式。除了商品和服务贸易带来的强有力的市场互联,也存在重要的信息联合和当地制度的网络,从而支持当地的企业。是否存在一个补贴这些制度的案例呢?

13.3.3 基础设施问题

如果我们不能诉诸大数逻辑,那么实施问题就变得很困难:我们不能只依赖式(13.3)和式(13.4)这样的边际条件作为指引。此外,这其中的含义可能引人注目,通过一个例子,我们可以看到这一点,作为一个方便的简称,可以称之为基础设施问题。

在图 13.2 中,商品 1 的生产要求一个巨额的初始投资:类似于电力。商品 2 是一"篮

---

① 迷你问题 1:在这种情况下,建议一个政策来保证效率。

子"所有其他消费品,可以用作一个标准的计价单位。经济作为一个整体的生产函数由 $\Phi(\mathbf{q})\leqslant0$ 给出,商品 1 和商品 2 的资源存量为零,因此物资平衡要求 $x_1\leqslant q_1$,$x_2\leqslant q_2$。然而,Φ 不是凹函数,与之相关的可得集如图中的两部分阴影面积所示:①特别注意一下,这个集合包括纵轴上的小线段,顶点在点 $\mathbf{x}^0$。这个线段的含义表示的是一个假设,即电力(或其他类似商品)的生产需要大量的初始成本:如果没有电力生产,那么可以消费的商品 2 的量等于 x_2^0。然而,当你想要 1 千瓦电力的时候,你就必须牺牲相当数量的商品 2(等于这个线段的高度);此后,更多的电力需要更多地牺牲商品 2。

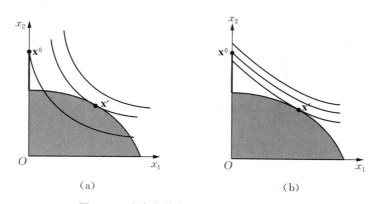

图 13.2　生产中的非凸性和效率:两种情形

通过假定每个人有相同的品味和资源,社会目标就被简化了。这将意味着"支付意愿"的标准无可争议:我们只需要确认,从可得集上的一个点移动到另一个点后,一个代表性的人是变好了还是变差了。

图 13.2 的两部分所示的两组无差异曲线集,可被用来表示代表性公民的两个不同版本的偏好。根据设定,两个图中的无差异曲线都跟可得集相切在点 $\mathbf{x}'$,但是两个图中的无差异曲线有不同的曲率。两个图的无差异曲线都跟可得集相切在同一点,这意味着两种情况下的阴影价格相同。然而,尽管在两种无差异曲线下阴影价格相同,但是福利含义却截然不同。注意,图 13.2(a)图有唯一一个帕累托效率点 $\mathbf{x}'$:简单验证就可以发现,不可能到达更高的无差异曲线了。与之对照,图 13.2(b)中相应的点不是帕累托效率的:尽管它也会带来一定的"局部最大"效用,但显然在点 $\mathbf{x}^0$ 处更好:在这种情况下,帕累托效率意味着不应该生产任何商品 1。

为了刻画在非凸性存在的情况下有效率的配置,上述例子阐明了必须采用的两阶段程序:

(1) 通过寻找全局最大福利,进而找到可行集的相关部分:在当前的情况下,这意味着找到代表性个人的全局最大效用。

(2) 如果商品的产量为正,那么生产应该满足如下条件:

$$\frac{\Phi_1(\mathbf{q}')}{\Phi_2(\mathbf{q}')}=\frac{p_1}{p_2}=\frac{U_1(\mathbf{x}')}{U_2(\mathbf{x}')} \tag{13.5}$$

---

① 迷你问题 2:找出这个图中技术有效率的点。

跟在竞争性模型中一样,边际转换率正好等于代表性消费者的边际替代率。[1]

尽管标准的效率条件足以刻画阶段 2,阶段 1 明确引入了一个关于社会福利函数的假定。

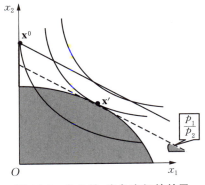

图 13.3　非凸性:竞争市场的效果

这里,把事情留给市场带来了一个显而易见的灾难性影响。假设情况如图 13.2(a)所示,有人估计了在最优点(点 $\mathbf{x}'$)消费者对商品 1 的支付意愿。多得到 1 单位商品 1 的支付意愿由相对价格 p_1/p_2 表示,如图 13.3 所示。但是,如果价格接受的(一家或多家)企业在这些价格下最大化利润,那么将发生什么?利润最大化将在点 $\mathbf{x}^0$ 取得,而不是点 $\mathbf{x}'$。[2]实际上,这是第 6 章(第 6.4.1 节)鲁滨逊·克鲁索故事的重演;这里,它意味着电网永远都不会得到建设,尽管显然从整个社会来看应该建设电网。[3]

13.3.4　管制

尽管在这个例子中,把基础设施留给自由市场会导致灾难性的结果,但只是限制竞争是不行的。催生一个简单的垄断,不管是公共的还是私人的,依然是次优的。[4]然而,通过调整第 11 章关于信息和垄断能力的分析,我们可以做得更好。

充分信息

从充分信息的方法开始:假定家庭的效用函数是共同知识。假设一家企业或者机构被赋予收费的权力,要消费商品 1,就需要交入场费:这只适用于特定类型的商品或者服务(可被商品 1 模型化)。[5]把商品 1 的生产赋予这样的一家企业,就有可能构建一个有效率的收费模式:这可以是我们在第 11 章考虑的非线性收费模式的类型(参见图 11.2)。

在图 11.3 中,穿过点 $\mathbf{x}^0$ 和 $\mathbf{x}'$ 的曲线就是我们要求的收费模式。[6]它包括一个固定

---

① 迷你问题 3:(1)阐明如故在图 13.2 中用补偿变动来度量福利。(2)把这个思想推广到异质消费者的经济中,为什么可能会有问题?

② 迷你问题 4:解释为什么会这样。

③ 迷你问题 5:假设可得集由 $\Phi(x_1, x_2) \leqslant 0$ 给出,这里:

$$\Phi(x_1, x_2) = \begin{cases} x_1^2 + x_2^2 - 1, & x_1 > 0,\ x_2 \geqslant 0 \\ x_2 - 1 - k, & x_1 = 0,\ x_2 \geqslant 0 \end{cases}$$

根据图 13.2 解释上式。令 $p_1 = p_2 = 1$。如果只有一家价格接受的企业生产商品 1,画出利润作为 x_1 的函数。k 取何值的时候,价格接受的企业不生产商品 1?

④ 迷你问题 6:为什么是这样? 关于"自然垄断",参见练习题 3.1。

⑤ 迷你问题 7:什么类型?

⑥ 迷你问题 8:跟不受管制的垄断者相比,这样一个受管制的企业会多生产商品 1 吗?(提示:考虑练习题 3.5。)

的收费 F_0 和一个可变的收费（价格为 p_1）；生产商品 1 的边际成本（用商品 2 来度量）是 p_1/p_2。这个收费模式满足式（13.5）中描述效率条件的一阶条件。它还使得企业可以实现盈亏平衡。[①]给定企业知道顾客的需求函数，它就可以构建这样的一个收费模式；如果我们要把这个逻辑推广到不同类型消费者的情形，企业可以引入同一收费结构的更加复杂的版本，只要它能够确认每个消费者的类型（参见第 11.2.3 节和 11.2.4 节）。

对于企业或者机构而言，这种形式的收费模式并不是确立有效率支付体系的唯一方法。假设政府允许企业收取的价格为 p_1（等于生产的边际成本），然后支付给企业一个补贴 F_0，从而弥补企业的亏损。根据同样的推理，企业也可以覆盖它的成本：补贴可以通过对所有人征税获得，显然，这样做有一个福利增加，因为代表性消费者确信可以得到效用水平 v'（而不是 v^0）。征税用于补贴，加上价格管制，显然带来了跟允许企业自由收费相同的效果。加上几点提醒之后，这个逻辑可以适用于异质消费者的情形。[②]

私人信息

关于这些建议的有效率解背后有完美信息的假定可能未必合适。在模型化企业或公共机构所面临的情形时，至少在两个方面，上述的假定不是一个好的方法。

首先，企业可能面对不同类型的顾客。如此，企业将面对谎言的问题，我们在第 11 章已经非常熟悉这样的问题了。高估值类型将试图伪装成低估值类型，目的是以更低的固定费用获得一个对自己更有利的合同。这个分析已经在第 11.2.4 节概括了：本质上，那是寻找有效率解的私人和个体的方法。

其次，在试图管制企业的时候，政府无法充分了解企业的情形。为了有效实施管制，政府需要获取企业成本函数的一些信息（否则的话，它怎么知道用于弥补 F_0 的补贴是不是太多了呢？）；但是设想政府面对的情形，那是在价格管制和补贴计划的约束下（我们已经讨论的），授予企业生产商品 1 的权利。尽管政府知道候选企业成本结构的分布，但是某个特定企业的具体成本信息是不可观察的：图 13.4 中 $\Phi(\cdot)$ 的形状可能是企业的私人信息。图 13.5 显示了 (x_1, x_2) 此消彼长的两个可能性：较大的浅色阴影部分对应的是图 13.4，另一个描述的情形是，给定商品 2 的牺牲，基础设施商品 1 得到的更少。如果对于哪种情况出现有完全信息，那么我们就可以实现有效率的结果，要么在 $\mathbf{x}'$（如果真实的情况如图 13.4 所示），要么在 $\mathbf{x}''$（如果真实的情况是那个新的、更小的可得集）：在两种情况下，我们都可以使用边际成本加补贴的方法，来确保已知成本的生产者有效率地运作。然而，在关于生产者类型的信息不完全的情况下，这是无法实施的。[③]

---

① 迷你问题 9：证明之。

② 迷你问题 10：假设遵循迷你问题 3，政府的目标函数被建议为 $\sum_h CV^h$，这里，CV^h 是家庭 h 的补偿变动。为什么这不是一个令人满意的福利标准？

③ 迷你问题 11：证明低成本（高效率）类型的企业在监管机构面前将假装自己是高成本类型，也可参见练习题 12.11。

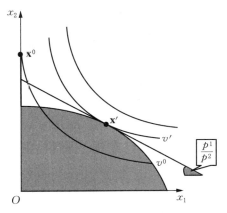

图 13.4 非凸性:一个有效率的收费模式

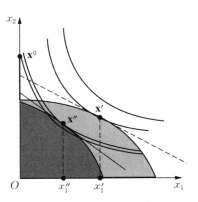

图 13.5 非凸性:不确定的替换

这种情况可以用第 12 章的设计原理来处理。这里的设计者是政府,它试图最大化期望社会福利。这里取期望是因为监管机构可能面对不同类型的垄断生产者。这是一个"次优"最大化问题,因为监管机构必须考虑一个激励相容约束,来确保低成本的生产者伪装成高成本的类型,无利可图:关于它在一个特定模型中的运作,参见练习题 12.11。结果将是一个依存于产出的多部分支付体系。最大化的社会福利将低于充分信息解,但这是我们从这类模型中可以预期到的结果。

非凸性问题削弱了不受管制的自由市场的运作,要解决非凸性问题,也不需要放弃关注个人利益最大化的方法。然而,通常需要一些外部的干预(政府作为监管机构)来保证生产者是有偿付能力的,并且可以有效率地运作。

实践中的微观经济学:管制中的信息问题

加利福尼亚州的自来水行业很好地阐释了管制中的信息问题的重要性。Wolak (1994)研究了管制问题的不对称信息特性对消费者的影响。对于上面讨论的两个情况(充分信息和私人信息),该研究用计量经济学模型化了最优管制结果。在充分信息情形下,管制者可以观察到成本信息;在私人信息情形下,自来水公司掌握更多的有关生产过程的信息。确实,私人信息显著增加了监管过程中的成本;成本的增加跟福利的显著损失相关,因为在私人信息情形下,产出水平更低,价格更高。

13.4 外部性

外部性意味着经济决策者之间存在一种特定类型的相互依赖;但是我们必须谨慎,这是一种什么类型的相互依赖。在市场经济中,竞争的力量会诱致相互依赖(参见第 7 章的模型)。夏天,冰激凌的需求增加,冰激凌小贩的工资上涨,其他工人的工资也上涨,苹果种植者(自行车修理企业、停车场……)的边际成本上涨。所有这些都是市场机制常规运作的一部分。

这里要讨论的相互依赖的类型,不是通过市场的常规渠道来运作的:否则,有关的经济问题就简单多了。相反,这样的相互依赖的运作,是通过改变我们为检验经济效率而构建的模型的一个或多个基本要素来发挥作用,比如经济体中其他决策者的生产函数 Φ^f 或效用函数 U^h。

正如我们在第 3 章和第 9 章有关效率分析的方法时看到的,外部性问题已经以不同的面貌出现过。一些标准版本的外部性问题如下:

网络效应。企业从相互的特定资本和人力资源的投资中获益,这种投资便利了合作,或者降低了其他企业的成本。总体上,这种现象导致了第 13.3.2 节提到的递增回报或"非凸性"问题。

公民行动。一些消费者的"良好公民身份"活动会让他人收益,比如,粉刷房子。

共有资源。假设企业可以获得所有权是模糊或者未定义的资源,比如领海水域之外的垂钓场、公用土地。一个企业在使用这些共同所有权资源的时候,是把这些资源作为一种投入要素,此时企业并没有考虑使用这些资源给其他企业带来的间接效果,比如渔场枯竭或者土地被过度放牧。这个现象被概括为"公地悲剧"。

污染。企业或者消费者的行为可能直接影响到其他人的利润或效用。

上述列举中的前两项是给他人提供利益的活动,直觉告诉我们,追求私人利益的个体决策者可能在一定意义上"没有充分提供"有益的利益。列举中的最后两个是负外部性或有害外部性的例子,同样的直觉逻辑告诉我们,私人利益对价格信号的反应将导致带来这个外部性的市场活动的过度开展。然而,这里的直觉有可能是对的吗? 或者它漏掉了有关市场机制的一些东西吗?

为了回答这个问题,我们首先看生产情形,然后再看消费:二者之间本质的区别不仅仅是决策者的目标和约束的性质,而且还体现在跟特定外部性相关的信息问题(我们将会看到)。首先处理生产外部性,可以让我们发展一个分析方法并为其他类型的外部性设定标准,同时引入公共物品的问题。

13.4.1　生产外部性:效率问题

问题的本质可以用封闭经济的两商品模型来表示。企业 f 在生产商品 1 的时候,会产生一个外溢效应,进而影响到其他企业的生产成本:活动越大,影响越大。假设有一个代表性的消费者;式(9.26)陈述了具有生产外部性的效率条件的基本原则;对于消费者而言,私人物品的相关条件是式(13.1)。二者合并,我们有:

$$\frac{\Phi_1^f}{\Phi_2^f} = \frac{U_1}{U_2} + e_{21}^f \qquad (13.6)$$

这里,e_{21}^f 是外部性的边际估价。式(13.6)中的另外两项本质上跟式(13.1)—式(13.4)的解释相同:它们是用商品 2 度量的生产商品 1 的边际成本(等号左端的项),以及用商品 2 度量的消费者对商品 1 的边际支付意愿(等号右端的项)。

我们可以利用式(13.6)的效率条件,来提供一个市场经济中的实施方法。

13.4.2　修正税

考虑到消费者在自由市场中最大化效用,式(13.6)可被解释为一个设定修正税的规则。我们重新定义各要素为:

$$\frac{\tilde{p}_1}{\tilde{p}_2} = \frac{p_1}{p_2} - t \tag{13.7}$$

这里,$\tilde{p}$ 表示生产者价格,p 表示消费者价格,t 是对污染者产出征缴的税。如果我们可以安排 $t = -e_{21}^f$,那么我们就对产生外部性的企业施加了修正税,这个税就等于边际外部性的价值。根据定义,如果外部性是有害的(比如带来污染),那么这个税就是正的,但是如果外部性是有益的,t 就是负的(给生产商品 1 的企业的补贴)。[①]

尽管这个简洁的解也存在信息的问题,包括定义可征税和不可征税商品之间的边界问题,但它的优势是简单,因为它只需要对市场机制进行很小的改动。

13.4.3　生产外部性:私了解

但是政府真的需要用修正税或者补贴的方式介入外部性问题吗?或许涉及外部性的各个企业的利益得到正确的建模之后,政府的外部干预就不重要了。

通过重组进行内部化

在有些情况下,当生产外部性只涉及非常少的几家企业时,企业自己就可以找到解决方案。"受害"企业和产生外部性的企业合并,就改变了这个问题的性质。依赖市场信号的两个独立决策的实体,变成了一家企业的两个组成部分。理性的合并企业的经理,会意识到两个组成部分之间的相互依赖,在有关合并企业的净产出决策的时候,会考虑到这一点。因此,合并已经"内部化了"外部性。这提出了一个问题,一家大型机构能否从内部进行有效率地组织,以便考虑原先独立的企业合并之后带来的更丰富的信息。

通过虚拟市场内部化

然而,要完成内部化的工作,产业结构的变化或许并不必要。自利但是有远见卓识的企业经理,可以扩展市场的运作。

以两家企业为例:企业 1 是污染者,企业 2 是受害者。假设两家企业都充分了解各自的技术可能性和生产活动,包括外部性的影响,并且对企业 1(污染者)的活动没有法律或其他约束。那么,企业 2 的利润将受损,其他因素不变的情况下,随着企业 1 产出的增加,企业 2 的损失越大。

---

① 迷你问题 12:这是否意味着"污染者支付"?(参见第 9 章的迷你问题 20 和 22。)

　　私有解决方案的关键是，企业 2（受害者）提议，向企业 1 提供一个转移支付或者贿赂企业 1。贿赂的金额基于企业 1 的产出：污染越大，贿赂金额越小；因此我们把贿赂金额建模为一个减函数 $\beta(\cdot)$，自变量是污染者的产出。这个计划是可以实施的，因为我们假定污染活动是众所周知的。如何决定 β？我们可以把它看成是企业 2 的另一个控制变量，因此最优化问题是：

$$\max_{\langle \mathbf{q}^2, \beta \rangle} \sum_{i=1}^{n} p_i q_i^2 - \beta - \mu_2 \Phi^2(\mathbf{q}^2, q_1^1) \tag{13.8}$$

　　一阶条件是：

$$p_i - \mu_2 \Phi_i^2(\mathbf{q}^2, q_1^1) = 0 \tag{13.9}$$

$$-1 + \mu_2 \frac{\mathrm{d}\Phi^2(\mathbf{q}^2, q_1^1)}{\mathrm{d}q_1^1} \frac{\mathrm{d}q_1^1}{\mathrm{d}\beta} = 0 \tag{13.10}$$

　　根据外部性的定义，我们可以把式（13.10）写为：

$$-1 + \mu_2 \Phi_2^2(\mathbf{q}^2, q_1^1) e_{21} \frac{\mathrm{d}q_1^1}{\mathrm{d}\beta} = 0 \tag{13.11}$$

　　根据式（13.9），这意味着：

$$\frac{\mathrm{d}\beta}{\mathrm{d}q_1^1} = \mu_2 \Phi_2^2(\mathbf{q}^2, q_1^1) e_{21}^1 = p_2 e_{21}^1 \tag{13.12}$$

　　求解式（13.12）得到 $\beta(q_1^1)$，最优贿赂金额作为污染者产出的函数。换言之，一阶条件得到了一个微分方程，这个微分方程定义了企业 2（受害企业）的最优贿赂函数 $\beta(\cdot)$。[①]

　　现在从企业 1 的角度来看这个问题。一旦受害企业提出了一个有条件的贿赂，企业 1 应该予以考虑。因此它的利润一定是：

$$\max_{\langle \mathbf{q}^1 \rangle} \sum_{i=1}^{n} p_i q_i^1 - \beta(q_1^1) - \mu_1 \Phi^1(\mathbf{q}^1) \tag{13.13}$$

　　企业 1 ［见式（13.13）］很明确地认识到，转移支付的金额取决于 q_1^1，这完全在企业 1 的直接控制之下。企业 1 的问题的一阶条件是：

$$p_1 + \frac{\mathrm{d}\beta(q_1^1)}{\mathrm{d}q_1^1} - \mu_1 \Phi_1^1(\mathbf{q}^1) = 0 \tag{13.14}$$

$$p_i - \mu_1 \Phi_i^1(\mathbf{q}^1) \tag{13.15}$$

　　这里，$i = 2, \cdots, n$，考虑到式（13.12），这意味着：

$$\frac{\Phi_1^1}{\Phi_2^1} = \frac{p_1}{p_2} + e_{21}^1 \tag{13.16}$$

　　值得注意的，我们似乎得到了跟最优设计的污染税［参见式（13.6）和式（13.7）］同样有效率的解。此外，即使法律体系把权利授予给受害者（而不是施害者），我们也可以得到这个明显有效率的结果。如果存在完全信息、无成本实施以及协商的可能性，那么私人机制

---

① 迷你问题 13：将式（13.12）解释为企业 2 的"边际规则"。

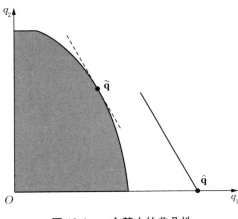

图 13.6　一个基本的非凸性

就可以实现有效率的结果。实际上,由于污染权利虚拟市场的产生,使得市场的集合被扩大了,这些权利的适当定价在实施有效率的配置方面发挥了核心作用。市场的扩展有效地把外部性内部化了,所用的方法是在外部性上施加一个隐性的价格,使得外部性的生产者无法忽视。

然而,可能仍存在一些问题:

(1)如果污染者被允许出售无限污染的权利,那么这个过程就有可能持续,直至企业2倒闭。在这种情况下,可行集就如图13.6所示。然而,如果这种情况出现了,那么显然,依赖扩展的市场机制就无法带来有效率的结果,原因跟我们在第13.3节遇到的一样:污染权的定价使得我们得到的是点 $\hat{\mathbf{q}}$,而不是有效率的点 $\tilde{\mathbf{q}}$。我们可以把市场失灵的外部性类型的问题转化为非凸性类型的问题。

(2)上述逻辑忽略了交易费用。贿赂是可以协商的,而且就跟通常的市场交易一样支付,并没有更多的争吵;贿赂带来的是污染活动的减少,这是可以验证的,就跟在市场上查验商品的质量一样,也没有更多的麻烦。但是,不难设想,在很多情况下,这个假设是不成立的。如果存在很多的潜在施害者和受害者,那么,分离出某个特定的污染者,实施贿赂,监督依存于贿赂的行动,都是困难的。

(3)为了实施最优贿赂函数,每家企业都应该知道其他企业的成本函数信息。考虑到第13.3.4节的管制问题,这个假定也是值得怀疑的:竞争者比政府更了解对手的成本吗?

实践中的微观经济学:京都议定书——一个污染权市场

尽管污染权的交易本质上是一个"私人"活动,并且也是由(扩展的)市场决定价格,但是,"政府"依然发挥着重要的作用,这里"政府"加上引号,表示它可以是决策者之间的一种松散的非正式安排。必须有人来决定权利的配置。

一个合适的例子是《京都议定书》。它于2005年2月开始生效,它包含了国家层面的污染权市场的条款。这个协定明确承认了"排放交易"。它允许各国就温室气体的排放进行交易:排放污染的国家可以从其他国家购买未使用的排放额度。各国也可以通过一些活动(比如种树和土壤保持)来赢得排放额度,同时提升环境吸收碳排放的能力。一个重要的问题是,最初的权利分配是否合适,因为它不会导致市场权力的不公正分配,参见 Maeda(2003)。

13.4.4　消费外部性

我们同样可以使用生产外部性的分析来处理消费的外部效应。现在,跟上述情况相对照,我们考虑的情形是:生产没有外部性,但是决策者的效用函数之间可能存在相互依赖。商品 1 是一些对其他人的效用。有负向(比如烟草?)或正向(比如除臭剂?)影响的商品,商品 2 是一篮子其他物品。根据式(9.30)和式(13.2)的基本效率原则,我们得到:

$$\frac{U_1^h}{U_2^h}=\frac{\Phi_1}{\Phi_2}-e_{21}^h \tag{13.17}$$

这里,e_{21}^h 是根据式(9.29)得到的 h 消费商品 1 带来的边际外部性(用商品 2 来度量):在有效率的配置上,每个家庭对商品 1 的边际支付意愿,应该等于生产该商品的边际成本,当然这个边际成本要根据边际外部性的价值进行调整。我们用修正税再次得到了修改的市场解。因此,根据前面的逻辑,式(13.17)将带来:

$$\frac{p_1}{p_2}=\frac{\tilde{p}_1}{\tilde{p}_2}+t \tag{13.18}$$

这里,$\frac{p_1}{p_2}$ 表示消费者的价格比,$\frac{\tilde{p}_1}{\tilde{p}_2}$ 是生产者的价格比,并且:

$$t=-e_{21}^h \tag{13.19}$$

就是所需的修正税。[①]

我们顺着第 9 章的例子讲,阿尔夫因为比尔吸烟而受到伤害。式(13.18)和式(13.19)的含义是,如果抽烟带来一个负的外部性($e_{21}^h<0$),那么就需要对抽烟施加一个正的修正税,这个修正税等于边际外部性的值。这个税可以这样理解:企业在计算成本的时候,除了给消费者提供这个带来外部性的商品的私人成本之外,还需要包括负的外部性的社会成本。

然而,在消费外部性的情况下,信息和度量的问题比较棘手。在有些情况下(比如吸烟),可能确实存在损害其他人的健康的独立信息;那么,边际外部性的值是常识。但是在其他情况下,得到消费外部性的可靠信息是个很大的问题,这个问题的难度不低于(在生产外部性的模型中)获取企业成本的信息。给定品味的异质性,让人们提供关于外部性的准确的、可证实的信息,基本是不可能的;甚至要确定外部性的方向(正或者负)都是不可能的! 因此,人们可能有积极性谎报自己的偏好。[②]这个问题在公共物品的分析中更加尖锐,参见第 13.6 节。

13.4.5　外部性:评估

核心问题是:不同类型的外部性能否通过私人利益的运作得到令人满意的解决? 这归结为如下的两个问题:外部性能够内部化吗? 如果能,如何操作?

在一些情形下,这个问题的答案是肯定的,但是市场的运作需要适当调整。这些情形包括用修正税来维持有效率结果的情况,修正税就是在消费者价格和生产者价格之间打入了一个楔子。有些形式的内部化,依靠的是兼并独立的生产实体,从而明确替代市场机

[①]　迷你问题 14:基于此,除臭剂和香水应该得到补贴吗?

[②]　迷你问题 15:根据迷你问题 14,提供一个例子来证明。

制。内部化在有些时候处理起来很棘手,比如决策者可能自愿设立他们自己的扩展市场,或者不完全信息的问题意味着无法防止决策者谎报他们的偏好或者成本。

13.5 公共消费

表 9.1 列出了公共—私人物品谱系的四种特殊情况。我们已经研究了两类(表格左边,对应的是"竞争性"物品);现在我们需要看一下右上角对应的案例分析,即莫名其妙标注一个问号的那个情形。

这个特殊情形是"公共消费",意思是这个商品缺乏竞争性特征,即多一个人消费这种商品或服务并不需要耗费额外的资源。但是它也不是真正的"公共物品",因为它是排他性的。在去往第 13.6 节要讨论的公共物品的路上,这算是一个有趣的中途歇脚的小客栈。幸运的是,我们可以快餐式地解决它提出的问题。

13.5.1 非竞争性和效率条件

我们考虑一种商品的供给,这个商品具有非竞争性的特征,但有排他性,比如花钱才能看的电视节目。排他性特征意味着你可以收费;因此有效率的配置可以通过一些类型的市场机制来实施。价格应该如何确定? 我们可以依赖自由市场定价吗?

令商品 1 为这种非竞争性物品,商品 2 是一篮子其他物品。第 9.3.4 节的逻辑意味着,有效率的配置一定满足:[1]

$$\sum_{h=1}^{n_h} \frac{U_1^h(\mathbf{x}^h)}{U_2^h(\mathbf{x}^h)} = \frac{\Phi_1}{\Phi_2} \tag{13.20}$$

这提出了一个实施方法。因为根据假定,这个商品是排他的,我们可以对每个决策者 h 收费 p^h(用商品 2 来度量),交费之后的决策者就获得了消费商品 1 的权利。条件式(13.20)给出:

$$\sum_{h=1}^{n_h} p^h = \frac{\Phi_1}{\Phi_2} \tag{13.21}$$

每个消费者支付的价格,对应着他对这个服务的边际支付意愿;如果他不愿意支付,他就被切断服务(排除在外);这些价格之和等于提供这项服务的边际成本。[2]

这个配置规则自身揭示了两个困难:

(1)在这种情形下,完全排他性的假定过于强烈:如果消费者的边际支付意愿无法容易地被观察到,那么事情就糟了。

(2)通常的情况下,这类物品并不是由大量的竞争性企业供给,而是由一个或少数几个大型生产者提供。因此,也可能存在垄断供给的问题,从而需要管制,如第 13.3.4 节所讨论的。

---

[1]　迷你问题 16:解释为什么。

[2]　迷你问题 17:在电视的例子中,供给的边际单位的产品是什么?

然而,可以论证的是,能够精准设计一个共同的机构来供给这类非竞争性物品。

13.5.2　俱乐部物品

俱乐部可以看成是完成这项工作的机制:通过它的会员制规则,俱乐部实施了有效的排他机制。

我们分析一个提供商品1的俱乐部模型。如果俱乐部有 N 个会员,那么俱乐部生产的商品1的量 x_1 由生产函数 $ø$ 给出,使得

$$x_1 = ø(z, N) \tag{13.22}$$

这里, z 是投入的商品2(包含其他所有物品的组合商品)。假设 $ø$ 是 z 的递增且严格凹函数,对 N 是递减的或者不变的。[①]后一个假定涵盖了两种情况,一种是纯粹的非竞争性物品,另一种是俱乐部提供的服务也会出现拥挤(如果顾客太多的话)。[②]决策者 h 的偏好由如下的效用函数表示:

$$U^h(x_1, x_2^h) \tag{13.23}$$

现在考虑俱乐部的入会费。假设入会费对所有的会员都一样,并且总费用正好等于生产商品1的成本;因此会员费是 z/N。再假定俱乐部的所有成员具有相同的偏好和收入。那么,代理人 h 的预算线的边界是:

$$\frac{z}{N} + x_2^h = y^h \tag{13.24}$$

这里, y^h 对所有的 h 都一样。代理人的效用可以写成:

$$U^h\left(ø(z, N), y^h - \frac{z}{N}\right) \tag{13.25}$$

对任何有兴趣加入俱乐部的决策者而言,一定满足:

$$U^h\left(ø(z, N), y^h - \frac{z}{N}\right) \geqslant U^h(0, y^h) \tag{13.26}$$

也就是说,加入俱乐部的效用(考虑到入会费),不低于置身俱乐部之外的效用。

俱乐部提供的商品或服务的最优数量 x_1 是多少? 我们需要求解投入 z 的量,这个量可以最大化代表性俱乐部成员的效用。式(13.25)对 z 求导数,给定规模 N 的俱乐部最大化的一阶条件是:

$$U_1^h\left(ø(z, N), y^h - \frac{z}{N}\right)ø_z(z, N) - \frac{1}{N}U_2^h\left(ø(z, N), y^h - \frac{z}{N}\right) = 0 \tag{13.27}$$

---

①　迷你问题18:有时候用俱乐部的成本函数也很方便。提供一定量 x_1 的商品1的成本是 $C(x_1, N)$,用商品2来度量。解释 C 和 $ø$ 之间的关系。证明上面关于 $ø$ 的假定意味着, C 是 x_1 的递增凸函数,并且是 N 的非递减函数。

②　迷你问题19:对于这两种情况,需要对俱乐部的成本作何假定?

因此,整理并加总俱乐部内所有的 h,我们有:

$$\sum_{h=1}^{N} \frac{U_1^h\left(\o(z,N),\, y^h - \frac{z}{N}\right)}{U_2^h\left(\o(z,N),\, y^h - \frac{z}{N}\right)} = \frac{1}{\o_z(z,N)} \tag{13.28}$$

换言之:[①]

$$\sum_h MRS^h = MRT \tag{13.29}$$

对比式(9.32)和式(13.20)。因为排他性的假定,式(13.28)所描述的有效率配置是可以实施的:条件式(13.26)保证了,任何一个代理人 h 都宁愿支付会费 z/N,也不愿被排除在俱乐部之外。[②]

我们这里的故事是,商品本质上具有公共特征,却是由私人提供的。但是,完全排他性的假定是强烈的:我们在下一个节继续探讨这个问题。

13.6 公共物品

我们已经在好几个节点上遇到过公共物品。在第 9 章,我们讨论了存在公共物品经济中的效率问题;在第 12 章,我们看到了如何"拍卖"一个不可分的公共标的物,目的是在这个特例下找到一个简单机制。然而,特例之外,提供公共物品的一般问题是什么? 我们能够找到一个合适的机制吗? 它可以用个人主义的方法来实现吗?

实践中的微观经济学:全球公共物品的实施

随着霍乱和大西洋黄热病等传染病在 19 世纪的流行,为了阻止疾病的传播,法国政府在 1834 年倡导了首次国际合作。直到 20 世纪 50 年代,国际组织限制传染病传播的方法,依然是通过国境管制。地方或国家层面上对传染病的应对,效果不佳,困难重重,国际合作迫在眉睫。世界卫生组织诞生之后,成为健康国际合作的关键机构:通过工业化国家提供的发展援助,世卫组织帮助发展中国家控制传染病的传播。

例如,工业化国家对骨髓灰质炎的早期控制构成了全国公共物品的提供,但是下一步提供全球公共物品,则需要国际组织来执行。要成为一个真正的公共物品,世界范围内骨髓灰质炎的消灭,也需要给已经免疫的发达国家带来好处。这是因为,除非骨髓灰质炎在全球范围内根除,否则发达国家也需要持续接种疫苗。发达国家可以在经济成本上受益,因为可以节省成本;发展中国家也从全球公共物品中获得健康的好处。参见 Arhin-Tenkorang 和 Conceição(2003),也可参见 Sandler 等(2002)。

---

① 迷你问题 20:证明式(13.28)如何被推广到异质会员的情形。

② 迷你问题 21:(1)如果存在拥挤,求解最优俱乐部成员的条件。(提示:假设成员可以合适地被视为一个连续变量,然后对 N 求导数。)(2)证明这个条件可以被解释为"边际成本=平均成本"。(3)证明:在最优解的时候,这可以被解释为,入会费等于额外接纳一个会员的边际成本。

13.6.1　问题

回忆一下,公共物品具有两个关键特征:(1)完全非竞争性;(2)完全非排他性(参见表 9.1 及随后的讨论)。

第一个特征处于公共物品配置效率问题的核心。根据定理 9.6 以及第 13.5 节的讨论,我们知道,效率规则要求在经济可得集的边界上选择产量,从而使得式(13.29)成立。MRS 加总的规则直接来自非竞争性的特征。

第二个特征是实施问题的核心。这里,我们有一个潜在的严重问题,因为根据假定,商品是非排他的。这个固有的非排他性使得设计问题相当棘手:这里的直觉是,问题包含着第 13.4.4 节考虑的特征的极端形式。跟我们刚刚分析的俱乐部故事不同,公共物品不可能实行会员制:你无法将没有付费的人排除在俱乐部之外。

为了更具体地看到问题的本质,我们考虑两个可能发生灾难性失败的机制。

13.6.2　自愿供给

用一个类似于第 12.6.2 节的模型,就可以确立关键要点。我们有一个两商品世界,有 n_h 个家庭:商品 1 是纯粹的公共物品,商品 2 是纯粹的私人物品。这里有一个重要的区别,我们不再考虑固定规模的项目,而是考虑配置两种物品的一般问题:公共物品和私人物品。

每个决策者有一个外生给定的收入 y^h,用私人物品 2 的单位来度量。我们设想,公共物品的提供按照自愿出资的原则:每个家庭出资 z^h,这意味着家庭 h 可以用来消费的私人物品的量为 $x_2^h = y^h - z^h$。商品 1 是用商品 2 来生产的,生产函数如下:

$$x_1 = \phi(z) \tag{13.30}$$

这里,z 是生产过程中使用的商品 2 的总投入,是通过加总式(12.22)中的单个家庭贡献得到的。每个家庭的出资是多少?能够提供的公共物品的量是多少?答案不仅取决于每个决策者偏好的模型,还取决于决策者对于其他人行为的假定。

再次假定 h 的偏好由式(13.23)给出。每个决策者意识到,公共物品的总产出取决于他或她自己的出资额以及其他人的出资。假设每个人假定其他人的行动不依赖于他自己的出资;换言之,h 把其他人的出资看成一个常数 $\bar{z}$,这里:

$$\bar{z} = \sum_{\substack{k=1 \\ k \neq h}}^{n_h} z^k \tag{13.31}$$

这意味着 $z = \bar{z} + z^h$。常数 $\bar{z}$ 的假定对于 h 而言是理性的,但是当我们考虑 h 的更大利益时,这里就有一个陷阱。

将式(13.30)和式(13.31)合并,决策者 h 的最优化问题变成:

$$\max_{x_2^h} U^h(\phi(\bar{z} + y^h - x_2^h),\ x_2^h) \tag{13.32}$$

内点解的一阶条件是:

$$-U_1^h(x_1,x_2^h)\varnothing_z(\bar{z}+y^h-x_2^h)+U_2^h(x_1,x_2^h)=0 \qquad (13.33)$$

整理式(13.33)得到:

$$\frac{U_1^h(x_1,x_2^h)}{U_2^h(x_1,x_2^h)}=\frac{1}{\varnothing_z(z)} \qquad (13.34)$$

这里 $,z:=\sum_{h=1}^{n_h}z^h$。 条件式(13.34)的解释是 $MRS^h=MRT$。但是,与之对照,帕累托效率要求式(13.29)成立,因此,用这里的两商品模型来衡量,意味着:

$$\sum_{h=1}^{n_h}\frac{U_1^h(x_1,x_2^h)}{U_2^h(x_1,x_2^h)}=\frac{1}{\varnothing_z(z)} \qquad (13.35)$$

对比个体最优化条件式(13.34)和效率条件式(13.35),这其中的含义如图 13.7 所示。这个图表示了两商品模型中的生产可能性,横坐标为公共物品,纵坐标为私人物品的总量。[1]如果决策者的理性是缺乏远见的,那么他们选择的消费组合满足式(13.34),从而使总的消费组合如图 13.7 的 $\hat{\mathbf{x}}$ 所示。但是,如果有方法可以施行有效率的结果[满足式(13.35)],那么总的消费组合将在点 $\tilde{\mathbf{x}}$,此处切线的斜率更陡。显然,自愿原则导致了公共物品供给不足。

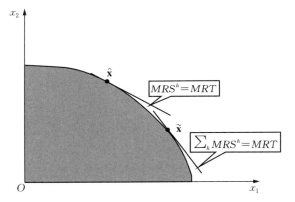

图 13.7　缺乏远见的理性导致公共物品供给不足　　图 13.8　古诺—纳什解下公共物品供给不足

我们可以用策略术语来理解上述的逻辑(参考第 10 章讨论的古诺数量竞争模型)。图 13.8 表示的是阿尔夫和比尔对公共物品的出资,这里 $n_h=2$。阿尔夫的无差异曲线如图中 U 形线所示,递增偏好的方向是向上的。[2]比尔的无差异曲线也类似:它们是 C 形的,

---

① 迷你问题 22:假设所有 n_h 个代理人都是一样的,代理人 h 的效用函数为:

$$U^h(x_1,x_2^h)=2\sqrt{x_1}+x_2^h$$

假设按照现有的生产条件,1 单位的私人物品总是可以转化为 1 单位的公共物品。效率条件是什么?应该生产多少公共物品? 如果在上述假定下留给个人出资来决定,公共物品会生产出多少来?

② 迷你问题 23:给出式(13.23)和式(13.32)中的效用模型,解释为什么如此。这里的 U^h 是通常的准凹函数。

递增偏好的方向是向右的。连接无差异曲线 a 和无差异曲线 b 的所有切点,这个路径就是我们构建的效率轨迹:对应着这些(z^a,z^b)值的配置就是帕累托效率的。

但是现在考虑两个决策者的缺乏远见的最优化问题。实际上,他们参与的是一个同时行动的博弈,决定的是对公共物品的出资。如果阿尔夫选择的是 z^a(假定 z^b 是固定的),那么他选择的点就位于一条 U 形无差异曲线的底部:所有这些点的轨迹由反应函数 χ^a 给出,这样得到的是阿尔夫出资的最佳应对值(给定比尔的任何一个出资水平)。相似的推理和解释也适用于比尔的反应函数 χ^b。根据这个逻辑,图 13.8 中 χ^a 和 χ^b 曲线的交点表示的是公共物品出资博弈的纳什均衡:每个决策者同时对对方的出资作出最佳应对。扫一眼这个图就足以看出,纳什均衡的出资额少于帕累托效率结果要求的出资额。

公共物品的自愿供给故事还可以用其他的方式来讲述,但是通常它们的结果是相同的,即次优的古诺—纳什结果。每个代理人都希望别人多出资,自己"搭便车",而不是自己提供肩负社会责任的出资额。这个结果似乎是相当令人沮丧的:[①]那么接下去该怎么办?

13.6.3 个人化的价格?

根据市场失灵的其他方面的讨论(比如第 13.3 节的非凸性问题),我们可能想考虑一个直接的公共手段来提供公共物品:或许是一个仁慈的政府机构来生产这个公共物品,为此,这个政府机构获得授权来征用 z^h。但是这意味着,问题的一个很重要的部分已经解决了。要完成这项工作,政府机构需要知道每个家庭的偏好,而不仅仅是偏好在人群中的分布。

还有一个方法可以避免假定政府机构是无所不知的。它直接建立在图 9.9 给出的公共物品有效率配置的表示上。我们不是假定政府是无所不知的,设想生产公共物品的机构获得授权,针对每个家庭 h,用垄断企业价格歧视的方式,设定一个有差别的"订购价"。再次令 p^h 度量生产一单位商品 1 的成本(用商品 2 来衡量)。政府机构宣布个人化价格的集合,然后家庭 h 宣布他要购买的商品 1 的数量。因此,家庭 h 的决策问题是:

$$\max_{(x_1,x_2^h)} U^h(x_1,x_2^h) \tag{13.36}$$

满足下面的预算约束:

$$p^h x_1 + x_2^h = y^h \tag{13.37}$$

显然,家庭将宣布意欲购买的(x_1,x_2^h),满足:

$$\frac{U_1^h}{U_2^h} = p^h \tag{13.38}$$

显然,为了保证效果[上述式(13.35)],政府机构所需要做的,就是合适选择个人化的价格。这意味着,同时选择所有的 p^h,使得:

---

① 迷你问题 24:我们是否可以依赖一个版本的无名氏定理(定理 10.3)来保证公共物品的有效率供给?

$$\sum_{h=1}^{n_h} p^h = \frac{1}{\phi_z} \tag{13.39}$$

条件式(13.39)被称为公共物品的林达尔解(Lindahl solution),它体现了这样一个原则:家庭的边际支付愿意之和(这里是个人化价格 p^h 之和),等于提供公共物品的边际成本式(13.35)。图13.9的两商品、两人情形可以说明这一点,也就是从第9章的图9.9推导出来的结果。这可被解释为把个人对公共物品的需求加总起来:把每个人的订购价设定为他的 MRS_{21}^h[式(13.38)]。跟私人物品的情形对比(对一个给定的唯一的价格,加总每个家庭的需求量),这里我们是对于一个唯一的数量,加总每个家庭的订购价。我们把每个人的边际支付意愿加总起来,使得加总后的订购价跟公共物品的生产价格相匹配[式(13.39)]。如果这听起来像是俱乐部物品,那么这个印象是正确的,我们本可以用图13.9来阐明式(13.21)中的非竞争性排他物品的最优定价规则。

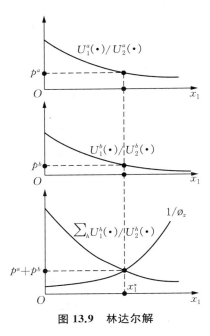

图13.9　林达尔解

然而,对于真正的公共物品,还存在两个突出的问题。首先,这个过程有计算量要求,因为对该公共物品的所有潜在的受益人(而不仅仅是自愿申请加入俱乐部的人),政府需要在不同的个人化价格计划和供给水平下进行迭代结算。第二个问题更为根本。每个家庭为什么会如实向政府机构显示自己真实的边际替代率?可能没有办法验证家庭是否在说谎,并且家庭 h 承认的边际替代率越高,将被收取的订购价就越高。因此,一旦 h 意识到这一点,结果将会怎样?

然后,家庭 h 就认识到了,通过宣布一个虚假的边际替代率,它就可以有效地选择它面对的价格。我们有理由假定,h 在给定所有其他家庭的行为下,通过这样做来最大化自己的效用。我们再次假定式(13.31)成立:家庭 h 假定其他所有人的净出资是固定的。因此,实际上,家庭 h 同时选择 x_2^h 和 x_1 来最大化表达式(13.23),受制于如下的约束:

$$x_1 = \phi(\bar{z} + p^h x_1) \tag{13.40}$$

以及预算约束式(13.27)。

但这恰恰是上述家庭自愿出资遇到的问题。因为家庭没有动机如实透露自己的偏好,也没有办法独立验证偏好,所以无效率的结果就会持续:这个订购价机制就会被操纵。我们再次遇到了信息经济学和设计中的谎报问题,或者说是寡头问题中的"欺骗"问题(例如,参见第10章的迷你问题21)。这个结论无可避免吗?

13.6.4　公共物品:市场失灵和设计问题

我们上节内容中重新发现的策略问题,来自两个关键特征,它们处于公共物品问题的核心。首先,因为公共物品的性质,使得联合利益和个体利益相分离。①这类似于寡头中的卡特尔:遵守串谋的默契协议,生产者可以最大化联合利润;但是每个企业都试图打破卡特尔,各自追求更高的利润。卡特尔的个体成员可以设立一个机构来监督协议的履行;类似的机构可以是政府部门(在本章的情形下)。公共物品问题的第二个特征在寡头的情形下可能存在,也可能未必存在:在公共物品的情形下,我们假定监督机构不了解个体决策者的目标和约束。这就导致了我们在第 13.6.3 节看到的普遍的谎报问题。鉴于此,我们有必要回顾第 12 章的设计原理。

回顾 Gibbard-Satterthwaite 结果(定理 12.4)的本质:对于一个经济中的任何机制 Γ(有限数量的决策者):

(1) 如果不止两个选项;

(2) 如果 Γ 定义在可能的效用函数组合上;

(3) 如果 Γ 是不可操纵的,意思是说,它是占优策略可实施的。

那么,Γ 一定是独裁的。

这一结果凸显了我们在通过自愿主义或者订购价格税收来实施公共物品时遇到的问题,而上面这个结果就是我们遇到的问题的基础。因此,考察定理的三个主要部分,如果放松其中的一个或多个,或许我们可以在实施问题上取得进展。

第一,如果我们根据第 12 章的公共项目机制,来重新考虑自愿模型的本质,那么结果会怎样?关键点在于,在公共项目的故事中,只有两个可能的社会状态。因此,第 13.6.2 节和第 13.6.3 节中的困难的可能解,需要改变公共物品决策问题:我们不再考虑公共物品的量 x_1 取任意真实值的可能性,我们关注固定规模的项目,这样,x_1 就是一个二值变量。尽管这样做具有局限性,但是枢纽机制提供的洞见很重要:它提供了一个内部化外部性的方法,这个外部性是每个代理人通过信号发送的程序施加给其他人的(这个信号发送程序类似于第 11.3.2 节讨论的那样)。枢纽机制的经验能否扩展到其他情形?

第二,我们要把注意力放在特定类型的效用函数上,而不是接受所有类型的偏好。

第三,我们可以考虑将占优策略真实实施弱化为(比如)纳什实施:只要其他人透露真实偏好,代理人 h 也这么做。

在第 13.6.5 节讨论的机制中,这些要素将变得显而易见。

13.6.5 公共物品:其他机制

我们考察其他机制,出于两个动机。首先,我们很感兴趣的是,找到一个工具来协助个体决策者之间的合作,从而实现有效率的结果,或者至少得到一个比追求短期利益更好

---

① 迷你问题 25:设想一个两人经济体,每个人有一单位私人物品的禀赋。每个人都有一个二值选择,即是否把自己的私人物品完全贡献出来,用于生产公共物品。如果两个人都决定贡献出来,那么这将生产 1.2 单位的公共物品,两个人都可以享受这个公共物品。如果一人贡献了而另一人不贡献,那么这将生产 0.5 单位的公共物品。每个人的收益等于私人物品(如果还有的话)和公共物品(如果有的话)之和。将这个决策问题构建为一个策略式(标准式)博弈,证明:这正是因徒困境形式的博弈(参见第 10 章的迷你问题 8)。

的结果。其次，贯穿本章的主题是私人的方法，而不是公共的视角。自动依赖政府机构来提供公共物品，看上去是很有局限性的：是否能够找到一个协调个体行动的方法，使得人们不仅仅考虑眼前利益？

政府的角色

我们假设，关于实现，政府有丰富的知识和经验。那么，公共项目模型可以为更复杂的机制提供基础：使用更复杂的惩罚和税收方案，枢纽机制可被用于其他情形，而不是简单的固定规模项目，尽管这在行政管理上有可能是非常复杂的。然而，在修正其他类型的个体均衡上，政府依然发挥着作用：如果考虑其他人的结果对自己有利可图，那么就有可能实施一个有效率的解；练习题 13.6 就是这样的一个例子。本质上私人的、个体的，但非市场的供给形式需要设立机构，政府在这方面依然发挥着作用。如下的两个应用阐明了这一点。

退款保证

第一个机制给人一种愉快的感觉，人们在办公室或者社区生活中都很熟悉。每个人为一项公共物品自愿出资，目的是实现一个给定的目标值 z^*，这个目标值有时候也被称为"提供点"。如果这个目标没有达到，那么就没有公共物品提供；如果目标达到了或者超过了，那么超出的部分按照出资比例退还给出资人。退款保证对于这个设计而言是很核心的：否则的话，目标就成了纯粹的渴望，全无经济激励。

为了模型化这个设计，令代理人 h 的效用是：

$$U(x_1, x_2^h) = \psi(x_1) + x_2^h \tag{13.41}$$

与式(12.20)对比一下。在退款保证的规则下，个人的效用为：

$$U^h(x_1, x_2^h) = \begin{cases} \psi(\phi(z^*)) + \pi^h[z - z^*] + y^h - z^h, & \text{如果 } z \geq z^* \\ y^h, & \text{否则} \end{cases} \tag{13.42}$$

这里，$z := \sum_h z^h$ 表示总的出资额，$\pi^h := z^h / z$ 是代理人 h 在总出资额中所占的比例。显然，如果这个公共物品对代理人 h 很有价值，那么根据这个设计，决策者 h 将自愿出资。[1]

然而，这个方法存在着两个相互关联的问题。首先，谁决定提供点以及如何决定？为了适当地确定 z^*，设计者必须拥有人们对公共物品偏好的先验信息；或许政府拥有这个信息，否则的话，这个问题的一大部分就被假设掉了。其次，如果提供点不是外生设定的，那么问题立刻转向了自愿原则下提供不足的结果。[2]

---

[1]　迷你问题 26：证明在这些条件下，为公共物品出资是一个纳什均衡。

[2]　迷你问题 27：证明每个决策者 h 希望争得一个较小的出资额。

实践中的微观经济学：女王伊丽莎白一世时期的公共物品提供彩票

英国历史上有记录的首次彩票发行是在伊丽莎白一世女王统治的时期，1566 年设计的（Ashton, 1893）。发行了 40 万张，每张彩票价格 10 先令（当时是 20 先令值 1 英镑，一个非熟练劳动力一周的工资大约是 2—4 先令）。但这是一个缓慢的过程：有些彩票持有人不得不额外等待三年，直到 1569 年才开奖。这个延误的部分原因是全国彩票出售的物流问题，部分原因是开始的时候买的人很少。

在英国南部萨里郡的 Loseley House 精心保存着一张五英寸长的账单，证明着这个奖项的价值。这个彩票的头奖是 5 000 英镑（3 000 英镑的现金，剩下的是金银器皿和挂毯）。人们有积极性购买这个彩票：只要参与，每个公民得到 2 先令 6 便士，一周内逮捕豁免（除了谋杀、重罪或叛国）。筹集的钱中剩下的部分将用于"避难所以及其他的公共物品项目"[五港同盟（Cinque Ports）设施的改进在国防中发挥了重要的作用]。

人们对这个彩票计划是抱怀疑态度的，卖掉的彩票不足 1/12；甚至贵族都很难被说服去购买彩票。为了让公众信服，伦敦市长还发布了一纸声明，保证这个彩票项目的诚实可信。随着公证人被任命，来自英国各个镇的认购开始猛增。彩票最终于 1569 年 5 月 6 日在圣保罗教堂西门开奖。

彩票

为公共物品的建设提供资金，一个常见的方法是发行全国或地方彩票。假设有一个固定的奖金 K，决策者受邀请购买彩票，资金将用于公共物品的建设。奖金也来自彩票出售所筹集到的资金。因此，所能提供的公共物品的总量为：

$$x_1 = \varnothing(z - K) \tag{13.43}$$

这里，z 是所有人购买的彩票的总金额。彩票是公平的，因此，如果 h 购买的彩票量为 z^h，h 赢得奖金的概率是：

$$\pi^h = \frac{z^h}{z} \tag{13.44}$$

假设决策者 h 进行了古诺假定，这样，用于公共物品生产的总投入是：

$$z = \bar{z} + z^h \tag{13.45}$$

这里，$\bar{z}$ 是所有其他人的彩票购买量之和。我们再次假定，决策者 h 的效用函数由式（13.41）给出。因此，期望效用是：

$$\varepsilon U^h(x_1, x_2^h) = \psi^h(x_1) + \pi^h K + y^h - z^h \tag{13.46}$$

这里，x_1 和 π^h 由式（13.43）—式（13.45）给出。式（13.46）最大化的一阶条件是：[①]

$$\psi_x^h = \frac{\beta(z, K)}{\varnothing_z(z - K)} \tag{13.47}$$

---

① 迷你问题 28：证明之。

这里,$\beta(z,K):=1-\dfrac{\bar{z}K}{z^2}<1$。式(13.47)的等号左端是 MRS;等号右端是 $\beta(K)$ 乘以 MRT。据此我们可以推断,尽管彩票发行无法提供有效数量的公共产品式(13.35),但是它缓解了个人自愿原则所导致的供给不足的问题。奖金 K 越高,通过这个机制提供的公共物品的量就越多。[①]为什么出现这样的结果?设定一个固定奖金的彩票就可以产生一种抵消的外部性:每当你买彩票的时候,你都会影响其他人获奖的机会。[②]

公共物品机制:评估

用策略的术语表达,公共物品的问题本质上是某个版本的囚徒困境的问题(参见迷你问题 24 和迷你问题 25)。这种博弈形式很棘手,这让我们理解,为什么公共物品的实施问题相对复杂。第 12 章关于设计问题的分析可以提供帮助,例如来自枢纽机制的洞见。通过改变预算约束的形式,政府作为外部的决策者,可以诱致一定量的合作行为,否则的话,自利的决策者是做不到的。但是,这种类型的机制不是万能的。此外,使用这个机制的模型基本上关注一类特殊的效用函数,这降低了它们在实践中应用的吸引力。

实践中的微观经济学:用彩票筹集建设公共物品的资金在实践中可行吗?

答案取决于如何理解"可行":

(1)一种方法是在实验室里验证。Morgan 和 Sefton(2000)用这个方法验证了 Morgan(2000)模型。的确,彩票筹资比单纯的自愿原则效果更好(公共物品供给的更多)。彩票的购买跟固定奖金的规模以及公共物品的价值有关。

(2)换一个方法,我们可以看一下全国或者州彩票的效果。彩票筹集到了所需要的建设公共物品的资金?或者只是把资金从其他地方转移过来了?例如,英国国家彩票成立于 1993 年,目的是为指定的公益事业提供一个新的资金来源,比如艺术和民族遗产。通过透明的出资系统,这个新的额外资金可以得到保证:购买彩票的公民应该充分了解他们购买彩票的资金去了哪里。Bailey 和 Connolly(1997)证明,理论和实践上都很难证明这个"额外性"的理念。

13.7 最优配置?

最后,我们转向一个可被称作"最优收入分配"的问题,这个称呼有点高大上。基本的问题是:考虑到社会的偏好和技术施加的限制,一个经济体的资源应该如何以最好的

[①] 迷你问题 29:说明如何将资源提供的情形表示为这个模型的一个特例。根据迷你问题 22 的例子来评估条件式(13.47),并证明 z 随着 K 而增加。[提示:所有的决策者都是一样的,根据这个假定,写出一阶条件,即 z 的一个函数;然后画出 MRR 以及 $\beta(K)MRT$ 的图形。]

[②] 迷你问题 30:但是,这里要小心!假设奖金本身跟购买的彩票的量挂钩。具体地,令 K 等于彩票销售的一个比例 α。那么,每个决策者的均衡行为是什么?

方式使用?

我们应用第 9.5 节引入的社会福利函数的方法。特别地,我们假定:

(1) 选择合适的社会状态等价于选择纯粹私人物品的分配;

(2) 社会福利函数是个人的、自利的(W 是个人效用水平的函数,每个 U^h 只是家庭 h 的消费的函数);

(3) 效用在人与人之间是可以比较的,因此社会福利可以用收入分配来解释,也可以用加总的收入来解释。

社会福利函数的设定不足以确定社会状态应该是什么:我们还需要设定可行集。这种情况下很难做到,因为对政府行动的自由施加的限制,并非不言自明。将此与垄断的最优化问题(在第 11 章被用作一个扩展的例子)相比较。在第 11 章的情形下,我们可以比较两个严格定义的信息机制。这两个信息机制清晰地对应着明显不同但合理的假定(假定是关于企业和市场的关系的)。

(1) 充分信息解:每个潜在顾客的类型都可被正确地确认;

(2) 次优解:企业无法区分顾客的类型,利润最大化的企业必须满足顾客的激励相容约束,从而防止一种类型的顾客伪装成另一种来为自己获取更好的交易。

对于当前的分析而言,充分信息和次优方法的区别也是至关重要的,但是我们需要扩展"次优"这个词的含义。它主要是一个不完全信息的问题;但也可能是这种情况,即在重新分配资源或收入的时候,政府或其他机构不允许使用某些信息。

最优化问题结构的后果是,我们必须考虑决策者面对的一些次要的约束,类似于我们在模型化企业的短期最优化问题时考虑的次要约束。

13.7.1 一次性转移支付的最优解

设想有一些方法,可以在决策者之间无成本地转移资源禀赋或者企业股份,就好像它们是大富翁(Monopoly)游戏中的所有权契约一样。用这样的转移,我们能否实现所谓的"最优"解?答案或许是肯定的,但是应用的范围非常有限,并且出于一些原因,这些"解"并无吸引力。[①]

然而,如果一次性收入转移是可能的,那么我们可以立刻得到社会最优问题的解。为了分析这个情形,我们可以用一个表示效用可能性集的图形,也可以用一个类似图 9.12 的收入图表。如果代理人之间的收入转移是无成本的,给定有 n_h 个代理人("家庭"),并且总收入是 K,那么,可能的收入分配集是:

$$Y^* := \{(y^1, y^2, \cdots) : \sum_{h=1}^{n_h} y^h = K\} \tag{13.48}$$

在两人情形下,这是 45°线。同样地,如果所有的商品都是可以无成本转移的,那么式(13.48)定义了可行收入分配的集合。那么,最优收入分配将位于穿过原点的 45°线上。这

---

① 迷你问题 31:假设整个世界都由一个司法管辖区组成,政府完整登记了每个公民。政府希望获取资金来提供一定量的公共物品。(1)如果所需的税收收入要所有公民平摊,这是一次性的收入转移吗?(2)如果所需的税收收入是随机分配给公民的,这是一次性收入转移吗?

两种方法可以激发这样一个思想，即待分配的是一个固定规模的国民收入"蛋糕"。

我们简要考虑两个经常（如果不是总是的）出现的问题：

（1）并非所有的资源都可以无成本转移；

（2）即便是对于可转移的物品，一次性转移或许也是不可能的。

在一个市场经济中，如果财产分配 **d** 被改变了，那么人群的总收入也可能被改变，因为均衡价格向量也变了（参见第 7 章的第 7.5 节）。考虑图 13.10（坐标轴跟图 9.12 是一样的），假设经济最初在点 $\hat{y}$。家庭的收入取决于：（1）资源和企业股份的财产分配 **d**；（2）在 $\hat{y}$ 的均衡价格。现在设想这样的所有可能的收入分配，对应的是 $\hat{y}$ 之外的财产分配：为此，使用等价变动这个概念，把家庭在点 $\hat{y}$ 取得的效用水平作为出发点。每个 **d** 决定了一个特别的均衡价格向量，那么每个 **d** 就给家庭 h 固定了一个市场决定的收入 $y^h(\mathbf{d})$。因此，我们可以构建所有可行的（市场决定的）收入分配集合：

$$Y^* := \{(y^1(\mathbf{d}), y^2(\mathbf{d}), \cdots) : \mathbf{d} \in D\} \tag{13.49}$$

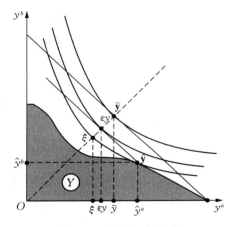

图 13.10　再分配的机会

如图 13.10 的阴影部分所示。跟图 9.12 一样，$\hat{y}$ 点带来的明显福利损失，可以表示为 $\epsilon y - \xi$ 和收入均值 ϵy 的比值。

但是，根据设定，Y 表示的是可行收入分配的集合，在这个假定下，$\hat{y}$ 是最优福利：Y 的边界跟该点的社会福利函数曲线相切。在更广的意义上，$\hat{y}$ 是否是最优解，取决于我们对经济中干预范围的假定。例如，正如我们已经看到的，如果一次性收入转移是可能的，那么最优解将在点 $\bar{y}$，所有可能的收入分配的集合，就是被穿过该点的 45°线围成的集合。

然而，如果这样的转移不是实际的政策，那么"真实"的可得集将位于如下二者之间的某处：市场决定的集合（如 Y 所示），以及一次性收入转移可得的情况下相关的集合。

如果不设定可能的干预政策的结构，我们就不可能设定可得集。因此，一般而言，我们不能说收入平等是福利最大化的条件。然而，我们有一个简单的结果。[①]

定理 13.1

给定完全相同的个人，如果 Y 是对称且凸的，那么对所有对称且凹的社会福利函数，平等的收入分配是福利最大化的。

要进一步讨论再分配的可能性，我们需要考察次优问题。

13.7.2　次优方法

我们对最优配置的次优方法的研究将聚焦两个方面。首先，我们考虑应该模型化的

---

① 迷你问题 32：根据基础的几何逻辑证明之。

约束。其次,我们考察了在这样的约束下确立政府最优化问题的一个例子。

行政成本和信息

"次优"方法的一个主要部分是信息的性质,因为它跟税收和政府转移支付有关。我们可以设想,政府可能掌握一些关于个人特征的信息,包括收入税问题中的创收属性以及关于交易的信息。在关于"设计"的那一章中,在个人特征隐藏的情况下,我们已经看到了用次优方法研究收入再分配问题的例子:也就是说,第12.6.4节的最优税收模型和练习题12.12(关于收入支持)。但是我们还没有考虑交易信息的使用方式。

例 13.1

表4.1给出了两个决策者的偏好,财产分配如下:$(R_1^a, R_2^a) = (4, k)$,$(R_1^b, R_2^b) = (8, 12-k)$。商品2可以在人们之间转移(通过在0和12之间改变k),但是商品1是无法转移的。两个决策者的收入如下:$y^a = 4p_1 + kp_2$,$y^b = 8p_1 + [12-k]p_2$。根据例7.2,决策者的最优需求如下:

$$(x_1^{*a}, x_2^{*a}) = \left(\frac{y^a}{4p_1}, \frac{3y^a}{4p_2}\right) = \left(\frac{4p_1 + kp_2}{4p_1}, 3\frac{4p_1 + kp_2}{4p_2}\right) = \left(1 + \frac{k}{4\rho}, 3\rho + \frac{3k}{4\rho}\right)$$

$$(x_1^{*b}, x_2^{*b}) = \left(\frac{y^b}{4p_1}, \frac{3y^b}{4p_2}\right) = \left(2 + \frac{12-k}{4\rho}, 6\rho + \frac{36-3k}{4\rho}\right)$$

根据商品1的物资平衡条件:

$$1 + \frac{k}{4\rho} + 2 + \frac{12-k}{4\rho} = 12$$

这样得出了均衡价格为$\rho = 1/3$,均衡的收入为$y^a = \frac{4}{3} + k$,$y^b = \frac{8}{3} + 12 - k$。$y^a$、$y^b$的极端情况是$\left(1\frac{1}{3}, 14\frac{2}{3}\right)$(如果$k=0$)以及$\left(13\frac{1}{3}, 2\frac{2}{3}\right)$(如果$k=12$)。因为允许$k$发生变化,所以,收入可能集如图所示。如果我们假定两种商品都可被转移,那么可得集将如式(13.48)所示。

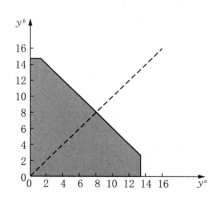

此外,相关的行政复杂性问题依然存在。当考虑到再分配的约束条件时,这个问题具

有巨大的现实意义,但是又很难令人信服地模型化。其中有一个方法,就是对政策工具的形式施加额外的限制(政策工具是用来管理税收或转移支付的):限制收入—税收模式的函数形式(参见练习题 13.7),或者要求税收跟交易的价值成比例,都是简单的市场价格修正,而不是复杂的政府干预。我们进一步探究这个问题。

商品税

我们在第 9 章介绍了度量经济浪费的概念(第 9.3.2 节)。这个概念可以用于现实的政策制定。一个重要的例子是关于商品税的设计。标准的线性商品税(比如销售税或增值税),因为它们需要的信息极少。[1]鉴于人们对这类税收关注有限,自然出现的问题是:哪些商品应该运用更高的税率? 一个方法是,在满足总体的税收收入要求的前提下,调整税率以最小化浪费。但是这样做的根据是什么? 这样可以带来一个"可接受的"税收结构吗?[2]

考虑政府的次优最优化问题。我们假定,政府知道消费者的交易,但是不知道他们的财富或者收入。政府需要收税来为公共物品筹资,或者是受到一些外部的约束,比如外债。这个税收收入要求所代表的约束,需要被考虑到这个次优问题中去。为了简化问题,我们假设分配问题是不相关的:政府只需要用尽可能有效率的方式筹集到所需资金。因此问题可被模型化为"税收收入约束下最小化浪费"。

使用第 9.3.2 节的符号表示,但是需要做一些修改,因为现在有 $n+1$ 种商品。我们假定,有一个代表性的消费者,他供给劳动力(商品 0),购买商品($1, 2, \cdots, n$)。考虑消费者和政府面对的约束:

消费者。唯一能够带来收入的资源是一单位的商品 0。消费者的预算约束是:

$$\sum_{i=1}^{n} p_i x_i \leqslant y \tag{13.50}$$

这里,p_i 是商品 i 的价格。消费者实际上选择所有 $n+1$ 种商品的量,包括 x_0(闲暇),因此式(13.50)中的收入如下:

$$y := p_0(1-x_0) + \bar{y} \tag{13.51}$$

这里,$\bar{y}$ 是消费者的一次性收入(如果有的话)。[3]

政府。我们假定,政府不知道消费者收入的细节,但是消费者进行的一些交易是可被观察到的:商品 $1, \cdots, n$ 是应纳税的。因此,消费者价格为:

$$p_i = \tilde{p}_i + t_i \tag{13.52}$$

这里,$\tilde{p}_i$ 是商品 i 的生产者价格(假设是固定的),t_i 是对商品 i 征收的税。假定商品

---

[1]　迷你问题 33:这里,"线性"是在最严格的意义上讲的,即收入跟购买的量成比例。如果我们引入少量的非线性(比如,如果购买的商品 i 低于 $\bar{x}_i$,那么适用低税率;如果购买的量大于或等于 $\bar{x}_i$,则适用高税率),那么会出现怎样的复杂性?

[2]　迷你问题 34:假设价格扭曲是由商品 1 的从价税 t 导致的,对 $i=2, 3, \cdots, n$,$\Delta p_i \approx 0$。求解政府得到的税收收入,以及施加在消费者身上的负担。

[3]　迷你问题 35:如果 $\bar{y}=0$,那么这个问题将怎样变化?

0 是不需要纳税的。[①]如果要征收的收入为 K，那么政府的预算约束是：

$$\sum_{j=1}^{n} t_j x_j \geqslant K \tag{13.53}$$

假设消费者的偏好由间接效用函数 $V(\cdot)$ 表示，并假设这是众所周知的。因为只有一个代表性消费者，所以社会福利由这个消费者的效用表示。因此，政府的次优问题是，在约束条件式（13.53）下，选择 $(t_1, t_2, \cdots, t_n)$ 来最大化 $V(\mathbf{p}, \bar{y})$（这里，$\mathbf{p}:=(p_0, p_1, p_2, \cdots, p_n)$）。这等价于解如下的问题：

$$\max_{(t_1, t_2, \cdots, t_n, \lambda)} V(\mathbf{p}, \bar{y}) + \lambda \left[\sum_{j=1}^{n} t_j x_j - K \right] \tag{13.54}$$

这里，p_j 由式（13.52）给出。问题的一阶条件是：

$$V_i(\mathbf{p}, \bar{y}) + \lambda x_i + \lambda \sum_{j=1}^{n} t_j \frac{\partial x_j}{\partial p_i} = 0, \quad i = 1, 2, \cdots, n \tag{13.55}$$

以及式（13.53）的"等号"部分。这可以得出：[②]

$$\sum_{j=1}^{n} t_j \frac{\partial x_j}{\partial p_i} = -\left[\frac{\lambda - \mu}{\lambda} \right] x_i \tag{13.56}$$

这里，μ 是消费者收入的边际效用。根据斯拉茨基方程式（4.21），我们知道：

$$\frac{\partial x_j}{\partial p_i} = H_i^j(\mathbf{p}, v) - x_i \frac{\partial x_j}{\partial \bar{y}} \tag{13.57}$$

这里，v 是效用，$H^j(\cdot)$ 是个人对商品 j 的补偿需求函数［参见等式（4.10）］，H_i^j 是 $H^j(\cdot)$ 对 p_i 的导数，即消费者的替代效应。将式（13.57）代入式（13.56），整理后我们得到：[③]

$$\frac{\sum_{j=1}^{n} t_j H_j^i}{x_i} = -\kappa \tag{13.58}$$

这里，

$$\kappa := \left[\frac{\lambda - \mu}{\lambda} \right] - \sum_{j=1}^{n} t_j \frac{\partial x_j}{\partial \bar{y}} \tag{13.59}$$

式（13.59）是一个不依赖于特定商品 i 的常数。

规则式（13.58）说的是，在最优解，税收政策应该导致每种商品 i 的补偿需求的等比例减少。因此，应该如何构建次优税收？答案取决于哪些商品的需求是缺乏弹性的。但是，这个规则只是在次优的情况下基于效率推导出来的，记住这一点很重要：在实践中，这带来的结果是，构成穷人支出很大部分的商品，将适用较高的税率，参见实践中的微观经济

---

① 迷你问题 36：为什么假定商品 0 不缴税这一点很重要？

② 迷你问题 37：解释为什么。（提示：应用罗伊恒等式。）

③ 迷你问题 38：证明之。（提示：根据替代效应的对称性。）

学专栏"最优商品税"。

实践中的微观经济学:最优商品税

Atkinson 和 Stiglitz(1972)根据大类商品分组计算了最优税,假定线性支出系统恰当地表示了消费者偏好(设定在练习题 4.8 中)。这些估计值的大小取决于政府预算约束的性质。他们根据 λ 和 μ 得到了这些估计值[λ 和 μ 分别是政府最优化和个人最优化问题的拉格朗日乘数,参见等式(13.54)和(13.56)]。λ/μ 的比值越大,政府预算约束的边际成本就越大:也就是说,较大的 λ/μ 比值对应着外生税收收入要求 K 的更高值。下表总结了 Atkinson 和 Stiglitz 的估计值(对应着三个不同的 λ/μ 比值)。在每种情况下,在食品(前两行)上征收的税都高于耐用品,这反映了不同类型商品的补偿需求弹性。

	$\frac{\lambda}{\mu}=1.025$	$\frac{\lambda}{\mu}=1.05$	$\frac{\lambda}{\mu}=1.075$
肉、鱼、奶制品和脂肪	11.1	27.8	63.2
水果和蔬菜	8.2	18.6	33.4
饮料和烟草	10.1	24.1	48.5
家庭经常费用	5.3	11.4	18.2
耐用品	5.6	11.8	19.0
其他商品和服务	6.2	13.4	22.0

13.8 结论:经济处方

应该如何组织经济运行?很自然,我们会寻求微观经济学原理的指导,我们在这里以及在第 9 章用到的各种不同的方法为我们提供了必要的分析工具。

13.8.1 一般原理

简单、一般化的标准可以提供有用的处方。例如,从效率这个概念中我们就可以得到很多好处。单纯的"MRS 和 MRT"规则可以被扩展应用到不同的情形(当然经过一些变形),比如外部性、公共物品以及成本递减的行业。然而,这里考虑的刻画问题,也开启了更有趣也更难处理的经济问题的大门,即在这些不同类型的经济现象中如何实施有效率的配置?

13.8.2 福利分析

更有抱负的事情是进行完整的福利分析。关于"社会福利函数设定"以及"福利最优化性质"的讨论,是在非常有限的基础上进行的。例如,在讨论最优收入分配的时候,为了得到可以解释的结果,我们忽略了一些困难,而这些困难对于实际的政策制定至关重要。最值得注意的是,我们假定了纯粹的私人物品经济,而且社会福利是个人主义的。上述假定都是可以放松的,只不过要付出代价。

放弃个人主义看起来是令人讨厌的,尽管政策制定者在实践中一直这样做。但是,这样一个实用主义的方法对于经济分析的含义,并非总是明显的。

我们把分析扩展到纯粹的私人物品经济之外,然后再来考察这个问题,这样做或许更有价值。生产或消费外部性带来的无效率问题,意味着国民收入定理(定理 9.12)不再适用:要实现社会最优,价格将必须接受"修正"。在决定最优化的时候,我们需要考虑,公共物品供给水平的任何变化给每个家庭带来的边际收益:即使人们具有相似的品位,人与人之间收入的差异以及可能缺乏的令人满意的偏好显示机制,将使得信息难以获得。

13.8.3 写在最后

本章对经济学的规定性作用提供了一个小快照。我们探究过的技术,解决了一些经济组织中的问题,并且这都是真正的大问题:哪些事情可以放心地留给个体决策,哪些事情可以使用一些指引或者调整,然后再通过个体决策实现? 哪些事情需要政府或者其他的一些集体意志的代表来处理? 这些问题让我们理解了,实施社会目标需要什么:将"应该做什么"转化为"如何做什么"。但这远非易事。这些都是我们需要很好利用微观经济学原理和分析的原因。

进一步阅读

关于市场"失灵"的经典文献,参见 Bator(1958)。Hotelling(1938)提供了关于非凸性("递增报酬")问题的较早研究。关于企业管制的分析,参见 Baron 和 Myerson(1982),Demsetz(1968)以及 Laffont 和 Tirole(1993)。

关于用市场方法研究外部性的经典文献,参见 Meade(1952)以及 Buchanan 和 Stubblebine(1962)。在外部性的情形下讨论的修正税,通常被称为庇古税,这来自 Pigou(1926)的贡献。外部性内部化的原创文献是 Coase(1960),Farrell(1978)讨论了跟这个方法相关的信息问题。Starrett(1972)研究了当污染权可交易时根本的非凸性问题。

俱乐部商品的经济学主要归功于 Buchanan(1965);更多的分析,可参见 Cornes 和 Sandler(1996)。

Daniel 等(2005)很好地介绍了对公共物品问题和相关问题的囚徒困境的解释。关于公共物品的虚拟税定价,经典文献是 Lindahl(1919)。关于公共物品私人提供的缺点,参见 Andreoni(1988)以及 Bergstrom 等(1986)。关于放松公共物品实施的占优策略要求的方法,参见 Groves 和 Ledyard(1977)(纳什均衡)以及 d'Aspremont 和 Gérard-Varet(1979)(贝叶斯方法)。关于提供机制和退款保证的研究,参见 Bagnoli 和 Lipman

(1989)以及 Palfrey 和 Rosenthal(1984)。关于使用彩票作为一个公共物品配置机制,参见 Morgan(2000)。

关于商品税问题,经典文献是 Ramsey(1927);关于应用于垄断管制的相同原理,参见 Boiteux(1956)。

练习题

13.1 **地方公共物品**是(local public good)专门适用于一个特定地区(城市)的公共物品:在这个城市内,商品 1 是作为公共物品提供的,但是要享受商品 1,消费者必须是这里的居民。居住在这个城市也决定了承担提供公共物品的义务。居民可以选择在哪个城市居住(Tiebout, 1956)。假设要生产一单位的地方公共物品商品 1,正好需要消耗一单位的私人物品 2,并且在给定人口 N 的城市,总产出决定于如下的生产函数:

$$q = \phi(N)$$

这里,ϕ 是一个严格凹函数。城市中的每个人的效用是 $U(x_1, x_2)$,这里 x_1 是地方公共物品的量,x_2 是个人消费的私人物品,U 是具有通常特征的效用函数。

(1) 对于一个人口规模为 N 的单个城市而言,转换曲线和生产可能集是什么?

(2) 如果这个城市的居民既可以选择用于地方公共物品的总产出比例,又可以决定城市的规模,解释这些都是如何被决定的。证明:如果个人的工资等于他们的边际产出,那么公共物品所需的出资量正好等于工资和总产出的差额。

(3) 如果城市的规模 N 的取值在区间内 $[1, \overline{N}]$(闭区间),这里 $\overline{N}$ 是经济体中的总人口,根据你在问题(1)中的回答,解释:当 N 被允许变化的时候,生产可能性集是什么。然后,证明城市的最优规模可以取多个值。

(4) 假设 N 的最优值存在内部解,画出效用和城市规模的关系。

(5) 一个经济体中有两个城市,它们具有相同的生产条件。如果这样做可以获得更高的效用,人们可以无成本地从一个城市迁移到另一个城市。根据问题(4)画出的图形,证明:这个移民机制可能带来多个均衡,而且有些均衡是不稳定的。

(6) 证明:问题(5)中的稳定均衡可能是无效率的。

13.2 (接练习题 4.16)有一家企业,生产商品 1,成本如练习题 4.16 所示;所有的消费者具有相同的偏好(与练习题 4.15 中相同)。政府允许企业自由定价,但支付给企业一个补贴,补贴的金额等于那个价格下产生的消费者剩余。

(1) 这个管制机制是有效率的吗?

(2) 作为管制者的政府需要知道成本函数和效用函数吗?

(3) 证明:这个机制可以让企业完全利用消费者(Leob and Magat, 1979)。

13.3 小岛 Mugg 的政府正在考虑,要不要安装管道天然气。一旦天然气输送系统安装完成,一单位天然气(商品 1)的成本是固定的 m 单位的其他物品(商品 2);在这个岛上安装天然气输送系统还需要支付一个额外的固定成本 F。在天然气输送系统安装之前，Mugg 岛可以消费的商品 2 的数量是 R_2。假设 Mugg 岛上的居民在各方面都是相同的，他们的偏好由如下的效用函数表示：

$$\alpha\left[1-e^{-x_1}\right]+x_2$$

这里，(x_1, x_2) 表示的是消费的两种商品的量，α 是一个非负参数。

(1) Mugg 岛可以支付得起的天然气的最大量是多少？

(2) 绘制生产可能性集；绘制两种情况下的无差异曲线：α 较大和较小的情况。

(3) 根据图形证明：安装天然气系统是否是一个帕累托改进，取决于 α 的值。

(4) 如果在 Mugg 岛上安装天然气系统是帕累托改进，那么描述商品的帕累托效率配置。如果公有企业 Mugg 天然气公司知道居民的支付意愿。那么请建议一个机制，让该公司实施这个有效率的配置。

13.4 再次以 Mugg 岛为例（练习题 13.3）。假设 Mugg 岛的政府不喜欢经营国有企业，决定把 Mugg 天然气公司出售给私人，从而下放安装和供给天然气的决策权。

(1) 跟没有天然气的情况相比较，这样做是否是一个改进？

(2) 这样做是否会带来一个有效率的配置？

(3) 如果 Mugg 天然气公司被拆分成几个私人企业，或者如果消费者被允许互相转售天然气，那么你的答案是否会受到影响？

13.5 一个经济体中，有两家企业从单一的非生产资源中生产单一的产出，生产函数如下：

$$q_1=\sqrt{z}$$
$$q_2=\max(\sqrt{R-z}-\alpha q_1,\ 0)$$

这里，q_i 是生产出来的商品 i 的量，z 是用于生产商品 1 的资源的量，R 是资源的总存量，α 是一个参数。

(1) 这个模型表示的是什么现象？

(2) 绘制生产可能性集。

(3) 假设所有的消费者都是相同的，针对如下的情况，绘制一组无差异曲线：(a) 一个虚拟的外部性市场可以支持一个有效率的配置；(b) 虚拟的市场是不可能的。

(4) 参数 α 在回答上述问题时发挥了什么作用？

13.6 在一个大型经济中，所有决策者的效用函数形式如下所示：

$$\psi(x_1)+x_2^h$$

这里，x_1 是供给的公共物品的量，x_2^h 是决策者 h 消费的私人物品的量。所有的决策者拥有的禀赋是相同数量的私人物品 $R_2^h=1$。每个人都可以选择是否为公共物品出资：

$$z_2^h=\begin{cases}1 & \text{``出资''}\\ 0 & \text{``不出资''}\end{cases}$$

一单位的出资给决策者 h 带来的成本是 c^h；个人的成本是不可观察的，但是成本的分布 $F(\,\cdot\,)$ 是已知的。公共物品的生产函数如下：

$$x_1 = \phi(\alpha)$$

这里,α 是出资的个人所占的比例。

(1) 证明:有效率的结果意味着存在一个成本水平 c^0,满足:

$$z_2^h = \begin{cases} 1 & c^h \leqslant c^0 \\ 0 & c^h > c^0 \end{cases}$$

(2) 根据如下的个人行动,政府引入了一个税收—补贴计划。每个出资者得到一个补贴 s,而未出资者将支付 t。给定 c^0 和成本分布 F,如果决策者的行为方式如问题(1)所示,那么平衡预算的条件是什么?

(3) 在问题(2)的条件下,对于一个 $c^h < c^0$ 的决策者而言,他的效用是什么?对于 $c^h > c^0$ 的消费者而言,他的效用是什么?

(4) 对于 $c^h = c^0$ 的人而言,假设他在出资和不出资之间是无差异的,证明这个税收—补贴计划将导致有效率的均衡。

(5) 提供的公共物品的量是多少?税率和补贴率是多少?(Gradstein,1998)

13.7 在一个经济体中,人们的收入只能来自劳动:每个人被赋予了一个特定水平的能力,反映在他或她的市场工资 w 上,然后选择一个工作时间 l,$0 \leqslant l \leqslant 1$。人群中 w 的最低值是 w_0,均值是 γw_0,这里 $\gamma > 1$。政府实施了一个税收—转移支付计划,根据这个计划,税前现金收入为 y 的人,税收现金收入为 $x = [1-t][y-y_0] + y_0$。

(1) 解释参数 t 和 y_0。

(2) 假设每个人的偏好都可以用练习题5.9中的效用函数表示。最优劳动供给是什么(表示为 w,t 和 y_0 的函数)?

(3) 如果政府希望保证每个人都去工作,那么这对 t 和 y_0 的值有什么约束?假设每个人的确都在工作,而且缴纳的税收纯粹用于再分配,证明:这意味着 t 和 y_0 必须满足如下的约束:

$$y_0 = \alpha \gamma w_0 \frac{1-t}{1-\alpha t}$$

(4) 如果政府希望在上述约束条件下,最大化"最贫困的人的税后现金收入"(练习题9.6中 $\epsilon = \infty$ 的福利函数)。证明,最优税率为:

$$t^* = \frac{1}{\alpha}\left[1 - \sqrt{\frac{\gamma - \alpha\gamma}{\gamma - 1}}\right]$$

解释这个结果(Broome,1975)。

参 考 文 献

Abrantes-Metz, R. M. and A. D. Metz (2012). How far can screens go in distinguishing explicit from tacit collusion? New evidence from the Libor setting. *CPI Antitrust Chronicle 1*.

Abrantes-Metz, R. M., M. Kraten, A. D. Metz, and G. S. Seow (2012). Libor manipulation? *Journal of Banking & Finance 36*, 136–150.

Acemoglu, D. (2010). Theory, general equilibrium, and political economy in development economics. *Journal of Economic Perspectives 24*, 17–32.

Ahrend, R. and W. Tompson (2005). Unnatural monopoly: the endless wait for gas sector reform in Russia. *Europe-Asia Studies 57*, 801–821.

Akerlof, G. A. (1970). The market for 'lemons', quality uncertainty and the market mechanism. *Quarterly Journal of Economics 84*, 488–500.

Alesina, A. and P. Giuliano (2009). Preferences for redistribution. NBER Working Paper 14825, National Bureau of Economic Research, Cambridge, MA, USA.

Allais, M. (1953). Le comportement de l'homme rationnel devant le risque: Critique des postulatset axiomes de l'école américaine. *Econometrica 21*, 503–546.

Allen, R. G. D. (1936). Professor Slutsky's theory of consumer choice. *Review of Economic Studies 3*, 120–129.

Amiel, Y., J. Creedy, and S. Hurn (1999). Attitudes towards inequality. *The Scandinavian Journal of Economics 101*, 83–96.

Andreoni, J. (1988). Privately provided public goods: the limits to altruism. *Journal of Public Economics 35*, 57–73.

Arhin-Tenkorang, D. and P. Conceição (2003). Beyond communicable disease control: health in the age of globalization. In I. Kaul (ed.), *Providing Global Public Goods, Managing Globalization*. Oxford Scholarship Online.

Arrow, K. J. (1951). *Social Choice and Individual Values*. New York: John Wiley.

Arrow, K. J. (1970). *Essays in the Theory of Risk-Bearing*. Amsterdam: North-Holland.

Arrow, K. J. (1986). The economics of agency. In J. Pratt and R. Zeckhauser (eds), *Principals and Agents: Structure of Business*. Boston, MA: Harvard Business School Press.

Arrow, K. J. and G. Debreu (1954). Existence of equilibrium in a competitive economy. *Econometrica 22*, 265–290.

Arrow, K. J. and F. H. Hahn (1971). *General Competitive Analysis*. Edinburgh: Oliver and Boyd.

Ashton, J. (1893). *A History of English Lotteries, Now for the First Time Written*. London: The Leadenhall Press.

Atkinson, A. B. (1970). On the measurement of inequality. *Journal of Economic Theory 2*, 244–263.

Atkinson, A. B. (1998). *Poverty in Europe*. Yrjö Jahnsson Lectures. Oxford: Blackwell Publishers.

Atkinson, A. B. and J. E. Stiglitz (1972). The structure of indirect taxation and economic efficiency. *Journal of Public Economics 1*, 97–119.

Attanasio, O. and G. Weber (1993). Consumption growth, the interest rate and aggregation. *Review of Economic Studies 60*, 631–649.

Bagnoli, M. and B. Lipman (1989). Provision of public goods: fully implementing the core through private contributions. *Review of Economic Studies 56*, 583–602.

Bailey, S. and S. Connolly (1997). The national lottery: a preliminary assessment of net additionality. *Scottish Journal of Political Economy 44*, 100–112.

Bandera, V. N. (1970). Market orientation of state enterprises during NEP. *Soviet Studies 22*, 110–121.

Baron, D. and R. B. Myerson (1982). Regulating a monopoly with unknown costs. *Econometrica 50*, 911–930.

Barsky, R. B., F. T. Juster, M. S. Kimball, and M. D. Shapiro (1997). Preference parameters and behavioral heterogeneity: an experimental approach in the health and retirement survey. *Quarterly Journal of Economics 112*, 537–579.

Bator, F. M. (1958). The anatomy of market failure. *Quarterly Journal of Economics 72*, 351–378.

Bazerman, M. H. and W. F. Samuelson (1983). I won the auction but I don't want the prize. *Journal of Conflict Resolution 27*, 618–634.

Becker, G. (1965). A theory of the allocation of time. *The Economic Journal 75*, 493–517.

Beesley, M. E. and C. D. Foster (1965). The Victoria line: Social benefits and finances. *Journal of the Royal Statistical Society, Series A 128*, 67–88.

Bell, D. E. (1982). Regret in decision-making under uncertainty. *Operations Research 30*, 961–981.

Bell, D. E. (1988). Disappointment in decision-making under uncertainty. In D. E. Bell, H. Raiffa, and A. Tversky (eds), *Decision Making: Descriptive, Normative and Prescriptive Interactions*. Cambridge: Cambridge University Press.

Benoit, J.-P. (2000). The Gibbard-Satterthwaite theorem: a simple proof. *Economics Letters 69*, 319–322.

Bergstrom, T., L. Blume, and H. Varian (1986). On the private provision of public goods. *Journal of Public Economics 29*, 25–49.

Bernouilli, D. (1954). Exposition of a new theory on the measurement of risk (1738, translated Louise Sommer). *Econometrica 22*, 23–36.

Bertrand, J. (1883). Théorie mathématique de la richesse sociale. *Journal des Savants*, 499–508.

Binmore, K. and P. Klemperer (2002). The biggest auction ever: the sale of the British 3G telecom licences. *The Economic Journal 112*, C74–C96.

Black, D. (1948). On the rationale of group decision making. *Journal of Political Economy 56*, 23–24.

Black, D. (1958). *The Theory of Committees and Elections*. Cambridge: Cambridge University Press.

Blundell, R., A. Duncan, and C. Meghir (1998). Estimating labor supply responses using tax reforms. *Econometrica 66*, 827–861.

Blundell, R. and T. Macurdy (1999). Labor supply: a review of alternative approaches. In O. Ashen Jelter and D. Card (eds), *Handbook of Labor Economics*, Volume 3, Chapter 27. Amsterdam: Elsevier Science.

Boadway, R. W. and N. Bruce (1984). *Welfare Economics*. Oxford: Basil Blackwell.

Boiteux, M. (1956). Sur la geston des monopoles publics astreints à l'équilibre budgétaire. *Econometrica 24*, 22–40.

Bolton, P. and M. Dewatripont (2005). *Contract Theory*. Cambridge, MA: The MIT Press.

Bopp, A. (1983). The demand for kerosene: a modern Giffen good. *Applied Economics 15*, 459–467.

Border, K. (1985). *Fixed Point Theorems with Applications to Economics and Game Theory*. Cambridge: Cambridge University Press.

Bowen, H. (1945). The interpretation of voting in the allocation of economic resources. *Quarterly Journal of Economics 58*, 27–48.

Bresnahan, T. J. (1987). Competition and collusion in the American automobile industry: the 1955 price war. *Journal of Industrial Economics 35*, 457–482.

Broome, J. (1975). An important theorem on income tax. *Review of Economic Studies 42*, 649–652.

Browne, M. J. (1992). Evidence of adverse selection in the individual health insurance market. *Journal of Risk and Insurance 59*, 13–33.

Bruce, N. and R. G. Harris (1982). Cost-benefit criteria and the compensation principle in evaluating smallprojects. *Journal of Political Economy 90*, 755–776.

Buchanan, J. M. (1965). An economic theory of clubs. *Economica 32*, 1–14.

Buchanan, J. M. and C. Stubblebine (1962). Externality. *Economica 29*, 371–384.

Carlsson, F., D. Daruvala, and O. Johansson-Stenman (2005). Are people inequality averse or just risk averse? *Economica 72*, 375–396.

Central Statistical Office (1991). *Retail Prices 1914–1990*. London: HMSO.

Chamberlin, E. H. (1933). *The Theory of Monopolistic Competition*. Cambridge, MA: Harvard University Press.

Chiang, A. C. (1984). *Fundamental Methods of Mathematical Economics* (third ed.). New York: McGraw-Hill.

Chiappori, P.-A. and B. Salanié (2003). Testing contract theory: a survey of some recent work. In M. Dewatripoint, L. P. Hansen, and S. Turnovsky (eds), *Advances in Economics and Econometrics: Theory and Applications*. Cambridge: Cambridge University Press.

Cho, I.-K. and D. M. Kreps (1987). Signaling games and stable equilibrium. *Quarterly Journal of Economics 102*, 179–221.

Choi, S., R. Fisman, D. Gale, and S. Kariv (2007). Consistency and heterogeneity of individual behavior under uncertainty. *The American Economic Review 97*, 1921–1938.

Clark, A. E., P. Frijters, and M. A. Shields (2008, March). Relative income, happiness, and utility: an explanation for the easterlin paradox and other puzzles. *Journal of Economic Literature 46*, 95–144.

Clarke, E. H. (1971). Multi-part pricing of public goods. *Public Choice 11*, 17–33.

Coase, R. H. (1960). The problem of social cost. *Journal of Law and Economics 2*, 1–44.

Cook, P. (1972). A one-line proof of the Slutsky equation. *American Economic Review 62*, 139.

Cornes, R. and T. Sandler (1996). *The Theory of Externalities, Public Goods and Club Goods* (second ed.). Cambridge: Cambridge University Press.

Cournot, A. (1838). *Recherches sur les Principes Mathémathiques de la Théorie des Richesses*. Paris: M. Rivière et Cie.

Crawford, V. P. (2002). Introduction to experimental game theory. *Journal of Economic Theory 104*, 1–15.

Crawford, V. P. and J. Sobel (1982). Strategic information transmission. *Econometrica 50*, 1431–1451.

Cutler, D. M. and S. J. Reber (1998). Paying for health insurance: the trade-off between competition and adverseselection. *Quarterly Journal of Economics 113*, 433–466.

Daniel, G., M. Arce, and T. Sandler (2005). The dilemma of the prisoners' dilemmas. *Kyklos 58*, 3–24.

Dasgupta, P., P. J. Hammond, and E. Maskin (1979). The implementation of social choice rules: some general results on incentive compatibility. *Review of Economic Studies 46*, 185–216.

d'Aspremont, C. and L.-A. Gérard-Varet (1979). Incentives and incomplete information. *Journal of Public Economics 11*, 25–45.

de la Fuente, A. (1999). *Mathematical Models and Methods for Economists*. Cambridge: Cambridge University Press.

Deaton, A. S. (2006). Measuring poverty. In A. V. Banerjee, R. Bénabou, and D. Mookherjee (eds), *Understanding Poverty*. Oxford: Oxford University Press.

Deaton, A. S. and J. Muellbauer (1980). *Economics and Consumer Behavior*. Cambridge: Cambridge University Press.

Debreu, G. (1954). Representation of a preference ordering by a numerical function. In R. Thrall, C. Coombs, and R. Davis (eds), *Decision Processes*. New York: John Wiley.

Debreu, G. (1960). Topological methods in cardinal utility theory. In K. Arrow, S. Karlin, and P. Suppes (eds), *Mathematical Methods in the Social Sciences*. Stanford, CA: Stanford University Press.

Debreu, G. and H. Scarf (1963). A limit theorem on the core of an economy. *International Economic Review 4*, 235–246.

Delavande, A. and S. Rohwedder (2011). Individuals' uncertainty about future social security benefits and portfolio choice. *Journal of Applied Econometrics 26*, 498–519.

Demsetz, H. (1968). Why regulate utilities? *Journal of Law and Economics 9*, 55–65.

Diamond, P. A. (1998). Optimal income taxation: an example with a U-shaped pattern of optimal marginal tax rates. *American Economic Review 88*, 83–95.

Dixit, A. K. (1980). The role of investment in entry-deterrence. *The Economic Journal 90*, 95–106.

Dixit, A. K. (1990). *Optimization in Economic Theory* (second ed.). Oxford: Oxford University Press.

Dixit, A. K. and S. Skeath (2004). *Games of Strategy* (second ed.). New York: Norton.

Dixit, A. K. and J. E. Stiglitz (1977). Monopolistic competition and optimum product diversity. *American Economic Review 67*, 297–308.

Dufwenberg, M. and G. Kirchsteiger (2004). A theory of sequential reciprocity. *Games and Economic Behavior 47*, 268–298.

Dupuit, J. (1844). De la mesure de l'utilité des travaux publics. Annales des ponts et chaussées, eds. Scientifiques et Medicales Elsevier, Paris.

Dwyer, G. P. and C. M. Lindsey (1984). Robert Giffen and the Irish potato. *American Economic Review 74*, 188–192.

Eads, G., M. Nerlove, and W. Raduchel (1969). A long-run cost function for the local service airline industry. *Review of Economic and Statistics 51*, 258–270.

Easterlin, R. A. (1974). Does economic growth improve the human lot? Some empirical evidence. In P. A. David and M. W. Reder (eds), *Nations and Households in Economic Growth: Essays in Honor of Moses Abramovitz*. New York: Academic Press.

Edgeworth, F. Y. (1881). *Mathematical Psychics: An Essay on the Application of Mathematics to the Moral Sciences*. London: Kegan Paul.

Ellsberg, D. (1961). Risk, ambiguity, and the Savage axioms. *Quarterly Journal of Economics 75*, 643–669.

Färe, R. and R. W. Shephard (1977). Ray-homothetic production functions. *Econometrica 45*, 133–146.

Farrell, J. (1987). Information and the Coase theorem. *Journal of Economic Perspectives 1*, 113–129.

Farrell, J. and M. Rabin (1996). Cheap talk. *Journal of Economic Perspectives 10*, 103–118.

Farrell, M. J. (1959). The convexity assumption in the theory of competitive markets. *Journal of Political Economy 67*, 377–391.

Feenstra, R. C. and J. Romalis (2014). International prices and endogenous quality. *The Quarterly Journal of Economics 129*, 477–527.

Fey, M., R. D. McKelvey, and T. R. Palfrey (1996). An experimental study of constant-sum centipede games. *International Journal of Game Theory 25*, 269–287.

Fishburn, P. C. (1970). *Utility Theory for Decision Making*. New York: John Wiley.

Fisher, F. M. and J. Monz (1992). *Aggregate Production Functions and Related Topics*. Cambridge, MA: MIT Press.

Fixler, D. (1993). The Consumer Price Index: underlying concepts and caveats. *Monthly Labor Review 116*, 3–10.

Foley, D. K. (2013). The long-period method and Marx's theory of value. In V. Caspari (ed.), *The Evolution of Economic Theory: Essays in Honour of Bertram Schefold* London: Routledge.

Frank, R. H., T. D. Gilovich, and D. T. Regan (1993). Does studying economics inhibit cooperation? *Journal of Economic Perspectives 7*, 159–171.

Frederick, S., G. Loewenstein, and T. O'Donoghue (2002). Time discounting and time preference: a critical review. *Journal of Economic Literature 40*, 351–401.

Friedman, J. (1971). A non-cooperative equilibrium for supergames. *Review of Economic Studies 38*, 1–12.

Friedman, M. and L. J. Savage (1948). The utility analysis of choices involving risk. *Journal of Political Economy 56*, 1–23.

Fudenberg, D. and E. Maskin (1986). The folk theorem in repeated games with discounting or with incomplete information. *Econometrica 54*, 533–556.

Fudenberg, D. and J. Tirole (1991). *Game Theory*. Cambridge, MA: MIT Press.

Fuss, M. and D. McFadden (1980). *Production Economics: A Dual Approach to Theory and Applications*. Amsterdam: North-Holland.

Galí, J. and M. Gertler (2007). Macroeconomic modeling for monetary policy evaluation. *Journal of Economic Perspectives 21*, 25–45.

Gardner, R. (2003). *Games for Business and Economics* (second ed.). New York: John Wiley.

Garner, T. I., D. S. Johnson, and M. F. Kokoski (1996). An experimental Consumer Price Index for the poor. *Monthly Labor Review 119*, 32–42.

Gerstner, E. and J. D. Hess (1987). Why do hot dogs come in packs of 10 and buns in 8s or 12s? A demand-side investigation. *Journal of Business 60*, 491–517.

Gibbard, A. (1973). Manipulation of voting schemes: a general result. *Econometrica 41*, 587–601.

Gibbons, R. (1992). *A Primer in Game Theory*. Hemel Hempstead: Harvester-Wheatsheaf.

Gilbert, R. J. and M. L. Katz (2001). An economist's guide to U.S. v. Microsoft. *Journal of Economic Perspectives 15*, 25–44.

Gorman, W. M. (1980). A possible procedure for analysing quality differentials in the egg market. *Review of Economic Studies 47*, 843–856.

Gradstein, M. (1998). Provision of public goods in a large economy. *Economics Letters 61*, 229–234.

Green, J. and W. P. Heller (1981). Mathematical analysis and convexity with applications to economics. In K. J. Arrow and M. D. Intiligator (eds), *Handbook of Mathematical Economics*, Volume 1, Chapter 1. Amsterdam: North-Holland Elsevier.

Green, J. and J.-J. Laffont (1997). *Incentives in Public Decision-making*. Amsterdam: North-Holland.

Griffin, J. M. and W. Xiong (1997). The incentive to cheat: an empirical analysis of OPEC. *Journal of Law and Economics 40*, 289–316.

Gross, D. B. and N. S. Soulele (2002). Do liquidity constraints and interest rates matter for consumer behavior? Evidence from credit card data. *The Quarterly Journal of Economics 117*, 149–185.

Grossman, S. J. and O. D. Hart (1983). An analysis of the principal-agent problem. *Econometrica 51*, 7–46.

Groves, T. (1977). Incentives in teams. *Econometrica 41*, 617–631.

Groves, T. and J. Ledyard (1977). Optimal allocation of public goods: a solution to the free rider problem. *Econometrica 45*, 783–809.

Groves, T. and M. Loeb (1975). Incentives and public inputs. *Journal of Public Economics 4*, 311–326.

Hahn, F. H. (1982). Stability. In K. J. Arrow and M. D. Intriligator (eds), *Handbook of Mathematical Economics*, Volume II, Chapter 16. Amsterdam: North Holland.

Harberger, A. C. (1971). Three basic postulates for applied welfare economics. *Journal of Economic Literature 9*, 785–797.

Harberger, A. C. (1978). On the use of distributional weights in social cost-benefit analysis. *Journal of Political Economy 86*, S87–S120.

Harrington, J. E. and A. Skrzypacz (2011). Private monitoring and communication in cartels: explaining recent collusive practices. *The American Economic Review 101*, 2425–2449.

Harris, M. and M. Townsend, R (1981). An alternative approach to aggregate surplus analysis. *Econometrica 49*, 33–64.

Harsanyi, J. C. (1955). Cardinal welfare, individualistic ethics and interpersonal comparisons of utility. *Journal of Political Economy 63*, 309–321.

Harsanyi, J. C. (1967). Games with incomplete information played by 'Bayesian' players. *Management Science 14*, 159–182, 320–334, 486–502.

Harsanyi, J. C. (1973). Games with randomly disturbed payoffs: a new rationale for mixed-strategy equilibrium points. *International Journal of Game Theory 2*, 1–23.

Haubrich, J. (1994). Risk aversion, performance pay, and the principal-agent model. *Journal of Political Economy 102*, 258–276.

Hausman, J. (2003). Sources of bias and solutions to bias in the Consumer Price Index. *The Journal of Economic Perspectives 17*, 23–44.

Hayashi, F. (2000). *Econometrics*. Princeton, NJ: Princeton University Press.

Hicks, J. R. (1946). *Value and Capital* (second ed.). Oxford: Oxford University Press.

Hicks, J. R. (1956). *A Revision of Demand Theory*. Oxford: Oxford University Press.

Hicks, J. R. and R. G. D. Allen (1934). A reconsideration of the theory of value. Part i. *Economica 1*, 52–76.

Hoffman-Jørgensen, J. (1994). *Probability with a View Toward Statistics*, Volume I. London: Chapman and Hall.

Holmström, B. (1979). Moral hazard and observability. *Bell Journal of Economics 10*, 74–91.

Holmstrom, B. and P. Milgrom (1987). Aggregation and linearity in the provision of intertemporal incentives. *Econometrica 55*, 303–328.

Holmstrom, B. R. and J. Tirole (1989). The theory of the firm. In R. Schmalensee and R. Willig (eds), *Handbook of Industrial Organization*, Volume I, pp. 62–133. Amsterdam: Elsevier Science.

Hotelling, H. (1932). Edgeworth's taxation paradox and the nature of demand supply functions. *Journal of Political Economy 40*, 577–616.

Hotelling, H. (1938). The general welfare in relation to problems of taxation and utility rates. *Econometrica 6*, 242–269.

Houthakker, H. S. (1950). Revealed preference and the utility function. *Economica 17*, 159–174.

Huber, J. R. (1971). Effect on Japan's entry into world commerce after 1858. *Journal of Political Economy 79*, 614–628.

Hurwicz, L. (1972). On informationally decentralized systems. In R. Radner and C. McGuire (eds.), *Decision and Organization*, pp. 297–336. Amsterdam: North Holland.

Hurwicz, L. (1986). On informational decentralization and efficiency in resource allocation mechanisms. In S. Reiter (ed.), *Studies in Mathematical Economics*. Washington, DC: Mathematics Association of America.

Intriligator, M. D. (1971). *Mathematical Optimization and Economic Theory*. Englewood Cliffs, NJ: Prentice Hall.

Jensen, R. and N. Miller (2008). Giffen behavior and subsistence consumption. *American Economic Review 98*, 1553–1577.

Jevons, W. S. (1871). *The Theory of Political Economy*. London: Macmillan.

Jewitt, I. (1988). Justifying the first-order approach to principal-agent problems. *Econometrica 56*, 1177–1190.

Kahneman, D. (2003). A psychological perspective on economics. *The American Economic Review 93*, 162–168.

Kahneman, D. (2011). *Thinking, Fast and Slow*. New York: Farrar, Straus and Giroux.

Kahneman, D. and R. Thaler (2006). Anomalies: utility maximization and experienced utility. *The Journal of Economic Perspectives 20*, 221–234.

Kahneman, D. and A. Tversky (1979). Prospect theory: an analysis of decision under risk. *Econometrica 47(2)*, 263–291.

Kahneman, D., P. P. Wakker, and R. Sarin (1997). Back to Bentham? Explorations of experienced utility. *Quarterly Journal of Economics, 112*, 375–405.

Kaldor, N. (1939). Welfare propositions of economics and intertemporal comparisons of utility. *The Economic Journal 49*, 549–551.

Keenan, D. C. and A. Snow (1999). A complete characterization of potential compensation tests in terms of Hicksian welfare measures. *Canadian Journal of Economics 32*, 215–233.

Kleiber, C. and S. Kotz (2003). *Statistical Size Distributions in Economics and Actuarial Sciences*. Hoboken, NJ: John Wiley.

Klein, B. (2001). The Microsoft case: What can a dominant firm do to defend its market position? *Journal of Economic Perspectives 15*, 45–62.

Klemperer, P. (1998). Auctions with almost common values: the 'wallet game' and its applications. *European Economic Review 42*, 757–769.

Klemperer, P. (1999). Auction theory: a guide to the literature. *Journal of Economic Surveys 13*, 227–286.

Klemperer, P. (2002). What really matters in auction design. *Journal of Economic Perspectives 16*, 169–189.

Klemperer, P. (2004). *Auctions: Theory and Practice*. Princeton, NJ: Princeton University Press.

Koopmans, T. C. (1957). *Three Essays on the State of Economic Science*. New York: McGraw-Hill.

Kreps, D. M. (1990). *Game Theory and Economic Modelling*. Oxford: Clarendon Press.

Kreps, D. M. and J. Sheinkman (1983). Quantity precommitment and Bertrand competition yield Cournot outcomes. *Bell Journal of Economics 14*, 326–337.

Laffont, J. J. and D. Martimort (2002). *The Theory of Incentives: The Principal Agent Model*. Princeton, NJ: Princeton University Press.

Laffont, J.-J. and J. Tirole (1993). *A Theory of Incentives in Procurement and Regulation*. Cambridge MA: Cambridge University Press.

Laibson, D. (1997). Golden eggs and hyperbolic discounting. *The Quarterly Journal of Economics 112*, 443–477.

Lancaster, K. (1966). A new approach to consumer theory. *Journal of Political Economy 74*, 132–137.

Lenin, V. I. (1965 [1921]). *The Tax in Kind: The Significance Of the New Policy and its Conditions*, Volume 32. Moscow: Progress Publishers.

Leontief, W. W. (1947a). Introduction to a theory of the internal structure of functional relationsips. *Econometrica 15*, 361–373.

Leontief, W. W. (1947b). A note on the interrelations of subsets of independent variables of a continuous function with continuous first derivatives. *Bulletin of the American Mathematical Society 53*, 343–350.

Lichtenstein, S. and P. Slovic (1983). Reversal of preference between bids and choices in gambling decisions. *Journal of Experimental Psychology 89*, 46–55.

Lindahl, E. (1919). Positive Lösung, die Gerechtigkeit der Besteuerung, reprinted as 'Just taxation—a positive solution'. In R. A. Musgrave and A. T. Peacock (eds), *Classics in the Theory of Public Finance*. London: Macmillan.

Loeb, M. and W. A. Magat (1979). A decentralized model for utility regulation. *Journal of Law and Economics 22*, 399–404.

Loomes, G. and R. Sugden (1982). Testing different stochastic specifications of risky choice. *The Economic Journal 92*, 805–824.

Loomes, G. and R. Sugden (1983). A rationale for preference reversal. *American Economic Review 73*, 428–432.

McDonough, T. and J. Eisenhauer (1995). Sir Robert Giffen and the great potato famine: a discussion of the roleof a legend in neoclassical economics. *Journal of Economic Issues 29*, 747–759.

Machina, M. J. (1982). Expected utility analysis without the independence axiom. *Econometrica 50*, 277–323.

Machina, M. J. (1987). Choice under uncertainty: problems solved and unsolved. *Journal of Economic Perspectives 1*, 121–154.

Machina, M. J. (1989). Dynamic consistency and non-expected utility models of choice under uncertainty. *Journal of Economic Literature 27*, 1622–1668.

Macho-Stadler, I. and D. Pérez-Castrillo (1997). *An Introduction to the Economics of Information: Incentives and Contracts*. Oxford: Oxford University Press.

McKelvey, R. D. and T. R. Palfrey (1992). An experimental study of the centipede game. *Econometrica 60*, 803–836.

Maeda, A. (2003). The emergence of market power in emission rights markets: the riole of theinitial permit distribution. *Journal of Regulatory Economics 24*, 293–314.

Mailath, G. J. (1998). Do people play Nash equilibrium? Lessons from evolutionary game theory. *Journal of Economic Literature 36*, 1347–1374.

Mailath, G. J. and L. Samuelson (2006). *Repeated Games and Reputations: Long-Run Relationships*. Oxford: Oxford University Press.

Marschak, J. (1950). rational behavior, uncertain prospects and measurable utility. *Econometrica 18*, 111–141.

Marshall, A. (1890). *Principles of Economics* (eighth (1920) ed.). London: Macmillan.

Maskin, E. (1999). Nash equilibrium and welfare optimality. *Review of Economic Studies 66*, 23–38.

Meade, J. E. (1952). External economies and diseconomies in a competitive situation. *The Economic Journal 62*, 54–67.

Menezes, C., C. Geiss, and J. Tressler (1980). Increasing downside risk. *American Economic Review 70*, 921–931.

Mirrlees, J. A. (1971). An exploration in the theory of the optimal income tax. *Review of Economic Studies 38*, 135–208.

Mirrlees, J. A. (1999). The theory of moral hazard and unobservable behaviour: Part I. *Review of Economic Studies 66*, 3–21.

Morgan, J. (2000). Public goods and lotteries. *Review of Economic Studies 67*, 761–784.

Morgan, J. and M. Sefton (2000). Funding public goods with lotteries: experimental evidence. *Review of Economic Studies 67*, 785–810.

Moulin, H. (2003). *Fair Division and Collective Welfare*. Cambridge, MA: MIT Press.

Murphy, K. J. (1985). Corporate performance and managerial remuneration: an empirical analysis. *Journal of Accounting and Economics 7*, 11–42.

Mussa, M. and S. Rosen (1978). Monopoly and product quality. *Journal of Economic Theory 18*, 301–317.

Myerson, R. B. (1979). Incentive compatibility and the bargaining problem. *Econometrica 47*, 61–73.

Myerson, R. B. (1999). Nash equilibrium and the history of economic theory. *Journal of Economic Literature 37*, 1067–1082.

Nash, J. F. (1951). Non-cooperative games. *Annals of Mathematics 54*, 286–295.

Nerlove, M. (1963). Returns to scale in the electricity supply. In C.F. Christ (ed.), *Measurement in Economics: Studies in Mathematical Economics and Econometrics in Memory of Yehuda Grunfeld*. Stanford, CA: Stanford University Press.

O'Donoghue, J. and C. Wilkie (1998). Harmonised indices of consumer prices. *Economic Trends 532*, 34–43.

Oi, W. (1971). A Disneyland dilemma: two-part tariffs for a Mickey-Mouse monopoly. *Quarterly Journal of Economics 85*, 77–96.

Okun, A. M. (1975). *Equality and Efficiency: The Big Trade-off*. Washington, DC: Brookings Institution.

Osborne, M. J. (2004). *An Introduction to Game Theory*. Oxford: Oxford University Press.

Ostaszewski, A. (1993). *Mathematics in Economics: Models and Methods*. Oxford: Blackwell.

Palacios-Huerta, I. (2003). Professionals play minimax. *Review of Economic Studies 70*, 395–415.

Palacios-Huerta, I. and O. Volij (2009). Field centipedes. *American economic Review 99*, 1619–1635.

Palfrey, T. R. and H. Rosenthal (1984). Participation and the provision of discrete public goods: a strategic analyis. *Journal of Public Economics 24*, 171–193.

Panzar, J. C. (1989). Technological determinants of firm and industry structure. In R. Schmalensee and R. Willig (eds), *Handbook of Industrial Organisation*, Volume I, pp. 3–59. Amsterdam: Elsevier Science.

Pigou, A. C. (1926). *A Study of Public Finance*. London: Macmillan.

Pigou, A. C. (1952). *The Economics of Welfare* (fourth ed.). London: Macmillan.

Pollack, R. A. (1989). *The Theory of the Cost-of-Living Index*. New York: Oxford University Press.

Pratt, J. W. (1964). Risk-aversion in the small and in the large. *Econometrica 32*, 122–36.

Rabellotti, R. and H. Schmitz (1999). The internal heterogeneity of industrial districts in Italy, Brazil and Mexico. *Regional Studies 33*, 97–108.

Radford, R. A. (1945). The economic organisation of a P.O.W. camp. *Economica 12*, 189–201.

Ramsey, F. P. (1927). A contribution to the theory of taxation. *The Economic Journal 37*, 47–61.

Rasmusen, E. (2001). *Games and Information: An Introduction to Game Theory* (third ed.). Oxford: Blackwell.

Reny, P. J. (2001). Arrow's theorem and the Gibbard-Satterthwaite theorem: a unified approach. *Economics Letters 70*, 99–105.

Repullo, R. (1987). A simple proof of Maskin's theorem on Nash implementation. *Social Choice and Welfare 4*, 39–41.

Ricketts, M. (1986). The geometry of principal and agent: yet another use for the Edgeworth box. *Scottish Journal of Political Economy*, 228–247.

Riley, J. G. (1979). Testing the educational screening hypothesis. *Journal of Political Economy 87*, S227–S252.

Riley, J. G. (2001). Silver signals: twenty-five years of screening and signaling. *Journal of Economic Literature 39*, 432–478.

Rosen, S. (1999). Potato paradoxes. *Journal of Political Economy 107*, S294–S313.

Rosenthal, R. W. (1981). Games of perfect information, predatory pricing, and the chain store. *Journal of Economic Theory 25*, 92–100.

Ross, S. A. (1973). The economic theory of agency: the principal's problem. *American Economic Review 63*, 193–197.

Rothschild, M. and J. E. Stiglitz (1970). Increasing risk: I. A definition. *Journal of Economic Theory 2*, 225–243.

Rothschild, M. and J. E. Stiglitz (1976). Equilibrum in competitive insurance markets: an essay on the economics of imperfect information. *Quarterly Journal of Economics 90*, 629–649.

Roy, R. (1947). La distribution de revenu entre les divers biens. *Econometrica 15*, 205–225.

Rubinstein, A. (1982). Perfect equilibriuim in a bargaining game. *Econometrica 50*, 97–109.

Rubinstein, A. (2006). A sceptic's comment on the study of economics. *The Economic Journal 116*, 1–9.

Sagen, E. L. and M. Tsygankova (2006). Russian natural gas exports to Europe effects of Russian gas market reforms and the rising market power of Gazprom. Discussion paper, Statistics Norway, Research Department.

Salanié, B. (1997). *The Economics of Contracts: A Primer*. Cambridge, MA: MIT Press.

Salanié, B. (2003). *The Economics of Taxation*. Cambridge, MA: MIT Press.

Salop, S. C. (1979). Monopolistic competition with outside goods. *The Bell Journal of Economics 10*, 141–156.

Samuelson, L. (2002). Evolution and game theory. *Journal of Economic Perspectives 16*, 47–66.

Samuelson, P. A. (1938). A note on the pure theory of consumer's behaviour. *Economica 5*, 353–354.

Samuelson, P. A. (1948). Consumption theory in terms of revealed preference. *Economica 15*, 243–253.

Samuelson, P. A. (1954). The pure theory of public expenditure. *Review of Economics and Statistics 36*, 387–389.

Samuelson, P. A. (1955). Diagrammatic exposition of a pure theory of public expenditure. *Review of Economics and Statistics 37*, 350–356.

Samuelson, P. A. (1983). *Foundations of Economic Analysis* (enlarged ed.). Cambridge, MA: Harvard University Press.

Sandler, T., G. Daniel, and M. Arce (2002). A conceptual framework for understanding global and transnational public goods. *Fiscal Studies 23*, 195–222.

Sandmo, A. (1970). Returns to scale and the average cost curve. *The Swedish Journal of Economics 72*, 149–152.

Sandmo, A. (1983). Ex-post welfare economics and the theory of merit goods. *Economica 50*, 19–33.

Satterthwaite, M. A. (1975). Strategy-proofness and Arrow's conditions. *Journal of Economic Theory 10*, 187–217.

Sbordone, A. M. (2010). Policy analysis using DSGE models: an introduction. *Economic Policy Review 16*, 23–43.

Schelling, T. C. (1960). *The Strategy of Conflict*. Cambridge, MA: Harvard University Press.

Schmalensee, R. (1985). Econometric diagnosis of competitive localisation. *International Journal of Industrial Organisation 3*, 57–70.

Schweizer, U. (1982). A Langrangian approach to the limit theorem on the core of an economy. *Zeitschrift für Nationalökonomie*, 23–30.

Scitovsky, T. (1941). A note on welfare propositions in economics. *Review of Economic Studies 9*, 89–110.

Selten, R. (1965). Spieltheoretische Behandlung eines Oligopolmodells mit Nachfrageträgheit. *Zeitschrift für die gesamte Staatswissenschaft 12*, 310–324.

Selten, R. (1975). Reexamination of the perfectness concept for equilibrium points in extensivegames. *International Journal of Game Theory 4*, 25–55.

Selten, R. (1978). The chain-store paradox. *Theory and Decision 9*, 127–159.

Sen, A. K. (1970). *Collective Choice and Social Welfare*. Edinburgh: Oliver and Boyd.

Sen, A. K. (1973). Behaviour and the concept of preference. *Economica 40*, 241–247.

Sen, A. K. (1983). Poor, relatively speaking. *Oxford Economic Papers 35*, 153–69.

Shapley, L. and H. Scarf (1974). On cores and indivisibility. *Journal of Mathematical Economics 1*, 23–37.

Shephard, R. W. (1953). *Cost and Production Functions*. Princeton, NJ: Princeton University Press.

Shy, O. (1995). *Industrial Organisation: Theory and Applications*. Cambridge, MA: The MIT Press.

Simon, C. P. and L. Blume (1994). *Mathematics for Economists*. New York: Norton.

Slesnick, D. T. (1998). Empirical approaches to the measurement of welfare. *Journal of Economic Literature 36*, 2108–2165.

Slutsky, E. (1915). Sulla teoria del bilancio del consumatore. *Giornale degli Economisti 51*, 1–26.

Spanos, A. (1999). *Probability Theory and Statistical Inference*. Cambridge: Cambridge University Press.

Spence, A. M. (1973). Job market signalling. *Quarterly Journal of Economics 87*, 366–374.

Spence, A. M. (1977). Entry, capacity, investment and oligopolistic pricing. *Bell Journal of Economics 2*, 534–544.

Ståhl, I. (1972). *Bargaining Theory*. Stockholm: EFI: The Economic Research Institute.

Starrett, D. A. (1972). Fundamental nonconvexities in the theory of externalities. *Journal of Economic Theory 4*, 180–199.

Stole, L. A. (2007). Price discrimination and competition. In M. Armstrong and R. Porter (eds), *Handbook of Industrial Organisation*, Volume 3, pp. 2221–2299. Amsterdam: Elsevier.

Stone, J. R. N. (1954). Linear expenditure systems and demand analysis. *Economic Journal 64*, 511–527.

Sugden, R. (1986). New developments in the theory of choice under uncertainty. *Bulletin of Economic Research 38*, 1–24.

Sundaram, R. K. (2002). *A First Course in Optimization Theory*. Princeton, NJ: Princeton University Press.

Sutton, J. (1986). Non-cooperative bargaining theory: an introduction. *Review of Economic Studies 53*, 709–724.

Suzumura, K. (1983). *Rational Choice, Collective Decisions and Social Welfare*. Cambridge: Cambridge University Press.

Sydsæter, K. and P. J. Hammond (1995). *Mathematics for Economic Analysis* (third ed.). Englewood Cliffs, NJ: Prentice-Hall International.

Sydsæter, K., A. Strøm, and P. Berck (1999). *Economists' Mathematical Manual* (third ed.). Berlin: Springer.

Taylor, A. M. and M. P. Taylor (2004). The purchasing power parity debate. *The Journal of Economic Perspectives 18*, 135–158.

The Economist (2004). The diamond cartel: the cartel isn't forever. Special report, http://www.economist.com/node/2921462.

Tiebout, C. M. (1956). A pure theory of local expenditures. *Journal of Political Economy 64*, 416–424.

Tirole, J. (1988). *The Theory of Industrial Organization*. Cambridge, MA: MIT Press.

Tirole, J. (1999). Incomplete contracts: Where do we stand? *Econometrica 67*, 741–781.

Triplett, J. E. (2001). Should the cost-of-living index provide the conceptual framework for a Consumer Price Index? *The Economic Journal 111*, 311–334.

Tullock, G. (1967). The welfare economics of tariffs, monopolies and theft. *Western Economic Journal 5*, 224–232.

Varian, H. R. (1974). Equity, envy and efficiency. *Journal of Economic Theory 9*, 63–91.

Varian, H. R. (1980). A model of sales. *American Economic Review 70*, 651–656.

Varian, H. R. (1989). Price discrimination. In R. Schmalensee and R. Willig (eds), *Handbook of Industrial Organization*, Volume I, pp. 597–654. Elsevier Science Publishers.

Vega-Redondo, F. (2003). *Economics and the Theory of Games*. Cambridge: Cambridge University Press.

Vickrey, W. (1945). Measuring marginal utility by reaction to risk. *Econometrica 13*, 319–333.

Vickrey, W. (1960). Utility, strategy and social decision rules. *Quarterly Journal of Economics 74*, 507–535.

Vickrey, W. (1961). Counterspeculation auctions and sealed tenders. *Journal of Finance 16*, 8–37.

Vives, X. (1999). *Oligopoly Pricing: Old Ideas and New Tools*. Cambridge, MA: The MIT Press.

von Neumann, J. and O. Morgenstern (1944). *Theory of Games and Economic Behavior*. Princeton, NJ: Princeton University Press.

von Stackelberg, H. (1934). *Marktform und Gleichgewicht*. Vienna: Julius Springer.

Walras, L. (1954). *Elements of Pure Economics*. London: Allen and Unwin.

Willig, R. D. (1976). Consumer's surplus without apology. *American Economic Review 66*, 589–597.

Wolak, F. (1994). An econometric analysis of the asymmetric information, regulator-utilityinteraction. *Annales d'Economie et de Statistiques 34*, 13–69.

World Bank (2005). *Equity and Development: World Development Report 2006*. New York: The World Bank and Oxford University Press.

Zhang, X. (1998). Modeling economic transition: a two-tier price computable general equilibrium model of the Chinese economy. *Journal of Policy Modeling 20*, 483–511.

图书在版编目(CIP)数据

微观经济学:原理和分析:第二版/(英)弗兰克·
A.考威尔著;赵世勇译.—上海:格致出版社:上海
人民出版社,2023.1
(当代经济学系列丛书/陈昕主编.当代经济学教
学参考书系)
ISBN 978-7-5432-3383-6

Ⅰ.①微…　Ⅱ.①弗…②赵…　Ⅲ.①微观经济学
Ⅳ.①F016

中国版本图书馆 CIP 数据核字(2022)第 164399 号

责任编辑　郑竹青　程　倩
装帧设计　敬人设计工作室
　　　　　　吕敬人

微观经济学:原理和分析(第二版)
[英]弗兰克·A.考威尔　著
赵世勇　译

出　　版　格致出版社
　　　　　上海三联书店
　　　　　上海人民出版社
　　　　　(201101　上海市闵行区号景路 159 弄 C 座)
发　　行　上海人民出版社发行中心
印　　刷　浙江临安曙光印务有限公司
开　　本　787×1092　1/16
印　　张　26
插　　页　2
字　　数　588,000
版　　次　2023 年 1 月第 1 版
印　　次　2023 年 1 月第 1 次印刷
ISBN 978-7-5432-3383-6/F·1459
定　　价　98.00 元

上海市版权局著作权合同登记号：图字 09-2021-0442

当代经济学教学参考书系

微观经济学:原理和分析(第二版)/弗兰克·A.考威尔著
经济增长(第二版)/罗伯特·J.巴罗等著
金融学原理(第六版)/彭兴韵著
信息与激励经济学(第三版)/陈钊著
合作的微观经济学/何维·莫林著
不确定性与信息分析(第二版)/苏希尔·比克查恩达尼等著
博弈论教程/肯·宾默尔著
精通计量:从原因到结果的探寻之旅/乔舒亚·安格里斯特等著
开放经济的宏观经济学/马丁·乌里韦等著
宏观经济学(第四版)/查尔斯·I.琼斯著
博弈论与信息经济学/张维迎著
博弈论/迈克尔·马希勒等著
法和经济学(第六版)/罗伯特·考特等著
金融市场学/彭兴韵著
《微观经济学:现代观点》题库(第九版)/H.范里安等著
微观经济学:现代观点(第九版)/H.范里安著
《微观经济学:现代观点》练习册(第九版)/H.范里安等著
基本无害的计量经济学:实证研究者指南/乔舒亚·安格里斯特等著
组织经济学手册/罗伯特·吉本斯等主编
策略:博弈论导论/乔尔·沃森著
合同理论/帕特里克·博尔顿等著
经济理论中的最优化方法(第二版)/阿维纳什·K.迪克西特著
公共经济学/安东尼·B.阿特金森等著
公共经济学(第二版)/吉恩·希瑞克斯等著
公共经济学习题解答手册(第二版)/尼格尔·哈希·马沙德等著
金融经济学十讲(纪念版)/史树中著
宏观经济学数理模型基础(第二版)/王弟海著
货币理论与政策(第四版)/卡尔·瓦什著
鲁宾斯坦微观经济学讲义(第二版)/阿里尔·鲁宾斯坦著
机制设计理论/提尔曼·伯格斯著
经济增长导论(第三版)/查尔斯·I.琼斯等著
劳动经济学:不完全竞争市场的视角/提托·博埃里等著
衍生证券,金融市场和风险管理/罗伯特·A.加罗等著
劳动和人力资源经济学——经济体制与公共政策(第二版)/陆铭等著
国际贸易理论与政策讲义/理查德·庞弗雷特著
高级微观经济学教程/戴维·克雷普斯著
金融基础:投资组合决策和证券价格/尤金·法玛著
环境与自然资源经济学(第三版)/张帆等著
集聚经济学:城市、产业区位与全球化(第二版)/藤田昌久等著
经济数学引论/迪安·科尔贝等著
博弈论:经济管理互动策略/阿维亚德·海菲兹著
新制度经济学——一个交易费用分析范式/埃里克·弗鲁博顿等著
产业组织:市场和策略/保罗·贝拉弗雷姆等著
数量金融导论:数学工具箱/罗伯特·R.雷伊塔诺著
现代宏观经济学高级教程:分析与应用/马克斯·吉尔曼著
政府采购与规制中的激励理论/让·梯若尔等著
集体选择经济学/乔·B.史蒂文斯著
市场、博弈和策略行为/查尔斯·A.霍尔特著
公共政策导论/查尔斯·韦兰著
宏观经济学:现代原理/泰勒·考恩等著
微观经济学:现代原理/泰勒·考恩等著
微观经济理论与应用:数理分析(第二版)/杰弗里·M.佩洛夫著
国际经济学(第七版)/西奥·S.艾彻等著
新动态财政学/纳拉亚纳·R.科彻拉科塔著
全球视角的宏观经济学/杰弗里·萨克斯著
《微观经济学》学习指南(第三版)/周惠中著
《宏观经济学》学习指南/大卫·吉立特著
宏观经济理论/让-帕斯卡·贝纳西著
国际经济学(第五版)/詹姆斯·吉尔伯著
计量经济学(第三版)/詹姆斯·H.斯托克等著
微观经济学(第三版)/周惠中著
应用微观经济学读本/克莱格·M.纽马克编
理性的边界/赫伯特·金迪斯著
经济社会的起源(第十三版)/罗伯特·L.海尔布罗纳著
政治博弈论/诺兰·麦卡蒂等著
发展经济学/斯图亚特·R.林恩著
宏观经济学:现代观点/罗伯特·J.巴罗著
高级微观经济学/黄有光等著
货币、银行与经济(第六版)/托马斯·梅耶等著
全球市场中的企业与政府(第六版)/默里·L.韦登鲍姆著